W0362361

ALTE ABE

Krieger in Dahomey

Heinrich Pleticha

Sklaven für Havanna

Der Lebensbericht des Sklavenhändlers Theodore Canot 1826–1839

Mit 31 Abbildungen und 5 Karten

EDITION ERDMANN

Die Abbildungen auf den Vorsatzblättern zeigen eine Faktorei mit Sklavenbaracken und eine Westafrika-Karte aus dem 19. Jahrhundert.
Bis auf die Karten, die Stielers Hand-Atlas von 1850 entnommen sind, stammen die Vorlagen für den Bildteil des vorliegenden Bandes aus dem Archiv des Herausgebers.

CIP-Kurztitelaufnahme der Deutschen Bibliothek

Theodore Canot:
Sklaven für Havanna: der Lebensbericht des Sklavenhändlers Theodore Canot/Theodore Canot. Hrsg. von Heinrich Pleticha. – Stuttgart; Wien: Edition Erdmann, Thienemann, 1988.
[Alte abenteuerliche Reiseberichte]
ISBN 3-522-60770-8

Alle Rechte vorbehalten
© 1988 by Edition Erdmann in K. Thienemanns Verlag, Stuttgart – Wien
Umschlag und Einband: Hilda und Manfred Salemke, Karlsruhe
Gesetzt in der Garamond, 10 Punkt
Printed in the German Democratic Republic

Inhalt

Einleitung des Herausgebers

Wenn wir einmal davon absehen, daß schwarzafrikanische Sklaven schon in der Antike über die Karawanenwege durch die Sahara nach Nordafrika oder nilabwärts nach Ägypten und von da weiter in das Römische Reich gebracht wurden, so dürfen wir den Beginn des europäischen Sklavenhandels in Afrika gleichsetzen mit den ersten Entdekkungsfahrten der Portugiesen entlang der afrikanischen Westküste. Gerade bei Prinz Heinrich dem Seefahrer, der ja wie kein anderer diese Fahrten vorantrieb, vermischten sich ideelle und handfeste materielle Ziele, ging es ebenso um kühne Unternehmen zur Erkundung ferner Länder wie um die Einfuhr von Rohstoffen, Gold und Sklaven nach Portugal. Georg Friederici hat deshalb auch nicht zu Unrecht von den »Sklavenfangunternehmen« der Portugiesen gesprochen. Und wenn auch niemand annimmt, daß sich der Prinz persönlich bereichern wollte, so ist doch sicher, daß die von ihm betriebenen Fahrten den europäischen Sklavenhandel begründeten; denn die Kapitäne der portugiesischen Karavellen, die sich hier Zug um Zug nach Süden vortasteten, suchten ihren persönlichen Gewinnanteil nicht zuletzt durch den Handel mit Sklaven aufzubessern. Und um 1500 wurden jährlich bereits an die 2000 Afrikaner nach Portugal eingeführt.

1517 wurde dann zum verhängnisvollen Jahr. Damals erteilte nämlich Karl V. einem flämischen Kaufmann die Genehmigung, jährlich 4000 schwarzafrikanische Sklaven in die neuen spanischen Besitzungen nach Amerika zu liefern. Dieser Handel ging auf die tragische Umkehr einer menschenfreundlichen Idee zurück. Der Dominikanerpater Bartolomäo de Las Casas, der sich in seinen Büchern und Streitschriften gegen die Unterdrückung und Ausrottung der mittelamerikanischen Indianer durch die spanischen Eroberer wandte, schlug in einer geradezu weltfremden Naivität vor, an ihrer Stelle doch Afrikaner für die harte Arbeit in den Plantagen und vor allem in den Bergwerken zu verwenden. Die Konquistadoren erkannten sehr rasch den Wert dieses Vorschlags und förderten daher die Einfuhr von afrikanischen Eingeborenen. Las Casas bereute später diesen Vorschlag, der in seiner Grundidee – das wird meistens übersehen – gar nicht einmal von ihm, sondern von den Prioren des Klosters San Geronimo in Santo Domingo stammte. Anfangs brachten vorwiegend Portugiesen die begehrte Ware. Die spanische Regierung schloß in den sogenannten »Asientos« [Verträge] eigene Abkommen, die Einfuhrhöhe und Vertrieb genau regelten. Später wurden solche Asientos auch mit anderen Nationen vereinbart.

Die ersten, die sich in den einträglichen Handel einschalten wollten, waren die Engländer. 1563 brachte John Hawkins [1520–1595] aus Plymouth mit seinem sinnigerweise *Jesus* getauften Schiff 300 Sklaven von Sierra Leone nach Hispaniola [Haiti]. An seiner zweiten Fahrt ein Jahr später war auch Königin Elisabeth I. von England finanziell beteiligt und steckte ihren Gewinnanteil an 400 verkauften Sklaven ein. Von dieser und von der dritten Reise 1567/68 gibt es zeitgenössische Berichte, die wohl die ältesten literarischen Zeugnisse über den Sklavenhandel mit Amerika darstellen.

Hawkins wandte seit der zweiten Reise schon die in den späteren Jahren allgemein übliche Methode an, hetzte Eingeborene auf Eingeborene und kaufte die Beute, wobei es ihn nicht störte, daß er ein Bündnis mit Kannibalen eingehen und zusehen mußte, daß »The Negros our frendes eat the prisoners« – die Schwarzen, unsere Freunde, die Gefangenen auffressen. Hawkins wurde für seine Verdienste Schatzmeister der königlichen Flotte, andere Seefahrer folgten dann seinen Spuren. Aber merkwürdigerweise wurden erst 1619 die ersten Afrikaner von einem niederländischen Schiff nach Nordamerika verkauft. Dann aber florierte dort auch das Geschäft ebenso wie in Mittel- und Südamerika. 1713 wurde im Frieden von Utrecht zwischen Spanien und England der Asiento bestätigt, wonach die Engländer das alleinige Recht erhielten, in den spanischen

Kolonien den Handel mit Schwarzafrikanern zu betreiben. Es sollten dort innerhalb von 30 Jahren 144000 Sklaven eingeführt werden.

Die erste Blüte des niederländischen Sklavenhandels lag in den Jahrzehnten zwischen 1629 und 1648, als die Holländer große Teile Brasiliens beherrschten; eine zweite Blütezeit brachte um die Mitte des 18. Jahrhunderts die Sklaveneinfuhr nach Niederländisch-Guayana.

Dänemark gründete um die Mitte des 17. Jahrhunderts eine Dänisch-Afrikanische Kompanie mit Stützpunkten in Oberguinea. Auch einige schwedische Faktoreien wurden um diese Zeit eingerichtet.

Kurfürst Friedrich Wilhelm von Brandenburg, der Große Kurfürst, dessen Handelsunternehmen sich ja auf die Nordseehäfen stützten und in enger Verbindung mit Holland und Dänemark standen, suchte sich ebenfalls einen Anteil am Afrikahandel zu sichern. Er ließ 1683 an der Guinea-Küste das Fort Groß-Friedrichsburg anlegen, ein Jahr später eine zweite Niederlassung in Accada und 1685 in Taccarary die Dorotheen-Schanze.

An allen diesen Stützpunkten waren auch private Handelsgesellschaften beteiligt, und zu den Hauptausfuhrgütern gehörten neben Gold und Elfenbein vor allem auch Sklaven.

In seinen persönlichen Instruktionen für den Kommandanten de Voß vom 17. Mai 1682 befahl der Kurfürst, daß dieser 600 Sklaven einkaufen und in zwei Transporten mit 100 und 500 Leuten direkt nach St. Thomas in Westindien bringen solle, wo Brandenburg eine eigene Faktorei besaß. Zwanzig große Sklaven im Alter von 25 bis 30 Jahren und zwanzig junge im Alter von 8 bis 16 Jahren aber sollten direkt nach Hamburg gebracht werden! Ausdrücklich hieß es in den Anweisungen: »Der Commandeur Voß aber soll 500 Sklaven einnehmen, damit nach Barbacis laufen, daselbst dem Commandeur Bourses ... gegen eine bündige Quittung drei à [bis] 400 zum wenigsten 300 gute, gesunde und [liefer]bare pesos d'Indias liefern, alt 15 bis 36 Jahr, nicht blind, lahm oder mit gestümmelten Gliedern, daß sie

Ruinen des brandenburgischen Forts Groß-Friedrichsburg

zur Arbeit untüchtig wären, man möchte dann 7 bis 14jährige parforce handeln müssen; solcher soll er 3 vor 2 und deren, die von 7 Jahren und darunter sind, bis an den Säug-

ling 2 vor 1 geben, aber dem Säugling selbst soll die Mutter folgen.«

Es ist auffallend, daß gerade die nordischen Länder sich

am Sklavenhandel zu beteiligen suchten. Das mag mit dem für die Atlantikländer günstigen »Dreieckshandel« zusammenhängen. Aus heimischen oder benachbarten Häfen wurden Gewehre, Munition, Tauschartikel, Textilien und nicht zuletzt Schnaps nach Westafrika gebracht, um dort Sklaven dafür einzutauschen, die dann nach Westindien verschifft wurden. Für den gewöhnlich beachtlichen Gewinn kaufte man westindische Waren wie Zucker, Rum, Baumwolle oder Tabak, die mit erneutem Gewinn an heimische Handelshäuser abgesetzt wurden. Wie noch Joachim Nettelbeck, der berühmte Bürgerrepräsentant und Verteidiger Kolbergs gegen Napoleon, berichtete, erzielte man um die Mitte des 18. Jahrhunderts für einen guten Sklaven den zehn- bis zwanzigfachen Einkaufspreis [inklusive Frachtkosten und Versicherung]. Solcher Handel galt als legitim und keineswegs unehrenhaft, und gerade durch das Dreiecksgeschäft waren die einheimischen Ex- und Importeure scheinbar nur mittelbar am Sklavenhandel beteiligt, ohne den ja das wichtigste Glied in der Kette gefehlt hätte. So verwundert es nicht mehr, daß noch im 18. Jahrhundert von den Kanzeln der Kirchen im Königreich Dänemark Ausrufe verkündet wurden, die Seeleute für Sklavenfahrer anwarben. Eine moderne Untersuchung hat einen beachtlichen Anteil von Seeleuten aus Schleswig-Holstein, Hamburg und Lübeck an solchen »Handelsfahrten« nachgewiesen.

Die offizielle und sogar die kirchliche Unterstützung darf nicht über die wahren Zustände auf solchen Schiffen hinwegtäuschen. Sicher waren Kapitäne wie Händler bemüht, ihre »Ware« möglichst ohne größere Verluste an ihren neuen Bestimmungsort zu bringen. Das hinderte sie aber nicht, die armen, verängstigten Leute so eng wie nur möglich unter Deck zusammenzupferchen, um schon durch möglichst große Lieferungen Ausfälle auszugleichen. Wir lassen hier am besten einen Zeitgenossen sprechen. E. A. W. Zimmermann hat 1802 im ersten Jahrgang seines »Almanachs der Reisen« eine Fülle von Material und zeitgenössischen Aussagen zusammengetragen, die einen erschütternden Einblick in die Methoden des Sklavenhandels nach Amerika gewähren. Dabei dürfen wir nicht übersehen, daß wir es hier schon mit verbesserten Transportsystemen und günstigeren hygienischen Verhältnissen zu tun haben als etwa von der Mitte des 16. bis zur Mitte des 18. Jahrhunderts.

Alle diese Berichte beziehen sich aber auf den Transport der Sklaven. Wir erfahren nichts oder nur sehr wenig über ihren Kauf und ihre Behandlung an der afrikanischen Küste.

Noch heute bezeugen die gewaltigen Anlagen von Elmina Castel, Groß-Friedrichsburg oder Fort St. James in Gambia, welchen Umfang der Handel vor allem im 17. und 18. Jahrhundert erreicht hatte. Im 19. dagegen dominierten die kleineren Faktoreien von privaten Unternehmern, wie wir sie auch im Bericht Canots kennenlernen.

Das Gebiet des Sklavenhandels in Afrika läßt sich ziemlich genau abgrenzen. Seine Nordgrenze verläuft von der Mündung des Senegal über Timbuktu am Niger bis zum Tschadsee und von da quer durch den Ostsudan bis zur Mündung Bahr-el-Ghazal in den Weißen Nil; sie biegt dann nach Süden um und führt nilaufwärts über den Albert- bis zur Westseite des Tanganjika-Sees und folgt dann ostwärts dem Rowuma bis zur Ostküste des Erdteils. Die Südgrenze geht von der Mündung des Kunene fast genau ostwärts bis zur Bucht von Sofala an der Ostküste. Die wichtigsten Zentren liegen im Westen, etwa von Goree aus entlang der Guineaküste bis Lagos; das letzte Stück vom Volta bis zum Oni führte den berüchtigten Namen »Sklavenküste«, der sogar zur offiziellen geographischen Bezeichnung wurde.

Der in jeder Hinsicht perfekte Ausbau des Handelssystems führte zu einer erschütternden Bilanz. So schätzt man, daß in drei Jahrhunderten der Sklavenimporte mehr als 30 Millionen Afrikaner nach Amerika verschleppt wurden. Diese Zahl enthält nicht die vielen Opfer der Stammeskriege in Afrika, der dort und auf dem Transport Umgekommenen, die etwa noch einmal bei schätzungsweise mindestens 10 Millionen liegen dürfte. Für das Jahr 1768 gibt Zimmermann eine auf englischen Angaben basierende Aufstellung. Danach exportierten die europäischen Staaten insgesamt an Sklaven aus Afrika:

England	59.300
Frankreich	23.500
Holland	11.000
Portugal	8.500
Dänemark	1.200

[Anmerkung: Über die Schicksale der afrikanischen Sklaven in Amerika liegt eine Reihe von größeren Untersuchungen vor. Für die Antillen sei hier nur auf die Aufzeichnungen des Paters Jean-Baptiste Labat verwiesen, die unter dem Titel »Pater Labats Sklavenbericht« 1984 in der Edition Erdmann erschienen.]

Es dauerte ziemlich lange, bis sich die ersten Stimmen gegen die Sklaverei erhoben. Solange die Kirchen den Handel tolerierten und sogar in eigenen Besitzungen Sklaven einsetzten, konnten sich die Händler ja auf diese Billigung berufen. Sie wurde noch untermauert durch die bisweilen ins 18. Jahrhundert hinein gängige Vorstellung vom kulturlosen »Wilden«, für den die Sklaverei zwar den Verlust der Heimat, dafür aber ein in Fremde und Unfreiheit letztlich doch zivilisierteres, d. h. nach Auffassung der damaligen Zeit besseres Leben bedeutete. Die ersten Stimmen erhoben sich dementsprechend auch gar nicht gegen die Sklaverei im allgemeinen, sondern lediglich nur gegen die schlechte Behandlung der Sklaven. Zu den Mahnern gehörten in den nordamerikanischen Kolonien der Quäker George Fox, der schon 1670 gegen die Auswüchse der Sklaverei predigte, oder der englische Publizist und Schriftsteller Daniel Defoe, der 1719 in seinem Roman »Colonel Jacques« sehr breit für eine menschenwürdigere Behandlung der afrikanischen Sklaven in Virginia eintrat. 1780 gaben erstmals deutsche Quäker in Pennsylvanien ihren Sklaven die Freiheit. Als erster europäischer Staat verbot Dänemark für seine Bürger 1792 den Sklavenhandel.

In England hatte kurz zuvor der Stimmungsumschwung eingesetzt, der das Ende des britischen Sklavenhandels einleitete. Er ist verbunden mit den Namen von Thomas Clarkson und William Wilberforce. Clarkson, geboren 1760, war fast durch Zufall auf die Sklavenfrage gestoßen, und tief erschüttert von den Berichten und Aussagen der Matrosen und Kapitäne der Sklavenschiffe, begann er als erster in der Öffentlichkeit einen Kreuzzug gegen diesen Menschenhandel. Die entscheidenden Schritte unternahm aber erst der nur wenig ältere Wilberforce [geb. 1759], der schon mit 21 Jahren in das britische Unterhaus einzog und sich rasch in die vorderen Reihen der Abgeordneten durchkämpfte. Im Gegensatz zu dem kompromißlosen und heftigen Clarkson ging er vorsichtig, mit dem Pragmatismus des Politikers, an das Problem heran. Am 12. Mai 1789 – eine Woche nach dem Zusammentreten der Generalstände und damit dem Beginn der Revolution in Frankreich – hielt er im Unterhaus seine erste große Rede gegen den Sklavenhandel. Seine Gegner waren alle jene zahlreichen Kaufleute, die von dem Geschäft mit dem »Schwarzen Elfenbein« profitierten, und sogar die Admiralität behauptete, der Sklavenhandel sei eine hervorragende Schule für die Marine. Tatsächlich setzten sich diese Gegner erst einmal durch und erreichten, daß der Handel nur »reguliert« wurde, d. h., den Schiffen waren statt bisher 600 Sklaven offiziell nur noch 450 unter Deck erlaubt. Mit Recht stellte ein Parlamentarier fest: »Von allen Absurditäten ist es die absurdeste, ein System des Raubes und Mordes regulieren zu wollen.« Wilberforce ließ nicht locker, obwohl in den folgenden Jahren seine Anträge immer wieder von den Befürwortern des Sklavenhandels abgeblockt wurden. 1804 stimmte dann erstmals das Unterhaus zu, nicht aber das Haus der Lords. Erst 1807 brachte der damalige Premierminister Lord Grenville den Antrag auf sofortiges Verbot endlich durch. Das neue Gesetz sollte am 1. Januar 1808 in Kraft treten, am 27. Juli 1807 ging die *Kitty's Amelia* von Liverpool aus als letztes legales Sklavenschiff nach der Guineaküste in See [der Kapitän H. Crow ge-

Elmina Castel an der Goldküste

hört zu den wenigen, die ihre Memoiren hinterlassen haben].

1813 verboten die Schweden den Sklavenhandel, die

Holländer folgten ein Jahr später. Frankreich, das doch den Kampf für die Menschenrechte auf seine Fahnen geschrieben hatte, wartete immerhin bis 1815. Erst während der liberalen Phase in der Herrschaft der Hundert Tage erließ Napoleon I. ein entsprechendes Dekret, das dann auch von den Bourbonen anerkannt wurde.

Nun setzte die letzte Epoche des europäischen Sklavenhandels ein. Noch bestand ja ein Absatzmarkt auf der westlichen Hemisphäre, gleichzeitig aber begannen Kriegsschiffe verschiedener europäischer Nationen, allen voran mit löblichem Eifer die Engländer, Jagd auf die illegalen Händler zu machen. Damit wurde der Transport schwieriger, und das erhöhte Risiko führte zu einem Anziehen der Preise; denn keine Versicherungsgesellschaft versicherte gegen die Beschlagnahme der Ladung durch ein Kriegsschiff.

Da eine Verurteilung des Kapitäns aber nur erfolgte, wenn er mit einer Ladung angetroffen wurde, kam es vereinzelt zu so grauenvollen Ausschreitungen wie beim Aufbringen der *Brillante.* Als diese nämlich von einem britischen Kriegsschiff verfolgt wurde, ließ der Kapitän nach Einbruch der Dunkelheit einfach alle Sklaven über Bord werfen. Als das Prisenkommando an Bord kam, fand es keinen einzigen Sklaven mehr, und der Kapitän konnte nach den bestehenden Rechtsvorschriften nicht belangt werden!

Die Amerikaner erklärten zwar schon 1820 den Schmuggel von Sklaven als Piraterie, setzten aber selbst erst zwanzig Jahre später Kriegsschiffe zu dessen Bekämpfung ein. In den 35 Jahren zwischen 1810 und 1845 befreiten englische Kriegsschiffe etwa 100 000 Afrikaner von Schmuggelschiffen, aber noch 1845 schätzte Lord Palmerston die jährlich von spanischen und portugiesischen Schiffen transportierten Sklaven auf 120 000. Erst mit der allmählichen Aufhebung der Sklaverei in den verschiedenen Kolonien, in den USA und in südamerikanischen Staaten versiegte nach und nach der europäische Handel mit Afrikanern.

1833 wurde die Sklaverei offiziell in den britischen Kolonialgebieten aufgehoben, den Sklavenhaltern 20 Millionen Pfund Sterling als Entschädigung zugebilligt; Frankreich folgte in seinen Kolonien erst 1845. Noch als Greis hatte

Wilberforce eine Streitschrift gegen die amerikanische Sklaverei verfaßt, aber dort zog sich die Sklavenbefreiung im Gefolge der blutigen Kämpfe zwischen den Nord- und den Südstaaten im Sezessionskrieg bis 1863 hin. Die letzten offiziellen Beschlüsse zur Aufhebung der Sklaverei in den USA folgten noch 1864 und 1865. In Mittel- und Südamerika kam es erst 1880 zu den letzten Befreiungsmaßnahmen, als auf Kuba und Puerto Rico die Aufhebung der Sklaverei ohne Entschädigung der Sklavenhalter verfügt wurde.

Damit war den europäischen Sklavenhändlern letztlich die Existenzgrundlage entzogen, allerdings noch lange nicht die Sklaverei beendet. Die alten Gebiete des Sklavenfangs lieferten auch weiterhin – wenn auch nicht mehr im gleichen Umfang – ihre Sklaven, die nun von arabischen Händlern übernommen, nach der Ostküste des Erdteils transportiert und dort vor allem in die Anrainerstaaten des Indischen Ozeans verschifft wurden. Es gehört zu den absurden Fakten der Entdeckungsgeschichte, daß manche bedeutende Afrikaforscher wie etwa Stanley oder Livingstone bei ihren Reisen auf die Unterstützung solcher arabischer Sklavenhändler angewiesen waren, ohne deren Hilfe sie bei einigen Projekten gescheitert wären.

Captain Theodore Canot, den wir auf den folgenden Seiten näher kennenlernen, wurde nach seinen eigenen Angaben 1807 in Florenz geboren. Sein Vater war Franzose, hieß wohl Conneau und mag mit den Armeen Napoleons nach Italien gekommen sein, die Mutter war eine Italienerin. Obwohl der Vater schon früh starb und sich die Mutter mit sechs Kindern recht mühsam durchschlagen mußte, erhielt Théophile, wie sein Vorname richtig lautete, anscheinend eine recht ordentliche Schulbildung. Er selbst spricht im ersten [hier nicht abgedruckten] Kapitel seines Buches davon, daß er »viele Reisebeschreibungen und geschichtliche Erzählungen voller aufregender Ereignisse« verschlungen habe. Das dürfte zwar schon im Hinblick auf das seinerzeitige Literaturangebot übertrieben sein, sicher ist aber, daß er ohne gute Schulkenntnisse kaum so erfolgreich hätte bestehen können. Schon im Alter von 12 Jahren ging er 1819 in Livorno als Schiffsjunge zur See. Die ersten Jahre erlebte er einige mehr oder minder dubiose Abenteuer, die er in seinen Erinnerungen zwar beschreibt, die es aber nicht wert sind, eigens hervorgehoben zu werden. Der eigentliche Bericht über die Erlebnisse und Erfahrungen als Sklavenhändler setzt 1826 ein und umfaßt die folgenden dreizehn Jahre seines Lebens bis 1839, also die Zeit von seinem 19. bis zu seinem 32. Lebensjahr.

Allerdings hört er dann keineswegs mit seinem Geschäft auf, wie er so treuherzig im letzten Kapitel seines Buches behauptet. Er verließ damals die alte Faktorei in Gallinas und ging nach Kap Mount, um hier mit Unterstützung von König Fana Toros, dessen Tochter er von der Sklaverei gerettet hatte, eine Plantage zu errichten, wo er Bananen, Ananas und andere landwirtschaftliche Produkte anbaute. Aber das Geschäft wollte nicht so richtig florieren, deshalb wandte er sich bald wieder seinem alten Beruf als Sklavenhändler zu. Einige Jahre lief wieder alles ganz gut, dann trafen ihn 1847 kurz hintereinander gleich zwei schwere Schicksalsschläge. Englische Matrosen zerstörten seine Pflanzung, die wohl zu Recht als Stützpunkt für den illegalen Sklavenhandel angesehen wurde. Er selbst aber wurde mit einem beladenen Sklavenschiff von einem Kriegsschiff der USA aufgebracht und nach New York geschickt. Dort hielt man ihn zwar einige Monate fest, doch kam der Fall nicht zur Verhandlung, und er segelte nach Südamerika. Möglicherweise weist noch eine Spur aus dem Jahr 1850 auf seinen Lebensweg. Damals kreuzte ein US-Schiff unter Commodore Andrew Hull Foote vor der Küste Angolas und brachte bei Ambriz die amerikanische Brigg *Chatsworth* auf, die sich eben anschickte, mehrere hundert Sklaven zu übernehmen. Dabei wurde auch der nicht namentlich erwähnte Supercargo des Schiffes verhaftet. Dieser legte Commodore Foote einen Protestbrief in französischer Sprache vor, in dem er erklärte, er sei erstens nicht der Eigner des amerikanischen Schiffes und zweitens italienischer Staatsbürger und unterstehe daher nicht amerikanischer

Rechtssprechung. Das sind alles Indizien, die auf Canot hindeuten.

Er selbst begegnet uns dann wieder 1853 in Baltimore in den USA, angeblich war er damals »ein völliges Wrack«, gezeichnet vom Fieber und anderen Tropenkrankheiten, ein armer Teufel, der in den Hafenkneipen herumlungerte und sich einen Schluck Alkohol erbettelte. Durch Vermittlung von James Hall, einem Repräsentanten der »African Colonization Society«, den er anscheinend in seinen besseren Tagen in Afrika kennengelernt hatte, traf er sich mit dem Journalisten und Schriftsteller Brantz Mayer [1809–1879], dem er seine Lebensgeschichte erzählte.

Mayer war mit einem Werk über »Mexico and the USA« hervorgetreten, er hatte die »Maryland Historical Society« gegründet und vertrat die Auffassung, daß die Sklavenfrage allmählich dadurch gelöst werden könne, daß man die afrikanischen Sklaven nach Afrika zurücktransportiere. Dabei kam ihm wohl der Bericht Canots gerade recht. Dieser war intelligent und verfügte über ein auch in Einzelheiten gutes Gedächtnis, so daß er aus dem vollen schöpfen konnte. Der Stil seines Berichts dürfte auf Mayer zurückgehen, der möglicherweise – aber das läßt sich nur vermuten – die Erzählweise seines Gewährsmannes einzufangen suchte. Das Buch erschien dann 1854 unter dem Titel »Revelation of a Slave Trader; or twenty Years adventures of Captain Canot«. Es wurde in mehrere Sprachen übersetzt und auch im zwanzigsten Jahrhundert in England und anderswo mehrfach veröffentlicht [z. B.: London, 1928, 1935, 1940; New York: 1920, 1935, 1942, 1968, 1969; Paris: 1938, 1946].

Die vorliegende Ausgabe basiert auf der einzigen deutschen Übersetzung des Werkes. Sie wurde stilistisch vorsichtig, aber zugleich auch sehr gründlich überarbeitet. Gekürzt wurde die Jugendgeschichte Canots und eine Episode mit der Heirat eines seiner Gefährten. Alles andere wurde ganz bewußt übernommen, um ein möglichst charakteristisches Zeitbild zu erzielen. Stets wurde die englische Ausgabe nach 1928 zum Vergleich [und zur Berichtigung] herangezogen, auf der die Übersetzung offensichtlich basiert, ohne daß dies eigens angegeben ist. Sie weist gegenüber der Erstausgabe von 1854 einige kleinere Straffungen auf. Es bestand aber keine Veranlassung, diese wieder rückgängig zu machen.

Canot ist der Prototyp des europäischen Sklavenhändlers in der ersten Hälfte des 19. Jahrhunderts. Abenteuerlust und Mut mögen ihn ausgezeichnet haben, auch spürt man an einigen Stellen seines Berichts einen derben Humor. Das ist aber neben dem Hinweis auf seine Intelligenz auch so ziemlich das einzig Positive, das man über seinen Charakter aussagen kann. Geschäfte mit Menschen, mit dem »Schwarzen Elfenbein«, waren für ihn ganz selbstverständlich. Afrikanische Eingeborene bildeten für ihn nur eine Ware, die man aber vernünftig behandeln mußte, weil jeder tote Sklave einen wirtschaftlichen Verlust bedeutete. Wenn man Canot allerdings so hört, könnte man fast glauben, daß es für die »dummen, halb-tierischen Wilden« nichts Besseres gab als die Sklaverei, weil diese ihnen ja nach einer, zugegebenermaßen manchmal gefährlichen und strapaziösen Überfahrt drüben in Amerika die Freuden der Zivilisation bescherte. Immer wieder spricht er in abfälligem Ton von den Eingeborenen. Verständnis für die in den alten afrikanischen Reichen an der Guineaküste deutlich erkennbaren Spuren einer einst beachtlichen Kultur bringt er nicht auf, wie die Beschreibung der Festlichkeit in Dahomey beweist, die sich nur auf die entarteten blutigen Riten beschränkt. Man muß nur einmal die – aus zweiter Hand geschöpften – Beschreibungen Whydahs in Jean-Baptiste Labats »Sklavenbericht« [dort mit der Ortsbezeichnung Juda!] lesen, um den Unterschied kennenzulernen, von Reiseberichten wie dem des Chevaliers des Marchais und anderen, die ebenfalls diese Länder bereits hatten, ganz zu schweigen. Besonders kraß tritt das auch in der blutigen Szene des 40. Kapitels hervor, die kaum auf Tatsachen beruhen dürfte, weil sich ähnliche Beobachtungen bei keinem anderen europäischen Reisenden nachweisen lassen, die aber wohl den blutrünstigen »viehischen« Charakter der Eingeborenen beweisen und damit letztlich das Handeln Canots rechtfertigen soll.

Freundschaft und geschäftliche Fairneß kannte Canot nur so lange, wie sie ihm im Umgang mit seinen Partnern nützte. Allerdings darf man hier zumindest sagen, daß für die mörderischen Geschäfte das Wort vom »Wolf unter Wölfen« galt. Wenn es seinen Plänen nützte, war er auch bereit, religiöses Interesse zu heucheln, wie das aus dem Abschnitt über seine Reise nach Futa Jallon hervorgeht.

Alles in allem ist sein Lebensbericht eine ernüchternde, zugleich erschütternde Selbstentlarvung und ein historisches Zeugnis für die Geschichte des Sklavenhandels und die Mentalität der Sklavenhändler. Sein Wert liegt in der naiv anmutenden Offenheit, mit der Canot erzählt, der sich ja im Gegensatz etwa zu John Newton oder Joachim Nettelbeck kaum bemüht, sein Handeln zu beschönigen. Sein Bericht erlebte in den USA, in England und in Frankreich zahlreiche Auflagen, was für das große Interesse spricht, das die Öffentlichkeit diesem Thema entgegenbrachte. Canot selbst verschwindet danach in der Anonymität. Über sein weiteres Leben weiß man nichts.

Heinrich Pleticha

1. Kapitel

Meine Reise nach Afrika

Als junger Seemann kam Theodore Canot 1826 nach verschiedenen Abenteuern erstmals nach Havanna, wo dieser Bericht einsetzt:

Die leichten Sommerlüftchen brachten uns schnell nach Kastell del Morro, an den drohenden Batterien der Cabana bei Regla vorbei, in den schönen Hafen von Havanna vor Anker. Eben ging die Sonne auf. In der herrlichen Kühle des Morgens bot sich das wunderbare Bild zum erstenmal meinem Blick. In einen Mantel von tiefgrünem Samt gehüllt, über den wie Spitzenstickereien Gruppen von Schlössern, Festungen, Häusern und Villen ausgestreut lagen, senkte sich das große Amphitheater der Berge in sanften Hängen zu der glatten Wasserfläche, um nach der See zu links nach der schönen Stadt und rechts nach der eindrucksvollen Gruppe der Batterien zu verlaufen.

Aber diesen herrlichen, bleibenden Eindruck nahm ich in einem einzigen Augenblick in mich auf; denn ich war in dem Alter, in dem man sich mehr für Menschen als für die Natur interessiert und selbst die schönste Gegend selten lange betrachtet. Mit meinem Empfehlungsschreiben eilte ich nach Regla, wo mein Gefährte für mich bei dem italienischen Gewürzkrämer, dem ich mich anvertraut hatte, das Wort führte. Il Signore Carlo Cibo war ein Mann, der keine Erziehung genossen hatte, aber ein freundliches Wesen besaß; er war auf gut Glück aus Italien ausgewandert, um den Leuten in Havanna das Beste, was die Erde bieten kann, zu verschaffen; diese wußten das so hoch zu schätzen, daß Carlo, obwohl ein Ausländer, mit Recht als ein Mann betrachtet werden konnte, »der sein Schäfchen auf dem Trokkenen hat«. Er empfing mich herzlich, hieß mich in seiner Junggesellenwohnung willkommen, entschuldigte sich, daß diese so wenig freundlich aussah, und bat mich, über ihn selbst und seine Casa [Haus] nach Gutdünken zu verfügen, solange es mir belieben würde, bei ihm zu bleiben.

Stadt und Hafen von Havanna

Ein paar Tage lang nahm ich seine unbeschränkte Gastfreiheit mit Vergnügen an und benutzte diese Zeit, die Stadt, die Hügel und die paseos [Umgebung] zu durchkreu-

zen. Aber ich hatte keine Lust, lange Zeit zu faulenzen und von Wohltat zu leben. Es fiel mir auf, daß mein Freund Carlo entweder sehr vorsichtig oder sehr wenig neugierig sein mußte, denn niemals stellte er mir eine Frage nach meiner Vergangenheit oder Zukunft. Da er selbst nicht davon sprach, begann ich darüber zu reden und fragte ihn eines schönen Tages, ob nicht vielleicht ein Schiff im Hafen wäre, welches für den Stillen Ozean oder für Mexiko bestimmt sei, und ob mein Gastgeber mir nicht vielleicht eine Stelle als Steuermann auf einem solchen oder wenigstens die Erlaubnis, als gewöhnlicher Matrose meinen Weg zu machen, verschaffen könnte.

Der freundliche Krämer begriff sofort, was ich wollte, und wenn er auch meine Motive achtete, riet er mir doch, nicht abzureisen. Er sagte, daß mein Aufenthalt bei ihm weit davon entfernt sei, ihm lästig zu werden; im Gegenteil, es sei ihm eine Freude, die er nicht so schnell wieder haben würde. Die Kosten des Haushalts waren, wie er erklärte, dadurch wirklich nicht höher. Was für fünf genug sei, reiche auch für ein halbes Dutzend aus, und was meinen Vorschlag betraf, nach Mexiko oder irgendeinem andern Ort des Festlandes von Spanisch-Amerika zu gehen und zu versuchen, dort mein Glück zu machen, so war er im Hinblick auf seine eigene Erfahrung sehr dagegen.

»Sie überwinden niemals ihren Neid den Ausländern gegenüber«, sagte Carlo; »man kann jahrelang mit ihnen täglich umgehen und sich einbilden, daß man sie so gut kenne, als ob man ihr Bruder wäre, aber schließlich, caramba, geschieht plötzlich irgend etwas, was einen zum Fremden stempelt, und dann hat man das ganze Volk gegen sich. Folge meinem Rat, Don Theodore, bleib, wo du bist; gib dir Mühe, Spanisch zu lernen und die Leute kennenzulernen, und ich will mein Leben wetten, daß du bald alle Trumpfkarten in der Hand haben und das Spiel gewinnen wirst.«

Ich tat, was er sagte, und er stellte mich einem dicken, alten sonderbaren Kauz von einem Padre vor, der vorgab, mich die klassische kastilianische Sprache lehren zu können. Zwei Lektionen genügten, um zu zeigen, daß er das absolut nicht konnte, aber weil er Bruder-Kompagnon meines Krämers war und bei jedermann in Regla in Ansehen stand, schien es mir vernünftiger, mich weiter für seinen Schüler auszugeben und mein Studium auf eigene Faust fortzusetzen. Dazu kam, daß der Padre leidenschaftlich gerne Fisch aß. Da ich ein Kanu zur Verfügung hatte und ein geschickter Fischer war, wußte ich seine Küche reich mit den schuppigen Meeresbewohnern zu versehen, die sein Koch ausgezeichnet zubereiten konnte.

Die Fasttage besonders waren ein Anlaß zu fröhlichem Zusammensein. Ein leckeres Mahl stand auf dem Tisch; der Krämer sorgte für eine feine Flasche, und während der Hausherr den Speisen Ehre antat, wußte ich ihn immer zum Reden zu bringen, was eigentlich die beste praktische Lektion war, die jemand in meiner Lage bekommen konnte.

Wenn ich mich so lässig und wohlgemut im Hafen herumtrieb, fiel meinem Seemannsauge immer wieder die prächtige Auftakelung der zierlichen Sklavenschiffe, die damals in Havanna zusammenzukommen pflegten, angenehm auf. Ihre Schönheit, die mich an ein Rennpferd denken ließ, hatte es mir angetan. Ein schönes Schiff hat mich freilich immer ebenso entzückt wie einen andern eine schöne Frau. Ich hatte für nichts anderes Augen als für die kühnen Segler mit ihren spitzen Steven und ihren schlanken Masten. Kein Tag verging, ohne daß ich mit neuer Bewunderung ihrer Schönheit heimkam. Signore Carlo hörte sich das wohlgemut an, und wenn ich zu Ende war, nickte er zustimmend lächelnd und sagte: »Bueno [Gut]!«

Das dauerte so ungefähr einen Monat. Dann wurde ich von meinem freundlichen Wirt eines Tages eingeladen, mit ihm an Bord eines Schiffes zu gehen, von dem, wie er sagte, zwei Drittel ihm gehörten und das für Afrika bestimmt war. Der prächtige Klipper war gerade eins der Schiffe, die ich besonders gern hatte. Als wir nach einem reichlichen Frühstück, bei dem wir mit Champagner auf eine gute Reise angestoßen hatten, die Bucht entlangsegelten, fieberte ich vor Aufregung. Nachdem wir Kastell del Morro passiert hatten, sprangen wir in unser Boot und riefen dem Schoner begeistert dreimal Hurra nach. Mein Krämer war ein Sklavenhändler!

Jetzt war mein Entschluß gefaßt. Mexiko, Peru, südamerikanische Freiheit, Patriotismus und alles ließ ich auf den Flügeln des über die Bucht hinstreichenden Windes davonfliegen. Mein Kopfzerbrechen und Alpdrücken schlief ich weg und teilte am nächsten Morgen Carlo mit, daß ich die Costa Firma [Festland] aufgegeben hätte und nur noch Dienst an Bord eines für Afrika bestimmten Schiffes nehmen wollte.

Ein paar Tage darauf hörte ich, daß mein Wunsch vielleicht erfüllt würde, weil ein schneller Segler von den Kanarischen Inseln verkauft werden sollte und Signore Carlo mit einem seiner Freunde beschlossen hatte, ihn zu kaufen und nach Afrika zu senden, wenn er nicht zu teuer wäre.

So wurde also die *Globo* für dreitausend Dollar angekauft. Nachdem sie auf Casa-Blanca in Havanna gründlich untersucht und überholt worden war, hielt sie ihren Einzug in den Hafen als ein sehr nettes Lotsenboot von vierzig Tonnen. Wegen ihrer Geschwindigkeit war sie auf den Namen *El Aerostatico* [der Flieger] umgetauft worden. Mittschiffs war eine Feldschlange aufgestellt; alles Nötige für eine Fracht Sklaven hatte man an Bord geschafft; fünfzehn Matrosen, der Auswurf des Auswurfes, waren angemustert; Pulver, Munition, Gewehre und Pistolen gab es im Überfluß. Schließlich wurden als Ballast vier Fässer mit Bargeld in der Kajüte verstaut, das zum Ankauf der Ladung für die Rückreise dienen sollte.

Am 2. September 1826 sagte ich nach einem sehr freundschaftlichen Déjeuner meinem Freunde Carlo an Deck der *Aerostatico* Lebewohl. Das Schiff war nach den Kapverdischen Inseln deklariert, in Wirklichkeit jedoch für Rio Pongo bestimmt. Unsere Mannschaft bestand aus einundzwanzig Gaunern, Spaniern, Portugiesen, Franzosen und Kerlen gemischter Rasse. Der Kapitän aus Mallorca war eigentlich ganz und gar nicht der Mann, dem man ein solches Unternehmen anvertrauen sollte. Ganz gewiß konnte er damals nur in Havanna und sonst nirgendwo als Kommandant eines Sklavenschiffes angestellt werden. Seine nautischen Kentnisse mochten theoretisch wohl gut sein, aber er war absolut kein Seemann, hatte nicht das geringste Vertrauen in sein eigenes Urteil, hörte auf jedermann und ließ dann seine Meinung ohne Argumente und Widerlegung fahren.

Unser Erster Offizier, ein Katalonier und Neffe des Kapitäns, machte nicht den geringsten Anspruch auf Seemannskunst, aber er war ein guter Mathematiker. Ich erinnere mich noch, wie besorgt er um seine schneeweißen Händchen war, und an die Witze, die wir über sein mädchenhaftes Aussehen, seine Stimme und Gespräche rissen. Der Bootsmann in seiner Wache versicherte mir, daß er beinahe niemals einen Befehl gab, ohne ein Liedchen aus irgendeiner beliebten Oper dabei zu summen.

In dieser fantastischen Truppe bekleidete ich die Stelle eines Extra-Steuermanns und Dolmetschers. Da ich an tüchtige Zucht und Seemannskunst gewöhnt war, wurde mir etwas bang zumute, als ich zu merken begann, wie unglaublich unwissend unser Kapitän war und wie wenig man sich auf die Mannschaft verlassen konnte. Das alles machte mich doppelt aufmerksam, und oft bedauerte ich, daß ich nicht an Land geblieben war.

Am zehnten Tag erhob sich ein Nordwestwind, der bald zu einem Sturm anwuchs und die See aufpeitschte. Ich hatte das Segel mindern lassen, aber als der Erste Steuermann mich auf der Wache ablöste, gab ich dem Kapitän einen Wink, daß es vernünftig wäre, das Schiff so schnell wie möglich beizudrehen. Ein paar Stunden waren wir unter einem dichtgerefften Focksegel vor dem Sturm hergejagt, und ich fürchtete, daß wir, wenn wir nicht sofort beidrehten, es nicht halten könnten. Andererseits würden wir, sobald wir es später versuchten, wenn die Wogen noch höher gingen, Gefahr laufen zugrundezugehen. Der Kapitän jedoch, der es niemals unterließ, die unrichtige Person um Rat zu fragen, fand es angebracht, den Rudergänger um seine Meinung zu fragen; dieser, der zufällig älter war als ich, war dagegen, und so ließ man also den Schoner in toller Fahrt durch und über die Wogen fliegen, als ob er ein Rennpferd wäre.

Das Vorderdeck war nun schon ganz unter Wasser, und die Mannschaft hielt sich hinter dem Mast auf, um möglichst trocken zu bleiben. Offiziere und Matrosen, alles saß und hockte durcheinander, und mit unserem gewohnten Mangel an Zucht gab jeder seine Ansicht zum besten. Vor Sonnenuntergang riet ich nochmals, den Schoner beizudrehen, aber das war jetzt so gefährlich geworden, daß die Mannschaft, die es nicht zu tun wagte, dem Kapitän versicherte, der Wind werde sich wohl legen, sobald der Mond aufgehe. Als jedoch die blasse Scheibe über den dicken, tiefhängenden Wolken heraufkam, verdoppelte der Sturm sein Wüten. Die Wogen schlugen über uns hin, aber immer wieder richtete sich unser flottes Fahrzeug auf und durchschnitt die Kämme mit seinem scharfen Steven. Beizudrehen war jetzt unmöglich geworden, aber es mußte doch etwas geschehen, um zu verhindern, daß die schweren Sturzseen, die auf unser Hinterdeck niederdonnerten, uns ganz überschwemmten.

Man kann sich die Angst und Verzweiflung unseres schwachen Kapitäns und seines verweichlichten Steuermännchens vorstellen. Jeder hatte seine eigene Meinung, eine war törichter als die andere. Jemand schlug zum Schluß sogar vor, den Fockmast zu kappen und ohne Segel beizudrehen.

Ich steuerte das Schiff, als dieser unsinnige Plan vorgebracht wurde, und da ich eine Todesangst hatte, daß der Kapitän darauf eingehen würde, rief ich dem Bootsmann zu, meinen Platz einzunehmen, sprang auf die Luke und beschwor die Mannschaft, das um Gotteswillen nicht zu tun. Ich versicherte ihnen, daß wir, wenn wir das Segel kappten, alle Herrschaft über das Schiff verlieren würden, und wenn wir still lägen, würde uns die erste beste Woge, die uns traf, umschlagen lassen. Statt stillzuliegen müßten wir gerade noch schneller fahren. Unsere einzige Rettung sei, die Reffs auszulassen – ich führte an, daß ich es selbst mitgemacht hatte, wie ein Schiff auf diese Weise gerettet wurde. Feiglinge, die den Tod vor Augen sehen, sind von einem mutigen Mann immer zu überzeugen. Ich zögerte daher auch nicht, das Stillschweigen, das meinen Worten folgte, zu benutzen, sprang, ehe der Kapitän ein Wort hatte sagen können, auf das Bugspriet zu und schnitt mit meinem Messer die Schoten durch, was ich jedoch sehr vorsichtig tat, um zu vermeiden, daß die Fock von einem starken Windstoß plötzlich ergriffen und zerrissen wurde.

Meine Meinung erwies sich als richtig. Die größere Segeloberfläche hob den Kopf des Schiffes in die Höhe und ließ uns über die Wogen scheren; die Sturzseen fielen nicht mehr auf unser Achterdeck. Wir fuhren den Sturm aus, und am nächsten Abend trieben wir bei Sonnenuntergang auf einem spiegelglatten Meer, brachten unsere Wanten, die sehr gelitten hatten, wieder in Ordnung und waren riesig stolz, daß wir solche Gefahren überstanden hatten. Der mallorcanische Kapitän schwor, daß vor ihm niemand ein solches Wagnis vollbracht hätte, und war überzeugt, daß er allein den Schoner durch einen so furchtbaren Sturm hatte lotsen und den kühnen Plan ersinnen können, Segel beizusetzen, anstatt zu vermindern.

Als unerwartete Folge der ganzen Geschichte verschwand jede Zucht. Wenn man einmal den Matrosen erlaubt, familiär auf Achterdeck zu kommen und ihre Ansicht zum besten zu geben, dann sind sie nicht mehr zu halten. Die Bande der *Aerostatico* konnte den Gedanken nicht ertragen, daß der jüngste Seemann an Bord – und noch dazu ein Fremder – sich als der geschickteste von allen gezeigt hatte. Daß ich das so gut gemacht hatte, war Grund genug, um zu trotzen. Meinen Befehlen gehorchten sie mit knapper Not, und die Verhältnisse an Bord waren ziemlich gespannt.

Nach einundvierzig Tagen sahen wir uns am Ziel unserer Reise in der Mündung des Rio Pongo. Da niemand die Einfahrt kannte oder navigieren konnte, ging der Kapitän mit vier Mann an Land, um einen Lotsen zu holen. Dieser kam mittags an Bord, worauf der Kapitän sich in einem Boot nach der Sklavenfaktorei in Bangalang begab. Um vier Uhr fuhren wir mit Wind und Flut in den Rio Pongo ein, und ehe die Sonne unterging, lagen wir vor der Niederlassung sicher vor Anker.

Während wir noch langsam an den Ufern des Flusses entlangtrieben und den reichen Pflanzenwuchs von Afrika, den ich zum erstenmal sah, bewunderten, knüpfte ich ein Gespräch mit dem einheimischen Lotsen an, der in den Vereinigten Staaten gewesen war und besonders gut englisch sprach. Berak fragte bald, ob noch jemand an Bord sei, der diese Sprache kannte. Als ich ihm sagte, daß nur der Schiffsjunge sie sprach, begann er mir flüsternd etwas zu erzählen, was mich, um die Wahrheit zu sagen, nicht im geringsten verwunderte.

An diesem Nachmittag hatte einer der Mannschaft, die mit dem Kapitän an Land gegangen war, versucht, diesen zu töten; er hatte hinter seinem Rücken einen Karabiner auf ihn angelegt! Unser Lotse hatte das von einem Eingeborenen gehört, der dem Trupp nachgegangen war; die Wahrheit wurde seiner Meinung nach durch die Prahlereien eines der Matrosen, die ihn an Bord gebracht hatten, bestätigt. Er war davon überzeugt, daß die ganze Bande den Plan hatte, unseren Schoner in ihre Macht zu bekommen.

Die Aussage des Lotsen stimmte mit einigen Andeutungen überein, die mir der Koch während der Reise gemacht hatte. Es fiel mir sofort auf, daß sie, wenn sie wirklich diese Absicht hegten, für die Ausführung derselben keine bessere Gelegenheit hätten finden können als gerade jetzt. Ich beschloß daher, nichts zu unterlassen und keine Vorsorge zu versäumen, die das Schiff und das Leben der ehrlichen Offiziere retten könnte. Als ich die Karabiner untersuchte, die von Land zurückgebracht worden waren und die ich in der Eile in die Waffenkiste an Bord geworfen hatte, fand ich, daß man diese aufgebrochen und verschiedene Pistolen und Messer daraus gestohlen hatte.

Zweifellos waren Vorbereitungen getroffen, uns niederzumachen. Als der Abend einfiel, sagten mir mein gesunder Verstand wie auch meine Nervosität, daß die Nacht nicht ohne einen Mordversuch vorübergehen würde. Es war auffallend still. Gewöhnlich ist die Mannschaft, wenn ein Hafen erreicht ist, fröhlich, es werden allerlei Scherze getrieben, aber an diesem Abend war keine Rede von Singen oder dem gewohnten Gitarrespielen. Vorsichtig ging ich das Deck entlang, aber ich fand nur zwei Matrosen auf den Luken, die taten, als ob sie schliefen. Da ich nur ein Offizier niedrigen Ranges war, konnte ich nicht energisch auftreten, und ich hatte so gut wie gar kein Vertrauen in die Meinung oder Kaltblütigkeit des Ersten Steuermannes, falls ich mit meinen Informationen zu ihm gekommen wäre. Dennoch hielt ich es für meine Pflicht, ihm mitzuteilen, was ich gehört und welche Entdeckung ich gemacht hatte. So still wie möglich rief ich ihn, den Bootsmann und den Koch in die Kajüte und ließ den englischen Schiffsjungen als Schildwache auf dem Schanzdeck. Hier erklärte ich ihnen die Gefahr, in der wir uns befanden, und erbat ihre Hilfe, um den Leuten zuvorzukommen und zum ersten Schlag auszuholen. Mein Plan war nämlich, die Mannschaft zu überwältigen und wehrlos zu machen. Wie ich wohl gedacht hatte, war der Erste Steuermann in Todesangst und weigerte sich, einen Schritt zu tun, ehe der Kapitän wieder an Bord sei. Der Bootsmann und der Koch gaben mir jedoch, ohne viele Worte zu verlieren, recht. Daher rieten wir unserem feigen Kameraden, unten zu bleiben, während wir die Verantwortung und das Risiko des Unternehmens auf uns nahmen.

Ich beschloß, unseren Rettungsversuch damit zu beginnen, daß wir den Halunken aus Kuba niederschossen, der den Kapitän hatte ermorden wollen. Das würde, glaubte ich, eine Panik unter den Meuterern hervorrufen und die am wenigsten blutige Art sein, dem Widerstand ein Ende zu bereiten. Ich nahm aus der Kajüte des Kapitäns ein paar große Reiterpistolen, sah nach, ob sie geladen waren, und befahl dem Koch und dem Bootsmann, mir auf Deck zu folgen. Aber der Feigling von einem Steuermann wollte mich nicht gehen lassen. Er flehte mich an, doch keinen Mord zu begehen, klammerte sich in weibischer Angst an mich und versuchte mit bittenden Worten mich dazu zu bringen, meinen Plan aufzugeben. Während ich mit ihm rang, um ihn loszuwerden, entlud sich eine der Pistolen rein zufällig. Einen Augenblick später schrie mein wachsamer Wachtposten an Steuerbord: »Gib acht!« Und als ich aus der erleuchteten Kajüte stürzte und in die undurchsichtige Dunkelheit starrte, sah ich dicht vor mir die riesige Gestalt des Leithammels, der mit seinem Messer herumfuchtelte. Ich zielte und feuerte. Wir fielen beide; der Meuterer mit zwei Kugeln im Unterleib und ich durch den Rückschlag einer zu schwer geladenen Pistole.

Durch den Stoß hatte ich mein Gesicht und meine Augen verletzt, aber da keiner von uns beiden bewußtlos war, standen wir augenblicklich wieder auf. Der Schurke drückte jedoch beide Hände auf seinen Bauch, rannte nach vorn und rief, daß es um ihn geschehen sei; als er die Treppe zur Back hinabsteigen wollte, stach ihm der Bootsmann mit einem Bajonett in die Schulter. Der Stoß war mit einer solchen Kraft geführt, daß es beinahe unmöglich war, die Waffe aus dem Körper herauszuziehen.

Ich betastete mein Gesicht, fühlte meine Wange voll Blut und band rasch mein Taschentuch so um, daß meine Augen frei blieben. Darauf rannte ich zur Waffenkiste. Gerade in diesem Moment verkündete mir ein Pistolenschuß und ein kurzer, jungenhafter Aufschrei, daß mein Liebling neben mir verwundet war. Ich legte ihn hinter das Halbdeck und kehrte zum Kampf zurück. Ich war jetzt blind vor Wut und focht, wie es schien, wie ein Wahnsinniger. Ich selber erinnere mich nicht mehr, was nun geschah, und hörte erst später von dem Koch und dem Bootsmann, was sich eigentlich zugetragen hatte.

Sie sagten mir, daß ich wie festgenagelt bei der Waffenkiste stand. Meine Augen starrten geradeaus nach der Back, und sooft in dem Dunkel ein Kopf über der Luke auftauchte, feuerte ich Karabiner auf Karabiner auf dieses Ziel ab. Wer oder was sich nur eben bewegte, fiel durch meinen Schuß. Wenn ich ein Gewehr abgefeuert hatte, warf ich es weg und ergriff ein anderes. Als das Gefecht beendet war und der Koch mich aus meiner Betäubung wachrüttelte, tastete ich in der leeren Kiste noch immer wie blind nach Waffen.

Nachdem sich der Rauch verzogen hatte, schien der vordere Teil des Schoners ganz verlassen und leer, aber als wir auf die Suche gingen, fanden wir zwei Mann tot und einen in den letzten Zuckungen auf Deck liegen, während der Anführer und noch ein anderer in der Back in den letzten Zügen lagen. Sechs Pistolen hatte man auf uns abgefeuert, aber wunderlich genug war es der einzige Treffer gewesen, der meinen Jungen am Bein verwundet hatte.

Wieder zur Besinnung gekommen, galt meine erste Frage dem Bootsmann, der sich unbewaffnet vorn befunden hatte, als der unvermutete Schuß abgegangen war. Da er keine Möglichkeit sah, meinem mörderischen Feuer zu entgehen, hatte er sich über dem Bugspriet in Sicherheit gebracht.

Unser Schiffsjunge wurde bald ruhig. Die Wunden der Meuterer erwiesen sich als hoffnungslos, und so konnten wir nur wenig für sie tun, während der verräterische Anführer, wie ein verächtlicher Feigling um Gnade brüllend, einen schmählichen Tod starb. Ihm auf meine Weise Absolution zu geben kostete nicht viel Zeit.

Das war meine erste Nacht in Afrika.

2. Kapitel

Bekanntschaft mit »Mongo John«

Als die strahlende afrikanische Sonne ihren ersten Schein über die prächtigen Bäume und Pflanzen, die den Fluß umsäumten, warf, wurden fünf Tote über Bord gebracht und die Spuren der Tragödie so gut wie möglich entfernt. Der Steuermann, der bei dem Knall des ersten Pistolenschusses, den die Meuterer abfeuerten, in die Kajüte geflüchtet war, kam jetzt bleich und bebend zum Vorschein und erklärte, daß er sich nicht an dem »Mord«, wie er es nannte, beteiligt hatte. Der Koch, der Bootsmann und der afrikanische Lotse erstatteten ihm jedoch Rapport darüber, was geschehen war. Er trug alles in das Logbuch ein und ließ es von mir und den Zeugen, die nicht gekämpft hatten, unterzeichnen. Danach wurde die Wunde des Schiffsjungen untersucht; diese war nicht ernst, während die meinige, obwohl ich keine Schmerzen hatte, bösartig aussah. Das Schloß der zurückspringenden Pistole hatte mir dicht unter dem Auge drei Schnitte beigebracht, und man befürchtete, daß ich das Augenlicht verlieren könnte.

Niemand hatte an diesem Tage Lust zu frühstücken. Nachdem alles rapportiert und aufgeschrieben war, gingen wir mißmutig an die Arbeit, die Taue einzuholen, und brachten das Schiff ganz langsam, als wäre es eine Leichenbahre, vor Bangalang vor Anker, wo Mr. Ormond wohnte und seine Faktorei sich befand. Mr. Ormond war unter dem Namen »Mongo John« eigentlich besser bekannt als unter seinem eigenen. Dieser Herr kam früh am Morgen mit dem Kapitän an Bord und versprach, einen inländischen Doktor zu senden, um mein Auge und das Bein des Schiffsjungen zu kurieren. Auch ließ er sich von mir versprechen, ihn zu besuchen, sobald die Arbeit auf dem Schiff dies gestattete.

An diesem Abend wurde das Geld an Land gebracht, und der Kapitän gab mir den Befehl über das Schiff mit dem Auftrag, es abzutakeln, alle nötigen Reparaturen vorzunehmen und es für die Heimreise auszurüsten. Noch ehe die

Nacht hereinbrach, erfüllte Mongo John sein Versprechen, einen Arzt zu senden. Dieser kam mit seiner Medizin – nicht in seiner Tasche, sondern sie ging neben ihm her – an Bord. Er schrieb mir nämlich vor, meine zerschnittene Wange jede halbe Stunde mit Frauenmilch, frisch aus der Brust kommend, zu baden, und um sicher zu sein, daß ich schnell, sauber und reichlich bedient würde, war eine kräftige Negerin mit ihrem Säugling mitgekommen, die Auftrag hatte, solange zu bleiben, wie es nötig sein würde. Ob es nun an dem Mittel lag oder an der Natur, das kann ich nicht sagen, aber in kurzer Zeit waren die Wunden geheilt und keine Spur einer Entzündung mehr wahrzunehmen.

Zehn Tage waren nötig, um die *Aerostatico* wieder fix und fertig zu machen und Holz und Wasser an Bord zu nehmen. Proviant hatten wir von Havanna mitgenommen, so daß wir diesen nur noch derart verstauen mußten, so daß wir ihn bequem erreichen konnten. Da unser Schoner klein war, hatten wir kein Sklavendeck. Daher wurden Matten über das Brennholz gebreitet, das zwischen den Wasserfässern aufgestapelt war, um auf diese Weise eine ebene Fläche zu bekommen, auf der unsere Ladung liegen konnte.

Nach Beendigung dieser langweiligen Arbeit ging ich zum erstenmal an Land, um dem Kapitän Bericht zu erstatten; dieser war jedoch noch nicht soweit, daß er seine lebende Ladung einschiffen konnte. Große Summen, viel höher als der gewöhnliche Marktpreis, bot er für eine Ladung Knaben. Aber trotzdem mußten wir zwanzig Tage länger als ursprünglich verabredet warten, ehe ein Trupp nach Bangalang kam.

Da ich Mongo John oder Häuptling John meinen Besuch zugesagt hatte, benutzte ich diese Gelegenheit, um meinem Versprechen nachzukommen. Er begrüßte mich mit großer Höflichkeit, ließ mich seine Stadt, seine Baracken und seine Magazine sehen und ging sogar so weit, daß er mich mit einer Einladung in seinen Harem ehrte. Nachdem dieser Besuch zu Ende war, bestand er darauf, daß ich bei

Faktorei am Rio Pongo [angeblich das Haus Mr. Ormonds]

ihm speisen sollte, und bald hatten wir ein paar feine Flaschen geleert. Ormond war Seemann gewesen wie ich. Wir sprachen über die Länder, die wir gesehen, und Abenteuer,

die wir erlebt hatten, und jedesmal rückte er mit einer neuen Flasche heraus, um unsere Erinnerung aufzufrischen. Nichts läßt rascher eine Freundschaft entstehen als

Wein. Ehe die Sonne unterging, waren wir um die ganze Welt gereist und die besten Freunde geworden.

Während der Wein auf Mongo wie ein Schlafmittel wirkte und ihn in seinem Stuhl zu einem behaglichen Schläfchen festhielt, war seine Wirkung auf meine gespannten Nerven gerade umgekehrt. Um etwas frische Luft zu schöpfen, schlenderte ich die Veranda entlang, ging auf und ab. Aber bald schlüpfte ich in die Dunkelheit nach dem verbotenen Terrain des Harems. Als ich schon beinahe in der Mitte des Heiligtums war, wo Ormond seine bunte Schar von schwarzen Frauen, Mulattinnen und Mischlingen untergebracht hatte, wurde ich entdeckt. Das erste Fräulein, das mich sah, war eine hübsche Mulattin mit rosigen Wangen, blitzenden Augen, einem koketten Turban und einem reizenden Mündchen; sie nahm, wie ich später bemerkte, den zweiten Platz im Herzen ihres Gebieters ein. Augenblicklich hallte der Hof von ihren Rufen nach den Gefährtinnen wider, so daß die ganze Schar schnatternder Papageien mich umringte, ehe ich mich davonmachen konnte, wobei sie ohrenzerreißend lachten und plapperten. Mein Ruhm war mir vorausgeeilt. Meine Pflegerin arbeitete in dem Harem; ihr Besuch auf dem Schoner und die Erzählung der Tragödie hatten Anekdoten geliefert, die für ein ganzes Leben reichten. Alle waren äußerst gespannt, den »weißen Kampfhahn« zu sehen, alle wollten die weiße Haut anfühlen, die sie geheilt hatte. Dann rannten sie auf einmal, in einem plötzlichen kindlichen Einfall, von mir weg, als ob sie Angst hätten, und stürzten dann ebenso plötzlich wie ein Trupp Äffchen wieder auf mich los. Ich konnte kein Wort von dem verstehen, was sie sagten, aber sie schienen alle ebensoviel Spaß dabei zu haben wie ich selber, schauten mir in die Augen, wie um zu verstehen, was ich sagte, und unterhielten sich königlich über meine Unwissenheit.

Meine schwarzen Freundinnen wollten nicht nur sich selbst unterhalten, sondern auch etwas zu meinem Vergnügen tun. In einer Ecke überlegten sie schnell, was es sein sollte. Ein paar kamen mit Holzstücken dahergelaufen, während andere Kohlen herbeitrugen. Schnell wurde mitten im Hof ein kleines Feuer angelegt. Als die emporsteigenden Flammen den Umkreis erhellten, begann ein wirbelnder Kreis halbnackter Mädchen zu dem eintönigen Schlagen einer Art Trommel zu tanzen. Bald löste sich die enge Kette auf, und sie tanzten alle nach eigener Phantasie. Einige waren feurig, andere zärtlich, einige sanft, andere wild. Nach soviel Jahren erinnere ich mich nicht mehr genau an die einzelnen Figuren, besonders auch, weil ich vom Wein und Champagner noch etwas benebelt war. Plötzlich kam ich auf die Idee, daß es nicht mehr als meine Pflicht sei mitzutanzen. Ich beschloß, den kleinen Barbarinnen einmal ein Beispiel italienischer Kunst zu zeigen.

Ich sprang also aus der Hängematte, wo ich bequem gelegen und zugesehen hatte, begann mit einem Balancez und Avant-Deux und beendete meine Vorführung mit einem doppelten Kreuzsprung und einem Matrosenhopser. Wie toll sie über meine Sprünge lachten, wie sie sich den Bauch hielten, sich am Boden wälzten und sich nicht beruhigen konnten, das kann sich kein ernsthafter Mensch vorstellen. Endlich hatte ich genug vom Solotanz, packte die hübscheste der Schar um die Mitte und drehte sie in einem tollen Walzer rund herum um den Hof, bis ich sie schwindlig und keuchend mit einem Kuß zu Boden gleiten ließ. Eine andere löste sie ab, dann noch eine und wieder eine, alle kamen an die Reihe, ich hätte sicher das ganze Serail durchgetanzt, wenn nicht plötzlich der starrende und gähnende Mongo vor uns gestanden hätte.

Seine Anwesenheit ernüchterte mich. Ein Schätzchen von Ormond, eine Quarterone, die eben nahe daran war, die Besinnung zu verlieren, glitt aus meinen Armen in die ihres Herrn und Meisters; ich entschuldigte mich wegen meines verrückten Einfalls, welchen ich ganz und gar seinem Wein und seiner unterhaltenden Konversation zuschrieb.

»Ja, ja«, sagte Mongo, »sobald du nur Musik hörst und tanzen siehst, fährt Sankt Veit dir in deine italienischen Beine, und es scheint mir, daß du den kleinen Frauen ebenso schnell nachläufst wie ein Bluthund einem durchgebrannten Sklaven. Aber tanzen, Don Theodore, das schadet nichts; nur hoffe ich, daß du in Zukunft nicht wieder einen solchen Lärm dabei machen wirst. In Afrika lieben wir ein Schläfchen nach dem Essen, und ich möchte dir raten, jetzt möglichst schnell einer frischen Flasche den Hals zu brechen.«

So setzten wir uns wieder zu Tisch, und unter dem Einfluß von Mongos Wein und Geschichten fiel ich bald in einen erquickenden Schlummer.

Am nächsten Tag zog mich der Kapitän der *Aerostatico* vertraulich beiseite und gab mir zu verstehen, daß Ormond so von mir eingenommen sei und so bestimmt den Wunsch geäußert hätte, mich als Sekretär in Bangalang zu behalten, daß er, wenn auch nicht gern, es doch für seine Pflicht hielt, mir hier seinen Rat zu geben.

»Es würde sicher für Euch, Don Theodore, einen Vorteil bedeuten, bei einem so großen Kaufmann in Dienst zu treten. Nicht nur würde es für Eure Börse sehr gut sein, sondern auch weil ich bezweifle, daß Ihr jetzt gut daran tätet, nach Havanna zurückzukehren. Es könnte behauptet werden, daß Ihr den Streit auf dem Schoner begonnen habt, und weil es fünf Tote gegeben hat, werde ich dies sofort bei Ankunft dem Kommandanten rapportieren müssen. Nun ist es wohl wahr, daß Ihr, hijo mio, das Schiff, die Ladung, das Geld und das Leben meines Neffen gerettet habt, aber Gott weiß, wie das Gericht in Havanna darüber urteilen wird. Ihr könnt damit rechnen, daß eine strenge Untersuchung eingeleitet werden und man Euch gefangenhalten wird, bis das endgültige Urteil gefällt ist. Wie lange das dauern wird, kann niemand sagen. Wenn Ihr Freunde habt, dann werden diese so lange wie möglich erpreßt werden, ehe man Euch freiläßt; wenn Ihr keine Freunde habt, wird niemand sich Mühe geben, Euch ohne Belohnung freizubekommen. Und wenn Ihr dann wieder frei seid, dann werden der Rest der Bande und die Freunde der Gefallenen Euch nachstellen und Havanna unangenehm und gefährlich für Euch machen, so daß ich nicht zögere, Euch zu raten, zu bleiben, wo Ihr jetzt seid, und das Gold des Mongo anzunehmen.«

Nun hatte ich sofort gemerkt, wohinaus er mit dieser heuchlerischen Rede wollte, und war überzeugt, daß es ihm nur darum ging, mich loszuwerden und dem Ersten Steuermann wieder eine Stellung zu geben, die er, solange ich an Bord war, sicher nicht einnehmen konnte. Da ich sowieso den Plan hatte, in Afrika zu bleiben, sagte ich ihm rund heraus, es täte mir leid, daß er seine Wünsche nicht offen und ehrlich als Mann ausgesprochen hätte, sondern seine feige Undankbarkeit unter der Maske von heuchlerischer Sorge für mein Wohlergehen verberge, worauf ich ihn mit einem verächtlichen Blick stehen ließ. Während er verwirrt darüber, daß ich ihn durchschaut hatte, in die Kajüte ging, rief ich ein Boot an, warf meine Seemannskiste, mein Bettzeug und meine Waffen hinein und vertraute mein Schicksal dem Festland von Afrika an.

Mr. Ormond empfing mich sehr herzlich, stellte mich als seinen Sekretär an und versprach mir für meine Dienste als solcher eine eigene Wohnung, einen Platz an seinem Tisch und einen Neger oder dessen Gegenwert zu vierzig Dollar monatlich berechnet.

Als die Boten aus dem Inland mit den Sklaven, welche die Ladung der *Aerostatico* vervollständigen sollten, zurückkehrten, hielt ich es dem italienischen Krämer von Regla gegenüber für meine Pflicht, sein Schiff persönlich auszuklarieren. Ich ging also wieder an Bord, um bei der Einschiffung von hundertacht Knaben und Mädchen zu helfen; das älteste dieser Kinder zählte noch keine fünfzehn Jahre.

Als ich zwischen die Decks hineinkroch, konnte ich mir nicht vorstellen, wie diese kleine Armee, ohne zu ersticken, in einem Raum untergebracht werden sollte, der nicht höher als zweiundzwanzig Zoll war! Und dennoch geschah dies in kürzester Zeit, denn sie mußten alle unter Deck gebracht werden, damit sie nicht, während das Schiff den Fluß hinabfuhr, über Bord springen und an das Ufer schwimmen konnten. Es erwies sich als unmöglich, daß alle sitzen konnten, aber wir ließen sie liegen, einer im Schoße des anderen wie Sardinen in einer Büchse, und so verstauten wir die ganze Ladung. Man wird es kaum glauben, aber bei Ankunft der *Aerostatico* in Havanna hatten nur drei von diesen »Passagieren« der Natur ihren Tribut bezahlt.

Ein paar Meilen von der Küste entfernt verließ ich den Schoner und segelte an ihm vorbei ohne ein einziges Lebewohl, nur vom Schiffsjungen nahm ich Abschied. Eigentlich gehörte er beinahe mir, denn ich kann wohl sagen, daß er sein Leben meinem Dazwischentreten zu verdanken hatte.

Ehe wir die Reise antraten und im Hafen von Havanna auf eine Mannschaft warteten, lagen wir nämlich dicht am Kai in der Nähe eines englischen Kauffahrers vor Anker. Eines Tages hörte ich an Bord jenes Schiffes Schreien und sah einen Jungen mit blutüberströmtem Gesicht aus der Kajüte rennen. Er wurde sofort von einem rohen Seebären verfolgt, der ihn mit seinen Fäusten bearbeitete. Ich bat den Wüterich, damit einzuhalten. Aber meine Einmischung schien ihn noch wütender zu machen, er packte eine schwere Eisenstange und wollte das Bürschchen damit niederschlagen. Ich rief dem Jungen zu, er solle über Bord springen; gleichzeitig ließ ich mein Boot aussetzen und zu ihm hinrudern. Der Junge gehorchte meiner Stimme, und nach ein paar Minuten hatte ich ihn bei mir an Bord, wo er mir für seine Rettung dankte. Der betrunkene Brite gab seiner Wut mit den gemeinsten Worten Ausdruck; wenn er ein Boot zur Verfügung gehabt hätte, zweifle ich nicht daran, daß er zu mir gekommen wäre, woraus dann eine Rauferei bei mir an Bord entstanden wäre.

Glücklicherweise wollte es der Zufall, daß sein Boot am Kai lag, so daß wir reichlich Zeit hatten, ehe er auf die *Aerostatico* kommen konnte, das verletzte Gesicht und die gebrochene Rippe des Kindes zu verbinden und es in dem Haus einer alten Spanierin in Havanna zu verstecken; diese Alte kurierte durch Hexerei die Krankheiten der abergläubischen Seeleute.

Gegen Abend kam der Kapitän des englischen Schiffes an Bord, um seinen Schiffsjungen zurückzufordern, aber da er unhöflich und anmaßend auftrat, wurde ich auch böse und weigerte mich, das Kind herauszugeben, wenn er nicht mit einem Eid versprechen wolle, den Jungen in Zukunft besser zu behandeln. Der Kerl bestand jedoch auf bedingungsloser Übergabe, und daher mußte ich, um der Unterredung ein Ende zu machen, ihn auffordern, unser Schiff zu verlassen.

Jetzt wurde der englische Konsul zu Hilfe gerufen, um bei dem Hafenmeister eine Klage einzureichen. Der Beamte forderte mich auf, ihn zu besuchen. Er hörte ruhig meine Erzählung an, die für die englischen Seeleute wenig ehrenvoll war. Als ich dann wiederum über den Jungen sprach, bat er mich, ihn auch weiterhin zu beschützen und zu verstecken; später, als der spanische Beamte erklärte, daß trotz des Verhaltens des Steuermanns das Schiff Recht auf seine Mannschaft habe und daß ich den Jungen herausgeben müsse, entschuldigte ich mich, daß ich diesem Befehl nicht nachkommen könne, und erklärte, daß ich gar nicht wisse, wo der Junge sich befinde. Ich hatte nämlich der Spanierin Auftrag gegeben, den Jungen irgendwo zu verstecken und mir nicht zu sagen wo. Ich log also nicht und befreite den Jungen von seinem Tyrannen.

Die Untersuchung wurde nicht weiter fortgesetzt. Als das englische Schiff ein paar Tage später abfuhr, ließ ich den Jungen wieder zum Vorschein kommen und nahm ihn mit Bewilligung des Kapitäns zu uns an Bord als Schiffsjungen.

3. Kapitel

Der Haushalt eines Sklavenhändlers

Nach Bangalang zurückgekehrt, beeilte ich mich, die mir von Mongo zugewiesene Behausung zu beziehen und mich, so gut es ging, in einem Land einzurichten, in dem es vor allen Dingen auf Schatten und Schutz ankommt. Mein Haus war aus Bambus gebaut, mit Lehm übertüncht; es bestand aus zwei Zimmern mit Lehmfußboden und einer breiten Veranda. Das Blätterdach war etwas undicht; die Möbel bestanden aus zwei Lehnstühlen mit Rohrsitzen, einem Holztisch, einem Diwan aus Bambus, einer Zinnpfanne mit Palmöl, die als Lampe dienen mußte, und einem deutschen Spiegel in einem Rahmen aus Pappe. Einen Koffer, eine Matratze, eine Hängematte und ein paar Decken hatte ich selbst mitgebracht, aber auch trotz dieser Ergänzung war, wie ich gestehen will, die Einrichtung meines Hauses recht armselig.

Ich will jenen Mann vorstellen, der hier alles beherrschte und in gewissem Sinne den Typus seiner merkwürdigen Klasse in Afrika darstellte.

Mr. Ormond war der Sohn eines reichen Sklavenhändlers aus Liverpool und verdankte sein Leben der Tochter eines einheimischen Häuptlings am Rio Pongo. Sein Vater schien noch sehr stolz auf sein Mulattensöhnchen gewesen zu sein und hatte ihn zur Erziehung nach England geschickt. Der junge Herr John hatte es jedoch nicht sehr weit in den schönen Künsten gebracht, als die Nachricht vom Tode seines Vaters den Agenten in England erreichte, der sich daraufhin weigerte, dem jungen Mann weitere Gelder auszuzahlen. In einem Land, in dem Philanthropie noch keine Modesache geworden war, fand der arme Junge sich bald überall ausgeschlossen und wurde ein Landstreicher in England, bis er Heuer auf einem Handelsschiff nahm. Es dauerte nicht lange, bis der hübsche Mulatte in den Dienst der britischen Majestät mit Gewalt gepreßt wurde. Manchmal war er dann ein tadelloser Steward in der Kajüte, manchmal hing seine Hängematte in der Back. So vergingen fünf Jahre, während derer er beinahe alle Flottenstationen in Westindien und im Mittelländischen Meer kennenlernte.

Endlich kam die lange Kreuzfahrt zu einem Abschluß, und Ormond wurde abgemustert. Sofort beschloß er, sein erspartes Geld zu einer Reise nach Afrika zu verwenden, wo er vielleicht das Erbe seines Vaters würde beanspruchen können. Gesagt, getan; seine Mutter lebte noch, und es war ein Glück für den tüchtigen jungen Mann, daß sie in ihm sofort ihren ältesten Sohn wiedererkannte.

Der Leser muß bedenken, daß sich dies alles an der Westküste Afrikas im ersten Drittel des 19. Jahrhunderts abspielte und daß das Eigentumsrecht und die Interessen der ausländischen Händler ganz unter den Gewohnheitsrechten, wie diese an dem betreffenden Ort galten, standen. Es wurde also ein »Großes Palaver« einberufen – was soviel bedeutet wie Konferenz oder Familientag –, zu dem alle Brüder und Schwestern, Onkel und Neffen des Herrn Ormond eingeladen wurden. Viele von diesen waren Besitzer der Sklaven seines Vaters oder der Kinder dieser Sklaven. Die afrikanische Mutter verteidigte kräftig die Identität und Rechte ihres Erstgeborenen, und so wurden schließlich alle Besitzungen des Händlers aus Liverpool, die Häuser, Ländereien und Neger, soweit man das alles noch feststellen konnte, dem an der Küste herrschenden Gesetz gemäß seinem zurückgekehrten Erben zugesprochen.

Als der junge Mulatte in seiner Heimat so plötzlich wohlhabend, um nicht zu sagen reich, geworden war, beschloß er, sein Vermögen durch Fortsetzung der Geschäfte zu vergrößern, die sein Vater betrieben hatte. Der ganze Landstrich hatte damals jedoch stark unter Bürgerkriegen zu leiden, die, wie es so oft geschieht, aus Familienzwisten entstanden waren, und diese mußten zuerst beigelegt werden, ehe man ruhig Handel treiben konnte.

Das war die Aufgabe, die sich Mr. Ormond im ersten Jahr ausschließlich stellte. Seine Bemühungen wurden durch den Tod eines der kriegführenden Stammeshäuptlinge begünstigt. Ein anderer Feind von geringerer Bedeutung, ein Bruder von Ormonds Mutter, wurde durch ein kleines Geschenk zur Vernunft gebracht; so konzentrierte der junge John dann sehr bald den ganzen Einfluß der Familie in seiner eigenen Person und konnte sich selbst zum »Mongo« oder Oberhaupt am Flusse Pongo ausrufen.

Unter den englischen Händlern war Bangalang schon lange als eine bedeutende Faktorei bekannt gewesen. Nach Ende des Bürgerkrieges wählte Ormond diesen Posten zu seinem festen Sitz und sandte Boten nach Sierra Leone und Goree mit der Mitteilung, daß er bald eine reiche Ladung in Vorrat haben würde. Der Handel aus dem Innern des Landes, der so lange durch die Feindseligkeiten unterbrochen gewesen war, blühte neu auf. Die Reedc lag voller Schiffe aus Sierra Leone und Goree, welche seiner Einladung Folge geleistet hatten. Seine Magazine quollen über von englischen, französischen und amerikanischen Waren; Felle, Wachs, Palmöl, Elfenbein, Gold und Sklaven wurden als einheimische Produkte von den Spaniern und Portugiesen gegen Gold und Wechselpapiere eifrig gekauft.

Man kann sich vorstellen, daß es nur ein paar Jahre dauerte, bis Mr. Ormond nicht nur als ein reicher Kaufmann, sondern auch als ein bei den großen inländischen Stämmen der Fulahs und Mandingos angesehener Häuptling galt. Die unbedeutenden Häuptlinge, deren Gebiet an die See grenzte, schmeichelten ihm mit dem Königstitel. Weil sie seinen mormonischen Geschmack kannten, versahen sie seinen Harem mit den schönsten Töchtern zum Ausdruck des wertvollsten Zeichens ihrer Freundschaft und Treue.

Als ich zum Sekretär berufen wurde, begriff ich sofort, daß ich nicht nur so schnell wic möglich mich in meine neuen Pflichten einarbeiten mußte, sondern daß es auch sehr erwünscht wäre, eine genaue Aufstellung der Besitztümer zu haben, die ich verwalten und verantworten sollte. Aus den Nachlässigkeiten, die er beging, sah ich, daß Herr Ormond von Haus aus kein guter Geschäftsmann war oder zumindest unter dem Einfluß des Reichtums sehr nachlässig geworden war. Meine erste Aufgabe bestand daher in einer genauen Inventarisierung seiner Besitzungen. Dazwischen hielt ich seine Magazine scharf im Auge und erlaubte niemandem, diese allein zu betreten. Als ich ihm das Dokument überreichte, das ein ansehnliches Defizit aufwies, nahm der Mongo das sehr gleichgültig auf und sagte, daß ich ihn nicht mit Rechnungen belästigen dürfe. Er war brummig und schlechter Laune, und ich sah damals schon voraus, daß seine verworrenen Geschäfte zurückgehen würden.

Nach diesem wenig ermutigenden Gespräch kehrte ich ins Magazin zurück. Auf dem Wege dahin kam mir eine alte Hexe entgegen – eine Art Zerberus oder Aufsichtsdame des Harems –, die mir durch Gebärden bedeutete, daß sie den Schlüssel zur Kiste mit den Stoffen haben müsse, worauf sie sich sofort einige Ellen Kattun nahm. Das alte Weib sprach nicht englisch. Weil ich ihren Dialekt nicht kannte, gab ich mir auch keine Mühe, ihr begreiflich zu machen, daß sie ungehörig handelte, sondern nahm Bleistift und Papier und deutete ihr durch Zeichen an, daß sie zum Mongo gehen solle, der einen Schein für die Ware ausstellen sollte; damit geleitete ich sie ruhig zur Tür.

Dadurch wurde die Alte jedoch rasend vor Zorn, wie ich auf ihren verzerrten Gesichtszügen deutlich lesen konnte. Wie es schien, hatte sie unter meinen Vorgängern die Schlüssel der Magazine in Verwahrung gehabt und alles nehmen können, was sie nur wollte. Ich verstand natürlich nicht, was sie bei dieser Gelegenheit sagte, aber ihre heftigen Gebärden, das nervöse Zucken ihrer Glieder, das Flammen ihrer Augen und das ohrenzerreißende Geschrei dazu ließen deutlich erkennen, daß sie sich in einer Wut befand, die durch meine unerschütterliche Ruhe nur noch gesteigert wurde. Bei Tisch erzählte ich das alles Mr. Ormond, aber der nahm es mit demselben gleichgültigen Lächeln auf wie die Mitteilung, daß in seinen Magazinen so viel fehlte.

An diesem Abend hatte ich mich gerade auf meinem harten Strohsack ausgestreckt und dachte wenig fröhlich darüber nach, wie ich nun wohl gezwungen sei, in Afrika zu

Bei der Plantagenarbeit

bleiben, als mein Diener leise an die Tür klopfte und sagte, daß mich jemand sprechen wolle, jedoch ersucht habe, zuerst das Licht auszulöschen. Ich befand mich in einem

Lande, wo Vorsicht geboten war. Darum untersuchte ich erst meine Pistolen, ehe ich den Riegel zurückschob und die Tür öffnete. Es war eine helle Sternennacht, ich hatte die Tür weit genug geöffnet, um hinaussehen zu können, hielt sie jedoch vorsichtig fest. Vor mir sah ich eine weibliche Gestalt, vom Kopf bis zu den Füßen in ein Gewand aus Kattun gehüllt, welches aber das Gesicht frei ließ. Ich erkannte sie sofort als die schöne Quarterone, mit der ich getanzt hatte, als der Mongo uns überraschte. Sie streckte ihre Hände aus den Falten ihres Kleides, legte die eine sanft auf meinen Arm und berührte mit der anderen ihre Lippen, blickte sich vorsichtig um und glitt in mein Zimmer.

Das arme Mädchen, Kind einer Mulattin und eines weißen Vaters, war in Sierra Leone geboren und sprach unsere Sprache viel fließender als die meisten ihrer Rasse. Ihr Vater soll ursprünglich ein englischer Missionar gewesen sein, der aber diesen Beruf mit dem vorteilhafteren eines Sklavenhändlers vertauschte, wodurch er ein großes Vermögen erwarb. Vielleicht war es seinem früheren kirchlichen Beruf zuzuschreiben, daß er vor seiner Abreise nach Amerika seinem Kind den biblischen Namen Esther gegeben hatte.

Ich führte meine vor Angst zitternde Besucherin zu dem Diwan, wo ich vorsichtig neben ihr Platz nahm, und fragte, welchem Umstand ich diesen geheimen Besuch aus dem Harem zu verdanken hatte. Ich hegte Argwohn, denn obgleich ich noch ein Neuling in Afrika war, wußte ich doch genug über die Zucht, die in diesen Sklavenfaktoreien herrschte, um mir nicht einzubilden, daß ihr Besuch einer dummen Sentimentalität zuzuschreiben war.

Diese Quarteronemädchen, deren Hautfarbe kaum von der unsrigen zu unterscheiden ist, haben allerliebste Manieren. Und Esther bat verlegen flüsternd um Entschuldigung für diesen Überfall; aber ich hatte mir so sehr die Feindschaft von Unga-Golah – der ersten Frau des Serails – zugezogen, daß sie trotz der Gefahr zu mir gekommen war, um mich zu warnen. Unga hatte Rache geschworen. Ich hatte sie beleidigt und mich ihr widersetzt; ich würde mich ihr auch weiter widersetzen können, wenn ich als »Bücher-Mann« bei dem Mongo bliebe; ich sollte schnell »nach einem andern Land« abreisen, und wenn ich das nicht täte, würde das Essen in Bangalang mir bald sehr schädlich werden.

»Eßt niemals etwas, was ein Mandingo Euch anbietet«, sagte Esther, »eßt nur die Mahlzeiten am Tisch des Mongo. Unga-Golah kennt alle Mandingo-Hexenkräuter und wird nicht zögern, sich deren zu bedienen, um die Schlüssel zu den Magazinen in die Hände zu bekommen. Gute Nacht.«

Ihre sanfte Stimme und ihr zartes Mitleid verdrängten jedes häßliche Gefühl der Leidenschaft, das hätte aufkommen können; aber man wird es mir nicht übel anrechnen, daß ich auf der Schwelle stehenblieb, als ich von ihr Abschied nahm und ihre kleine Hand in der meinen hielt, während meine Augen sich an ihrer schlanken schönen biegsamen Gestalt freuten, an der sanften Röte ihrer lieben Wangen, die dem Blatt der Magnolie glichen. Während meine Hand über ihre rabenschwarzen Flechten strich und ich ihr tief in ihre großen dunklen Augen sah, fühlte ich eine Träne über meine rauhe Wange rollen, und ich drückte einen Kuß auf ihre roten Lippen, mehr aus Dankbarkeit als aus Leidenschaft.

Das »Frauenhaus« meines Herrn war ein offener Raum, der durch eine im Viereck herumgebaute Gruppe von Lehmhäusern gebildet wurde; der Eingang war nur nachts bewacht. Unga-Golah, die älteste und häßlichste der Frauen, führte hier das Regiment, wies jeder Frau ihre Zulage und Dienerin an und verteilte die Gunst ihres Herrn je nach den Geschenken, womit sie bestochen wurde.

In seiner Jugend, wo ihm alles glückte, was er unternahm, hatte Ormond – ein dicker, plumper Kerl mit schwarzen Augen, breiten Schultern und kurzem Nacken – seinen Harem nach den strengen orientalischen Auffassungen regiert. Aber in dem Maße, wie der Schwelger mit den zunehmenden Jahren eine weniger glückliche Hand in Geschäften zeigte, nahm auch seine geistige und körperliche Kraft ab, und zwar um so mehr, weil er nicht nur ein starker Trinker war, sondern auch allerlei erregende Mittel verwendete.

Als ich ihn kennenlernte, sah er aus wie ein verlebter

Schwelger. Seinen Harem hielt er sich darum auch mehr, weil es Landessitte war, als daß er Gebrauch davon gemacht hätte. Seine Frauen verspotteten ihn und unterhielten sich, wie sie wollten. Von Esther erfuhr ich, daß es keine einzige unter ihnen gab, die nicht in Bangalang einen Liebhaber hatte. Dann wurde Unga-Golah bestochen, um dafür zu sorgen, daß der Mongo sich betrank.

In einem solchen Serail und mit einem solchen Gebieter war natürlich wenig Grund zu Eifersucht der Frauen untereinander vorhanden, aber man darf sich darum nicht vorstellen, daß in dem Haushalt des Mongo die Frauen sich nicht miteinander gestritten hätten. Die Zänkereien brachen immer dann aus, wenn der Mongo Kattun, farbige Glasperlen, Pfeifen und Spiegel austeilte. Wenn er eine auch nur im geringsten bevorzugte, dann ging es gleich los. Diejenigen, die meinten, daß sie zu kurz gekommen waren, wurden wütend, und für eine Weile schien es dann, als wären alle Geister der Hölle in Bangalang losgelassen.

Ich war einmal mit dem Mongo im Magazin, als eine böse Fee hereinstürzte, die sich weder durch ein schönes Gesicht noch durch lieblichen Duft auszeichnete. Mit herausfordernder Haltung schritt sie auf ihren Gebieter zu und warf ihm einen deutschen Spiegel vor die Füße. Sie wollte einen größeren haben, denn der Spiegel, den sie bekommen hatte, war ein wenig kleiner als die der anderen.

Wenn Ormond nüchtern war, dann war er gewöhnlich zu stolz, als daß er sich von den Frauen hätte belästigen lassen, er kehrte ihr daher nur kühl den Rücken und befahl der Hexe, das Magazin zu verlassen.

Aber dadurch ließ sich die Dame nicht einschüchtern. »Ha«, kreischte sie und riß ihr Kopftuch ab, »ha!« schrie sie und schlüpfte erst mit dem einen, dann mit dem andern Arm aus ihrem Kleid, »ha!« brüllte sie und schleuderte einen Schuh in die eine und den anderen in die andere Ecke, »ha, Mongo!« gellte sie und riß sich alle Kleidungsstücke vom Leib, so daß sie splitternackt vor uns stand, worauf sie begann, sich auf den Kopf, die Wangen, Stirne, Brust, Bauch und Beine zu schlagen, während sie dem

Mongo zuschrie, er solle sagen, wo sie nicht schön genug sei, daß er sie mit einem kleineren Spiegel abspeisen wollte.

Und als der Mongo ihr keine Antwort gab, richtete sie ihre Worte an mich, um meine Meinung zu hören. Ich hatte einen feuerroten Kopf, versteckte mich hinter ein paar Kisten und überließ es dem lachenden Mongo, sie zu beruhigen.

Eifersuchtsausbrüche wurden jedoch nicht nur durch eine ungerechte Verteilung der Geschenke des Herrn von Bangalang verursacht. Ich sagte schon, daß sich die Frauen die Vernachlässigung und das Alter des Mongo zunutze machten, um außerhalb des Harems Gesellschaft zu suchen, die ihnen besser gefiel. Manchmal fiel die Wahl von zwei schwarzen Schönen auf denselben Jüngling. Dann wurde nicht um einen schäbigen Spiegel, sondern um den auserwählten Adonis gekämpft. Wenn ein solcher Streit entstand, dann wurde so, daß der Mongo es nicht hörte, ein Duell zwischen den beiden Nebenbuhlerinnen arrangiert. Sie zogen ihre Kleider aus, und meistens verlief der Kampf so, daß keine der weiblichen Gladiatoren ernstliche Verletzungen davontrug. Manchmal jedoch blieb es nicht den Damen überlassen. Die schwarzen Liebhaber nahmen selbst den Streit auf, und es erfolgte dann eine Forderung nach allen Regeln der Kunst.

Zur bestimmten Zeit kamen die beiden Parteien auf dem Felde der Ehre zusammen, begleitet von ihren Freunden, die den Sieger beglückwünschen und den Besiegten trösten wollten. Beide Kämpfer betraten die Arena, jeder mit einer Lederpeitsche bewaffnet, deren scharfe dreifache Riemen schmerzende Wunden verursachen konnten. Sie entkleideten sich und warfen drei Kaurimuscheln, um zu entscheiden, welcher von beiden zuerst die Schläge bekommen sollte. Der Unglückliche, der dabei verlor, stand sofort stramm und ließ sich mit der Gelassenheit eines Märtyrers die bestimmte Anzahl von Schlägen verabreichen. Dann kam der andere an die Reihe, der jetzt seinem wütenden Gegner den Rücken darbot. So ging es weiter, bis einer stürzte oder bis die Zuschauer ihn für den Sieger erklärten, weil er es am längsten ausgehalten hatte ohne zu zucken. Mit einem Rücken voller Narben herumzulaufen galt als Beweis ritterlicher Tapferkeit, und zweifellos wandten die Dulcineas ihre zärtlichsten Sorgen und kostbarsten Salben an, um die Wunden ihrer Ritter zu heilen.

4. Kapitel

Gold, Elfenbein und Sklaven

Ich war noch nicht lange in Bangalang, da kannte ich auch schon den dortigen Handel durch und durch; denn ich hatte einige Geschäftserfahrung mitgebracht und nahm mich mit großem Eifer der Geschäfte des Mongo an. Die Dialekte, die an der Küste gesprochen wurden, kannte ich jedoch noch nicht, und deshalb hatte Mr. Ormond, der nur selten in das Büro kam oder über Geschäfte sprach, einen geschickten Dolmetscher angestellt, der neben mir stand und mir beim Tausch der fremden Waren gegen Reis, Elfenbein, Palmöl und Proviant für den Haushalt half. Den Einkauf von Sklaven und Gold besorgte der Mongo ganz allein; er hielt mich noch nicht für genügend erfahren in den einheimischen Sitten und Betrügereien, um mich solche wichtigen Dinge erledigen zu lassen.

Lang und eintönig waren die Tage und Nächte der Regenzeit, die kein Ende zu nehmen schienen. In der Stadt oder auf dem Land, in kleinen Dörfern oder an der See ist Regen langweilig genug, selbst für Leute, die sich mit Lesen unterhalten können oder andere Interessen im Leben haben; aber wer kann die unerträgliche Müdigkeit und Niedergeschlagenheit beschreiben, die über einen Bewohner von Afrika kommt, wenn er auf seiner mit Matten bedeckten Ruhebank liegt und tagelang, wochen-, selbst monatelang horcht, wie die unendliche Sintflut auf sein leckes Blätterdach herabströmt?

Endlich war die Regenzeit vorbei, und die trockene Jahreszeit begann. Das war die Zeit, zu der die Karawanen aus dem Innern des Landes anzukommen pflegten, und wir waren daher nicht erstaunt, als unsere Späher mit der Nachricht kamen, daß Ahmah-di-bellah, der Sohn eines bekannten Fulah-Häuptlings, sich mit einem großen Zuge von Leuten und Waren dem Rio Pongo näherte.

In Afrika sind die Flüsse die einzigen Verkehrsstraßen mit dem Inland, wenn es sich um kurze Strecken handelt;

für größere Entfernungen sind es Fußpfade oder Spuren, die durch dichte Wälder und über Berge nach zahllosen Städten führen. Wenn nun die Händler an der Küste die Nachricht erhalten, daß Karawanen nach der Atlantischen Küste unterwegs sind, dann hält man es immer für ratsam, gehörige Vorbereitungen zu treffen, um die Häuptlinge zu empfangen und besonders, noch ehe sie am Strand ankommen, ihnen einen Willkommensgruß entgegenzuschicken. Man sendet daher »Zutreiber« in die Wälder, um die Besucher mit kleinen Geschenken von Pulver und Tabak willkommen zu heißen. Diese »Zutreiber« sind farbige Herren mit geläufiger Beredsamkeit und einem sehr weiten Gewissen, die man immer in Faktoreien an der Küste finden kann; auf die erste Nachricht hin, daß eine Karawane sich nähert, gehen sie ihr in die Wildnis entgegen und loben das Ansehen und die Waren ihres Gönners ebenso eifrig und ehrlich, wie dies die Handelsreisenden in christlichen Ländern tun.

Einige Tage nachdem unser Trupp von Handlangern sich auf den Weg gemacht hatte, hörten wir in den Hügeln hinter uns Gewehre abfeuern, was bedeutete, daß es ihnen gelungen war, die Karawane ins Schlepptau zu nehmen. Das fröhliche Signal wurde sofort mit unseren Kanonen beantwortet, und nachdem das etwa eine halbe Stunde lang gedauert hatte, tauchte Ahmah-di-bellah mit seinem Gefolge aus dem Rauch auf. Vor ihm schritten unsere Sänger, die mit lauter Stimme das Lob des jugendlichen Häuptlings verkündeten. Hinter dem Häuptling kamen die vornehmsten Händler und ihre Sklaven, die Produkte des Landes trugen. Hinter diesen schritten vierzig gefangene Neger, die gefesselt waren. Darauf folgten sechzig Stück Vieh, eine große Herde von Schafen und Ziegen und die Frauen. Ein langsam und gravitätisch einherschreitender zahmer Straußvogel schloß den Zug.

Es war das erste Mal, daß ich eine so merkwürdige, zusammengewürfelte Menge von Menschen und Tieren sah. Wenn ein Trupp Orang-Utans dabei gewesen wäre, hätte ich wirklich nicht sofort sagen können, welche Exemplare der Kollektion zum Tierreich und welche zum Menschenreich gehörten.

Wenn Mr. Ormond einmal zeigen wollte, was er noch konnte, dann war er einer der geschicktesten Händler in Afrika. Er empfing daher auch die mohammedanischen Fremden mit allen ihnen gebührenden Ehrenbezeigungen.

Vor seinem Büro, das wirklich ein recht imposantes Gebäude war, hundertfünfzig Fuß lang und wegen unserer Vorräte aus feuerfesten Mauern, erwartete er Ahmah-di-bellah und seine vornehmsten Kaufleute. Jeder fremde Fulah, der ihm vorgestellt wurde, schüttelte dem Mongo die Hand und schnellte dann ein paarmal mit den Fingern. Und weil alle, bis zum kleinsten Kaufmann herab, den weißen Mann begrüßen wollten, weil sie dachten, daß dies Glück bringen würde, dauerte es wohl eine Stunde, bis die Zeremonie beendet war.

Gemäß dem Brauch an der Küste wurden sofort nach Beendigung dieser Feierlichkeit alle Waren der Karawane in unseren Lagerhäusern aufgestapelt, nicht nur der Sicherheit wegen, sondern auch, um uns Gelegenheit zu geben, den Betrag zu bestimmen, der jedem Eigentümer zukam. Wenn dies auch nicht sehr zuvorkommend ist, so ist diese Vorsichtsmaßregel doch notwendig, weil viele Händler aus dem Inland die Gewohnheit hatten, ihr Gold und Elfenbein zu einem viel höheren Betrag anzugeben, als der wirkliche Wert betrug, natürlich nur, um mehr dafür zu bekommen.

Als alle Waren in den Scheunen lagen, bekamen die Gäste ein paar fette Ochsen mit einer großen Menge Reis, während die vornehmsten Karawanenführer bei den Stadtbewohnern einquartiert wurden. Das Pack schlug außerhalb der Stadt Hütten auf, und Ahmah-di-bellah, ein frommer Mohammedaner, den zwei seiner Frauen begleiteten, wurde in einigen ordentlichen Häusern untergebracht, die man schnell mit schönen neuen Matten versah.

Solange die Waren einer so großen Karawane noch nicht bezahlt sind, ist es an der Küste Brauch, daß die Verpflegung der Besitzer auf Kosten der Faktorei geht. Wir wollten natürlich diese so rasch wie möglich loswerden und teilten am nächsten Morgen mit, daß der Handel sofort beginnen werde. Ahmah-di-bellah, die Häuptlinge der Karawane und Mr. Ormond begannen sofort mit den Unterhandlungen. Als der Abend hereinbrach, war der Kauf abgeschlossen, nicht nur was die Geschenke betrifft, sondern auch der Preis der Waren war festgesetzt sowie der Prozentsatz, der als »inländische Steuer« abgezogen werden sollte. Eine solche vorherige Abmachung mit den Häuptlingen der Karawane ist immer nötig, denn ohne ihre Hilfe kann man mit dem Gesindel, das im Gefolge der begüterten Häuptlinge mitreist, nicht schachern.

Es ist vielleicht interessant, zu erfahren, was alles an der Küste verhandelt wird – gewöhnlich meint man mit Unrecht, daß der Küstenhandel nur aus Sklaven besteht –, und darum folgt hier das Inventar der Karawanenwaren, wie ich diese erhielt. Die Karawane selbst bestand aus siebenhundert Menschen und brachte die nachstehenden Waren:

3500 Stück Häute	Dollar	1750,–
19 schöne große Elefantenzähne	"	1560,–
Gold	"	2500,–
500 Pfund Elfenbein in kleinen Stükken	"	320,–
15 Tonnen Reis	"	600,–
40 Sklaven	"	1600,–
36 Stück Vieh	"	360,–
Schafe, Ziegen, Butter, Gemüse	"	100,–
900 Pfund Bienenwachs	"	95,–
Gesamtwert der Produkte	Dollar	8885,–

Unser Gewinn sowohl beim Verkauf als beim Einkauf war nicht gering. Reis kostete uns 1 Cent per Pfund; die Häute brachten 18 bis 20 Cent ein; 1 Ochse wurde für 20 oder 30 Pfund Tabak verkauft; Schafe, Ziegen und Schweine kosteten per Stück 2 Pfund Tabak oder einen Faden Kattun;

das beste Elfenbein kauften wir zu 1 Dollar per Pfund und schlechtere Qualität zum halben Preis. Alles zusammengenommen, verdienten wir an unseren Waren sicher 150%.

Weil Gold nur gegen Waren allererster Qualität getauscht wurde und 16 Dollar per Unze kostete, verdienten wir damit nur 70%. Sklaven kosteten 100 »Barren« per Stück. An der Küste ist ein »Barren« einen halben Dollar wert, aber 1½ Pfund Tabak ist auch 1 Barren, ebenso wie ein Faden gewöhnlicher Kattun oder 1 Pfund Pulver. Eine gewöhnliche Muskete ist 12 Barren wert. Wenn Sklaven also gegen 150 Pfund Tabak eingetauscht wurden, bezahlten wir dafür nur 18 Dollar, und wenn wir sie für 100 Pfund Pulver gaben, dann kosteten sie uns 20 Dollar per Stück. Unsere englischen Musketen kosteten uns nur 3 Dollar per Stück, aber Sklaven wurden nur selten mit Musketen bezahlt.

Wenn die Frauen, die auf den Markt kamen, älter als 25 Jahre waren, zogen wir 20% von dem Preis ab, aber wenn sie stark gebaut und man von ihnen Gutes für die Zukunft erwarten konnte, kosteten sie ebensoviel wie ein kräftiger Mann. Knaben, die größer als 4 Fuß 4 Zoll waren, hatten denselben Preis, Kinder wurden jedoch von den Faktoreien selten angekauft, obwohl man sie in den Städten des Inlands vorteilhaft an den Mann bringen konnte.

Jeden Morgen, sobald es Tag wurde, ging ein Ausrufer durch die Stadt und kündigte an, was an dem betreffenden Tag gehandelt werden sollte. An dem einen Tag waren es Häute, dann wieder Reis, dann wieder Vieh. Als man diese Waren verkauft hatte, wurde eine Zeit festgesetzt, zu der Gold, Elfenbein und Sklaven eingetauscht werden sollten. Sobald die bestimmte Stunde gekommen war, schlossen Mr. Ormond, Ahmah-di-bellah und ich die Türen des Magazins und trieben Handel durch das Fenster, während unsere Diener die Waren unter den Afrikanern verteilten, wobei sie oft ihre Peitschen gebrauchen mußten, um die Ordnung unter den schnatternden und keifenden Schelmen aufrechtzuerhalten. Ahmah-di-bellah gab vor, daß er im Interesse seiner Landsleute das Abmessen von Kattun,

Sklavenmarke. Die 4 bis 5 cm großen Buchstaben wurden den Sklaven als Erkennungszeichen eingebrannt

Pulver und Tabak beaufsichtige, aber in Wirklichkeit war es ihm als echtem Steuereinheber darum zu tun, seinen gesetzmäßigen Prozentsatz vor dem Verkauf festzustellen, wofür er dann die kleineren Händler auf ihrem Wege nach der Küste gegen Räuber beschützte.

Endlich gab es keine Käufer und keine Waren mehr auf dem Markt – mit Ausnahme des Straußvogels. Dieser wurde, nachdem alles zu Ende war, dem Mongo als königliches Geschenk von Ali Mami von Futa Jallon, dem frommen Vater von Ahmah-di-bellah, übergeben. Der Vogel wurde zwar zum Geschenk gegeben, aber mit der Anspielung dabei, daß der würdige Ali gute Musketen brauchen könne, für die dann sein Sohn auf der Rückreise wohl sorgen würde. Da Ahmah-di-bellah zwanzig Musketen mitbekam, wurde der Straußvogel ein ziemlich teures Geschenk. Jeder Händler erwartete überdies noch ein »Bungi« oder kleines Geschenk irgendwelcher Art, als Zeichen des Wohlwollens, wobei sich dieses nach der Menge richtete, die er gekauft hatte, und wir beeilten uns, allen Gewohnheiten und Gebräuchen des Landes nachzukommen, damit Bangalang von dem lästigen Schwarm so bald wie möglich befreit wurde. Sobald sie bezahlt waren, zogen sie ab, und in kurzer Zeit waren Ahmah-di-bellah, seine Frauen und sein persönliches Gefolge die einzigen, die von den siebenhundert Fulahs noch übrig blieben.

Ahmah-di-bellah war ein schönes Exemplar des Typus, den man »Jung-Afrika« nennen könnte, obwohl er sicherlich nicht zu den vorwärtsstrebenden oder revolutionären Propagandisten jener Zeit gezählt werden konnte. Er war hochgewachsen und eine anmutige, dabei doch imponierende Erscheinung. Als Sohn eines angesehenen Häuptlings hatte er niemals jene schweren Arbeiten verrichten müssen, die in diesem Klima die Gesichtszüge verrohen lassen. Für einen Afrikaner war sein Gesicht schön. Seine hohe breite Stirn wölbte sich über einer geraden Nase, und seine Lippen zeigten nicht die Dicke, die seinen Landsleuten einen so sinnlichen Zug verleiht. Ahmahs Benehmen gegenüber Fremden oder Höherstehenden war auffallend höflich und zuvorkommend, aber gegen das Gesindel an der Küste schlug er den barschen, gebietenden Ton an, der den Wilden in dem heißen Klima eigen ist.

Ahmah-di-bellah war der zweite Sohn von Ali Mami oder König von Futa Jallon. Zu Ehren der Tatsache, daß er das Alter von »vierundzwanzig Regenzeiten« erreicht hatte, war ihm zum ersten Mal erlaubt worden, eine Karawane nach der Küste zu führen. Dieses Vorrecht wurde jedoch nicht gewährt ohne die Hoffnung, auch von dem Mut seines Sohnes zu profitieren; denn Ali Mami ließ niemals einen Sohn oder Blutsverwandten aus seinem Gebiete ziehen, ohne daß dieser versprach, ihm den halben Ertrag der Unternehmung abzutreten.

Sogar wenn der König seine Zustimmung gegeben hat, ist das Aufstellen einer Karawane eine Arbeit, die Zeit und Geschicklichkeit erfordert. Sobald die Trockenzeit beginnt, begibt sich der Häuptling, der dieses Vorrecht besitzt, auf den Weg; er hat für diese Gelegenheit Gewalt über Leben und Tod seiner Gefolgschaft erhalten; zunächst »läßt er sich nieder« auf einer der gebräuchlichsten Straßen, die nach der Küste führen, während er kleine Trupps seiner Handlanger nach anderen Straßen hin in der Umgebung schickt, um alle Zugangswege zur Küste abzuschließen. So hält ein schwarzer Karawanenhäuptling auf diese Weise die Hauptstraßen einen Monat oder noch länger mit seinen

Leuten besetzt, bis diese genug Händler aufgefangen haben, um eine wertvolle Karawane zu bilden, womit der Anführer Ehre einlegen kann. Wenn das auch der Hauptzweck ist, so benutzt man diese Gelegenheit zugleich auch, um örtliche Steuern einzutreiben, die kleinere Stämme zahlen müssen, und die man sonst nicht einkassieren kann.

Der zeitweilige kleine Potentat benutzt die Blockade auch, um Missetäter einzufangen und die Flucht zahlungsunfähiger Schuldner zu verhindern. Wenn er diese letzteren nämlich mit Waren in ihrem Besitz antrifft, können die Waren in Beschlag genommen werden, um mit deren Erlös die Gläubiger zu bezahlen; genügt der Betrag jedoch nicht, dann wird der Schuldige als Sklave verkauft, wenn er ein Ungläubiger ist; wenn er aber ein Rechtgläubiger ist, kommt er mit einer Tracht Stockschläge auf die Fußsohlen davon.

Solange Ahmah-di-bellah in Bangalang verweilte, suchte ich ihn gewöhnlich abends auf, um seinen interessanten Gesprächen zuzuhören, die mir ein Dolmetscher übersetzte. Manchmal erzählte auch ich ihm Geschichten aus meinem Seemannsleben, die dieser Sohn der Wildnis, der jetzt zum erstenmal das Meer erblickte, besonders gern zu hören schien. Er erwies mir alle Ehre, wie sie einem Reisenden und »Büchermann« zukam, aber ein Geist, der jeden Text aus Mohammeds Buch in sich aufgenommen, erwogen und behalten hatte, ließ sich nicht täuschen. Er war so freundlich, mich, der seinen Glauben nicht kannte, zu belehren, und gab mir zu diesem Zweck einige weitschweifige Darlegungen, in denen er die Glaubenslehren des Islam auseinandersetzte. Ich hörte ihm so geduldig zu, daß ich wohl glaube, daß Ahmah vollkommen von meiner Bekehrung überzeugt war.

Meine offenbare Gefügigkeit wurde reichlich belohnt durch das Vertrauen des Fulah. Voll Interesse erwiderte er meine Besuche, kam sogar während der Arbeitszeit zu mir in das Magazin und betrieb meine Bekehrung mit solchem Eifer, daß er mir durch den Dolmetscher stundenlang die Lehre Mohammeds verkündete. Um dem ein Ende zu machen, versprach ich ihm eines schönen Tages, daß ich gerne dem Propheten folgen würde, wenn Er mich als seinen Jünger annehmen wolle. Aber ich bestand darauf, in die »Schar der Gläubigen« einzutreten, ohne mich dem eigenartigen Ritus muselmanischer Taufe (Beschneidung) zu unterziehen.

Ahmah-di-bellah faßte den Scherz gut auf, lachte herzlich, und von diesem Tag ab waren wir geschworene Kameraden. Der Fulah schrieb gleich ein Lieblingsgebet in arabischer Sprache auf, und als mein geistiger Führer bat er mich, es auswendig zu lernen, so daß ich es jederzeit hersagen konnte. Nach ein paar Tagen prüfte er meine Kenntnisse, und als ich schon beim ersten Satz steckenblieb, machte er mir ergreifende Vorwürfe wegen meiner Unachtsamkeit und ermahnte mich zur Reue.

Der Besuch des jungen Häuptlings, der mit Handel begann und in Frömmigkeit auslief, nahte seinem Ende. Ahmah-di-bellah begann sich für den Heimweg vorzubereiten. Als der Tag seines Aufbruches kam, merkte ich, daß der Fulah meinen Scherz ernstgenommen hatte und überzeugt war, daß ich von meinem Glauben abfallen würde. Im letzten Augenblick versuchte Ahmah mich noch auf eine schwere Probe zu stellen; er brachte nämlich das Heilige Buch zum Vorschein und bat mich, unsere Freundschaft durch den Schwur zu besiegeln, daß ich den Islam niemals verleugnen würde. Ich wußte mich aus dieser Klemme jedoch geschickt dadurch herauszuziehen, daß ich erklärte, zuerst noch viel mehr von dem Koran wissen zu wollen, ehe ich ein so feierliches Gelübde ablegte.

Der Zufall wollte, daß der Mongo von den vierzig Sklaven, die die Karawane mitgebracht hatte, acht zurückwies. Nach einigen Erörterungen war Ahmah-di-bellah einverstanden, sieben zurückzunehmen, aber er bestand darauf, daß der übriggebliebene Veteran eingeschifft werden sollte, da er ihn weder töten noch mit zurück nach Futa Jallon nehmen konnte.

Ich wollte gerne wissen, welche schwere Missetat der Schuldige begangen hatte, daß er lebenslänglich verbannt werden mußte, wenn ihm auch das Leben geschenkt blieb. Der Häuptling teilte mir mit, der Elende habe seinen eigenen Sohn getötet, und weil der Koran für ein solches Verbrechen keine Strafe bestimmt hatte, sei er von den Richtern seines Landes dazu verurteilt worden, als Sklave an die Christen verkauft zu werden – was sie für viel schlimmer hielten als die Todesstrafe.

Ein anderes eigenartiges Beispiel afrikanischen Rechtes zeigte sich noch bei dem Verkauf der Karawane. Ich sah, daß ein paar Frauen mit Stricken um den Hals mitgeschleppt wurden, während andere, die zu derselben Sorte zu gehören schienen, frei herumgehen durften. Der Häuptling erzählte uns, daß die ersteren eigentlich in dem Gebiet seines Vaters wegen Hexerei hätten verbrannt werden sollen, sein ehrwürdiger Ahn aber benötigte so dringend Pulver, daß seiner Meinung nach das Leben dieser Frauen mehr Wert für seine Staatskasse hatte, als es ihre Leichen für das verletzte Gesetz haben konnten.

Ahmah-di-bellah erzählte uns, daß infolge des Pulvermangels die Karawane so wenig Sklaven hatte. Für die Zukunft versprach der junge Häuptling bessere Leistungen. Im nächsten Jahre würde es in den Baracken des Mongo von Sklaven wimmeln. Sobald die Regenzeit begann, wollte sein Vater, der Ali Mami, einen »großen Krieg« gegen allerlei kleine Stämme führen, und die Gefangenen, die sie dabei machen würden, sollten die Scharen ersetzen, die vor zwei Jahren durch eine plötzliche Krankheit weggerafft worden waren.

Mein gescheiter Fulah teilte mir mit, daß die mohammedanischen Gerichte in seinem Land, obwohl sie dem Gesetz zufolge diejenigen, die ihrem eigenen Glauben angehörten, von Sklaverei befreiten, doch keine Gelegenheit versäumten, die Sklaverei jenen afrikanischen Ungläubigen als Strafe aufzuerlegen, die ihrer Rechtspflege unterstanden. Die geringste Übertretung des Gesetzes, die diese Unglücklichen begehen, wird als Todesverbrechen betrachtet, auf das die Strafe der Sklaverei steht. Auch sei es für ein Volk von wahren Gläubigen nicht schwer, so erzählte er mir, eine Menge Sklaven zu bekommen. Untereinander verabscheuten sie zwar diesen Brauch, aber für die Ungläubigen war er doch sehr gut. Der Koran befahl ja doch, »die Stämme mit Gewalt zum wahren Glauben zu bekehren«, und um die Vorschriften des Propheten hinsichtlich der Ungläubigen zu befolgen, machten sie Gebrauch von der Habgier der Engländer, die sie dazu brachte, Neger als Sklaven zu halten. Ich war neugierig genug, um mich zu erkundigen, ob die heiligen Kriege, von denen der Koran sprach, in diesen Tagen wenigstens nicht manchmal angefeuert wurden durch die Vorteile, die sie abwarfen, und ich ging sogar so weit, die Frage aufzuwerfen, ob der mächtige Häuptling von Futa Jallon jemals eine Festung von Ungläubigen bestürmen würde, wenn er nicht hoffte, dadurch Sklaven zu erbeuten.

Dem Brauch des Landes gemäß tauschten wir beim Abschied unsere Namen aus, und während er mir ein vielgelesenes Exemplar des Korans in die Tasche steckte, hängte ich ihm ein doppelläufiges Gewehr über die Schulter. Beim Abmarsch von Bangalang begleitete ich ihn ein paar Meilen weit in den Urwald. Als wir zum Abschiedsgruß mit unseren Fingern schnippten, versprach ich ihm, Hand aufs Herz, daß ich in der nächsten Trockenzeit seinen Vater, den ehrwürdigen Ali Mami, in seinem Gebiet in Futa Jallon besuchen würde.

5. Kapitel

Unterricht im Sklavenhandel

Wenn Mongo John Sklaven einkaufte, dann beobachtete ich dies immer genau. Jeden Neger, der ihm gebracht wurde, untersuchte Mr. Ormond, ohne einen Unterschied zwischen Frauen und Männern zu machen, vom Kopf bis zu den Füßen. Um sich zu überzeugen, daß sie gesund waren, betastete und prüfte er sorgfältig die wichtigsten Muskeln, Gelenke, die Achseln und Leisten. Auch der Mund wurde untersucht, und wenn ein Zahn fehlte, notierte er das als Grund für eine mögliche Preisermäßigung. Augen, Stimme, Lunge, Finger und Zehen, nichts wurde vergessen, so daß der Neger, wenn er ohne Tadel durch die Hände des Mongo gegangen war, von einer Lebensversicherungsgesellschaft ohne weiteres als ein guter Kunde hätte aufgenommen werden können.

Einmal sah ich zu meinem großen Erstaunen, daß der Mongo einen kräftigen und auf den ersten Blick ganz gesunden Kerl als völlig nutzlos zurückwies. Für mein ungeübtes Auge waren seine starken Muskeln und seine glatte Haut ein Zeichen ausgezeichneter Gesundheit. Ich erfuhr aber dann, daß man ihn für den Verkauf mit allerlei Medizinen behandelt hatte, um ihn dicker zu machen, und durch Pulver und Zitronensaft hatte schwitzen lassen, damit seine Haut glänzte. Ormond sagte, daß solche Kniffe in Afrika ebenso vielfach vorkämen wie unter Pferdehändlern in christlichen Ländern; er empfahl mir, dem Neger einmal den Puls zu fühlen. Dabei merkte ich auch sofort, daß er krank oder sehr aufgeregt war. Ein paar Tage später fand ich den armen Teufel, den sein Besitzer im Stich gelassen hatte, ganz gelähmt in der Hütte eines Dorfbewohners von Bangalang.

Wenn ein Sklave im Innern des Landes seinem Herrn nicht mehr von Nutzen ist oder aussieht, als ob er bald sterben würde, dann wird er so schnell wie möglich verschenkt oder an einen Krämer oder Makler verkauft. Diese rufen dann einen Quacksalber zu Hilfe, der es gegen eine kleine Belohnung unternimmt, den Kranken so herzurichten, daß ein Neuling sich dadurch täuschen läßt. Manchmal gelingt der Betrug, aber erfahrene Sklavenhändler merken es sehr schnell an den gelben Augen, der dicken Zunge und der fiebrigen Haut.

Nachdem ich noch einige Lektionen bekommen hatte, hielt der Mongo mich für genügend bekannt mit dem Sklavenhandel, so daß er mir die ganze Leitung seiner Geschäfte übertragen konnte. Dadurch bekam er mehr freie Zeit. Diese benutzte er, um sich mehr als je zuvor seiner Neigung zum Trinken hinzugeben, obwohl seine Eitelkeit auf den Titel »König« ihn dazu trieb, allen »Land-Palavers« [Versammlungen] noch immer beizuwohnen, und – zu seiner Ehre sei es gesagt – seine Entscheidungen waren niemals unsachgemäß oder parteiisch.

Drei Monate lang war ich nun in Bangalang und Umgebung gewesen und hatte allerlei getrieben; jetzt kannte ich die Sprache gut genug, um ohne den Dolmetscher auszukommen. Ehe dieser sich auf eine lange Reise begab, riet er mir, mich mit Unga-Golah, dem Zerberus des Harems, auszusöhnen, da sie meinen vertrauten Umgang mit Esther vermutete und, wenn ich ihr Stillschweigen nicht erkaufte, diesen zweifellos dem Mongo verraten würde.

Tatsächlich hatte ich seit der Nacht, als die schöne Quarterone mich aufsuchte, um mich zu warnen, das liebe Kind als einzigen Trost in meiner Einsamkeit gefunden. In der ganzen wüsten, rohen, ungezügelten Umgebung von Bangalang war Esther – die Paria – das einzige goldene Band, das mich noch an die Menschheit und die Länder über See zu binden schien. An der brennend heißen Küste sehnte ich mich nach einem abenteuerlichen Leben, und mein junges Herz kam weder in Versuchung noch in Verwirrung durch Goldgier. So manche Nacht, wenn ich nach Westen ausschaute, während der fallende Tau meine Glieder kühlte, bebte meine Seele vor den selbstsüchtigen Wesen um mich herum, und ich träumte mich zurück in die Wohnungen, die ich verlassen hatte. Wenn ich dann wieder zu mir kam, wenn ich erkennen mußte, daß ich verurteilt war, in Afrika zu bleiben, wenn ich begriff, daß ich selbst, leider im Übermut, dieses Los erwählt hatte, und dann um mich sah, fand ich nichts und niemanden, der mir von menschlicher Sympathie sprach, ausgenommen das verworfene Mädchen. Als mir daher auch ein Wink gegeben wurde, daß sie in Gefahr war und daß ich sie vielleicht verlieren könnte, beeilte ich mich, die Hand, die uns diesen Schlag versetzen hätte können, zu entwaffnen. Unga-Golah war eine Frau, und eine Korallenkette für ihren Hals genügte, ihren Zorn zu besänftigen.

Die Monate, die ich bis jetzt schon in Afrika zugebracht hatte, ohne krank zu werden – obwohl ich auch am Abend ausging und in voller Mittagshitze im Fluß badete –, ließen mich glauben, daß ich Malaria nicht zu fürchten brauche. Aber schließlich kündigten heftiger Schmerz in den Lenden und Schwindel mir an, daß das afrikanische Fieber mich gepackt hatte. Nach ein paar Tagen raste ich im Fieber. Ormond besuchte mich, aber ich erkannte ihn nicht, und in meinen Fieberträumen rief ich nach Esther, die ich mit allerlei Kosenamen nannte. Später erfuhr ich, daß der Mongo dadurch erstaunte und eifersüchtig wurde und daß er die Haremsmatrone mit einer Sturzflut von Fragen und Verwünschungen überschüttete. Aber Unga-Golah war treu. Die Korallen hatten ihre Lippen versiegelt, und sie erfand eine Geschichte, die den Mongo nicht nur beruhigte, sondern Esthers Charakter in einem noch schöneren Licht erscheinen ließ.

Als der leichtgläubige alte Mann merkte, daß Unga-Golah seinem wachsamen Sekretär günstig gesinnt war, vertraute er ihr wieder die Aufsicht über das Magazin an. Damit war ihre Habgier völlig befriedigt, und aus Dankbarkeit für den Vorteil, den ihr meine Krankheit verschaffte, wußte sie es so einzurichten, daß Esther an meinem Krankenlager weilen und mich pflegen durfte.

Als das Fieber und das Phantasieren aufhörten, wurde ein eingeborener Arzt gerufen, der für sehr geschickt galt; dieser setzte mir auf afrikanische Weise Schröpfköpfe, indem er mir mit einem heißen Messer Einschnitte auf der Brust und dem Rücken machte und ein Bananenblatt auf die Wunden legte. Durch diese Operation wurde mein Puls ein paar Stunden lang etwas ruiger, aber als das Fieber mit erneuter Heftigkeit einsetzte, hielten es meine Diener für nötig, dem Mongo zu melden, in welchem gefährlichen Zustand ich mich befand. Anstatt jedoch selbst seinem Freund und Angestellten schnell zu Hilfe zu kommen, der sich in Not befand, ließ Ormond einen jungen Mann rufen, namens Edward Josef, der früher in seinem Dienst gewesen war und sich jetzt in Bangalang selbständig gemacht hatte.

Josef erwies sich als ein guter Samariter. Sobald er es wagen konnte, mich zu transportieren, nahm er mich mit in seine Niederlassung in Kambia und rief einen anderen Mandingo-Arzt zu Hilfe, an dessen Torheiten er fest glaubte. Alle Beschwörungen und Amulette des Wilden halfen jedoch nichts. Bis zum Morgen blieb ich bewußtlos und in einem Zustand völliger Erschöpfung. Noch vor Tagesanbruch war aber meine treue Esther schon wieder in Tätigkeit, und sie bestand nun darauf, daß man ihr den Willen täte und mich einer alten Frau mit grauem Haar anvertraute, die mit ihr gekommen war und die für die größte Zauberin an der Küste galt. Ein Sklave, im voraus bezahlt, war der Lohn, zu dem sie es übernahm, mich zu heilen.

Es galt, keine Zeit zu verlieren. Der Fußboden einer kleinen abgedichteten Lehmhütte wurde so gut wie möglich erhitzt und reichlich mit feuchten Zitronenblättern bestreut. Darüber wurde ein Laken als Bett gebreitet. Nachdem alles fertig war, wurde ich hineingetragen, mit Decken zugedeckt und so unter Dampf gesetzt, während meine Doktorin mir noch ein halbes Glas eines abscheulichen Getränkes verabreichte, das sie aus Kräutern gebraut hatte. Diese Trink- und Dampfkur wurde fünf Tage hintereinander wiederholt, und dann wich das Fieber. Hergestellt war ich jedoch noch nicht. Geraume Zeit ging ich wie ein abgezehrtes Gerippe herum, fröstelnd und zitternd und mit einem unersättlichen Hunger, bis ein französischer Arzt mir die

Gesundheit wiedergab, indem er mir kalte Bäder verschrieb.

Als ich meine Arbeit wieder verrichten konnte, wollte Mongo John, daß ich meinen Dienst bei ihm antreten solle. Von Esther erfuhr ich jedoch, daß Unga-Golah während meiner Krankheit die Gelegenheit genutzt hatte und sehr viel in dem Magazin fehlte, wovon die alte Hexe sicherlich mir die Schuld zuschreiben würde, wenn ich wieder einmal mit ihr Streit bekäme.

Es erschien mir daher klüger, meine Stelle als Sekretär aufzugeben, und ich bat den Mongo, mich für die Zeit in seinem Dienst zu bezahlen. Der träge Schwelger verweigerte dies jedoch; wir trennten uns als Feinde, und wiederum war ich auf mich selber angewiesen.

In diesen großen, weitabgelegenen Kolonien und Niederlassungen von europäischen Nationen in Afrika wird ein Fremdling jederzeit von jedem Ansässigen gastfreundlich empfangen. Ich zögerte daher nicht, in das Haus von Josef zurückzukehren, der ebenso wie ich Schreiber bei Ormond gewesen war und ebenfalls Scherereien durch die Diebstähle der alten Frau gehabt hatte.

Wie ich erfuhr, war mein Gastfreund in London geboren, seine Eltern stammten vom Kontinent. Mit Gouverneur Turner war er nach Sierra Leone gekommen. Nach dem Tode des Beamten war der junge Abenteurer in der Kolonie zurückgeblieben und hatte einige Zeit lang die Stelle des Hafenmeisters bekleidet. Rio Pongo hatte er zum erstenmal als Verfrachter eines kleinen Küstenschiffes besucht, das eine kostbare Ladung an Bord führte. Josef gelang es wohl, diese abzusetzen, aber er war weniger glücklich, als er daran ging, seine Forderungen einzukassieren. Vielleicht war seine Auffassung nicht ganz richtig, jedenfalls weigerte er sich, seinen Kreditoren mit einer Verlustbilanz gegenüberzutreten. Er verließ Sierra Leone für immer und trat bei Ormond in Dienst. Da blieb er ein Jahr; dann meinte er, die Sprache und den Handel auf dem Flusse gut genug zu kennen, und schrieb seinen Gläubigern in der englischen Niederlassung, daß er ihnen bald seine Schulden abbezahlen werde, wenn sie ihm genug Kapital vorstrecken wollten, um ein eigenes Handelsgeschäft zu beginnen. Ein reicher Jude ging auf das Angebot ein, und in kurzer Zeit zählte Edward Josef zu den reichsten Händlern am Rio Pongo.

Da ich sonst nichts zu tun hatte als zu genesen und zu plaudern, benutzte ich meine ganze Freizeit, um mir die inländische Sprache anzueignen. Das Susu ist ein Dialekt des Mandingo. Da beinahe alle Worte auf Selbstlaute ausgehen, ist es ebenso weich und musikalisch wie das Italienische, und es dauerte daher auch nicht lange, bis ich es ebenso fließend sprach wie meine Muttersprache.

6. Kapitel

Sklaventransporte nach Amerika

Der 15. März 1827 war ein wichtiger Tag für mich. Ich habe mir dieses Datum so gut gemerkt, weil es einen Wendepunkt meines Lebens bildete. Wenn ich noch ein paar Wochen hätte faulenzen müssen, wäre ich vielleicht gezwungen gewesen, nach Europa oder Amerika zurückzukehren, aber das Glück dieses Tages band mich für immer an Afrika.

Bei Tagesanbruch wurde ein Schiff auf der Reede gemeldet. Als es näher herankam, vermuteten die Händler, daß es ein spanisches Sklavenschiff sei. Aber wie erstaunt sahen die Herren drein, als der Kapitän nach der Landung sein Schiff mir übergab.

La Fortuna, größtenteils das Eigentum meines alten Freundes, des Krämers in Regla, war die Nachfolgerin der *Aerostatico*, aber viel größer und bequemer als diese. Ihr Kapitän hatte an erster Stelle Auftrag, mir meinen vollen Lohn auszuzahlen für die Hin- und Rückreise mit dem Schiff, das ich verlassen hatte, und übergab mir ebenfalls eine Börse mit dreißig Dublonen, zum Beweis der Erkenntlichkeit der Besitzer, weil ich ihr Schiff in jener fürchterlichen Nacht unserer Ankunft verteidigt hatte. Die *Fortuna* wurde mir zugesandt für eine »ausgesuchte Ladung Sklaven«. Zum Ankauf derselben führte sie 200000 Zigarren und 500 Unzen mexikanisches Gold an Bord. Mein Kommissionslohn war auf zehn Prozent festgesetzt, und es wurde mir ein Kommando in Aussicht gestellt, wenn ich jemals Lust bekäme, meinen Aufenthalt in Afrika aufzugeben.

Da ich weder über eine Faktorei noch über Sklavenbaracken verfügte, als ich so plötzlich zur Würde eines Händlers erhoben wurde, hielt ich es für das klügste, alle Händler vom Fluß an Bord des Schoners zu versammeln, und machte das Angebot, die Ladung unter ihnen zu verteilen, wenn sie dafür einstehen wollten, daß die Sklaven binnen dreißig Tagen geliefert würden. Die Besitzer hatten auf große Eile gedrängt, und ich wollte ihnen gern entgegenkommen, so daß ich mich bereit erklärte, fünfzig Dollar für jeden Sklaven, der für gut befunden würde, zu bezahlen.

Nach einigen Verhandlungen wurde mein Angebot angenommen und die Ladung unter den Anwesenden verteilt. Sie weigerten sich jedoch beharrlich, Zigarren als Zahlung anzunehmen, und bestanden darauf, daß ihre Forderungen in Gold bezahlt würde.

Da dies mein erstes Unternehmen war, wußte ich nicht, wie ich meinen nutzlosen Tabak in gangbare Dublonen umsetzen sollte. In dieser Not nahm ich meine Zuflucht zu dem Engländer Josef, der bis jetzt ausschließlich in Produkten Handel getrieben hatte, jedoch der Anziehungskraft des Goldes nicht widerstehen konnte und sich verpflichtete, mir einen Teil der verlangten Neger zu verschaffen. Kaum hatte ich Don Edward gesagt, in welchen Schwierigkeiten ich mich befand, schlug er mir vor, die Zigarren seinem jüdischen Freund in Sierra Leone zu senden, wo sie zweifellos leicht gegen Manchesterwaren umgetauscht werden konnten. An demselben Abend noch fuhr ein Kanu mit Zigarren nach der englischen Kolonie ab, und zehn Tage später erschien der Jude in Rio Pongo mit einem Kutter, der bis zum Rand mit englischen Waren vollbeladen war. Das Gerücht von den fünfhundert Dublonen hatte ihm in Sierra Leone keine Ruhe gelassen. Soviel Geld durfte nicht in den Händen der Eingeborenen bleiben, solange Manchester und Birmingham noch Vertreter in der Kolonie hatten. So war er so rasch wie möglich durch die Brandung gekommen, um mir einen Gewinn von vier Dollar per tausend Zigarren zu bezahlen und zu versuchen, auch seinen Teil von dem Golde zu erhalten, das ich für meine schwarze Ladung ausgab. Durch diesen besonderen Glücksfall konnte ich sowohl den für die Neger erforderlichen Betrag bezahlen als auch die Unkosten für den Aufenthalt des Schoners bestreiten. Ich war über dieses Ergebnis um so mehr stolz und zufrieden, als ich von dem Kapitän gehört hatte, daß die Sendung Zigarren ein gemei-

Im Transportraum eines Sklavenschiffes

ner Streich des Kapitäns der *Aerostatico* war, der sie den Besitzern aufgedrängt hatte, als er erfuhr, daß ich den Auftrag erhalten sollte, eine Ladung an der Küste zu kaufen, weil er hoffte, daß ich dadurch in Schwierigkeiten geraten würde.

Am festgesetzten Tage fuhr die *Fortuna* mit zweihundert-

zwanzig menschlichen Wesen ab. Drei Monate später erhielt ich die Nachricht, daß zweihundertsiebzehn in der Bucht von Matanzas ausgeschifft worden waren und daß ihr Verkauf einen Nettogewinn von 41458 Dollar für die ganze Reise abgeworfen hatte.

Weil man vielleicht nicht glauben kann, daß der Gewinn so groß war, füge ich hier eine Aufstellung der Kosten und des Ertrages bei.

Ausgaben für die Ausreise

Preis der *Fortuna*, ein Schoner von 90 Tonnen	Dollar	3 700
Ausrüstung, Segel, Kosten für Zimmermann und Küfer	„	2 500
Proviant für Bemannung und Sklaven	„	1 115
Lohnvorschuß für 18 Mann vor dem Mast	„	900
Lohnvorschuß für Kapitän, Steuermann, Bootsmann, Koch und Steward	„	400
200 000 Zigarren und 500 Dublonen Ladung	„	10 900
Ausklarierung und Gelder für Bestechungen	„	200
	Dollar	19 755
Kommission 5 %	„	987
Gesamtkosten der Ausreise	Dollar	20 742

Kosten der Heimreise

Kopfgeld für den Kapitän, 8 Dollar per Stück	Dollar	1 736
Kopfgeld für den Steuermann, 4 Dollar per Stück	„	868
Kopfgeld für den Zweiten Steuermann und den Bootsmann, 2 Dollar per Stück	„	868
Lohn des Kapitäns	„	219,78
Lohn des Steuermanns	„	175,56
Lohn des Zweiten Steuermanns und Bootsmanns	„	307,12

Lohn des Kochs und des Stewards	„	264
Lohn der 18 Matrosen	„	1972
Total	Dollar	27152,46

Ausgaben in Havanna

Beamte des Gouvernements, 8 Dollar pro Kopf	Dollar	1736
Meine Provision auf 217 Sklaven, abzüglich Unkosten	„	5565
Provision der Empfänger		
Kleider für 217 Sklaven,	„	3873
2 Dollar pro Kopf	„	434
Diverse Extrakosten, ungefähr	„	1200
Total	Dollar	39960,46

Erträge

Erträge der Versteigerung des Schiffes	Dollar	3950
Erträge der 217 Sklaven	„	77469
Total	Dollar	81419

Zusammenfassung

Totale Erträge	Dollar	81419
Totale Unkosten	„	39960,46
Reingewinn	Dollar	41458,54

Ein afrikanischer Händler von gutem Ruf geht immer darauf aus, seine menschliche Ladung mit der größten Vorsicht auszuwählen, um nicht nur seinen Auftraggebern kräftige Arbeiter zu verschaffen, sondern auch alle Krankheiten zu vermeiden, die Sklaven auf der Überfahrt nach Kuba oder dem amerikanischen Festland befallen könnten. Zwei Tage vor der Einschiffung wird jedem Sklaven der Kopf kahlgeschoren, und wenn die Ladung von verschiedenen Eigentümern herstammt, wird das Zeichen eines jeden Besitzers am Körper des betreffenden Negers eingebrannt;

diese Operation geschieht mit Stempeln aus Silber oder Eisen, welche die Form der Initialen des Kaufmanns haben und gerade so heiß gemacht werden, daß sie eine Blase ziehen, aber die Haut nicht verbrennen. Wenn die ganze Ladung einem einzigen Besitzer gehört, unterläßt man das Brennen immer.

Am festgesetzten Tage wird die ganze Sklavenbaracke mit einem sehr reichlichen »Festmahl« erfreut, das die letzten Stunden des Negers in seinem Heimatland auszeichnet. Wenn das vorbei ist, werden sie in Kanus zum Schiff gebracht und an Deck völlig entkleidet, so daß die Frauen ebenso wie die Männer Afrika so verlassen, wie sie darin zur Welt kamen – nämlich nackt. Diese Vorsorge ist, wie man begreifen wird, unvermeidlich, denn völlige Nacktheit während der ganzen Reise ist die einzige Möglichkeit, um Reinheit und Gesundheit zu verbürgen. In diesem Zustand wird ihnen sofort befohlen hinabzugehen, die Männer in den unteren Raum, die Frauen in die oberen Decks oder die Kajüte, während Kaben und Mädchen Tag und Nacht auf Deck bleiben, wo ihr einziger Schutz vor den Elementen bei gutem Wetter ein Segel, bei schlechtem Wetter ein geteertes Segeltuch ist.

Zur Essenszeit werden sie in Gruppen von zehn Stück verteilt. Vor dreißig und mehr Jahren, als der Sklavenhandel in Spanien noch vom Gesetz erlaubt war, hielten sich die Kapitäne noch mehr an die frommen Sitten. Damals bestand der Brauch, vor und nach dem Essen beten zu lassen. Jetzt geschieht das nicht mehr, und sie begnügen sich mit einem »Viva la Habana« oder »Es lebe Havanna«, was mit Händeklatschen begleitet wird.

Danach bekommt jede Gruppe einen Eimer Salzwasser als »Fingerschale«, um sich die Hände zu waschen, worauf ein »kidd« [Schüssel] mit Reis, Mehl, Brotknollen oder Bohnen, je nach dem Stamm, dem die Neger angehören, vor sie hingestellt wird. Um Eßgier und ungleiche Verteilung der Nahrung zu verhindern, geschieht das Essen nach Anweisung eines Vormannes, der durch Zeichen angibt, wann sie nehmen und wann sie schlucken müssen.

Der Aufseher ist verpflichtet, sofort zu melden, wenn ein Sklave sich weigert zu essen, damit man untersuchen kann, ob das seinem Eigensinn oder einer Krankheit zuzuschreiben ist. Es ist auf Sklavenschiffen wohl vorgekommen, daß Neger freiwillig den Hungertod sterben wollten. Wenn also der Aufseher merkt, daß einer simuliert, dann wird sein Appetit mit einer Dosis Medizin, mit der »Katze« [Peitsche], angeregt. Ist der Sklave jedoch wirklich krank, dann kommt er sofort auf die Krankenliste, als Zeichen dessen wird ihm eine Kugel oder ein Knopf umgehängt, und er wird in das Spital in der Back geschickt.

Zweimal täglich – um zehn Uhr morgens und um vier Uhr nachmittags – wird gegessen. Wenn das geschehen ist, müssen sie sich wieder waschen. Dreimal in vierundzwanzig Stunden wird ihnen ein halber Schoppen [etwa ein Viertelliter] Wasser verabreicht. Pfeifen und Tabak machen bei beiden Geschlechtern sparsam die Runde, und weil es unmöglich ist, jedem Neger eine eigene Pfeife zu geben, werden Knaben mit einer genügenden Menge herumgeschickt, um jedem ein paar Züge zu gewähren. An bestimmten Tagen, meistens dreimal in der Woche, müssen sie ihren Mund sorgfältig mit Essig spülen, und beinahe jeden Morgen bekommen sie einen Schnaps als Vorbeugungsmittel gegen Skorbut.

Obwohl es nötig ist, Frauen und Männer voneinander getrennt zu halten, so dürfen sie doch tagsüber an Deck frei miteinander sprechen. Körperliche Strafen werden nur auf Befehl eines Offiziers erteilt und sogar dann nur, wenn es dem Schuldigen deutlich erklärt worden ist, warum das geschieht.

Einmal per Woche schabt ihnen der Barbier das Kinn ab, wobei keine Seife verwendet wird. Gleichzeitig werden ihnen die Nägel ganz kurz geschnitten, damit sie einander bei den Raufereien nicht verletzen können, die jede Nacht entstehen, wenn einer dem andern jedes Stückchen Liegeboden streitig macht. Wenn das Wetter schön ist, dürfen alle, Männer und Frauen, Knaben und Mädchen, zusammen afrikanische Lieder singen, welche sie dann auf

Einschiffung von Sklaven

einer improvisierten Trommel begleiten, wozu sie ein umgekehrtes Faß oder einen Zinnkessel nehmen.

Soweit die Sicherheit dies gestattet, verwendet man auf der Reise die größte Sorgfalt für die Gesundheit und Reinlichkeit der Neger. In jedem guten Sklavenschiff sind der Kapitän, die Steuerleute und die Bemannung andauernd bemüht, die Ladung in gutem Zustand zu erhalten. Ihr persönliches Interesse und die Menschlichkeit selbst verlangen dies. Unermüdlich geht der Bootsmann herum, um alles rein zu halten, und Desinfektionsmittel werden überreichlich verwendet. Das obere Deck wird täglich gewaschen und gerieben; das Sklavendeck wird gescheuert und geputzt, und um neun Uhr morgens inspiziert der Kapitän das ganze Schiff, so daß, ein Kriegsschiff ausgenommen, sich kein anderes Schiff mit einem Sklavenschiff vergleichen kann, was systematische Ordnung, äußerliche Sauberkeit und Reinlichkeit betrifft. Soweit mir bekannt, ist Schiffsfieber, das die Auswanderer aus Europa manchmal in großer Zahl dahinraffte, auf afrikanischen Sklavenschiffen niemals vorgekommen.

Mit Sonnenuntergang beginnt die Arbeit, die Sklaven für die Nacht unterzubringen. Der Zweite Steuermann und der Bootsmann gehen mit einer Peitsche hinab in den Raum und weisen den Sklaven ihren festen Platz an; diejenigen, die an der rechten Seite liegen, schauen nach vorwärts, und es liegt einer im Schoß des andern, während diejenigen, die links liegen, mit dem Gesicht nach dem Achtersteven in derselben Weise verstaut werden. So kommt jeder Neger auf seiner rechten Seite zu liegen, was man für gesünder hält. Beim Anweisen der Plätze wird besonders auf die Größe geachtet; die Größten kommen in die Mitte, und die kleinen und jungen Sklaven eröffnen und schließen die Reihe. Wenn es viele Sklaven sind und das untere Deck vollgeladen ist, dann gehen die übrigen an Deck, wo dann Planken niedergelegt werden, um die menschliche Ladung vor Feuchtigkeit zu schützen. In Sklavenschiffen ist strenge Zucht bei diesem Verstauen für die Nacht von größter Wichtigkeit, weil es sich sonst jeder Neger so bequem machen würde, als ob er ein Passagier wäre.

Um dafür zu sorgen, daß es bei Nacht völlig still und ordentlich ist, wird von je zehn Sklaven einer als Aufseher angestellt, dieser bekommt dann eine Peitsche, damit er, wenn er Wache hat, seinen Befehlen Nachdruck verleihen kann. Als Belohnung für seinen Dienst, den er voll Eifer ausübt, bekommt er ein altes Hemd oder eine geteerte Hose. Hie und da werden Holzblöcke unter den Schläfern verteilt, aber dieser Luxus wird nur dann erlaubt, wenn man der Laune der Neger sicher ist, denn Sklaven sind oft in Versuchung gekommen zu meutern, wenn sie sich mit diesen »Kissen aus dem Wald« bewaffnen konnten.

Wahrscheinlich werden viele meiner Leser es barbarisch finden, daß man Sklaven nackt auf einer Planke schlafen läßt, aber ich kann ihnen mitteilen, daß geborene Afrikaner nicht an Federbetten gewöhnt sind; und selbst die Reichsten und Freiesten in ihrem Heimatland erlauben sich nur den Luxus einer Matte oder einer ungegerbten Haut. Bei den Mandingo-Häuptlingen, dem fleißigsten und zivilisiertesten Stamm, sind die Betten und Sofas nichts anderes als Häufchen Lehm, die ungegerbte Häute als Kissen haben, während Holzblöcke als Kissen dienen. Ich meine daher, daß Sklaven auf der Reise sehr wenig Unbequemlichkeit empfinden, wenn sie auf Deck liegen müssen.

Auf Lüftung wird sorgfältig geachtet. Auf allen Sklavenschiffen sind die Luken und Schotten mit Eisengittern versehen, und im Deck sind Öffnungen angebracht, damit die Luft gut zirkulieren kann. Dann werden Segel so gespannt, daß andauernd ein Strom frischer Luft in den Raum fließt, ausgenommen bei einer Verfolgung, wenn jede Bequemlichkeit zeitweilig der Sicherheit nachstehen muß. Bei Windstille oder wenn der Wind fortwährend sich ändert und die erstickende tropische Hitze Lüftung unmöglich macht, werden die vergitterten Luken immer entfernt, und die Sklaven dürfen in Gruppen auf Deck schlafen, wo dann die Mannschaft bewaffnet Wache hält.

Handschellen werden selten an Bord benutzt. In den Baracken und bei der Einschiffung werden die Sklaven gewöhnlich dadurch in Schach gehalten, daß man zehn Mann zusammen an eine Kette legt; da dies aber auf See sehr lästig wäre, werden die Fesseln sofort abgenommen und durch Fußfesseln ersetzt, womit sie zu je zwei zusammengekoppelt werden. Ketten verwendet man nur für Männer, Frauen und Knaben läßt man frei, sobald sie an Bord kommen. Auch geschieht es häufig, daß die männlichen Sklaven, wenn ihr Verhalten es gestattet, lange vor der Ankunft von allen Fesseln befreit werden. Auf einer Anzahl brasilianischer Sklavenschiffe werden sie niemals verwendet, da die Neger von Anjuda, Benin und Angola sanftmütiger und nicht so zu Meuterei geneigt sind wie die Neger, die nördlich der Goldküste wohnen. Ein schlauer Händler wird übrigens Fesseln nur dann verwenden, wenn er dazu gezwungen ist; denn je länger man Sklaven fesselt, desto schlechter ist es für sie.

In früherer Zeit, ehe die Sklaverei durch Vertrag abgeschafft wurde, ging das Löschen einer menschlichen Ladung ebenso leicht vor sich, als ob es Mehlsäcke gewesen wären. Aber jetzt muß dies geheim geschehen, denn es ist Gefahr damit verbunden. Der Kapitän und seine Handlanger suchen gewöhnlich einen unwegsamen, unbewohnten Teil der Küste aus, wo sich eine kleine Bucht oder eine geschützte Ecke befindet. Sobald das Schiff vor Anker gegangen ist, werden die Boote mit Sklaven voll beladen und das Schiff selbst abgetakelt, damit man es nicht von der See oder vom Land entdecken kann. Unaufhörlich fahren die schnellen Boote hin und her, bis die ganze Ladung an Land ist, worauf der gefesselte Trupp unter Anführung des Kapitäns und von den bewaffneten Matrosen begleitet so rasch wie möglich nach der nächsten Plantage geleitet wird. Dort ist er sicher vor der Habgier der Beamten des Ortes, welche, wenn sie die Möglichkeit dazu ersehen, ihren Vorgesetzten nacheifern und »Gratifikationen« verlangen.

Inzwischen wird dann ein Bote nach den Eigentümern in Havanna, Matanzas oder Santiago de Cuba gesandt, die sich jetzt beeilen, mit Kleidern für die Sklaven und Gold für die Mannschaft auf die Plantage zu kommen. Makler regeln alles schnell zum Verkauf der Schwarzen, und wenn das Schiff nicht zu groß ist, wird es getarnt, damit es unter einer Küstenflagge nach dem Hafen, von dem es ausgefahren ist, zurückkehren kann.

Wenn der echte Afrikaner zum erstenmal auf eine Plantage kommt, glaubt er sich im Paradies. Er ist verblüfft über die Freigebigkeit, mit der man ihm Obst und frischen Proviant gibt. Seine neuen Kleider, rote Mütze und Schlafdecke [ein Produkt der Zivilisation, wovon er niemals geträumt hat] lassen ihn vor Verwunderung und Entzücken verstummen, so daß er in seiner tollen Freude nicht nur sein Land, seine Familie und seine Freunde vergißt, sondern er springt wie ein Affe mit seinen neuen Kleidern herum, die er verkehrt angezogen hat. Wenn ein Fuhrwerk oder ein Wagen angefahren kommt, dann gaffen sie alle voller Verwunderung, denn sie können sich niemals vorstellen, daß Tiere Arbeiten verrichten. Aber der Höhepunkt der Bewunderung ist erreicht, wenn das Prunkstück von Torheit, ein Postillon von Kuba, gekleidet in eine hellblaue Jacke, mit einem mit Silberborten verzierten Hut, weißer Reithose, glänzenden hohen Stiefeln und klirrenden Sporen von seinem sich aufbäumenden Pferd springt und sie in ihrer Muttersprache willkommen heißt. Alle Afrikaner eilen auf ihn zu, um mit ihrem berittenen Bruder »Finger zu schnippen«, worauf er, seiner erhaltenen Befehle eingedenk, sofort eine erbauliche Ansprache über das Glück des Schicksals beginnt, Sklave eines Weißen zu sein, und dabei jeden Satz als Amen mit einem Klirren seiner Sporen und dem Knallen seiner Peitsche beschließt.

Wenn die Ladung verschiedenen Besitzern gehört, nimmt jeder sofort seinen Anteil mit nach seiner Plantage; gehört sie jedoch nur einem Spekulanten, dann werden die Schwarzen, noch bevor sie das Depot verlassen, jedem, der sie haben will, verkauft. Der Verkauf geschieht so rasch wie möglich, damit nicht die englischen Beamten bei dem Kapitän-General dazwischenkommen.

Eine große Anzahl spanischer Gouverneure in Kuba hat wenigstens versprochen, die Gesetze zu befolgen. Abteilungen von Dragonern und Lanzenreitern wurden aufgestellt. Sie bekamen den Befehl, die Plantagen zu untersuchen, die der Vertreter von England angibt. Gewöhnlich war aber das Wild bereits weg, wenn die Jäger ankamen. Böse Zungen behaupten, daß der Besitzer der Schwarzen oder sein Agent gewöhnlich gerade an die Tür des Sekretärs des Kapitän-Generals klopft, während die Makler die Neger im Depot verkaufen. Man sagt sogar, es komme vor, daß der Kapitän-General selbst auch wohl einmal dabei ist und daß nach einem gemütlichen Plaudern über die gut verlaufene Landung der »Kontrabande«, wie die Sache gewöhnlich genannt wird, die nötigen rouleaux [Geldrollen] unter den dicken Rauchwolken einer Zigarre in dem amtlichen Pult verschwinden. Das edle Metall wird immer als dem Kapitän-General zukommend betrachtet, aber sein Schreiber benutzt einen langen Abschied an der Tür, um seinen Bedarf an »einem ganz kleinen Neger« anzudeuten. Am nächsten Tag versäumt es der afrikanische Knabe, seine Aufwartung zu machen, aber weil man annehmen darf, daß spanische Beamte Gold selbst sterblichen Wesen vorziehen, wird sein Gegenwert in der Form glänzender Unzen übergeben.

Die Schnelligkeit, mit der ich den Schoner *Fortuna* ausgerüstet hatte, brachte die Händler vom Rio Pongo auf neue Ideen, und man sagte allgemein, daß meine Art, die Ladung unter die verschiedenen Händler zu verteilen, nicht nur größere Schnelligkeit in der Abwicklung verbürgte, sondern sich auch gegen Monopole richtete und ihnen allen die gleichen Möglichkeiten verschaffte. Auf einem großen »Palaver« oder einer Versammlung der Händler am Flusse wurde daher auch beschlossen, daß der Handel in Zukunft in dieser Weise betrieben werden sollte. Alle Händler, mit Ausnahme von Ormond, waren bei dieser Besprechung zugegen und gaben ihre Zustimmung; wir hörten jedoch, daß das Personal des Mongo ihn nur mit Mühe davon abgehalten hatte, eine bewaffnete Truppe zu senden und die Versammlung zu sprengen.

Seine Feindseligkeit wurde bald in der Niederlassung

und den benachbarten Städten bekannt und verursachte allgemeine Verstimmung gegen Ormond. Meine Pläne und Grundsätze fanden die Billigung sowohl der Eingeborenen wie der Fremden. Daher wurde der Mongo gewarnt, daß man, wenn er etwas gegen Josef und Theodore unternähme, ihm das nicht leicht gemacht werden sollte. Unser einheimischer Hausherr, Ali Ninpha, seiner Abstammung nach ein Fulah, sagte ihm grob in Gegenwart seiner eigenen Leute ins Gesicht, daß die Afrikaner »mehr als genug von dem Mulatten Mongo« hätten. Von dieser Zeit an nahm seine Macht sichtlich ab, obwohl man ihm seinem Alter und seiner früheren Stellung zuliebe noch einige Achtung entgegenbrachte.

Während sich dies alles abspielte, kam die *Aerostatico* in Konsignation an mich an, und binnen zweiundzwanzig Tagen schickte ich sie mit einer auserlesenen Ladung Mandingos, ein Stamm, der in Havanna als Hauspersonal in Mode gekommen war, ab. Aber man hat nie wieder etwas von dem unglücklichen Schiff gehört. Wahrscheinlich ist es in einem der Stürme, die unmittelbar nach seiner Abfahrt an der Küste wüteten, umgekommen.

7. Kapitel

Englands und Frankreichs Interesse am Sklavenhandel

Ein nicht wohlgesinnter Gläubiger, der weniger als die anderen erhalten hatte, suchte den Kolonial-Gouverneur auf und erzählte diesem, daß ein gewisser Edward Josef, ein Engländer, zusammen mit einem Spanier eine Faktorei am Rio Pongo besäße und Sklavenhandel triebe.

Hierauf begann der britische Löwe in seinem Käfig zu brummen und machte sich auf, um seinen abgefallenen Sprößling zu strafen. Es wurde sofort eine Expedition ausgerüstet, um unsere kleine Niederlassung zu überfallen. Aller Wahrscheinlichkeit nach wäre das auch gelungen, wenn unser Freund in Sierra Leone uns nicht gewarnt hätte. Sobald wir diese Nachricht erhielten, packte Josef sein Hab und Gut, wozu auch sechzig Neger gehörten, zusammen, schiffte sich auf einem Sklavenschiff ein und flüchtete aus Afrika.

Da der feindliche Besuch aus der britischen Kolonie jeden Augenblick eintreffen konnte, versäumte ich keine Zeit, um Kambia ein neues Ansehen zu geben. Neue Bücher, die ausschließlich auf meinen Namen lauteten, wurden angelegt und die Daten sorgfältig gewählt, damit sie auf jede Nachfrage stimmten; auch die Bewohner der Stadt wurden vorbereitet, um zudringliche Fragen beantworten zu können. Als Leutnant Findlay im Dienst Seiner Britischen Majestät mit drei Booten, welche die Flagge des heiligen Georg führten, den Fluß herauffuhr, hatte niemand weniger Angst als der Spanier Theodore.

Als der Leutnant mir einen Befehl des Gouverneurs von Sierra Leone und den dazu gehörigen Gebieten überreichte, der ihn ermächtigte, alle Besitztümer Josefs zu verbrennen oder zu vernichten und ihn selbst gefangenzunehmen, bedauerte ich, daß ich ihm bei diesem patriotischen Vorhaben nicht behilflich sein könne, weil der Schuldige spurlos verschwunden sei, während er mir seine Besitzungen lange vorher schon durch einen gesetzlichen Verkaufs-

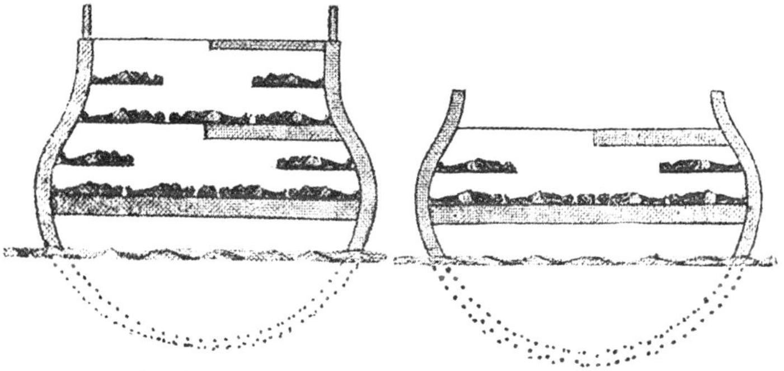

Querschnitt durch ein Sklavenschiff

vertrag übertragen hatte. Als Beweis meiner Behauptungen legte ich den Vertrag und dic Bücher vor. Als ich noch meinen afrikanischen Hauswirt hinzuholte, dessen Aussagen in jeder Hinsicht mit den meinen übereinstimmten, mußte der brave Leutnant seine feindselige Haltung wohl aufgeben und eine Einladung zum Essen annehmen. Während der ganzen Untersuchung war sein Verhalten freundlich, was ich sonst nicht von allen seinen englischen Kollegen sagen kann.

Als die Regenströme etwas nachließen, kamen kleine Karawanen hie und da nach der Küste herab; aber da ich noch ein Neuling in der Gegend war und auch nicht sehr viele Mittcl hatte, bekam ich nur einen kleinen Anteil an dem Handel. Ich tröstete mich jedoch mit der Hoffnung auf mehr Erfolg in der Trockenzeit.

Inzwischen erfuhr ich nicht nur, daß Josef sicher in Matanzas angekommen war, sondern ich bekam auch noch einen Schreiber, den er gesandt hatte und der in Kambia bleiben sollte, wenn ich in das Landesinnere ging. Dann baute ich ein Boot, das ich mit einer Ladung Palmöl nach Sierra Leone sandte, um dort englische Waren dafür einzutauschen. Und schließlich benutzte ich die vielen beschäftigungslosen Stunden dazu, eifrig den Handel zu studieren, den Fortuna mir nun einmal vorbehalten zu haben schien.

Ich hätte viele Seiten nötig, wenn ich eine vollständige Übersicht über Ursprung und Ursachen der Sklaverei in

Afrika geben wollte. Als eine nationale Einrichtung scheint sie immer bestanden zu haben. Überall waren Afrikaner Leibeigene, und die ältesten Denkmäler zeigen sie uns als Menschen dargestellt, die Sklavenarbeit und -dienste verrichten. Ich möchte behaupten, daß drei Viertel der Sklaven, die aus Afrika weggeführt werden, die Beute von Kriegen sind, die durch die Habsucht unserer eigenen Rasse angezettelt wurden. Wir erwecken in dem Neger Leidenschaften, indem wir seine Bedürfnisse und Begierden anstacheln, wovon die einfachen Eingeborenen in früheren Zeiten, als die Sklaverei nichts anderes als eine Einrichtung für den häuslichen Bedarf und die Bequemlichkeit war, sich nichts träumen ließen. Was einstmals Luxus war, ist jetzt aber absolute Notwendigkeit geworden, so daß in Wirklichkeit der Mensch das Geld von Afrika geworden ist.

Mit all seiner Humanität und Philanthropie sendet England bis heute unter dem Sankt-Georgs-Kreuz seine Musketen aus Birmingham, seine Kattunstoffe aus Manchester und sein Blei aus Liverpool nach bequem an der Küste gelegenen Niederlassungen des »gesetzlichen« Handels, Waren, die dann in Sierra Leone, Acra und an der Goldküste in aller Ehre und Tugend gegen spanische oder brasilianische Wechsel auf London eingetauscht werden. Aber welcher englische Kaufmann weiß nicht, auf welchem Handel diese Wechsel beruhen und für wen diese gekauft worden waren? Frankreich mit seiner »roten Mütze« und seiner Brüderlichkeit sendet Kattunstoffe aus Rouen, seinen Kognak aus Marseille, seine dünnen Seidenläppchen und anderen wertlosen blinkenden Kram. Die Deutschen verlangen ihren Anteil für Spiegel und Glasperlen, und höchst anständige Kaufleute, die einen auf frischer Tat ertappten Sklavenhändler als Seeräuber aufhängen würden, wenn sie ihn erwischen könnten, zögern keinen Augenblick, ihn auf indirektem Wege mit Tabak, Kattun, Yankee-Rum und Waren aus Neu-England zu versehen, um die Falle zu stellen, in der er gefangen werden könnte. Ich wiederhole, daß die Versuchung, die in diesen Dingen verborgen liegt, der Grund ist, warum die afrikanischen Kriege geführt werden,

Westafrikanisches Sklavenkreuz. Diese Kupferkreuze wurden noch im 19.Jahrhundert zur Bezahlung von Sklaven verwendet

um Sklaven zu erbeuten, und die schwarzen Menschen den wunderschönen Wechsel bilden.

Dies ist der wichtigste Faktor, der auf den afrikanischen Sklavenhandel Einfluß hat. Doch selbst, wenn jeder Handel mit dem Festland verboten wäre, würden die Gebräuche und Einrichtungen der Eingeborenen die Sklaverei noch als eine einheimische Angelegenheit aufrechterhalten, aber dann natürlich in einer ganz anderen Weise. Die haßerfüllten Familienstreitigkeiten zwischen Stämmen und Teilen von Stämmen werden immer Konflikte entstehen lassen, die an die Raubzüge ihrer feudalen Ahnen erinnern, und die dabei erbeuteten Gefangenen werden immer zu Sklaven gemacht werden.

Statt Banknoten oder edle Metalle verwenden die Afrikaner menschliche Wesen, die persönliche Verkörperung von Arbeit, als Tauschmittel. Der Mensch wird also zur eigentlichen Währung. Ein Sklave ist eine Promesse, die diskontiert oder verpfändet werden kann; er ist ein Wechsel, der sich selbst an seinen Bestimmungsort bringt und körperlich eine Schuld bezahlt; er ist eine Steuer, die in eigener Person in die Schatzkammer des Häuptlings eingeht. Es ist also nicht wahrscheinlich, daß die Neger selbst die Sklaverei als nationale Einrichtung aufgeben werden. Ihre gesellschaftlichen Interessen werden erbliche Dienstpflicht aufrechterhalten; sie werden den Verbrecher und den Gefangenen stets nach fremden Magazinen senden, und die Waisen der Missetäter, nichtsnutzige Kinder, Spieler, Hexen, Vagabunden, Schwächlinge, Schuldner, Taube, Stumme, unfruchtbare und treulose Frauen werden sie immer zur Leibeigenschaft verurteilen. Fünf Sechstel der Bevölkerung schmachten in Ketten.

Um den Verkauf aller dieser Unglücklichen oder Missetäter zu erleichtern, besteht unter den Afrikanern eine zahlreiche Klasse von Maklern, die ebenso geschickt in ihrer Arbeit sind wie die Gauner in allen zivilisierten Ländern. Sie durchstreifen das Land auf der Suche nach dem Material, welches ihren verschiedenen Auftraggebern gefallen kann. Sie versehen Fürsten mit einer Leibwache, verschaffen bestimmte Stämme für Hausarbeit, liefern Arbeiter für den Landbau, füllen die Harems von Schwelgern, zahlen und kassieren Schulden ein mit Menschen und übernehmen in dringenden Fällen die Rolle des Gerichtsvollziehers, um unter dem Vorwand der Beschlagnahme zu rauben. Wenn ein Fürst im Inland Mangel an Kattun, Pulver, Kugeln, Tabak, Rum oder Salz hat und selbst keine Handelsbeziehungen mit den Faktoreien an der Küste besitzt, benutzt er einen aus dieser geschickten Gilde, um den Tausch zustande zu bringen, und so gehen sowohl englischer Kattun als Yankee-Rum aus der zweiten Hand flußaufwärts, während ein Sklave nach der Küste gebracht wird als die ebenholzschwarze Basis eines Wechsels.

8. Kapitel

Die Fulah-Karawane

Der Monat November 1827 brachte die langersehnte Trokkenzeit, und damit kam die Botschaft von dem Führer einer Karawane, daß er bei Vollmond mit allen Produkten, die er zusammenbringen konnte, in mein Dorf kommen werde. Der Bote sagte, daß sein Herr einen Brief seines geliebten Neffen Ahmah-di-bellah mitbringe und daß er nur noch warte, um seine Karawane so groß wie möglich zu machen, um damit meine Kasse zu füllen.

An demselben Tage noch sandte ich dem erwarteten Gast einen Dolmetscher mit passenden Geschenken entgegen und benutzte die Zeit, die mir bis zu seiner Ankunft blieb, um eine nette Hütte zu seinem Empfang errichten zu lassen, da ein mohammedanischer Fulah niemals unter demselben Dach mit einem Ungläubigen wohnen will. Da ich ihren Geschmack kannte, stattete ich die Hütte mit frischgegerbten Häuten und neuen Matten aus.

Seinem Wort getreu, machte Mami-di-yong genau an dem Tag, an dem der Mond seine volle Größe erreichte, seine Ankunft in unserem Gebiet bekannt. Als der fromme Muselman von den hohen Hügeln hinter meiner Niederlassung aus den Fluß sah, der dem Meer zuströmte, wandte er sich gegen Osten, hob die Arme zum Himmel und dankte, sich in die Richtung von Mekka neigend, für seine glückliche Ankunft an der Küste. Nach wiederholten Kniebeugen, wobei er mit der Stirn die Erde berührte, stand er auf und schlug den Pfad nach Kambia ein, wobei er mit lauter Stimme einen Gesang zu Ehren des Propheten anstimmte, in den der ganze unabsehbare Zug einstimmte.

Der orientalische Prunk und die barbarische Pracht machten tatsächlich einen besonderen Eindruck auf den Zuschauer. Mein einheimischer Hauswirt, voller Stolz sowohl auf die ganze Angelegenheit als auf seine mohammedanische Abstammung, beteiligte sich an dem Schauspiel. Als sich der Zug meiner Niederlassung näherte, ließ ich wiederholt Salutschüsse zu Ehren des fremden Gastes abfeuern, und weil ich keine Sänger oder andere Musik hatte, um den Fulah willkommen zu heißen, befahl ich meinem Zeremonienmeister, diesen Mangel mit viel Rauch und einem runden Dutzend knallender Salven aus den Musketen zu ersetzen.

Dies war die erste Karawane und der erste Führer von wirklich fürstlichem Rang, der meine Niederlassung besuchte. Daher ließ ich meine Veranda mit Matten belegen, stellte hinter mir eine bewaffnete Leibwache auf, verzierte den Giebel mit farbigen Flaggen und ließ gegenüber dem für mich bestimmten Stuhl einen glänzend weißen Schafspelz von feinster Wolle für den edlen Wilden auf den Boden legen. Ich ging ihm bis an die Treppe meines Hauses entgegen und nahm meinen Hut ab, als der Fulah auf mich zutrat und mir eine in Silber gefaßte Schnupftabaksdose, die aus dem Horn einer Gazelle hergestellt war, überreichte. Dies war das mit Ahmah-di-bellah verabredete Zeichen, daß die Fremden tatsächlich von ihm gesandt waren. Ich nahm die Dose mit einer Verbeugung in Empfang, führte sie ehrerbietig an meine Stirn und reichte sie dann Ali Ninpha, der bei dieser Gelegenheit als mein Sekretär fungierte. Nach Beendigung dieser Feierlichkeit nahmen wir den Gast bei der Hand, führten ihn zu seinem Schafspelz, und mit einer nochmaligen Verbeugung setzte ich mich auf meinen Stuhl.

Gemäß der Landessitte begann Mami-di-yong erst jetzt mit der Dantica oder Erklärung, warum er gekommen war, wobei er zuerst Allah anrief, für seine Ehre und Aufrichtigkeit einzustehen. »Nicht nur«, sprach der Muselman, »als der Überbringer der Grüße meines lieben Neffen Ahmah-di-bellah komme ich, sondern auch als Gesandter meines königlichen Herrn Ali Mami von Futa Jallon, der mich auf Wunsch seines Sohnes mit einer Eskorte hierher gesandt hat, welche Euch auf Eurer versprochenen Reise nach Timbo begleiten wird. Mein Herr hat mir befohlen, während Eurer Abwesenheit an Eurer Stelle in Kambia zu bleiben, damit Eure Besitzungen vor dem Mulatten Mongo in

Bangalang sicher sind, von dessen feindlicher Gesinnung gegen Eure Person wir sogar in unseren fernen Hügeln gehört haben.«

Der letzte Teil dieser Botschaft überraschte mich einigermaßen; denn wenn auch mein Verhältnis zu Mongo John nicht weniger als freundschaftlich war, ahnte ich doch nicht, daß die Geschichte unserer Entzweiung sich so weit verbreitet hatte oder mit soviel Sympathie für mich aufgenommen worden war.

Als Mami-di-yong seine Ansprache beendet hatte, schritt ich auf ihn zu und dankte für die Anteilnahme seines Herrn an meinem Wohlergehen; danach legte ich den Koran von Ahmah-di-bellah, den ich zuvor in ein weißes Tuch gewickelt hatte, in seine Hände, als Beweis der Freundschaft seines Neffen, worauf ich wieder Platz nahm. Sobald das Heilige Buch aus den Falten zum Vorschein kam, seufzte Mami-di-yong vor Erstaunen; er schlug sich auf die Brust, fiel auf die Knie, berührte mit der Stirn den Boden und blieb einige Minuten in dieser Stellung liegen, anscheinend in frommes Sinnen versunken. Als er sich wieder erhob, war seine Stirn mit Staub bedeckt, und in seinen Augen glänzten Tränen. Nun öffnete er das Buch und ließ mich und sein Gefolge seine eigene Handschrift sehen, die er vorlas: »Mami-di-yong gab dieses Wort Gottes seinem Blutsverwandten Ahmah-di-bellah«, welche Worte von allen Fulahs mit dem Ruf: »Ehre sei Allah und Mohammed, seinem Propheten!« begrüßt wurden. Hierauf näherte ich mich wiederum dem Häuptling, legte meine Hand auf den Koran und schwur, mit Gottes Hilfe die Einladung des großen Königs von Futa Jallon anzunehmen.

Der feierliche Empfang war damit zu Ende. Ich beeilte mich jetzt, Mami-di-yong nach seiner Wohnung zu begleiten, wo ich ihm zuerst einen glänzenden neuen Kessel und ein Tintenfaß zum Geschenk gab und ihm weiter mitteilte, daß es mein größter Wunsch sei, alle Bedürfnisse seines Gefolges in der Karawane reichlich zu befriedigen.

Am nächsten Morgen fiel mir ein, wie sehr sein Neffe Ahmah-di-bellah sich gefreut hatte, als ich ihm zum erstenmal Kaffee anbot. Darum beschloß ich, den Häuptling mit einer Tasse des würzigen Getränkes zu begrüßen. Ich hätte kaum etwas ersinnen können, was dem alten Herrn mehr Freude bereitet hätte. Vor dreißig Jahren hatte er dieses Getränk in Timbuktu genossen, wo, wie er sagte, die Moses-Leute [womit er die Juden meinte] es mit Milch und Honig trinken; sein herrlicher Duft ließ ihn den wohlbekannten Geschmack empfinden, noch ehe seine Lippen davon gekostet hatten.

Lange vor dem Eintreffen von Mami-di-yong war ihm sein Ruhm als gelehrter »Büchermann« und großer Reisender bereits vorausgeeilt. Als er jetzt von seiner Reise nach Timbuktu sprach, bat ich ihn, mir eine kleine Beschreibung dieser »Stadt der Städte«, wie die Afrikaner sie nennen, zu geben. Der königliche Bote versprach meine Bitte zu erfüllen, sobald er den Kindern der Karawane seine Morgenlektionen erteilt haben würde. Seine Hütte war voll mit jungen Fulahs und Mandingos, die zu zwölf oder mehr um ein kleines Feuer hockten, während der Prinz mit dem Tintenfaß, Schreibstift und einem kleinen Stoß alter Manuskripte allein in einer Ecke saß. Ali Ninpha, unser abtrünniger Mohammedaner, stand dabei und heuchelte fromme Andacht, als er Mamis Vorschriften und den Versen des Propheten zuhörte. In Gegenwart der Gläubigen stellte sich der Sünder so, als ob er ein frommer Jünger wäre; aber ich kannte nur wenige Leute, die – heimlich – lieber Schweinefleisch aßen und ängstlicher vermieden, Wasser zu trinken, als er.

Mami-di-yong entschuldigte sich, daß er in meiner Gegenwart in seiner täglichen Arbeit fortfuhr, und er unterrichtete weiter, während seine Schüler auf Holztäfelchen Aufzeichnungen machten, wobei sie Schreibstifte aus Rohr und Tinte verwendeten, die aus einem in Wasser gelösten Pulver bestand.

Diese äthiopischen Mohammedaner wissen sehr wenig. Alles was sie lernen ist nicht viel mehr als der Koran, und wenn sie einen Brief schreiben oder selber lesen müssen, ist das eine Arbeit, mit der sie sich stundenlang plagen. Mami-di-yong übertraf seine Landsleute jedoch sehr weit;

er war tatsächlich der gelehrteste Neger, den ich jemals kennengelernt habe.

Seinem Wort getreu kam der Gesandte nach dem Unterricht zu mir auf die Veranda. Mit einer Menge Pfeifen und Tabak saßen wir sehr gemütlich auf unseren Matten und Schafspelzen. Ali Ninpha machte den Dolmetscher und hatte sich für diese langwierige Aufgabe durch einen bemerkenswerten Angriff auf meinen Getränkevorrat gestärkt. Natürlich so, daß der edle Mohammedaner es nicht sah.

Nach dem Brauch der Mohammedaner begann Mami-diyong damit, daß er den Namen des Herrn anrief; er machte dann einen langen Zug aus seiner Pfeife und ließ sich von seinem Diener ein kleines Säckchen feinen Sand reichen, den er auf den Fußboden schüttete und einen Viertelzoll dick glattstrich. Das war seine Tafel, auf die er seine Reiseroute zeichnen wollte. Am westlichen Rande drückte er einen Finger in den Sand, was den Ausgangspunkt Timbo darstellen sollte. In dem Maße, wie er seine Reise durch Afrika nach der großen Hauptstadt fortsetzte, gab er den Umfang der wichtigsten Gebiete an und zeichnete die bedeutendsten Städte ein, durch die er gezogen war. Eine dicke oder eine dünne Linie bezeichnete die großen Ströme und die kleinen Flüsse, die seinen Weg gekreuzt hatten; Sandhäufchen mußten große Berge vorstellen, und um die ausgestreckten Prärien und Grasflächen des Binnenlandes wiederzugeben, wurde der Sand wieder glattgestrichen. Wenn er zu einem dichten Wald kam, wurde die Schnupftabaksdose zu Hilfe genommen, und ein paar mit Umsicht ausgestreute Körnchen bedeuteten die Waldriesen.

Mamis Erzählung war beinah ebenso lang wie seine Reise. Er unterließ es nicht, zu beschreiben, wie er in jedem kleinen Dorf empfangen worden war. Bei jedem Fluß berichtete er, wie schwierig und gefährlich es gewesen war, Flöße oder Brücken zu bauen. Wenn er durch Überschwemmungen aufgehalten worden war, wurden die Minuten gezählt. Und als er endlich einmal in den Urwald kam, nahmen die Abenteuer kein Ende, wobei er immer nur gerade noch den Krokodilen, Elefanten, Riesenschlangen, Nattern und den gefährlichen Giftschlangen, deren Biß unfehlbar den Tod verursacht, entschlüpft war. In den Bergen dagegen hatte er es gegen Wölfe, wilde Esel, Hyänen, Zebras und Adler aufnehmen müssen.

So ging der ganze Morgen mit einer geographischen, zoologischen und statistischen Einleitung zu seiner Reise vorüber. Als die Stunde der Waschungen und des Gebets schlug, hatte Mami-di-yong noch lange nicht Timbuktu erreicht. Jetzt geboten ihm sowohl Glaube als auch Reinlichkeit, eine Pause einzulegen; er entschuldigte sich also wegen der Störung und ließ einen Sklaven vor die Karte hinsetzen und auf sie aufpassen, während er seine religiösen Pflichten erfüllte.

Als der edle Fulah zurückkehrte, hatte ich ein schmackhaftes Mahl auf einer Serviette neben seine Karte bereitstellen lassen, so daß er seinen Zwieback mit Zucker knabbern konnte, ohne sich unterwegs aufhalten zu müssen. Ehe er begann, erlaubte ich mir jedoch, einen kleinen Wink über den Wert der Zeit in unserem kurzen Leben zu geben, und stellte ein paar Fragen über »die Stadt der Städte«, um anzudeuten, daß ich gern in die Mauern von Timbuktu einziehen würde. Mami-di-yong, der sowohl Takt als Humor besaß, lächelte über meine leise Anspielung; er ging schnell über ein paar Meilen Wildnis hinweg und stellte seine Tabaksdose an den östlichen Rand der Sandkarte, womit er andeutete, daß er an das Ende seiner Reise gekommen war.

Mami hatte verschiedene europäische Kolonien und maurische Königreiche an der Nordküste von Afrika besucht, so daß er nicht so dumm und unwissend war wie die Afrikaner, die Timbuktu als eine Kombination von Paris und Paradies betrachten. Er behauptete nicht einmal, wie es die meisten Mandingo-Häuptlinge tun, daß er Timbuktu über Senegal oder Sierra Leone stelle. Er gab zu, daß der königliche Palast nur aus einer großen Einzäunung von Lehmmauern bestand, die ohne Geschmack und Symmetrie errichtet waren, innerhalb welcher sich wie in einem Labyrinth zahlreiche Gebäude für die Frauen, Kinder und Verwandten des Fürsten befanden. Und wenn das der Königspalast von Timbuktu war, »was«, sagte er, »konnten dann erst die Wohnungen der Edlen und Städter sein?« Die Straßen waren Pfade; die Basare waren kleine Buden; ihre schönsten ausgestellten Waren konnten sich lange nicht mit denen einer Vorstadt in einer europäischen Niederlassung vergleichen. Nur für die Märkte von Timbuktu hegte er Bewunderung. Jede Woche quollen diese über von Händlern, Kaufleuten, Hausierern und Krämern, die entweder in den benachbarten Fürstentümern wohnten oder mit Sklaven und Produkten von weither kamen. Die Mauren und Juden aus dem Nordosten waren die größten und reichsten Händler. Unter ihnen nannte er eine besondere Klasse, die eigenartige Turbane trugen und denen er den Namen »Josefsleute« gab, höchstwahrscheinlich Armenier.

Von der Regierung dieses einflußreichen Gebietes sprach der Prinz unbarmherzig schlecht. Fremde wurden belauert und schwer besteuert. Trotz seiner despotischen Herrscher war Timbuktu jedoch ein großer Verkehrsmittelpunkt; Händler sowohl wie eine Reihe kleinerer Fürsten besuchten die Stadt regelmäßig, nicht nur wegen des Reichtums an Mineralsalzen in ihrer Umgebung, sondern auch deshalb, weil sie dort ihre Sklaven gegen fremde Waren umtauschen konnten. Ich fragte den Fulah, warum er die Märkte von Timbuktu den wohlversehenen Magazinen der europäischen Niederlassungen an der Küste vorzog, die doch so viel leichter zu erreichen waren als dieses Herz Afrikas. »Oh«, sagte der schlaue Händler, »kein Markt ist gut für den Afrikaner, wo es nicht möglich ist, öffentlich seine Sklaven gegen die Waren umzutauschen, die der ursprüngliche Eigentümer ohne Angst verkaufen kann! Sklaven, Don Theodore, sind unser Geld!«

9. Kapitel

Durch den afrikanischen Urwald

Ich regelte die Handelsgeschäfte der Karawane und traf meine Vorbereitungen für eine lange Abwesenheit. Dann übergab ich dem edlen Fulah meine Niederlassung und legte dabei meinem Personal, den Schreibern, Boten und Dorfbewohnern ans Herz, den Mami als mein zweites Ich anzusehen. Ferner hielt ich es für geraten, ehe ich in die Wildnis zog und mein ganzes Hab und Gut einem fremden Muselman anvertrauen mußte, nach Bangalang zu einem Abschiedsgespräch mit Mongo John zu rudern, wobei ich Gelegenheit hatte, mich über die Gefühle und Aussichten dieses Veteranen zu orientieren.

Mein Besuch beunruhigte Ormond sehr. Wenn ich unterwegs durch Verrat ums Leben gekommen wäre, hätte er mir keine Träne nachgeweint; andererseits aber war er sehr dagegen, daß ich in das Innere Afrikas reiste und dort Verbindungen anknüpfte, die mich weit über die Inhaber der Monopole an der Küste stellen würden. Ich merkte sehr gut, wie eifersüchtig er dies alles überdachte, während wir uns kühl und höflich unterhielten. Erst beim Abschied sagte ich dem Mongo, ich sei überzeugt, daß meine Niederlassung während meiner Abwesenheit keinen Schaden erleiden werde, weil der mächtige Ali Mami von Futa Jallon einen Stellvertreter geschickt habe, der während meiner Reise in Kambia die Aufsicht führen würde und mit den besten seiner Krieger in meinem Dorfe wohnen sollte. Der Mulatte sprang vor Erstaunen auf, als ich dies sagte, und ging, ohne ein Wort zu verlieren, hastig aus dem Zimmer.

Diese Nacht schlief ich trotz Mongos Zorn ruhig. Zu dem Fulah hatte ich vollstes Vertrauen. Obwohl er ein Fremder war, verließ ich mich instinktiv darauf, daß er mein Haus beschützen und über mich in der Wildnis wachen würde.

Nach einem tüchtigen Frühstück gab ich meinem spanischen Schreiber ausführliche schriftliche Instruktionen und stellte zum Abschied den Fulah-Häuptling allen meinen Untergebenen als ihren zeitweiligen Herrn vor, dem sie als Dank für seinen edelmütigen Schutz unbedingt zu gehorchen hatten. Um zehn Uhr setzte meine Karawane sich in Bewegung. Sie bestand aus dreißig von Ahmah-di-bellah abgesandten Männern, die einer seiner Blutsverwandten als Befehlshaber anführte. Zehn meiner eigenen Diener mußten mein Gepäck, meine Waren und meinen Proviant tragen, während Ali Ninpha, zwei Dolmetscher, mein Leibdiener, ein Knecht und ein Jäger meine unmittelbare Umgebung bildeten. Alles zusammen gerechnet zählten wir fünfundvierzig Mann.

Im Augenblick des Aufbruchs kam Mami-di-yong auf mich zu, um »mit den Fingern zu schnippen«, und gab mir einen Vers des Korans in die Hand, den sein Herr geschrieben hatte. Dieser lautete: »Dem müden Fremdling Gastfreundschaft zu erweisen ist der Weg nach dem Himmel« und sollte mir bei allen guten Mohammedanern als Paß dienen. Wenn ich Zeit gehabt hätte, dann würde ich sicherlich darüber nachgedacht haben, wieviel christlicher dieses Dokument war als jenes, das unsere Ministerien des Auswärtigen oder andere staatliche Instanzen uns zum Beistand aushändigen; aber ehe ich mich darin vertiefen konnte, hatte der Fulah-Häuptling sich zur Erde gebeugt, seine Hände mit Staub gefüllt und diesen als Zeichen für eine glückliche Reise über unsere Köpfe gestreut. Dann beugte er das Haupt zur Erde und sagte: »Geht Eures Weges!«

Ich glaube schon gesagt zu haben, daß sogar die besten afrikanischen Wege nicht viel mehr sind als schmale Pfade, kaum breit genug für eine Person. Wir gingen also einer hinter dem anderen. Zwei Mann mit dem Hackmesser in der Hand und dazu noch mit geladenen Gewehren gingen voran, nicht nur um den Weg auszukundschaften und uns vor Gefahren zu warnen, sondern auch um die Zweige und Ranken abzuhacken, die in diesem fruchtbaren Lande einen wenig begangenen Pfad schnell überwuchern und versperren. Sie konnten von der Karawane aus angerufen werden und riefen selbst, wenn wir Bäumen mit Bienennestern, Ameisenhaufen, Wespennestern, kriechendem Ungeziefer oder anderen äthiopischen Gefahren uns näherten. Hinter diesen Pionieren kamen die Träger mit den Lebensmitteln und dem Gepäck; die Mitte der Karawane bestand aus Frauen, Kindern, Wächtern und Gefolgsleuten, während die Nachhut von mir selbst und den Häuptlingen angeführt wurde, welche es manchmal für nützlich hielten, die Nachzügler mit der Peitsche in der Hand anzutreiben. In den benachbarten Susu-Städtchen, durch welche wir zogen, wurde unser imposanter Zug mit Gewehrsalven begrüßt, und viele Frauen und Kinder folgten dem »Kupie« oder weißen Mann, um ihm an der Grenze der Ansiedlung Lebewohl zu sagen.

Ein paar Tage führte unser Weg durch welliges Land, abwechselnd durch Wälder, bebaute Felder und kleine Dörfer, wo die Häuptlinge uns zum Zeichen der Freundschaft mit kleinen Geschenken willkommen hießen. Da ich als fauler Küstenbewohner, dessen tägliche Wanderungen sich auf den Weg vom Haus nach dem Landungssteg und zurück beschränken, wenig Bewegung gewohnt war, dauerte es einige Zeit, ehe ich den Strapazen des Marschierens wieder gewachsen war. Langsam überwand ich die Schmerzen in meinen Füßen und die Erschöpfung, durch die ich am ersten Abend unserer Reise todmüde in meine Hängematte gefallen war. Je besser wir einander und das Leben im Urwald kennenlernten, desto rascher kamen wir in der schattigen Stille der Wälder singend, scherzend und Allah lobend vorwärts. Sogar die Sklaven stimmten zusammen ein Lied an, was ihnen in der Stadt niemals erlaubt worden wäre, und manchmal konnte man sehen, wie der Herr seinen Dienern half und ihre Last auf sich nahm. Am Abend holten die Frauen Wasser, bereiteten das Essen und teilten die Portionen aus; so hielt denn unsere staubige Karawane nach einem viertägigen angenehmen Marsch bei Sonnenuntergang vor den geschlossenen Toren einer verstärkten Stadt, die Ibrahim Ali, dem Mandingo-Häuptling von Kaia, gehörte.

Es dauerte eine Weile, ehe unsere Rufe und Schläge an

die Pforte den Wächter anspornten, uns zu antworten; denn es war die Stunde des Gebetes, und Ibrahim erfüllte seine religiösen Pflichten. Endlich, erzürnt über sein Zaudern, feuerte ich mein zweiläufiges Gewehr ab, dessen lauter Knall, wie ich meinte, mehr Aussicht hatte, das Ohr des betenden Klausners zu erreichen. Darin hatte ich mich auch nicht geirrt; denn kaum waren die Echos verhallt, so wurde schon die große Kriegstrommel der Stadt geschlagen, und aus einem der Gucklöcher fragte eine Stimme, was wir wollten. Ich überließ die Unterhandlungen über unseren Einzug dem Fulah-Häuptling, der sofort antwortete, daß die mit Waren beladene Karawane von Ali Mami um Gastfreundschaft bitte, während Ali Ninpha dem Fragesteller mitteilte, daß Don Theodore, der weiße Mann von Kambia, um Erlaubnis ersuche, bei Ibrahim dem Gläubigen vorgelassen zu werden.

Gleich darauf krachte die kleine Tür der Pforte, und Ibrahim selbst schaute hinaus, um die Fremden willkommen zu heißen und sie einen nach dem andern in die Stadt hineinzulassen. Mich selbst und Ali Ninpha empfing er ungemein herzlich, aber mit dem Fulah-Häuptling sprach er höflich kühl, denn die Mandingos wollen nichts mit ihren stolzen nationalen Gegnern zu tun haben.

Ali Ninpha war, ehe er sich an der Küste niederließ, Ibrahims Spielkamerad gewesen. Ihre Freundschaft bestand noch in ihrer ganzen primitiven Aufrichtigkeit, und der größte Ehrgeiz des Häuptlings war jetzt, dem Gefährten und Gast seines Freundes jede mögliche Ehre zu erweisen. Alle seine Frauen mit ihrem Anhang von Dienern mußten also an die Arbeit gehen, um meinen Aufenthalt so schön und bequem wie möglich zu gestalten. Das beste Haus wurde für mich ausgewählt. Die einen bedeckten den Lehmboden mit Matten, breiteten Häute über die Lehmbänke und zündeten ein Feuer an, um die Luft zu säubern, andere trugen das Holz herbei. Während man eine Hängematte spannte, damit ich vor dem Abendessen noch etwas ruhen könne, wurde ein Diener ausgesandt, um das fetteste Schaf auszusuchen.

Ibrahim hatte Schildwachen um meine Hütte aufgestellt, so daß ich nicht im Schlaf gestört wurde, bis Ali Ninpha mich mit der angenehmen Mitteilung weckte, daß die Schalen mit Reis und Fleisch auf der Matte in dem Gemach von Ibrahim dampften. Ninpha wußte, was ich schätzte, und hatte den Koch beaufsichtigt. Er hatte oft über den »dummen Weißen« gelacht, wenn mein Magen sich gegen irgendein widerliches, nach Landesart bereitetes Gericht sträubte. Daher fühlte ich mich sicher und aß die sauber gebratenen und gerösteten Speisen mit dem Appetit eines Landsknechtes. Dann stieg der schmackhafte Geruch eines herrlichen Ragouts in meine Nase, das mit Rahmtunke zubereitet war. Ohne um Erlaubnis zu bitten, tauchte ich meinen Löffel in eine Schale, die vor meinen Wirten stand und anscheinend für sie bestimmt war. Man lud mich ein zuzugreifen. Ich fand das Gericht so herrlich, daß mir jetzt noch das Wasser im Munde zusammenläuft, wenn ich an die gefüllten Knödel aus gehacktem Schaffleisch denke, die mit gerösteten Erdnüssen getrüffelt waren.

Aber die reichste Tafel ist unvollständig, wenn nicht ein würziger Trank dazukommt. Wasser allein – so kühl und klar es auch in dieser bergigen Gegend war – löschte unseren Durst nicht. Überdies erinnerte ich mich, wie sehr mein Hauswirt, Ali Ninpha, ein starkes Gläschen liebte, und ich vermutete, daß sein Spielkamerad insgeheim dem vielleicht auch nicht abgeneigt war. Ich sagte daher etwas von »Magenbitter«, holte meine Reiseflasche, die gut gefüllt war, heraus und ließ die beiden einmal daran riechen.

Wie es kam, das weiß ich nicht, aber ehe ich die Mohammedaner warnen konnte, welcher Gefahr sie sich aussetzten, glitt die Öffnung der Flasche von ihrer Nase an ihre Lippen. Ihr erhobener Ellbogen, der merkwürdig lange in dieser Haltung blieb, zeigte an, daß das Tränkchen ihnen schmeckte und anscheinend gerade die Medizin war, die sie für »ihre Leiden« nötig hatten. Ja, es schmeckte ihnen so gut, daß noch eine Portion von dem Erdnüsse-Gericht bestellt wurde, und es gehörte dazu natürlich auch noch eine Flasche, weil es uns sonst zu schwer im Magen läge.

Es dauerte nicht lange, bis der Branntwein seine Wirkung auf die beiden würdigen Mohammedaner ausübte. Während er jedoch Ali Ninpha seinen früheren Glauben wiederfinden und ihn mit Gebeten zu Allah auf den Lippen fromm zum Knien brachte, hatte er auf Ibrahim gerade die entgegengesetzte Wirkung; denn dieser wurde aufgeregt und edelmütig. Alles schenkte er mir – sein Haus, seine Ländereien, seine Sklaven und seine Kinder. Ausführlich schilderte er die Schönheit seiner Frauen, sah schließlich Ali Ninpha für eine von ihnen an und küßte ihn aus Versehen. Aber das erhöhte nur die Frömmigkeit des Abtrünnigen; er begann Texte herzubrüllen, als ob er auf einem Minarett die Gläubigen zum Gebete riefe.

Das Fest war noch in vollem Gang, als ich mich um Mitternacht davonschlich und mich von meinem Diener zu einer herrlichen Hängematte führen ließ.

10. Kapitel

Entlaufene Sklaven

Ehe wir am nächsten Morgen aufbrachen, ließ mein Wirt der Karawane eine reichliche Mahlzeit verabreichen. Sie bestand aus gekochtem Reis, der in der Sonne getrocknet, dann in einem Mörser feingestampft und daraufhin mit Milch und Wasser gekocht worden war. Diese nahrhafte Speise wurde in großen Mengen aufgetragen, und als ein neuer Mongo bekam ich einen eigenen Teller, mit vollen Schalen Milch und Honig dazu.

Die echte Mandingo-Etikette schreibt dem Oberhaupt einer Stadt vor, beim Abschied eines geehrten Freundes diesen bis zum ersten Bach auf seinem Wege zu begleiten, dort mit ihm daraus auf eine baldige Rückkehr zu trinken und Allah um eine glückliche Reise zu bitten. Dann reichen sie einander die Hände und schnippen mit den Fingern als Lebewohl. Der Gastfreund, der zurückbleibt, stellt sich sodann am Weg auf, richtet den Blick auf den abziehenden Gast und bleibt so unbeweglich stehen, bis der Reisende in dem dichten Wald oder hinter dem fernen Horizont verschwindet.

Dies alles befolgte mein Freund Ibrahim bei dieser Gelegenheit auch getreulich; ja, er tat noch mehr. Als ich aus der Pforte der Stadt trat, sah ich einen Sklaven, der ein Pferd am Zügel hielt, das ganz aufgezäumt und für eine Reise ausgerüstet war. Da Ibrahim uns zu Fuß begleitete, dachte ich, daß es für seine Rückkehr nach unserem feierlichen Abschied bestimmt sei. Aber nachdem wir den bewußten Bach schon mehr als eine Meile hinter uns hatten, sah ich das Tier wieder. Der Sklave, der es am Zügel führte, trat auf Ali Ninpha zu und sagte, das Pferd sei ein Geschenk seines Herrn und solle mir auf der Reise dienen. Ehe ich das Vollblut bestieg, sandte ich meinem Schreiber in Kambia einen Auftrag für zwei Musketen, zwei Fäßchen Pulver, zwei Stück blauen Kattun und hundert Pfund Tabak. Ferner sollte er in das Bündel Tabak die größte Flasche, die er von unserem »Magenbitter« finden konnte, verpacken.

Als die Sonne unterging, war noch nichts von einer Stadt zu sehen. Daher beschlossen wir, unser Lager im Wald am Ufer eines kleinen Baches aufzuschlagen. Schnell wurden Reis, Tee und Fleisch zubereitet. Sie kamen dampfend auf die Matte. Als ich dann meine müden Glieder für die Nacht am Boden ausstrecken wollte, gab mein Junge mir einen neuen Beweis der Gastfreundschaft Ibrahims, indem er eine aus Gras geflochtene Hängematte zum Vorschein brachte, die dieser meinem Gepäck hatte hinzufügen lassen.

Zwischen zwei prächtigen Baumwollsträuchern genoß ich um Mitternacht in meinem schaukelnden Bett einen herrlichen Schlaf. Plötzlich fühlte ich, wie der Fulah-Häuptling seinen Arm auf meine Schulter legte und mir zuflüsterte, mich bereit zu machen, um mich zu verteidigen oder zu flüchten. Zu Boden springend, sah ich, daß die ganze Karawane bereits auf den Beinen war, obwohl tiefstes Stillschweigen herrschte. Die Wache hatte gewarnt, daß Fremdlinge in der Gegend seien; sofort hatte man zwei Führer ausgesandt, um den Wald auszukundschaften. Das war alles, was man mir sagen konnte.

Die Eingeborenen waren sorgfältig vorbereitet und hatten ihre Speere, Lanzen, Bogen und Pfeile bereit. Meinen eigenen Leuten befahl ich, ihre Musketen, Pistolen und Gewehre neu zu laden, so daß wir, als die Kundschafter mit der Nachricht zurückkehrten, daß sie die Eindringlinge für einen Trupp entlaufener Sklaven hielten, gerüstet waren.

Schnell wurde beschlossen, sie gefangenzunehmen. Einige schlugen vor, zu warten, bis es Tag geworden sei, aber Ali Ninpha, ein tüchtiger alter Raufbold, hielt es für das beste, die Unternehmung bei Nacht auszuführen, besonders deshalb, weil die Wilden ein glimmendes Feuer inmitten ihrer schlafenden Kameraden unterhalten hatten, das uns leuchten konnte.

Unsere kleine Schar wurde jetzt in zwei Abteilungen geteilt, die eine unter dem Befehl des Fulah, während Ali

Ninpha die zweite anführte. Der Fulah erhielt den Auftrag, eine umzingelnde Bewegung auszuführen, bis er in den Rücken der Sklaven gekommen war, während Ali Ninpha auf ein verabredetes Signal von unserem Lager aus gegen sie vorgehen sollte. Es dauerte wohl eine halbe Stunde, ehe ein schwacher Schrei, wie das Weinen eines Kindes, im fernen Wald zu hören war. Jetzt ließen die Leute meines Hauswirtes sich auf Hände und Füße fallen und krochen vorsichtig wie Katzen durch das niedrige Gras und Krummholz in die Richtung, aus der das Zeichen gekommen war. Die Schläfer waren schnell umringt; der Mandingo gab den Befehl zum Angriff, sobald die Spitzen der beiden Gruppen einander erreicht und so den Kreis geschlossen hatten. In einem Augenblick befanden sich alle Flüchtlinge bis auf zwei in der Gewalt eines Kriegers und hatten einen Strick um den Hals.

Vierzehn Gefangene wurden ins Lager gebracht; der älteste gab an, daß sie dem Oberhaupt von Tamisso, einer Stadt, die auf unserem Wege nach Timbo lag, gehörten und sich auf dem Weg nach der Küste befanden, um verkauft zu werden. Auf ihrer Reise nach den fremden Faktoreien, die sie zu gern erreichen wollten, war ihr Besitzer gestorben, so daß sie unter den Befehl seines Bruders kamen, der drohte, ihren Bestimmungsort zu verändern und sie ins Binnenland zu verkaufen. Darum waren sie geflohen; und weil ihr Herr sie sicherlich töten würde, wenn sie nach Tamisso zurückgeführt würden, flehten sie uns mit Tränen in den Augen an, sie nicht dorthin zu bringen.

Wiederum wurde Kriegsrat gehalten; denn die Angst der Neger rührte uns. Ali Ninpha und der Fulah waren der Meinung, daß uns die Beute ehrlich zukam und im Verhältnis zur Anzahl unserer Leute unter uns verteilt werden müsse. Da unser Weg aber an der gefürchteten Stadt vorbeiführte, war es sowohl für sie als für uns nicht möglich, sie mitzunehmen. Die Afrikaner wußten sich keinen Rat. Aber ich kam ihnen zu Hilfe mit dem Vorschlag, daß man sie nach meiner Faktorei senden solle mit dem Auftrag, ihren Wert in Waren auszuzahlen.

Dieser Plan war der geeignetste und wurde daher auch schnell angenommen. Unsere vierzehn Gefangenen wurden wiederum in zwei Gruppen von je sieben Stück verteilt. Um ihre Mitte wurden Bambusreifen befestigt und ihre Hände mit starken Stricken an die Reifen festgebunden; ein langes Tau wurde mit einer Schlinge durch jeden Gürtel gezogen und die Sklaven so fest aneinandergebunden. Diese besonderen Vorsorgemaßnahmen waren nötig, weil wir keine Leute von unserer Eskorte abzutreten wagten, um den Trupp zu bewachen. Ali Ninpha erhielt daher auch als Geleit nach Kaia nur zwei Dolmetscher und vier Mann von meinen eigenen Leuten; und wir verabredeten, die Gefangenen Ibrahim zu übergeben, der sie dann nach der Faktorei bringen lassen sollte, während Ali Ninpha schnell umkehren und sich bei dem Sanghu-Fluß wieder mit uns vereinigen wollte.

Drei Tage reisten wir durch den Wald, passierten bald die Betten ausgetrockneter Flüsse, bald wieder einsame Urwaldstrecken, wo noch niemand hingekommen zu sein schien, außer auf der einsamen Spur, der wir folgten. Wir hofften bald wieder unsere Kameraden zu treffen und gingen darum sehr langsam. Am Ende des dritten Tages waren wir noch nicht weiter als dreißig Meilen von dem Ort, wo wir die Gefangenen gemacht hatten, entfernt, als wir zu einem kleinen Mandingo-Dorf kamen, das erst kürzlich ein ganz gemeiner kleiner Händler gebaut hatte; dieser empfing unsere Fulah-Karawane mit der üblichen Eifersucht und dem Hochmut seines Volkes sehr kühl. Dem Häuptling und mir wurde nur eine Hütte angewiesen. Man kann sich die Wut des Mohammedaners über diese Beleidigung vorstellen, die ihn zwingen würde, unter einem Dach mit einem Christen zu schlafen.

Um einen Zusammenstoß zu vermeiden, teilte ich dem Mandingo mit, daß ich ein Busenfreund von Ali Ninpha sei, seinem Landsmann, der höheren Ranges war als er, und bat ihn, zu erlauben, daß der Häuptling unserer Karawane eine Hütte für sich allein bekäme. Aber der grobe Parvenü antwortete höhnisch, daß er niemanden mit dem Namen

Ali Ninpha kenne und daß ein Fulah-Häuptling oder ein weißer Bettler ihm keinen Pfifferling wert seien.

Mein Leibjunge stand dabei, und ehe ich ihn zurückhalten konnte, antwortete er dem Händler mit der gröbsten Beleidigung, die ein Afrikaner aussprechen kann. Der Mandingo beantwortete diese mit einem Schlag seines Hackmessers auf die Schulter des Jungen. Im selben Augenblick schrien alle meine Leute, die es gesehen hatten, um Hilfe. Fulahs, Mandingos und Susus rannten mit Speeren, Gewehren und Pfeilen herbei. Der Fulah-Häuptling ergriff mein doppelläufiges Gewehr und rannte der Menge nach; als er zur Stelle kam und sah, wie der Händler noch immer drohend sein Messer schwang, spannte er beide Hände.

Glücklicherweise war es meine Gewohnheit, wenn wir uns einer befreundeten Stadt näherten, die Zündhütchen von meinem Gewehr abzunehmen, so daß es nicht losging. Ehe der Fulah den Lauf packen und damit den Schurken niederschlagen konnte, stürzte ich mich auf ihn, um einen Mord zu verhindern. Das gelang mir, aber ich konnte die Leute nicht davon abhalten, den rohen Kerl an Händen und Füßen gefesselt an einem Pfahl mitten in seinem eigenen Dorf festzubinden, während die übrigen Leute der Karawane sofort die fünfzig bis sechzig Einwohner des Dörfchens festnahmen.

Natürlich eigneten wir uns jetzt nach eigener Wahl Wohnungen an und versahen uns mit Lebensmitteln. Aber wir hielten es für ratsamer, auf Ali Ninpha in dem Dörfchen zu warten, statt an das Ufer des Sanghu weiterzuziehen. Als er am zweiten Tage nach diesem traurigen Vorfall ankam, zögerte er nicht, von dem Recht, das Urteil zu fällen, Gebrauch zu machen, ein Recht, das die Häuptlinge immer Geringeren gegenüber beanspruchen, wenn sie sich für beleidigt oder ungerecht behandelt halten. Alles ging jedoch ruhig und human zu. Über den Schuldigen wurde in aller Form Gericht gehalten, und man erhob drei Anklagen gegen ihn: 1. Mangel an Gastfreiheit, 2. Beschimpfung und Beleidigung eines Fulah-Häuptlings und eines weißen Mongo, 3. Unehrerbietigkeit gegenüber dem Namen und Ansehen seines Landsmannes und im Range Höherstehenden. In allen diesen Punkten wurde der Gefangene für schuldig erklärt, aber da er weder Sklaven noch persönliches Eigentum besaß, womit er diese Missetat sühnen konnte, befahl der Gerichtshof, daß er fünfzig Peitschenschläge bekommen sollte und daß seine Palisade vernichtet werden müsse und niemals wieder aufgebaut werden dürfe.

Die Schläge waren die Strafe für die Beleidigung, aber das Niederreißen der Versperrung war die Sühne für die verweigerte Gastfreiheit.

Drei Tage hatte unsere ausgeruhte Karawane nötig, um das trockene steile Bett des Sanghu zu erreichen, das ich unmöglich zu Pferd überqueren konnte wegen der scharfen Felsen und riesigen Steinblöcke, die seinen Boden bedeckten. Die Männer waren jedoch fest entschlossen, mein nützliches Tier nicht zurückzulassen. Sie gingen also mit aller Kraft daran, Bäume zu fällen, und hatten in einem Tage die Schlucht mit Stämmen überbrückt, die mit geflochtenen Tauen aus gedrehter Baumrinde aneinandergebunden wurden. Über diese schwache und schaukelnde Brücke gelang es mir nur mit größter Mühe, mein Pferd hinüberzubringen, und kaum war es an der andern Seite angekommen und hatte sich etwas von seinem nervösen Zittern erholt, so überraschte es mich damit, daß es offenbar wieder hinübergehen wollte. Die Führer sagten, daß dies eine instinktmäßige Warnung vor der Gefahr wilder Tiere sei, von denen es in der Umgebung wimmelte. Und während wir noch sprachen, kamen zwei unserer Kundschafter, die vorausgegangen waren, um einen Platz für unser Lager zu suchen, mit einem erlegten Hirsch und einem Leoparden zurück. Obwohl wir fünf Tage lang kein Fleisch gegessen hatten, bestand doch keine Gefahr, daß wir verhungern würden, denn die kleinen Dörfer hatten Obst und Gemüse in reichlichsten Mengen. Ananas, Bananen und eine saftige Frucht, die in Form und Geschmack einem Pfirsich ähnelte, stillten unseren Hunger und Durst.

Überdies suchten unsere naschhaften Eingeborenen im Wald eßbare Dinge, die zivilisierte Völker nicht kennen.

Sie schmausten mit Genuß die Rinde gewisser Bäume und Knospen, Beeren und Wurzeln. Einige aßen sie roh, andere wurden gekocht, oder es wurde mit dem Wasser, das von den Hügeln herabströmte, ein schmackhafter Absud aus ihnen gewonnen. Die breiten Täler und das offene Land lieferten tierische und pflanzliche »Leckereien«, die ein Weißer nicht beachten würde. Manchmal, wenn ich hungrig war wie ein Wolf, fand ich meine Vagabunden in einem Winkel beim Schmaus, wobei sie ihre Lippen ableckten, aber als ich dann untersuchte, woraus ihre Suppe bestand, war es gewöhnlich ein »Hexenkessel« voll Schnekken, Eidechsen, Leguanen und Fröschen.

11. Kapitel

Bei den Mandingo

Von unserer letzten Station waren es noch vier Tage bis Tamisso. Wir kampierten an dem wasserreichen Bach, der dicht an den Stadtmauern dahinströmte. Während Ali Ninpha den Augenblick für gekommen hielt, dem Oberhaupt Mohamedu ein Kompliment darüber zu machen, daß er ihm formell unsere Ankunft ankündigte, machte die Karawane sich zum Empfang bereit durch reichliches, aber wirklich sehr nötiges Waschen von Körper und Kleidung. Besonders die Frauen verwendeten große Sorgfalt auf ihre Toilette und ihren Putz. Sie kämmten ihr Kraushaar, bis es steif stand, fetteten ihre Haut ein, bis sie wie poliertes Ebenholz glänzte, legten Schnüre aus Glasperlen um Knöchel und Arme und hüllten ihre Glieder in schneeweiße Lendentücher. Ninpha wußte, wie stolz seine alten Mandingo-Kameraden waren, und war überzeugt, daß es Mohamedu gekränkt hätte, wenn wir ihn in seinem Hofstaat überfielen, vielleicht auf einer Matte hockend, mit einer seiner Frauen, die sein Haupt vom Ungeziefer säuberte.

Am Nachmittag kamen unsere Dolmetscher mit dem Sohn von Mohamedu zurück in unser Lager. Zwölf Frauen begleiteten ihn, die Schalen mit gekochtem Reis, Kalebassen, mit einer Soße gefüllt, und reichliche Mengen Pflanzenbutter trugen. Auch ein Pferd war dabei für meinen feierlichen Einzug in die Stadt.

Die Speisen wurden mit einem Appetit gegessen, den unsere magere Kost der letzten Zeit anregte, die Zelte wurden zusammengerollt, und die Karawane zog jetzt nach Tamisso. Als Musik machten wir soviel Lärm wie wir nur konnten. Die Dolmetscher und Führer gingen voran und schossen ihre Gewehre ab. Ein halbes Dutzend Tomtoms wurde mit größter Kraft und Geschwindigkeit bearbeitet; die Frauen sangen so lustig im Chor, daß sie einem Trupp afrikanischer Sänger [»Ethiopian Minstrels«] Ehre gemacht hätten.

So erreichten wir die Pforte, umringt von Gruppen neugierig sich herandrängender Einwohner. Männer, Frauen und Kinder kamen herausgelaufen, um den »Furtu« oder Weißen zu sehen, und sie schienen es ebenso herrlich zu finden, als wenn ich ein zurückgekehrter Verbannter gewesen wäre. Bei dem niedrigen Türchen der Pforte angekommen, mußte ich absteigen, und meine Wirte drängten sich so heran, daß der »Gast des Volkes« gezwungen war stehenzubleiben, bis ein paar freundliche Polizisten die Bewunderung ihrer Mitbürger dadurch etwas bezähmten, daß sie in passender Weise ihre Peitschen und Stöcke schwangen.

Der Menge entkommen, eilte ich sofort zum Palast von Mohamedu, der wie alle königlichen Residenzen in Afrika aus einem mit Lehmmauern umgebenen unregelmäßigen Viereck bestand, mit einer kleinen Pforte, einem großen Vorhof und einer großen Anzahl Lehmhütten, die mit schattigen Veranden umgeben waren. Die Möbel, Matten und Diwane waren aus Bambus hergestellt, und überall standen Holztröge, Kupferkessel und gewöhnliche Waschschüsseln zum Schmuck und Gebrauch.

In Erwartung meiner Ankunft lag Mohamedu auf einem mit ein paar wunderschönen Leopardenfellen bedeckten Diwan. Das Oberhaupt war sicher sechzig Jahre alt. Sein dicker Körper war mit einer kurzen türkischen Hose und einem großen, reich bestickten Mandingohemd bekleidet. Auf seinem kahlgeschorenen Kopf trug er einen hellen Turban, und ein langer weißer Bart, der ihm auf die Brust hing, bildete einen starken Gegensatz zu seiner dunklen Hautfarbe. Ali Ninpha stellte mich in aller Form dem Potentaten vor, der aufstand, mir die Hand reichte, »mit den Fingern schnippte« und mich dreimal willkommen hieß. Dann begannen mein Fulah-Häuptling und mein Mandingo-Kamerad ihre »Dantica« zu machen, das heißt den Zweck ihres Kommens zu erklären; aber als sie sagten, daß ich der Gast von Ali Mami sei und daher das Recht hätte, mich überall frei zu bewegen, ohne daß ich dafür bezahlen müsse, sah ich, daß der Blick des Veteranen sich trübte und sein Willkommen durch die vereitelte Hoffnung auf die schwere Steuer, die er mir für meinen Durchzug hatte auferlegen wollen, etwas von seiner Herzlichkeit einbüßte.

Ali Ninpha sah mit seinen scharfen Augen sehr bald, daß Mohamedu verstimmt war; und da ich ihn vorher unter vier Augen vorbereitet hatte, benutzte er die erste Gelegenheit, dem alten Mann zuzuflüstern, daß Don Theodore wohl wußte, daß er Tamisso passieren müsse, und natürlich nicht mit leeren Händen gekommen sei.

Er sagte nicht, daß ich diese Gegend und das Gebiet des Fulah-Königs allein aus Neugierde besuchte, sondern den Wunsch habe, in großem Ausmaß Handel zu treiben und besonders Sklaven zu kaufen, um die zahlreichen Schiffe zu beladen, die mich an der Küste erwarteten, und die voll Kattun, Musketen und Pulver wären.

Die Wolken verzogen sich sofort, als vom Handel die Rede war. Der alte Sünder nickte wie ein Mandarin, der wußte, worum es sich handelte. Als der geschickte Einflüsterer ausgesprochen hatte, stand er auf, nahm mich bei der Hand und stellte mich mit lauter Stimme als »seinen geliebten Sohn« dem Volke vor. Auch wurde jetzt das beste Haus in dem königlichen Hofe so gut wie möglich eingerichtet und mir zur Wohnung gegeben. Als der Fulah-Häuptling nach der Audienz ging, brachte Ali Ninpha die Herrin von Mohamedus Harem herein, die als seine Geheimschreiberin fungierte. Ihr übergaben wir die sechs Stück Kattun und den Tabak, womit ich ihren Herrn und Meister für mich gewinnen wollte.

Ermüdet von dem Staub, der Volksmenge, der Hitze, der drückenden Luft und der Neugierde einer afrikanischen Stadt, sehnte ich mich danach, mein Abendmahl, gekochtes Huhn und Milch, zu beenden und dann auf meiner mit Matten und Häuten bedeckten Lagerstätte aus Bambus meine ermatteten Glieder auszustrecken. Ehe ich mich zur Ruhe begab, wollte ich mich aber noch mit einem Bad erfrischen, das der Fürst in einem kleinen Hof hinter meinem Zimmer hatte bereiten lassen. Als ich mich jedoch entkleidete, wurde meine Sittsamkeit auf eine schwere Probe gestellt. Unter den Damen des Harems hatte es sich nämlich herumgesprochen, daß der »Furtu« wahrscheinlich sein Bad nehmen würde, ehe er schlafen ging. Als ich deshalb den Hof betrat, waren viele neugierige Augen auf mich gerichtet.

Da ich ihre Sprache nicht sprechen konnte, machte ich alle zierlichen Gebärden, welche auf der Bühne gewöhnlich dazu dienen, die Herzen schöner Frauen zu gewinnen, und hoffte damit zu erreichen, daß ich allein gelassen würde. Aber meine ganzen Grimassen und Gebärden halfen mir nichts. Ich erlaubte mir also, mein Hemd auszuziehen, behielt jedoch die unteren Kleidungsstücke noch an. Bis jetzt hatten die Damen nur mein gebräuntes Gesicht und meine Hände gesehen; aber als die helle Haut meiner Brust und meines Rückens zum Vorschein kam, liefen einige von ihnen davon, um noch andere mit dem Geschrei herbeizuholen: »Kommt schnell, den nackten Furtu anzuschauen!« Ein bejahrtes Mütterchen, die älteste des Trupps, rieb mit ihrer Hand fest über die lichteste Stelle meiner Brust, besah dann ihre Finger mit Ekel, als ob ich ein Aussätziger wäre, und rieb sie an der Mauer ab. Sie schien mehr verstimmt als fröhlich, und ich hoffte darum, daß sie mit dieser Probe genug haben würden; aber die Damen blieben stehen, schnatternd, grinsend und tastend, bis ich ihren Wunsch nach weiteren Enthüllungen mit einem kurzen »Guten Abend!« enttäuschen mußte.

Um uns zu erholen, blieben wir drei Tage in Tamisso. Während dieser ganzen Zeit wurde ich in reichstem Maße an der gastfreien Matte des Fürsten bewirtet, wo mindestens zweimal in vierundzwanzig Stunden herrlich schmekkende afrikanische Gerichte und Hühner, die unter dem Reis begraben waren, aufgetischt wurden. Mohamedu gab mir mit einem europäischen silbernen Löffel zu essen, der, wie er sagte, einem Reisenden gehört hatte, der vor vielen Jahren im Innern des Landes gestorben war. In seinem ganzen Leben hatte er nur vier von unserer Rasse innerhalb der Mauern von Tamisso gesehen. Ihre Namen hatte er vergessen, aber der letzte, erklärte er, sei ein schöner junger Mann gewesen, wahrscheinlich aus Senegal, der mit einer großen Karawane mitgekommen war und »den Koran wie ein Mufti las«.

Tamisso war umgeben von einer doppelten Palisade spitzer Stöcke. Der Raum zwischen den Einzäunungen war in etwa sieben Fuß Breite dicht besät mit kleineren Stöcken, die im Feuer gehärtete Speerspitzen trugen. Wenn Angreifer die erste Palisade überwunden hatten, erging es ihnen dort schlecht. Drei Pforten bildeten die Zugänge zu verschiedenen Teilen der Stadt, aber der Durchgang war im Zickzack gebaut, mit klug angebrachten Schießscharten in den Ecken, die jeden Zugang zu den engen Straßen beherrschten.

Der Abschied zwischen Mohamedu und mir verlief ungemein herzlich. Der Fürst gab unserer Karawane Proviant für vier Tage mit und versprach, daß er mir bei meiner Rückkehr mit einer großen Anzahl Sklaven aufwarten würde.

Als unsere Karawane sich dem Lande der Fulahs näherte und in höher gelegene Gebiete kam, wo das Klima kühler war, ging unsere Reise so gut vorwärts, daß wir oft mehr als zwanzig Meilen am Tag zurücklegten. Der erste Ort von einiger Bedeutung, wo wir uns aufhielten, war Jallica. Drei Tage lang führte unser Weg längs dem südlichen Abhang einer Bergkette, in deren Tälern zahlreiche Bäche flossen, wodurch die üppigen Felder im Überfluß bewässert werden konnten. Zahlreiche Karawanen mit Vieh und Sklaven kamen auf ihrem Wege nach irgendeinem Markt an uns vorbei. Auch gab es reichlich Nahrungsmittel. Für ein Blatt Tabak konnten wir ein Huhn kaufen; eine Schale Milch oder ein Dutzend Eier kostete eine Ladung Pulver, selbst für ein großes Schaf verlangte man nur sechs Cent oder ein halbes Pfund Salz.

Fünf Tage nach unserem Abmarsch von Tamisso hörten wir, daß wir uns in der Nähe von Jallica befanden; weil das unsere letzte Station war und das Oberhaupt, Suphiana, ein Blutsverwandter von Ali Ninpha war, hielten wir es für angemessen, einen halben Tag zu rasten, um unsere Ankunft bekanntzugeben und uns etwas zu erfrischen, ehe wir in die Stadt einzogen.

Unser Lager befand sich ungefähr drei Meilen von der Stadt entfernt, aber kaum eine Stunde nach unserer Ankunft kündigte das tiefe Dröhnen der Kriegstrommel uns an, daß unsere Nachricht willkommen war. Ich war einigermaßen darauf vorbereitet, daß man in Jallica mehr als sonst für uns veranstalten würde, denn mein Mandingo-Freund Ali Ninpha hatte in seiner Jugend dort gewohnt und eine Stellung bekleidet, die seinen Namen durch ganz Sulimana bekanntgemacht hatte. Der würdige Mann war viele Jahre nicht in Jallica gewesen und weinte wie ein Kind, als er die Kriegstrommel hörte. Als das Dröhnen der Trommel verhallt war, erzählte er mir, daß er fünf Jahre lang Trommelschläger gewesen sei und während dieser ganzen Zeit niemals das Zeichen zu einem Rückzug oder einem andern Unglück gegeben hatte. In Friedenszeiten wurde sie nur bei allgemeiner Festfreude geschlagen, und die Behörden hatten sie jetzt nur schlagen lassen, weil ein alter Anführer des Stammes mit allen Ehrenbeweisen empfangen werden mußte, die seinem Rang und Stand gebührten. Während wir dies alles noch besprachen, machte Suphianas Lanzenträger seine Aufwartung und kündigte mit einem tiefen Salaam an, daß »Jallicas Pforten für den Mandingo und seinen Gefährten offenstehen«.

Bei diesem Willkommen wurden uns keine Fanda oder Erfrischungen entgegengesandt; aber als unsere Karawane bis zu einer Entfernung von fünfzig Ellen an die Mauern herangekommen war, marschierte ein Trupp Krieger heraus, die Ali auf ihre Schultern nahmen und ihn so durch die Pforte trugen, während sie unter allerlei Musik und Lärm Kriegslieder sangen.

Absichtlich blieb ich mit meinen Leuten hinter den Afrikanern zurück, so daß beinahe die ganze Karawane durch die Pforte hindurchgezogen war, ehe meine Gesichtsfarbe – wenn auch stark von der Sonne gebräunt – mich der Volksmenge als Weißen verriet.

Sofort widerhallte die Luft von dem Rufe »Furtu! Furtu! Furtu!«, und die Pforten wurden uns vor der Nase zugeschlagen, so daß wir ohne Führer oder Kameraden ganz isoliert standen. Aber mitten in seinem glänzenden Empfang vergaß Ali Ninpha den Mongo von Kambia nicht. Er war noch nicht bis an das Ende der Straße gekommen, als er das Schreien hörte und sah, daß die Pforten geschlossen wurden. Inzwischen hatte mein Fulah-Freund sich zu einer gehörigen Dosis Zorn über die ungastlichen Mandingos aufgeregt, und ich zweifle nicht, daß er vor den Pforten von Jallica den Staub von seinen Füßen geschüttelt hätte, wenn nicht Ali Ninpha durch das kleine Törchen der Pforte hinzugeeilt wäre und befohlen hätte, die Türen wieder zu öffnen, und sich sehr untertänig bei dem Muselman und mir entschuldigt hätte.

Dieser unglückliche Irrtum oder besser gesagt Zufall verursachte eine Verzögerung. Wir zogen über den Hauptplatz von Jallica und gingen in den offenen Schuppen, der das »Palaverhaus« genannt wurde. Über dem ganzen Raum hing eine drückende Luft. Eine Menge alter und junger Männer, mit Musketen und Speeren bewaffnet, stand dicht aneinandergedrängt. Alle trugen große oder kleine Hackmesser, welche ihnen an einem Band um den Hals hingen; in ihrer Mitte, umgeben von einem Hofstaat von Veteranen, stand der Fürst Suphiana und erwartete uns.

Ein zahlreicher Trupp brüllender und die Saiten zupfender Musikanten bildete die Vorhut, hinter ihnen trat Ali Ninpha als erster von uns ein. Als er hereinkam, zog Suphiana sein Schwert und schwang, während er den Ankömmling mit seinem linken Arm umfaßte, mit dem andern die blitzende Klinge über seinem Kopf. In derselben eigenartigen Weise wurde er von allen Mitgliedern des königlichen Rates umarmt, und dabei wurde mitten auf dem Markt die Kriegstrommel – ein mit Häuten bespannter ausgehöhlter Baumstamm von vier Fuß Durchmesser – von zwei Wilden mit Kugelschnüren geschlagen, bis ihr donnernder Lärm uns alle ganz betäubte.

Jallica war viel schöner als irgendeine Stadt, die ich bis jetzt auf meiner Reise gesehen hatte. Die Straßen waren breiter, die Häuser netter und die Menschen höflicher. Nie-

Griots [fahrende Musikanten]

mand belästigte den Freund von Ali Ninpha und den Gast von Suphiana. Ich konnte baden, ohne von neugierigen Frauen beobachtet zu werden. Mein Haus gehörte mir, und

wenn ich ausging, schritten zwei Männer mit Ruten vor mir her, um die Frauen und Kinder aus dem Weg zu halten.

Nachdem ich ein paar Tage herumgeschlendert war, um

mich von den Strapazen der Reise zu erholen, hielt ich es eines schönen Tages für angebracht, unangemeldet Suphiana mit den Geschenken zu überraschen, wie es im Orient Sitte ist. Als Gast von Ali Mami von Futa Jallon war ich während meiner ganzen Reise durch das Gewohnheitsrecht eigentlich ganz befreit von dieser Art Steuer. Mein Fulah-Beschützer hätte eine solche Besteuerung sicherlich auch nicht erlaubt, aber ich ergriff immer eine günstige Gelegenheit, um freiwillig ein Geschenk zu machen; denn ich wollte eine gute Erinnerung an meine Reise in Afrika hinterlassen.

Suphiana schätzte meinen Edelmut unter diesen Umständen sehr hoch und beantwortete die Höflichkeit mit einer Einladung zum Essen im Hause seiner Hauptfrau. Nach der Mahlzeit traten Sängerinnen ein, um uns mit einem Konzert zu ergötzen. Ihre hölzernen Harfen waren mit Rotangsaiten bespannt; ihre Banjos bestanden aus Kalebassen, die mit einem Fell mit kleinen Löchern überzogen waren. Ich kann nicht sagen, daß mir diese Kombination von Instrumenten und Stimmen besonders gefallen hätte.

Irgendein Aberglaube im Zusammenhang mit den Mondphasen bildete den Anlaß, daß mein Fulah-Führer nicht so rasch abreisen wollte, wie ich es selbst gewünscht hatte. Aber während wir uns noch mit dem Mond aufhielten, wurde Ali Ninpha so krank, daß er die Reise in seinem geliebten Jallica unterbrechen mußte. Eigentlich hatte ich den schlauen Mandingo im Verdacht, daß er sich viel kränker stellte, als er in Wirklichkeit war. Ich kam denn auch sehr bald dahinter, daß seine Krankheit nur einen Vorwand darstellte. Um die Wahrheit zu sagen, hatte Ali Ninpha so viele Fulah-Händler an der Küste übervorteilt und war ihnen den Preis von so vielen Sklaven schuldig geblieben, daß er es sehr bedenklich, um nicht zu sagen gefährlich fand, die Gebiete des Ali Mami von Futa Jallon zu betreten.

12. Kapitel

Der König von Futa Jallon

Von Jallica aus sandten wir einen Boten nach Timbo, um unsere Ankunft anzukündigen. Sechs Tage lang führte unser Pfad noch über Hügel und durch liebliche Täler, die von Flüssen reichlich bewässert wurden; ein Bergland mit üppigem Pflanzenwuchs.

Als wir über die letzten Hügel zogen, die auf das Gebiet von Futa Jallon herabsahen, und zu einem weiten Tafelland kamen, von wo aus man freien Ausblick über das Land hatte, sahen wir eine große Schar bewaffneter Männer, manche zu Fuß, andere zu Pferd, während etwa ein Dutzend aufgezäumter Tiere von schön gekleideten Stallknechten am Zügel gehalten wurden. Ich stürzte vor, und Ahmah-di-bellah öffnete seine schwarzen Arme, um mich zu begrüßen. So weit war der edle junge Mann, umgeben von seinen Freunden und begleitet von einer auserlesenen Truppe von Kriegern und Sklaven, uns entgegengekommen, um den Willkommensgruß des Fürsten zu überbringen!

Ich begrüßte den Mohammedaner mit dem ganzen Feuer alter Freundschaft. Im nächsten Augenblick waren wir alle abgestiegen und lagen auf unseren Knien, während auf ein Zeichen des Häuptlings seine Leute und die Karawane in tiefem Stillschweigen verharrten. Aller Augen richteten sich auf die ferne Ebene nach Osten. Die Menge war in tiefster Andacht versunken, und mit lauter Stimme singend, stimmte Ahmah-di-bellah mit ausgestreckten Armen und erhobenem Gesicht einen Psalm der Dankbarkeit zu Allah für die sichere Ankunft seines »Bruders« an.

Dieser überraschende feierliche Empfang gab mir ein Gefühl der Sicherheit und die Aussicht auf Handelsvorteil, was beides sehr angenehm für jemanden erschien, der so weit in das Innere vorgedrungen war. Wir befanden uns noch einen Reisetag weit von der Hauptstadt. Ahmah-di-bellah erklärte, daß wir bei aller Anstrengung Timbo unmöglich ohne weiteren Aufenthalt erreichen könnten. Trotzdem wollte er sehr gerne, daß wir unsere Reise beendeten; darum versah er nicht nur meine eigenen Leute mit frischen Pferden, sondern befahl den Trägern seines Trupps, das ganze Gepäck unserer Karawane zu übernehmen.

So von unserer Last befreit, marschierte unsere Gesellschaft in einem flinken Trab, und wir zogen, nachdem wir uns in einem Dörfchen ein paar nächtliche Stunden ausgeruht hatten, vor Tagesanbruch ohne weitere Umstände in Timbo ein, während die Bewohner noch schliefen.

Ein Bad spülte nicht nur den Reisestaub ab, sondern schien sogar alle Müdigkeit aus meinen Gliedern und Muskeln zu verjagen. Ahmah-di-bellah teilte mir mit, daß Ali Mami bald bereit sein würde, mich ohne viel Umstände zu empfangen. Der alte Herr litt an Wassersucht und zeigte sich wahrscheinlich nicht gern in der Öffentlichkeit, wenn es nicht unbedingt nötig war. Die Aufgabe, mich zu unterhalten und zu ehren, lag daher auf den Schultern seiner jüngeren Verwandten, wofür ich, wie ich ehrlich zugebe, sehr dankbar war. Nachdem ich mich ausgeruht hatte, erhob ich mich von meinem Sofa aus Rohr und zog zum erstenmal nach mehr als einem Monat einen ordentlichen sauberen Anzug an, wobei ich ein schneeweißes Hemd, meine eleganteste Hose, Pariser Lackschuhe und einen türkischen Fez mit einer großen Quaste trug. Unsere Dolmetscher trugen auch saubere Mandingokleider mit extra Stikkereien. Mein Leibjunge mußte einen alten Anzug von mir anziehen, ich gab ihm mein doppelläufiges Gewehr zu tragen und den anderen meine Pistolen und einen prächtig blitzenden Regimentssäbel, den ich als Geschenk für den Mami bestimmt hatte. So machte ich für jemanden, der sich auf der Reise befand, gewiß eine sehr respektable und malerische Figur. Als ich mit meinem Gefolge auf die Straße kam, erwartete mich ein Trupp Fulahs, die ihre Verwunderung laut äußerten; aber man belästigte mich nicht durch Nachlaufen, wie es sonst üblich war.

So wie alle afrikanischen Paläste in dieser Gegend war

auch der Palast des Ali Mami eine Lehmhütte mit einer überdeckten Veranda ringsum, mit einer Mauer gegen unbescheidene Neugier geschützt. Vor seiner Wohnung lag der Veteran unter dem Schatten der Veranda auf einem Stoß von Schaffellen, während ein paar Sklaven seinen geschwollenen Füßen Kühlung zufächelten. Mit meinem militärischen Gefolge marschierte ich tapfer ganz dicht an ihn heran, machte eine tiefe Verbeugung und wurde ihm von Ahmah-di-bellah als sein »Bruder« vorgestellt. Ali streckte sofort beide Hände aus, ergriff die meinen und zog mich neben sich auf das Schaffell. Dann fragte er mich mit einem freundlichen Lächeln, wobei er mir gespannt und tief in die Augen blickte, wie ich hieße.

»Ahmah-di-bellah«, antwortete ich gemäß dem Brauch des Landes. Als ich den mohammedanischen Namen aussprach, welchen ich seinerzeit mit seinem Sohn in Kambia für den meinen eingetauscht hatte, legte der alte Mann, der noch immer meine Hände festhielt, einen Arm um mich, drückte mich noch dichter an sich und hob dann beide Arme zum Himmel, wobei er ein paar Mal ausrief: »Gott ist groß! Gott ist groß! – Und Mohammed ist sein Prophet!«

Jetzt folgte ein ausführliches Verhör über mich selbst und meinen Lebenslauf. Wer war mein Vater? Wer war meine Mutter? Wieviel Brüder hatte ich? Waren sie Krieger? Waren sie »Büchermänner«? Warum reiste ich so weit? Wie lange gedachte ich in Futa Jallon zu bleiben? Gefiel mir mein Haus? War ich auf der Reise mit aller Sorgfalt und Ehrerbietung behandelt worden? Und schließlich hoffte er noch von Herzen, daß ich es so einrichten könnte, die ganze Regenzeit bei ihm zu verbringen.

Der Fürst zählte mindestens sechzig Jahre. Da er mehr als sechs Fuß maß, war er zwar nicht riesig, wirkte aber doch edel und imposant und zeigte ein vollkommenes Ebenmaß in Gliedern und Umfang. Seinen ovalen und tiefbraunen Kopf hatte er bis an die Schläfen vollständig kahl geschoren und trug ihn bedeckt mit einem Turban, dessen Enden in zwei Zipfeln längs seiner Wangen herabfielen. Er verfügte über auffallend regelmäßige Gesichtszüge, obwohl die Lippen etwas dick und die Nase zu platt waren. Er hatte eine hohe, gerade Stirn, und wenn er sprach oder lächelte, zeigte er prachtvolle Zähne.

Ich hatte später oft Gelegenheit, mich mit dem König zu unterhalten, und war immer entzückt über die freundliche Einfachheit seines Wesens. Ali Mami von Futa Jallon war so ziemlich im Schatten der Moschee erzogen worden. Ich fand daher auch, daß der Fürst mehr von einem nachdenklichen Gelehrten als von einem Kriegsmann hatte, obwohl seine übrigen Familienmitglieder und besonders seine jüngeren Brüder sowohl zu Hause als auch außerhalb stets ihren militärischen Pflichten nachgehen mußten. Als guter Mohammedaner war der Herrscher ein ruhiger, gemäßigter Charakter, der nichts Stärkeres trank als ein aus Wurzeln hergestelltes und mit Honig gesüßtes Gebräu. In seinem Umgang mit mir zeigte er sich stets freundlich und um meine Bequemlichkeit besorgt. Er konnte kein halbes Dutzend Sätze sagen, ohne den Koran zu zitieren. Manchmal brach er mitten in einem angenehmen Gespräch, in dem er sich über mein Interesse für fremde Länder verwunderte, ab, weil die Stunde des Gebetes nahte. Und so verbrachte der Ali Mami mit Gebet, Waschungen, Essen, Schlafen, Sklavenhandel sein Leben. Das war sogar für einen orientalischen Fürsten eintönig genug, aber ich zweifle keinen Augenblick daran, daß er auch jetzt noch in derselben Weise lebt, wenn Allah nicht geruht hat, den frommen Fürsten ins Paradies der wahren Gläubigen abzurufen. Ich vermochte ihm niemals begreiflich zu machen, wie man ein Schiff bauen konnte, das genug Proviant für eine Reise von sechs Monaten enthielt, weil die See ein Geheimnis war, »das nur Gott und ein Weißer« lösen konnte.

Da ich am Tage meiner Ankunft, nachdem ich dem König vorgestellt war, im Hause von Ahmah-di-bellahs Mutter frühstücken sollte, drängte ich meinen Begleiter nach Beendigung der Audienz ungeduldig dorthin. Mein Fasten hatte länger gedauert als mir lieb war, selbst wenn die Hofetikette das forderte. Glücklicherweise dauerte es nicht lange, bis wir in dem Vorhof Ihrer Majestät anlangten, die, obwohl sie schon mindestens fünfzig Jahre alt war, doch ihr schönes Gesicht und ihre Schultern streng in den Falten eines großen Schleiers verbarg. Sie begrüßte mich jedoch sehr herzlich. Sie nannte mich »Ahmah-di-bellah-Theodorie« und bereitete eigenhändig die Leckerbissen, an denen wir uns gütlich tun sollten, während wir dabei bequem auf den Matten ihrer Veranda hockten.

Nach dem Ende der Mahlzeit hoffte ich, daß für diesen Tag die Zeremonien vorüber wären, hörte aber zu meinem Schrecken, daß der feierlichste Teil meines Empfanges noch bevorstand.

»Jetzt gehen wir schnell zum Palaverplatz«, sagte Ahmah-di-bellah, als ich seiner Mama meine Salaams machte, »wo die Häuptlinge Sie sicher schon ungeduldig erwarten.« So nahm ich meinen Bruder am Arm und ging, gefolgt von meiner Leibwache, zu der Versammlung, die außerhalb der Stadtmauern in einem prächtigen Park von Baumwoll- und Tamarindenbäumen abgehalten werden sollte. Ich fand dort bereits eine Menge Einwohner der Stadt vor, in ihrer Mitte, auf Schafspelzen sitzend, ein vornehmer Kreis von »Senatoren« und an deren Spitze Sulimani Ali, Sohn des Königs und Bruder meines Freundes.

Als der Fulah mich seinem kriegerischen Bruder vorstellte, stand dieser mit einer tiefen Verbeugung auf, nahm mich an der Hand und führte mich zu einem Felsblock, über den ein weißes Tuch gebreitet war – der Ehrensitz für einen angesehenen Fremden. Nachdem ich mich gesetzt hatte, sprangen die anderen Häuptlinge auch auf, und jeder schüttelte mir die Hand, mich dreimal willkommen heißend. Ahmah-di-bellah stand geduldig neben mir, bis die ganze Feierlichkeit vorbei war und alle Edlen wiederum auf ihren Schafspelzen saßen. Dann nahm er von einem der ältesten der Gruppe einen langen Stab, trat vor, begrüßte die Versammlung dreimal, rief dreimal Allah an und stellte mich darauf den Häuptlingen und der Volksmenge als seinen »Bruder« vor. Ich sei, sagte er, nach Futa Jallon gekommen auf seine Einladung und mit der besonderen Erlaubnis seines geliebten Königs und Vaters und seines geliebten ältesten Bruders Sulimani. Darum hoffe er, daß die Pflichten der Gastfreiheit getreulich seinem weißen Bruder gegenüber erfüllt würden. Er könne dafür zahlreiche Gründe anführen, begnüge sich jedoch, nur drei zu nennen. An erster Stelle sei ich ein beinahe ebenso guter Mohammedaner wie mancher Mandingo, und er wüßte bestimmt, daß das wahr sei, weil er selbst mich bekehrt hätte! An zweiter Stelle hätte ich das Recht, von allen Fulahs höflich behandelt zu werden, weil ich ein reicher Händler vom Rio Pongo sei. Und drittens sei ich so weit in das Innere Afrikas vorgedrungen, weil ich zu sehr hohen Preisen Sklaven kaufen wolle.

In afrikanischen Palavern ist es Brauch, seine Zustimmung durch Seufzen, kurze Ausrufe oder Schreien zu zeigen, wenn der Sprecher etwas sagt, von dem man angenehm berührt ist. Als mein Fulah-Bruder zu der Versammlung über mein Kommen, meinen Namen, meine Bitte um Gastfreiheit und meinen Reichtum sprach, nahm das Brummen und Stöhnen der Zuhörer zu, je länger er redete; als sie aber meinen Plan hörten, Sklaven zu kaufen, war der Höhepunkt erreicht. Wie aus einem Munde riefen sie laut: »Möge der Herr des Himmels gepriesen werden!«

Ich verbiß mir das Lachen, so gut ich konnte, als meine Dolmetscher die Ansprache von Ahmah-di-bellah übersetzten, und befahl sofort, die Geschenke auszustellen, die einige meiner Diener inzwischen in den Park gebracht hatten. Sie bestanden aus einigen Ballen blauem und weißem Kattun, zehn Ellen scharlachrotem Tuch, sechs Fäßchen Pulver, dreihundert Pfund Tabak, zwei Schnüren Perlen aus Bernstein und sechs Musketen. Auf einen schönen Teppich legte ich separat den vergoldeten Säbel und ein Päckchen »Spanische Fliegen« nieder, die ich für den König bestimmt hatte.

Als alles ausgestellt war, nahm Sulimani seinem Bruder den Stab aus der Hand und sagte, daß die Geschenke, auf die er mit diesem Stabe wies, die Wahrheit von Ahmah-di-bellahs Worten bewiesen und daß tatsächlich ein reicher Mann nach Futa Jallon gekommen sei. Ja, mehr sogar – dieser reiche Mann brauchte Sklaven! War ich nicht edelmütig? Ich war ihr Gast und war ihnen keine Steuer oder Abgaben schuldig. Hatte ich nicht trotzdem reiche Gaben freiwillig den Häuptlingen geschenkt? Am nächsten Tage würde sein Vater persönlich die Gaben verteilen, aber, solange ich in Futa verweilte, sollten täglich ein Ochse und zehn Körbe Reis für den Unterhalt meiner Karawane gegeben werden, und da jeder Häuptling Anteil an meiner Freigebigkeit haben würde, sollten sie alle dazu beitragen.

Alle Formalitäten waren nunmehr erfüllt, und die neugierigen Häuptlinge drängten sich um die Geschenke. Die Sachen wurden untersucht, betastet, berochen, gezählt, gemessen und beiseitegelegt. Weil der Teppich und der Säbel für den König bestimmt waren, wurden sie vorsichtig behandelt, aber als die Fläschchen mit »Spanischen Fliegen« ausgepackt wurden, bestanden die Häuptlinge darauf, daß Seine Majestät das vielbegehrte erregende Mittel nicht ganz für sich allein behalten sollte. Darüber entstand ein scharfer Wortwechsel zwischen den Prinzen und den Herren des Rates, so daß ich gezwungen war, mit Hilfe der Dolmetscher mich ins Mittel zu legen. Die Aufregung legte sich erst dann, als ich versprach, noch ein Dutzend solcher Fläschchen für ihren persönlichen Gebrauch beizufügen.

Während die Zänkereien noch andauerten, befahlen Sulimani und Ahmah-di-bellah den Sklaven ihres Vaters, die Geschenke nach dem Palast Ali Mamis zu bringen. Sie nahmen mich in die Mitte und marschierten mit mir Arm in Arm zu meinem Haus. Hier fand ich Abdulmomen Ali, einen anderen Sohn des Königs, der seine Brüder erwartete, um dem Mongo von Kambia vorgestellt zu werden. Abdulmomen Ali wurde mir als »gelehrter Priester« vorgestellt und begann sofort als echter Mufti den Koran zu zitieren. Ich hatte mich seit der Abreise Ahmah-di-bellahs aus Rio Pongo so wenig mit dem mohammedanischen Glauben beschäftigt, daß ich meinte, ich ginge am sichersten, wenn ich nur ganz still dasäße, als ob ich ein überzeugter und frommer Muselman wäre. Bald merkte ich auch, daß Abdulmomen, wie es auch bei anderen Priestern öfter geht, willig genug war, das Reden auf sich zu nehmen, wenn er nur einen geduldigen Zuhörer fand. Bei allen seinen Argumenten machte ich ein sehr verständiges Gesicht, als ob ich alles einsähe und sehr erbaut sei. Auf diese Weise entkam ich der Gefahr, daß meine Unwissenheit ans Licht kam. Ich machte es also genau so, wie es vor mir mancher gescheitere Mann vielleicht getan hat.

13. Kapitel

Das Leben in Timbo

Timbo liegt in einer Hügellandschaft. Im Norden erhebt sich in etwa zehn bis fünfzehn Meilen Entfernung eine hohe Bergkette, die sich in östlicher Richtung nach dem Horizont hinzieht. Die Landschaft im Süden dieser Abhänge ist an vielen Stellen kahl, zeigt aber an anderen wieder wohlbebaute Felder, Gruppen von Baumwollsträuchern, Waringins und Raffia-Palmen, Bambuswäldchen und eine Menge Dörfer, die einen echt ländlichen, wohlhabenden Eindruck machen.

Bald schlug ich meinem afrikanischen Bruder vor, einmal durch die Umgebung zu reiten, und eines schönen Morgens, nach einem reichlichen Frühstück, bestehend aus in Reis weichgekochtem Huhn mit herrlicher »Palavra«-Soße, ritten wir nach den weitabgelegenen Dörfchen. Als wir zum ersten Bach kamen, jedoch das schützende Krummholz noch nicht betreten hatten, hielt unser Trupp plötzlich an, und Ahmah-di-bellah rief: »Fremde kommen!« Als wir einige Augenblicke darauf langsam über den Bach zogen, sah ich verschiedene Frauen im Krummholz versteckt, die wir beim Baden gestört hatten.

In einer halben Stunde hatten wir das erste Dorf erreicht, aber mein Ruf war mir vorangeeilt, und wir fanden, da die Niederlassung entweder von Sklaven oder von Negern, die zu Sklaven gemacht werden konnten, bewohnt wurde, die Häuser leer. Die armen Leute hatten am Tage meines Empfanges gehört, daß der Hauptgrund meiner Reise war, Sklaven zu bekommen, und sie dachten jetzt natürlich, daß der einzige Zweck meines Ausfluges zu ihnen sei, sie in Gefangenschaft wegzuführen. Wir hielten uns also nur ein paar Minuten in Findo auf und galoppierten weiter nach Furu. Aber auch hier war eine Panik unter den Negern ausgebrochen; sie waren alle so Hals über Kopf davongelaufen, daß die Töpfe mit Reis, Gemüse und Fleisch in ihren Hütten noch auf dem Feuer standen und kochten. Kein Mensch ließ sich mehr in Furu sehen; selbst der alte Dorfvorsteher war nicht dageblieben, um die Honneurs für seine erschrockene Gemeinde zu machen. Als Ahmah-di-bellah sah, welchen Schrecken ich einjagte, lachte er herzlich.

Die kleinen Dörfer der Eingeborenen, die ich auf diesem Ausflug besuchte, zeigten deutlich, wie glücklich und bequem diese Afrikaner leben, wenn sie nicht durch Kriege heimgesucht werden, die wegen des Sklavenhandels geführt werden. Es war mitten in der Trockenzeit, und alles war von der Sonne verbrannt; aber ich konnte doch gut sehen, wo sie schöne Plantagen, Gärten und Reisfelder angelegt hatten. Überall fand ich spanischen Pfeffer in reichlichen Mengen, ebenso Zwiebeln, Knoblauch, Tomaten, Kartoffeln und Cassave, während die Umzäunungen mit großen Kletterpflanzen und Blumen verziert waren. Hühner, Ziegen, Schafe und Rinder liefen in großen Herden herum, und an jeder Hütte hing ein Streifen Papier, auf dem ein Zauberspruch aus dem Koran geschrieben stand, um Diebe und Hexen fernzuhalten.

Ging ich in Timbo spazieren, taten meine Wirte alles, um mich vor Neugier zu schützen. Zwei Polizisten begleiteten mich ständig. Sie hatten die Aufgabe, den Leuten mitzuteilen, daß der Furtu spazierengehen wollte, ohne von einer Schar Neugieriger begleitet zu werden. Mit einem eisernen Triangel, den sie schlugen, stellten sich diese fröhlichen Ausrufer an den Straßenecken auf und erinnerten die Leute daran, die Befehle des Königs zu befolgen. Sofort wurden die Straßen menschenleer, weil sich jeder vor den Stockschlägen fürchtete. Ich empfand meine Einsamkeit recht ungemütlich; denn jeder, der mich sah, ging mir aus dem Wege. Wenn ich die Kinder oder die kleinen Mädchen zu mir rief, rannten sie hastig davon.

Gegen Abend verließ ich meine Gesellschaft, hüllte mich fest in ein Mandingo-Gewand und schlich durch Hintergäßchen nach dem Bach, der entlang der Stadtmauern fließt. Dorthin gehen die Frauen bei Sonnenuntergang, um Wasser zu holen; ich stellte mich so versteckt auf, daß man mich nicht sehen konnte, und sah wohl eine Stunde lang nach den hübschen Kindern, Mädchen und Frauen von Timbo.

Mir fiel besonders auf, daß die Frauen beinahe alle schön waren. In vieler Beziehung hatten sie mehr von dem maurischen als von dem Negertypus. Nicht ahnend, daß ein Fremder in der Nähe war, trugen sie ein einfaches Röckchen, das von der Mitte bis zu den Knien reichte und ihren üppigen Körper unbedeckt ließ. Gruppe auf Gruppe sammelte sich bei dem schräg einfallenden Sonnenlicht am Ufer des Baches. Einige beugten sich über ihre Krüge und Wassergefäße; ein paar standen da und plauderten oder lehnten graziös aneinander und hörten den Gesprächen der anderen zu; wieder andere bückten sich, um die Gefäße zu füllen, oder sie hoben die bis zum Rande gefüllten Eimer den Gefährtinnen auf die Schultern, worauf sie singend mit den vollen Krügen auf dem Kopf und in den Händen heimkehrten. Ihr langsames, würdiges, federndes Dahinschreiten unter dieser Last zeigte eine Grazie, um die eine Spanierin sie hätte beneiden können.

Ich glaube nicht, daß man in irgendeinem Lande Frauen finden kann, die Fulah-Mädchen mit ihrer schönen bronzefarbenen Haut an Schönheit übertreffen. Ihre Glieder, Nakken, Hände, Füße, Hüften und Brüste waren zart und feingebildet. Nirgends sah ich Hängebrüste, platte breite Nasenlöcher, dicke Lippen und niedrige Stirnen, die bei den Susus und ihren Verwandten an der Küste so allgemein sind. Keine einzige war mißgestaltet oder zeigte Spuren einer Krankheit. Hierzu muß ich noch bemerken, daß die Fulah-Männer in Timbo beinahe ebenso schön wie die Frauen sind. Das einzige, was mir an ihnen weniger gefiel, war, daß sie manchmal anmutigen Frauen glichen. Ihr Mut ersetzte jedoch in reichem Maße, was ihnen an männlichem Äußeren fehlte; denn ihre Furchtlosigkeit war weit und breit unter den Stämmen bekannt, die sie durch ihre Tapferkeit und Ausdauer bezwungen hatten.

Meine Reise nach Timbo war eher eine Geschäftsreise als ein Ausflug zum Vergnügen oder zu wissenschaftlicher Forschung. Hätte ich geahnt, daß ich mich eines Tages als

Schriftsteller entpuppen würde, dann hätte ich mich wahrscheinlich mehr mit dem Studium des Volkes befaßt. So aber war ich nur als Sklavenhändler dort und fand deshalb die Unterhaltung mit Ahmah, Sulimani, Abdulmomen, Ali Mami und den Würdenträgern recht langweilig. Auch die Vergnügungen in Timbo boten mir nichts Besonderes. Öfter ging ich jedoch durch die Stadt und lernte so bald die engen Straßen, Lehmhütten und Moscheen kennen. Man sagte mir, daß innerhalb der Mauern etwa zehntausend Leute wohnen, die alle einen Beruf ausüben. Sie weben Kattun, machen Lederarbeiten, schmieden Eisen aus Stäben, sind fleißige Ackerbauer, und wenn sie keine andere Arbeit haben, beschäftigen sie sich eifrig mit Lesen und Schreiben, welche Künste sie sehr lieben.

Aber ich hatte genug von Timbo; ich war völlig erholt von der Reise, und ich wollte zurück nach meiner Faktorei an der Küste. Ursprünglich hatte ich zwei Monate für die ganze Reise bestimmt, und jetzt waren schon beinahe drei Monate zu Ende. Ich fürchtete, daß Ali Mami seine Sklaven noch nicht für meine Abreise beisammen hätte, und wenn ich dies rundheraus sagte, würde man Einwände erheben. Also gab ich meinen Dolmetschern die nötigen Weisungen und machte dem hohen Herrn einen Besuch, wobei ich eine lange Rede hielt, die ebenso voller Komplimente und Schmeicheleien steckte wie ein Rosinenkuchen voller Rosinen. Schließlich wußte ich Seine afrikanische Majestät in seinem empfindlichsten Punkt – Sklaven – zu treffen. Ich sagte dem König, daß ein paar reich beladene Schiffe mich auf dem Fluß erwarteten und daß ich mich beeilen müsse, mit einem erlesenen Trupp dahin zu ziehen, wenn er einen schönen Gewinn zu machen hoffe.

Nun fanden der König und die königliche Familie es zweifellos sehr schade, daß sie den Furtu Mongo gehen lassen mußten, aber sie waren vernünftige Leute, die ein Einsehen hatten. Sofort wurden kleine Trupps, Krieger und Späher, ausgesandt, um die Zugangswege zu besetzen. Sogar in Timbo machte Sulimani sich persönlich mit einem Trupp Reiter vor Tagesanbruch auf den Weg und kam gegen Abend mit fünfunddreißig prachtvollen Kerlen zurück, die er in Findu und Furu gefangen hatte.

In der Stadt selbst wurde die Angst vor mir immer größer. Wenn ich meinen gewohnten Morgenspaziergang machte, liefen die Kinder bei meinem Anblick schreiend davon. Nach der Ankunft von Sulimani mit seinen Schlachtopfern dachten alle Sklaven, daß für sie die Stunde der Verbannung geschlagen hatte. Die armen Leute sahen in mir einen Teufel in Menschengestalt. Ein paarmal sah ich, daß Frauen eine Handvoll Staub oder Asche nach mir warfen und ein Gebet aus dem Koran murmelten, um den Bösen abzuhalten und sich aus seinen Krallen zu retten.

Es war wirklich ergötzlich, daß bei aller Bestürzung, die der Hof von Timbo und ich selbst verursachten, mein farbiger Bruder Ahmah-di-bellah und sein Blutsverwandter Abdulmomen keine Gelegenheit versäumten, mit mir über mein Seelenheil zu sprechen. Meine Bekehrung machte jedoch keine großen Fortschritte. Ich war schon kein besonders guter Christ, und ich fürchte, daß es dem Fulah nicht gelang, einen guten Mohammedaner aus mir zu machen. Ich verstand es jedoch, ihn mit der Hoffnung auf mehr Erfolg in der Zukunft hinzuhalten, so daß wir noch immer gute Freunde waren, als Ali Mami mich zur Abschiedsaudienz empfing.

Die Verwandten des Königs machten mir Ochsen, Kühe, Ziegen und Schafe zum Geschenk. Seine Majestät sandte mir fünf Sklaven. Sulimani gab mir einen Schimmel, und die Frau des Königs schenkte mir eine Decke, die sehr nett aus roten und gelben Fäden gewebt war, die man aus Manchester-Kattun ausgefasert hatte.

Aber Ahmah-di-bellah, ein Gentleman, wie er war, sandte mir zum Trost die beiden schönsten Mädchen, die er in Timbo hatte kaufen oder stehlen können.

14. Kapitel

Rückreise an die Küste

Bei meinem Abschied wurde ein feierlicher mohammedanischer Gottesdienst gehalten; Ahmah-di-bellah begleitete mich bis Jallica, von wo er von seinem Vater zurückberufen wurde, weil ein ernstlicher Familienzwist seine Anwesenheit erforderte. An seiner Stelle erwartete mich jedoch Ali Ninpha mit einer großen Menge Gold, Wachs, Elfenbein und Sklaven und begrüßte mich. In Tamisso hatte der brave Mohammedaner sein Wort gehalten und seinen Teil zu der Karawane beigetragen, so daß unsere Anzahl beinahe auf tausend starke, kräftige Männer, Frauen, Kinder und Mitläufer gestiegen war, als wir nach Kaia aufbrachen.

In Kaia konnte ich es nicht unterlassen, vier Tage bei meinem fröhlichen Freund Ibrahim zu bleiben, der in meiner Abwesenheit den Tabak mit dem »Magenbitter« bekommen hatte und sich freute, daß er mir nach so langer Enthaltsamkeit einen feinen Schnaps vorsetzen konnte. Als wir in die Nähe der Küste gekommen waren, machten wir auf einem günstig gelegenen Lagerplatz nochmals halt. Hier teilte Ali Ninpha die Karawane in vier Teile, wobei er die besten Sklaven und Waren für mich bestimmte. Es war absolut nötig, das vor unserer Ankunft zu tun, um Zänkereien und unheilvollen Streitereien über den Handelswert der Neger an der Küste vorzubeugen.

Ich hatte gehofft, meine Freunde in Kambia überraschen zu können; aber als die Faktorei von den Hügeln hinter der Niederlassung aus zu sehen war, sah ich die spanische Flagge von ihrem Giebel wehen und hörte die Kanonen, die dem Reisenden ein Willkommen zudonnerten. Der Fulah und mein Schreiber hatten Ruhe und Ordnung ausgezeichnet erhalten. Meine Faktorei und meine Magazine sahen ebenso nett und ordentlich aus, wie ich sie verlassen hatte; und ich konnte so ruhig schlafen, als wenn ich nur einen Tag in einem Dorf der Umgebung gewesen wäre.

Innerhalb einer Woche hatte ich die Waren der Karawane bezahlt, Mami-di-yong heimgesandt und mit dem Kapitän eines Sklavenschiffes, das im Fluß lag, mich über die Waren geeinigt, die noch übriggeblieben waren. Aber der Fulah-Häuptling war kaum zwei Tage weg, als ich durch die Ankunft eines Läufers überrascht wurde, der in meine Faktorei mit einer Botschaft von Ahmah-di-bellah in Timbo kam, von wo aus er einundzwanzig Tage für die Reise zu mir gebraucht hatte.

Ahmah befand sich in Schwierigkeiten. Ich sagte bereits, daß er wegen eines Familienzwistes aus Jallica zurückgerufen worden war. Er fand seine Schwester an Händen und Füßen gebunden im Gefängnis und erhielt den Befehl, sie so rasch wie möglich als Sklavin nach meiner Faktorei zu senden. Das hatten sein königlicher Vater und ihr Halbbruder Sulimani befohlen. Alle seine Bitten, bei denen seine Mutter ihn unterstützte, waren vergebens gewesen. Sie sollte und mußte in Rio Pongo eingeschifft werden, und keinen anderen als den Mongo Theodore, den Sohn und Freund von Ali Mami, konnte man mit dieser Aufgabe betrauen.

Ahmah hatte dem Boten den Auftrag gegeben, sich auf unsere brüderliche Liebe zu berufen und mich zu beschwören, nicht zu erlauben, daß das Mädchen über See gesandt würde, sondern sie mit List oder Gewalt zurückzubehalten, bis er selbst an die Küste kommen könne.

Diese Neuigkeit überraschte mich aufs höchste. Ich wußte, daß afrikanische Mohammedaner ihre Kaste oder Verwandten niemals als Sklaven in die Fremde verkaufen, wenn sie nicht ein Verbrechen begangen haben, das eine noch größere Strafe als die Todesstrafe nach sich zog. Ich dachte eine Weile über diese Botschaft nach, weil ich keine Verwicklungen mit den vornehmsten Häuptlingen im Inlande bekommen wollte; aber nach einigen Augenblicken sagte ich dem Boten, er solle meinem betrübten Bruder schnell entgegenreisen und ihm versichern, daß ich seine Schwester beschützen würde, selbst auf die Gefahr hin, seine Verwandten gegen mich zu erzürnen.

Etwa eine Woche später wurde ich frühmorgens von

Sklaventransport auf dem Weg zur Küste

einem Läufer aus einem nahen, hinter dem Hügel gelegenen Dörfchen aufgesucht, der erzählte, daß in der letzten Nacht ein Kurier von Sulimani Ali angekommen sei, der

ein Fulah-Mädchen mitbrachte, das ich sofort einem spanischem Sklavenhändler verkaufen müsse. Er sagte, daß das Mädchen sich mit ganzer Kraft widersetzt habe; sie habe sich geweigert zu gehen; die letzten vier Tage habe man sie auf einer Tragbahre transportieren müssen. Sie hätte geschworen, das Meer nicht zu sehen, und gedroht, ihren Kopf an dem ersten Felsen, an dem sie unterwegs vorbeikämen, einzurennen, wenn man versuche, sie noch weiter zu tragen.

Ich sah sofort, daß dieser Aufschub und die Verzögerung mir eine Gelegenheit boten, im Interesse des tapferen Mädchens eingreifen zu können, obwohl ich noch nicht wußte, welche Sünde oder Missetat sie begangen hatte. Ich weihte also Ali Ninpha ein und sandte mit seiner Zustimmung eine schlaue Frau aus seinem Harem ab, der ich sagte, was sie in dem Dörfchen zu tun hätte. Die Botin war dazu mit Freuden bereit. Ich befahl ihr, in Gegenwart von Sulimanis Handlangern sehr vorsichtig zu sein, aber insgeheim zu versuchen, das Vertrauen des Mädchens zu gewinnen und ihr zu sagen, daß ich ein geschworener Freund von Ahmah-di-bellah sei und daß ich sie retten würde, wenn sie meinen Befehlen blindlings folge. Sie müsse sofort aufhören, sich zu widersetzen. Sie müsse an den Fluß kommen, der Süßwasser und kein Salzwasser hatte, und sie solle alle Befehle ihrer Wächter ausführen, die diese von ihrer Familie erhalten hatten. In den Kleidern der Botin sandte ich den geschriebenen Koran von Ahmah-di-bellah als Beweis mit, daß ich die Wahrheit sprach. Außerdem trug ich der Botin noch auf, Bieljie zu sagen, daß ihr Bruder sich bereits auf dem Wege nach Kambia befinde, um sie zu erlösen.

Die Mission hatte in jeder Beziehung Erfolg. Am nächsten Tage frühmorgens wurde das Mädchen mit einem Strick um den Hals in meine Faktorei gebracht.

Die Verhandlungen über ihren Verkauf waren langwierig und umständlich. Da es ein gezwungener Verkauf war, wurde über Eigenschaften und Preis nicht viel gesprochen, aber ich mußte doch eine ganze Menge von Dingen versprechen, die ich nicht im geringsten zu halten beabsichtigte. Um das arme Geschöpf möglichst zu erniedrigen, war in dem Urteil bestimmt worden, daß sie »für Salz verkauft« würde, das verächtlichste von allen afrikanischen Tauschmitteln, das im Inland nur für den Ankauf von Vieh verwendet wurde.

Die arme Bieljie stand nackt und zitternd vor uns, während diese Verhandlungen geführt wurden. Ein düsterer, drohender Blick der Entrüstung lag wie ein Schatten auf ihren Zügen. Zärtlich erzogen unter den Fürstenkindern von Timbo, war sie eine schöne und feingebaute Frau von dem Typ, den ich an dem Bach beobachtet hatte. Ihre Glieder und Gesichtszüge zeigten die Spuren der Reise, und auf ihrem Gesicht war der Schmerz über ihre Erniedrigung deutlich zu lesen, aber ich hätte dennoch noch viel mehr gewagt, als ich tat, um sie vor der Verbannung nach Kuba zu retten.

Als der letzte Trog Salz abgemessen war, schnitt ich den Strick um Bieljies Hals los, warf ein Tuch über ihre Schultern, rief die Frau, die meine Botschaft überbracht hatte, und sagte ihr, sie solle das Mädchen in mein Haus bringen und behandeln, wie es der Schwester meines Fulah-Bruders gebühre.

Wie ich wohl erwartet hatte, sprang auf diesen menschenfreundlichen Befehl der Bote von Sulimani auf und verlangte, daß das Mädchen ihm zurückgegeben werden solle. Er schwur, daß ich ihn betrogen hätte, und vollführte allerlei afrikanische Sprünge, was sogar bei den zivilisiertesten Stämmen, wenn sie von ihrer Leidenschaft einmal gepackt werden, oft vorkommt.

Es war meine Gewohnheit, bei einem derartigen Wutausbruch nicht nur völlig ruhig zu bleiben, bis er vorüber war, sondern auch danach noch eine Weile zu warten. Ich sah den Tiger schweigend, aber scharf an, folgte ihm mit meinen Blicken bei allen seinen Bewegungen durch das Zimmer, bis er keuchend und erschöpft auf die Matte niederfiel. Dann antwortete ich ruhig, daß ein solches Benehmen nicht nur eines mohammedanischen Edelmannes unwürdig und höchstens von einem Wilden zu erwarten sei, sondern daß es bei dieser Gelegenheit auch überflüssig wäre, weil das Mädchen vor seinen Augen an Bord des Sklavenschiffes gebracht werden sollte. Solange jedoch, fuhr ich fort, die Schwester von Ahmah unter meinem Dach weilte, müsse ihr Rang geehrt und sie selbst in jeder Hinsicht als eine von königlichem Blute behandelt werden.

Ich war neugierig zu erfahren, welches Verbrechen Bieljie begangen hatte, denn bis jetzt hatte ich darüber nichts gehört. Ich machte mich so rasch es ging von dem Fulah los und eilte nach der Wohnung von Ali Ninpha, wo man mir die Geschichte des armen Mädchens erzählte.

Die mohammedanische Prinzessin, die sicher nicht mehr als achtzehn Jahre zählte, war vom König und von Sulimani einem alten Familienmitglied zugesagt worden. Dieser wurde nicht nur der Grausamkeit gegen seine Haremsfrauen beschuldigt, sondern bei den Mohammedanern hieß es, daß er unreine Fische aß. Das Mädchen schien männlichen Mut und Entschlossenheit zu besitzen und hatte sich dagegen gewehrt; als aber ihr Bruder Ahmah abwesend war, wurde sie aus den Armen ihrer Mutter gerissen.

Bieljies Auslieferung an ihren groben Herrn hatte ihr feuriges Temperament in Wut gebracht. Sie machte ihm so heftige Szenen, wie sie in seinem Harem noch niemals vorgekommen waren, außer wenn der Herr und Meister selbst sich seinen Zornausbrüchen überließ. Kurz und gut, sie verstand es – halb im Ernst, halb gespielt –, sich als eine solche Furie zu zeigen, daß ihr Gatte, nachdem er es mit nutzlosen Reden, Versprechungen und Bitten versucht hatte, sie mit einer beleidigenden Botschaft zu ihrer Familie zurückschickte.

Es war ein trauriger Tag, als sie in ihr väterliches Haus zurückkehrte. Ihr Widerstand wurde als Auflehnung und Ungehorsam gegen ihren Vater und ihren Bruder betrachtet, und da sie sich weder dem Befehl noch der Überredung fügen wollte, hatte ihr barbarischer Vater die Verstoßene dazu verurteilt, »Sklavin bei Christen« zu werden.

Als sie ihre Erzählung beendet hatte, versuchte ich, das arme Mädchen mit allen möglichen Versprechungen von Schutz und Hilfe zu trösten; denn nachdem jetzt die Aufregungen des Verkaufes und der Reise vorüber waren, verließen sie ihre Kräfte, und sie sank erschöpft auf ihrer Matte zusammen. Ich empfahl sie meinem Hauswirt, der sie bewachen und ihr besondere Sorgfalt widmen sollte. Auch Esther schlich abends zu ihr, um sie mit ihren Liebkosungen zu trösten, denn die Fulah-Sprache beherrschte sie nicht. Binnen einer Woche war Bieljie wieder so wie früher, bereit zu einem kühnen Wagnis, das ihr Los entscheiden sollte.

Als das spanische Sklavenschiff, dessen Beladung ich soeben beendet hatte, in See stechen wollte, bat ich den Kapitän, mir bei der Einschiffung einer Prinzessin zu helfen, die von ihrer königlichen Familie im Innern mir anvertraut worden war, die ich aber nicht an Bord zu bringen wagte, solange er die Bank im Rio Pongo nicht passiert habe. Er war damit einverstanden. Als die letzte Bootsladung Sklaven aus meinen Baracken abgegangen war, lichtete er den Anker und trieb flußabwärts, bis er die äußerste Brandung hinter sich hatte. Hier blieb er mit schlaffen Segeln, zu sofortiger Abreise bereit, liegen und wartete. Inzwischen eilte ich mit Bieljie, ihren Freundinnen und ihrem Fulah-Wächter nach dem Strand. Als das Sklavenschiff seine Segel umwarf und beidrehte, setzte ich Bieljie schnell in ein Kanu mit fünf Kroo-Negern, welche sie durch die schäumende Brandung rudern sollten.

»Allah sei gelobt!« seufzte der Fulah, als das Boot in See stach, während die Mädchen und Frauen aus dem Harem sich mit lauten Klagen und Jammern zu Boden warfen. Die Kroo-Neger ruderten mit ihrer gewohnten Geschicklichkeit das Boot schnell nach dem Sklavenschiff, aber als sie in die Brandung im Süden der Bank kamen, traf sie eine schwere Sturzwelle in der Seite, und im nächsten Augenblick kämpften alle in den Wogen.

Der Fulah warf sich zu Boden und begrub sein Gesicht im Sand; die Mädchen kreischten und zerrissen ihre Kleider; Ali Ninphas Frau packte mich in ihrer Verzweiflung am Arm, und ich selber stampfte mit den Füßen aus Wut und schalt auf ihren herzlosen Vater, dessen barbarisches Urteil das Mädchen in diesen traurigen Tod getrieben hatte.

Kroos mit ihren Booten

Den jammernden Heuchler vor mir stieß ich auf die Beine und befahl ihm, sich sofort nach Timbo auf den Weg zu machen und dem schnöden Patriarchen zu sagen, daß der Prophet selbst lieber seinem unglücklichen Kinde das Leben genommen habe, als sie die Sklavin von Christen werden zu lassen.

Das spanische Schiff fuhr unter vollen Segeln zur offenen See hinaus, und die Kroo-Neger schwammen ohne ihr Boot ans Ufer. An diesem Abend gab es Jammern und Wehklagen im Dörfchen, und auch in Timbo wurde gejammert, als der Fulah mit dem Bericht des traurigen Unfalls heimkam. Die Aufregung und der Kummer waren tatsächlich so stark, daß niemand aus meiner Umgebung eine Episode in dem Drama beachtete, die an diesem Abend ohne vorhergehende Proben aufgeführt worden war.

Jedermann, der die Küste Afrikas kennt oder darüber gelesen hat, weiß, daß es für die Kroo-Neger gleichgültig ist, ob sie im ruhigsten Flußwasser oder in der wütendsten Brandung rudern. Sie machen sich ebensowenig daraus, wenn sie in der Brandung kentern, als wenn sie auf einen Felsen auffahren. Diese Eigenschaften benutzte ich für meinen Plan; ich stationierte ein sehr leichtes Boot dicht am Rande der Brandung und befahl den kühnen Schwimmern, die darin saßen, sofort das Mädchen zu packen, sobald ihr Kanu absichtlich zum Kentern gebracht wurde. Ich versprach der Bemannung eine reiche Belohnung, wenn sie das Mädchen in ihr Boot brächten oder mit ihr nach dem entferntesten Punkt des gegenüberliegenden Strandes schwammen. Sie führten ihre Aufgabe so gut aus, daß Bieljie, als die Neger sie halb ohnmächtig an das Ufer brachten, sofort von einem ehrlichen Salzarbeiter in Empfang genommen werden konnte, der sie am Strand erwartete.

Seine Wohnung befand sich in einem Negerdörfchen an der Südküste, und es ist vielleicht bis heute ein Geheimnis geblieben, wie es kam, daß einige Jahre später ein Mädchen, das der verlorengegangenen Bieljie glich wie ein Wassertropfen dem andern, den Fußstapfen von Ahmah, dem Fulah von Timbo, folgte.

15. Kapitel

Gefangen und befreit

Nachdem ich meine ermüdende Reise ins Innere, die Beladung eines Sklavenschiffes und das Wagstück für eine Fulah-Prinzessin glücklich hinter mir hatte, fand ich, daß ich wohl Anspruch darauf hätte, einmal eine Weile herrlich zu faulenzen. Aber meine Wünsche sollten sich nicht erfüllen. Plötzlich wurde ich nämlich durch einen Salut von einundzwanzig Kanonenschüssen auf der Reede aus meiner schönen Ruhe aufgescheucht. Wir waren sehr gespannt, welcher Fremdling sein Pulver so verschwenderisch verschoß. Um das zu erfahren, schickte ich rasch einen Jungen nach der Spitze des Ausgucks. Dieser meldete, daß gegenüber von Bangalang ein Schoner mit einem langen Wimpel am Großmast und einer weißen Flagge an der Gaffel vor Anker liege. Ich nahm als sicher an, daß kein Kriegsschiff einen inländischen Häuptling grüßen würde, und schloß daher, daß es irgendein eingebildeter Franzose sei, der mit den vorsichtigen Gewohnheiten an unserer Küste unbekannt war.

Ich hatte richtig geraten. Gegen Abend teilte mir Mr. Ormond, der seit meiner Rückkehr etwas zugänglicher geworden war, mit, daß ein französisches Sklavenschiff mit einer reichen Ladung an ihn konsigniert war und er hoffe, daß ich die Einladung des Kommandanten, mit ihm zusammen an Bord zu frühstücken, annehmen würde.

Am nächsten Morgen bei Sonnenaufgang trafen der Mongo und ich zum erstenmal nach unserem Streit, einander scheinbar sehr befreundet, an Deck des Schiffes *La Pérouse* ein, wo wir mit der ganzen oberflächlichen Höflichkeit empfangen wurden, durch die halbgebildete Franzosen mit Recht so bekannt sind. Kapitän Brûlot konnte nicht Englisch und Mr. Ormond nicht gut Französisch. So verbrachten wir die Zeit, bis das Frühstück aufgetragen war, damit, seine Ladung und seine Pläne zu besprechen, wobei ich den Dolmetscher machte. Schöne Muster auffallender Kattunstoffe, französische Gewehre und ausgezeichneter

Kognak wurden uns gezeigt und mit außerordentlicher Redegewandtheit angepriesen. Mit einem lauten Freudenschrei, daß die Kajüte davon dröhnte, kündigte der Franzose uns schließlich an, daß der Rest seiner Ladung aus fünfhundert Dublonen bestünde.

So schnell wie möglich zählten wir die Dublonen und den Wert der Waren nach. Wir schätzten alles zusammen auf siebzehntausend Dollar und boten ihm dafür dreihundertundfünfzig Neger an. Unser Angebot wurde sofort angenommen. Wir schickten unsere eigenen Boote gleich ans Ufer zurück, um Kanus für das Löschen der Waren zu holen. Dann setzten wir uns wohlgemut und hungrig unter das Zelt an Deck an einen reichlich gedeckten Frühstückstisch.

Ich will nicht versuchen, das Menü, das unseren Appetit und Durst reizte, näher zu beschreiben. Während der Mahlzeit tranken wir herrlichen Wein aus Bordeaux; dann kam Kaffee, diesem folgten allerlei Liköre, bis zum Schluß des ganzen Frühstücks Champagner serviert wurde.

Nachdem das letzte Glas zu Ehren von *La Pérouse* und von La Belle France geleert war, rief Kapitän Brûlot, daß man ihm seine Schreibkassette bringen solle; in demselben Augenblick sprangen plötzlich vier Mann von rückwärts auf den Mongo und mich zu, packten unsere Arme wie in einem Schraubstock und hielten uns so fest, bis der Zimmermann eine Kette um unsere Füße geschmiedet hatte.

Als wir auf diese Weise gefangen saßen, begann der Franzose wieder mit seinen Verbeugungen und seinem Grinsen, ging mit einem spöttischen Lächeln auf Mr. Ormond zu und sagte, daß die kleine Komödie, die soeben aufgeführt worden war, die Einkassierung einer Schuld betraf, die Seine Exzellenz der Mongo bei einem geliebten Bruder von ihm habe, der leider nicht mehr lebe und daher nicht mehr selbst diese Angelegenheit behandeln könne.

Monsieur de Mongo, sagte er, möge so freundlich sein, sich zu erinnern, daß sein Bruder vor einigen Jahren zweihundert Sklaven bei ihm zurückgelassen hatte, bis er um diese senden würde, und er möge sich auch die Mühe machen und bedenken, daß man zweimal um diese Sklaven geschickt hatte, und daß zweimal verweigert wurde, sie herauszugeben. Monsieur le Mongo, fuhr er fort, müsse bedenken, daß an der Küste Afrikas sehr wenig Recht zu finden sei, und da er die Promesse oder den Schuldschein für die Neger von Monsieur le Mongo besitze, meine er, daß diese nette kleine Überrumplung die freundschaftlichste und praktischste Weise sei, diesen Wechsel einzulösen. Sei sein Freund, der Mongo, bereit, den Wechsel zu honorieren? Wie er sehen könne, sei er gehörig an den Inhaber endossiert; und wenn die Sklaven bald erschienen, dann würde die ganze Affäre ebenso schnell und angenehm vorüber sein wie die Schaumbläschen auf einem guten Glas Champagner.

Ormond war benommen durch das Trinken und die Überrumplung, er grinste abwesend, als ich ihn anblickte, um herauszubekommen, was an dieser Erzählung wahr sei. Ich selbst hatte ganz bestimmt nichts damit zu tun gehabt. Als ich fragte, warum auch ich überfallen worden sei, antwortete Brûlot, mit den Achseln zuckend, daß ich als Schreiber von Ormond damals, als die Promesse unterzeichnet wurde, sicher auch die Hand dabei im Spiel gehabt habe. Da ich jetzt selbst eine Faktorei besäße, würde ich sicher sehr gerne meinem früheren Dienstherrn helfen, eine Schuld zu bezahlen, die ich als tatsächlich bestehend anerkennen müsse.

Es nutzte nichts zu behaupten, daß ich damals nicht in der Faktorei gewesen war und von dem ganzen Geschäft, das tatsächlich lange vor meiner Ankunft in Rio Pongo und unter meinem Vorgänger abgewickelt worden war, nichts wußte. Trotzdem verlangte ich, daß man mich sofort freilassen solle. Eine Stunde verging mit nutzlosen Worten. Aber der Franzose blieb fest und schwur, daß ihn nichts dazu bringen würde, uns gehenzulassen, ehe nicht der Wechsel eingelöst wäre. Während wir noch diskutierten, sahen wir eine Menge Kanus mit bewaffneten Männern von Bangalang abfahren, worauf er seine Mannschaft antreten und seine Kanonen scharf laden ließ.

Als das erste Boot auf Schußweite herangekommen war, wurde ein Schuß vor seinen Bug abgegeben, der es nicht nur abschreckte, sondern auch die ganze Flotte entsetzt umkehren und zurückrudern ließ. Bald darauf hörte ich eine Kriegstrommel in Bangalang schlagen und konnte sehen, wie die Eingeborenen sich in großer Anzahl an den Ufern des Flusses aufstellten, aber was konnten ungeschulte Wilde gegen die drohenden Mündungen der Sechspfünder ausrichten?

Gegen Sonnenuntergang kam mein Schreiber mit einer weißen Fahne in einem Ruderboot. Der Kapitän erlaubte ihm heranzukommen, um in seiner Gegenwart unsere Befehle in Empfang zu nehmen. Ormond war noch nicht so weit, daß ich mit ihm hätte überlegen können. Ich befahl daher dem jungen Mann, am nächsten Morgen mit reinen Kleidern zurückzukommen und inzwischen den Bewohnern der beiden Niederlassungen einzuschärfen, sich nicht einzumischen. Wir bekamen eine herrliche Mahlzeit mit reichlich rotem Wein und verbrachten die Nacht mit unseren eisernen Socken auf einer vortrefflichen Matratze.

Bei Tagesanbruch wurden uns Wasser und Handtücher gebracht. Nachdem Kaffee und Zigarren serviert worden waren, ließ Brûlot seinen sarkastischen Ton fahren und fragte kurz, ob wir uns besonnen hätten und unsere Schuld bezahlen wollten. Ich sagte nichts. Ormond jedoch, der jetzt ganz nüchtern war, antwortete, daß er weder etwas versprechen noch Anordnungen treffen könne, solange er an Bord gefangengehalten würde; aber wenn man ihm gestatte, an Land zu gehen, würde er binnen ein paar Tagen seinen Verpflichtungen nachkommen. Der Franzose nahm sich eine Stunde Zeit, um über diesen Vorschlag nachzudenken. Danach wurde vereinbart, daß der Mongo unter der Bedingung in Freiheit gesetzt werden sollte, daß er vier seiner Kinder und die zwei Negerhäuptlinge, die ihn in meinem Boot besuchten, als Geiseln zurückließ. Die Vereinbarung wurde damit besiegelt, daß man eine Flagge hißte und einen blinden Schuß abgab. Innerhalb einer Stunde saßen die lebenden Pfänder in einer Kajüte unter

Bewachung einer Schildwache, während der Mongo wieder in Bangalang war.

Man wird bemerkt haben, daß ich bei diesen Verhandlungen übergangen wurde, obwohl mich doch nicht die geringste Schuld traf. Ich war aber trotzdem damit einverstanden, weil ich meinte, daß Ormond besser als ich imstande sein würde, in diesem Augenblick die nötige Anzahl Sklaven zusammenzubringen. Auch befahl ich meinem Schreiber, dem Mongo mit allen Sklaven, die ich in meiner Baracke hatte, zu helfen und die Diener, die ohne Arbeit und von keinem Nutzen waren, dazu zu geben.

Vor Sonnenuntergang kam der junge Mann mit fünfzig Negern aus meiner Faktorei und verlangte, man solle mich freilassen. Es wurde verweigert. Am nächsten Tag schickte der Mongo noch vierzig Neger. Ich wurde noch nicht freigelassen. Ich warf dem Schurken seine Gemeinheit vor und drohte, ihm das eines schönen Tages zu vergelten. Aber er kümmerte sich nicht um meine Drohungen und sagte: »Cher ami, ce n'est que la fortune de guerre!« [Lieber Freund, das ist eben Kriegsglück!]

Es erwies sich als sehr schwer, die noch fehlenden hundertzehn Sklaven in Faktoreien zusammenzubringen, weil eben Schiffe aus Kuba alles gekauft hatten. Viele Hausdiener liefen in den Urwald, als die Nachricht bekannt wurde, weil sie keine Lust hegten, in französischem Dienst die Stelle ihrer Vorgesetzten einzunehmen.

Dreimal war die Sonne auf- und untergegangen, seit ich gefangengenommen worden war. Diese ganze Zeit dürstete ich nach Rache. Ich war betrogen worden, erniedrigt, entehrt. Unaufhörlich betete ich, daß irgendein gut bewaffnetes Sklavenschiff käme. Am Abend des vierten Tages wurde mein Gebet wirklich erhört. An diesem Nachmittag kam ein mit Negern bemanntes Boot, das die spanische Flagge führte, vorbei; aber da kein Weißer an Bord war, dachte Brûlot, daß es eine List des Mongos sei, um ihm so bange zu machen, daß er die Gefangenen ohne Bedingungen in Freiheit setzen würde.

Ich muß dem Franzosen zu seiner Ehre nachsagen, daß

Faktorei an der Guineaküste

er sich während meiner Gefangenschaft sehr gut benahm, was die Versorgung aus Küche und Keller betraf. Auch war er nicht unfreundlich oder unhöflich. Im Gegenteil! Wie-

derholt drückte er mir sein Bedauern darüber aus, daß dies das einzige Mittel sei, das er zur Verfügung habe, um »einen Wechsel an der Küste von Afrika einzukassieren«.

Aber ich war nicht christlich genug, mit den Gerichtsvollziehern zu sympathisieren oder mit etwas anderem als einer Verwünschung auf seine Komplimente zu antworten.

Jetzt, wo der Spanier erreichbar war, schöpfte ich neuen Mut. Ich rief um Champagner. Sofort brachte der Hofmeister das Gewünschte. Mit zitternder Hand leerte ich Glas auf Glas auf Sant Jago und das alte Spanien. Meine Fröhlichkeit wirkte ansteckend. Meine Mitgefangenen hofften, daß die Stunde der Erlösung nahe sei. In der Back herrschte jedoch Bestürzung. Brûlot allein blieb starrköpfig, obwohl er sich zu nichts entschließen konnte. Nun rief ich ihm zu, ein Glas mit mir zu leeren, und forderte ihn zu einem zweiten auf: »Binnen vierundzwanzig Stunden unter der spanischen Flagge!«

Mit erzwungener Fröhlichkeit tat er dem Trunk und dem Trinkspruch Bescheid, aber den Groll, der aus meinen Augen und meinem Gesicht sprach, konnte er nicht vertragen, und er ging weg, um sich mit seinen Schiffsoffizieren zu beraten.

In dieser Nacht schlief ich fest, aber die Sonne war noch nicht über dem Urwald aufgestiegen, als ich bereits mit meinen Fußfesseln auf Deck herumhinkte und den Horizont nach meinem lieben Kastilianer absuchte. Bald erhob sich eine leichte Brise, und man sah nun die großen schief stehenden Masten eines Schoners über die Gipfel der Mangroven hin vorbeigleiten, welche die Mündung des Rio Pongo verbargen. Bald kam er mit dem Wind und der Flut um die Bucht und ließ seine Anker fallen, etwa einen Gewehrschuß von meinem Gefängnis entfernt. Die Taue wurden an den Bäumen am Ufer befestigt, um zu ermöglichen, uns eine volle Ladung zu geben. An seinem Manövrieren sah ich sofort, daß Ormond in der Nacht mit ihm in Verbindung gestanden hatte.

Brûlot fühlte, daß seine Herrschaft zu Ende war. Auf den Decks des Spaniers drängte sich eine starke, bewaffnete Mannschaft; vier kleine Kanonen zeigten ihre Mündungen vor den Stückpforten, und eine große Schiffskanone mit einem langen Kupferrohr stand mittschiffs bereit, um einen

Salut abzugeben oder scharf zu feuern. Ein paar Minuten lang betrachtete der Franzose das Schauspiel durch sein Fernrohr, dann gab er dem Steuermann den Befehl, mir die Fesseln abzunehmen. Der Offizier war noch damit beschäftigt, da hörte man schon eine Stimme von dem spanischen Schiff herüber, die befahl, ein Boot hinzuschicken, und es würde, wenn das nicht augenblicklich geschähe, zur Strafe eine Salve abgegeben. Das Boot wurde ausgesetzt, aber wer sollte damit zum Spanier fahren? Der Erste Steuermann weigerte sich, der Zweite Steuermann ebenfalls; die französischen Matrosen wollten auch nicht, und die Kreolen und Mulatten von St. Thomas waren hinuntergegangen, so daß niemand da war, der dem Befehl des Sklavenschiffes nachkommen konnte, als Brûlot oder ich selbst.

»Bien!« sagte mein Gegner niedergeschlagen, »jetzt seid Ihr an der Reihe, ein Siegesgeschrei zu erheben, Don Theodore. Das Glück scheint mit Euch zu sein, und Ihr seid frei. Seid so freundlich und schert Euch zum Teufel, mein Freund, und schickt, so schnell Ihr nur wollt, Eure Leute, um die Sklaven zu holen.«

Der Spanier hatte inzwischen seine Kanonen gerichtet und wiederholte jetzt mit angelegten Musketen seinen Befehl, ein Boot zu senden. Als ich die Gefahr, in der wir uns befanden, erkannte, sprang ich schnell auf die Reling, rief meinem Befreier in spanischer Sprache zu und bat ihn zu warten. Dann sprang ich in das Boot, schnitt das Tau durch und arbeitete mich allein in dem Boot nach dem Sklavenschiff.

Ein Hurra ertönte an Deck, als ich an Bord meines Befreiers kletterte und vom Kapitän mit einem herzlichen Händedruck begrüßt wurde. Ali Ninpha war auch da, um mich zu begrüßen, und hatte einen auserlesenen Trupp seiner Leute mit, um mir, wenn nötig, beizustehen. Während ich mich noch der Freude des Willkommens und der Befreiung hingab, schlich der Afrikaner mit seinen Leuten nach dem Boot des Franzosen und war eben dabei, sie einzuschiffen, um das französische Schiff zu entern, als mein Schreiber mich darauf aufmerksam machte. Glücklicherweise konnte ich den Wütenden beruhigen, sonst weiß ich nicht, was mit Brûlot und seinen Offizieren geschehen wäre; denn ihre zusammengewürfelte, feige Mannschaft hätte sie im Stich gelassen.

Der Kapitän befahl dem Steuermann, den Franzosen im Auge zu behalten, während wir in der Kajüte uns besprachen und ich jetzt erfuhr, daß ich mich an Bord der *Esperanza* befand, einem Schiff, das von Matanzas an mich konsigniert war. Ich selber bestätigte den Bericht, den sie schon von den Boten des Mongo über meinen Unfall bekommen hatten, aber ich sprach die Hoffnung aus, daß der Kapitän aus Kuba mir erlauben würde, mich dafür auf meine Art zu rächen, da mein Kerkermeister mich – von den Fesseln abgesehen – höflich behandelt hatte. Der Kapitän zeigte sich sofort bereit, aber ich merkte wohl, daß seine Mannschaft ganz anderer Ansicht war und sich ganz und gar nicht darüber freute.

Nach diesen Besprechungen fuhren Kapitän Escudero und ich mit zwei Booten voll bewaffneter Matrosen unter Deckung der Kanonen der *Esperanza* nach der *Pérouse* zurück. Brûlot empfing uns mit mürrischem Schweigen am Hinterdeck. Seine Offiziere saßen trotzig an Backbord auf einer Kanone, während zwei oder drei französische Matrosen auf dem Vorderdeck hin und her gingen.

Mein erster Befehl war, die Kanonen zu vernageln. Darauf ordnete ich die Ausschiffung der gestohlenen Sklaven an und beaufsichtigte diese selber. Schließlich beendete ich meinen Morgenbesuch mit der Forderung, daß Brûlot die Promesse für die zweihundert Sklaven und die fünfhundert Dublonen abgeben solle.

Das Dokument, das gehörig endossiert war, wurde rasch genug herbeigeschafft, aber keine Überredung oder Drohung konnte ihn dazu bringen, sein Gold oder die Konnossemente seiner Ladung zu zeigen.

Ich trieb ihn nicht zur Eile, aber als er bei seiner Weigerung blieb, ließ ich seine Schreibkassette holen und ersah daraus, daß die fünfhundert Dublonen in Wirklichkeit in St. Thomas eingeladen worden waren. Natürlich verlangte ich jetzt, daß sie herbeigeschafft würden. Aber Brûlot schwur, daß er sie bei seinem Supercargo [Verfrachter] in dem nahen Rio Nunez ausgeladen hatte. Beinahe hätte ich das geglaubt, als ich gerade den Hofmeister grinsen sah, was mich veranlaßte, das Schiffsbuch nachzusehen, worin, bedauerlich für den Franzosen, nichts über eine Ausladung des Geldes stand. Es war nun deutlich, daß Brûlot log. Ich befahl, seinen Koffer zu holen. Er kroch in sich zusammen, als der Hofmeister hinabging; aber als ich den Koffer mit einem Beil aufschlug und das Gold in Form von zweihundertundfünfzig Mexikanischen Unzen auf das Deck rollte, stampfte er vor Wut.

Ich wandte mich seelenruhig an Escudero und sagte, daß meine Befreiung aus den Händen des Räubers ihn sicherlich sehr viel Mühe gekostet habe und daß ich hoffe, er würde mir erlauben, seine Mannschaft für die Extraarbeit unter den Strahlen der afrikanischen Sonne zu belohnen. Ich selber würde sicherlich den Wert des erwiesenen Dienstes nicht zu schätzen wagen, aber ich bat ihn, selbst seinen Preis zu bestimmen und dafür Zahlung in bar annehmen zu wollen.

Escudero antwortete, daß ungefähr fünfhundert Dublonen ihm gerade seine Kosten ersetzen würden.

16. Kapitel

Der Kampf mit dem dänischen Sklavenschiff

Die *Esperanza* löschte ihre Ladung sehr schnell, aber ehe ich noch eine lebende Fracht beisammen hatte, um diese zurückzusenden, starb der arme Escudero an afrikanischem Fieber.

Ich hatte schon viel von dem Land gesehen und etwas Geld verdient; mein Schreiber war verläßlich; ich sehnte mich danach, einmal etwas anderes zu erleben, und suchte, um die Wahrheit zu sagen, nur nach einer stichhaltigen Entschuldigung, um mich wieder etwas auf dem Meer herumzutreiben – als Abwechslung nach der grauen Eintönigkeit des Lebens eines Sklavenhändlers. Jetzt schien der Tod Escuderos mir dazu eine Gelegenheit zu geben. Sein Steuermann hatte keine Erfahrung; auch die übrige Mannschaft wußte nicht, wie sie mit einer Ladung Sklaven umgehen mußte. Alles zusammen in Betracht gezogen, erschien es mir am besten, den Befehl über den Schoner selbst zu übernehmen und meine Freunde in Kuba einmal zu besuchen. Aber gerade in dieser Zeit erschien eine dänische Brigg, um Sklaven zu holen, und ich mußte, obwohl ich doch schon genug zu tun hatte, eine Kollektion zusammenstellen.

Eines Tages saß ich gerade mit dem dänischen Kapitän bei Ormond, da kündete ein Kanonenschuß, dem zwei oder drei weitere folgten, die Ankunft noch eines Schiffes an. Wir stießen auf seine Ankunft an und klagten etwas, wie schwer es doch sei, Neger zu bekommen, als der Ausguck hereinstürmte und rapportierte, daß mein Spanier mit den Dänen feuerte. Wir rannten auf die Veranda, um zu sehen, was los war, und gerade schien wieder ein Schuß meines Schiffes anzudeuten, daß dieses der Angreifer war. Sofort eilten der Däne und ich jeder auf sein Schiff; aber als ich auf die *Esperanza* kam, war die Bemannung gerade dabei, die Anker zu lichten, während das Hinterdeck voll Feuerwaffen lag. Der Steuermann stand am Bugspriet und feuerte seine Leute an; Rache schwörend und mit Wutgeschrei drehten die Matrosen die Winde, auf einer Matratze lag der Zweite Steuermann in seinem Blute und neben ihm ein Matrose, der eine Musketenkugel in die Schulter bekommen hatte und vor Schmerz stöhnte.

Mein Kommen brachte alle zur Ruhe. So schnell wie möglich untersuchte ich die Ursache des Streites. Die Untersuchung ergab folgendes Bild: Wie in den meisten Fällen sonst hatte es sich um die Frage gehandelt, wer zuerst an einem Bach in der Nähe Wasser einnehmen sollte. Die Dänen waren zu sieben Mann gewesen und wir nur zu dritt. Unsere Spanier wurden daher auch vertrieben, und mein Zweiter Steuermann, der die Jolle befehligte, hatte einen Hieb mit dem Ruder bekommen, wodurch ihm die Hirnschale eingeschlagen worden war, so daß er bewußtlos am Strand zusammenbrach.

Mit dem Wasserholen war es für diesen Tag vorbei. Beide Boote fuhren zurück, um Rapport über das Geschehene zu erstatten. Als die Dänen an Bord kamen, waren sie so unvorsichtig, ihre Flagge aufzuziehen. Da dies in demselben Augenblick geschah, in dem der bewußtlose Steuermann an Bord der *Esperanza* gehoben wurde, und also wohl etwas von einer Herausforderung an sich hatte, gab meine aufgeregte Mannschaft als Antwort eine Salve auf den Dänen ab. Ihre Kanonen antworteten den unsrigen, und auch die Musketen mischten sich ein. Der Däne hatte sich jedoch über die Schußweite seiner Kanonen geirrt. Sein Feuer erreichte uns nicht, während unsere Sechspfünder seine Takelage und seine Reling übel zurichteten.

Kaum hatte ich den Sachverhalt erfahren und überlegt, ob wir nicht einen Waffenstillstand schließen sollten, ließ der zornige Nordländer eine Kugel an meinem Ohr vorbeisausen. Es folgte noch eine und wieder eine, aber sie gingen alle zu hoch, als daß sie Schaden anrichteten. Wenn man vierundzwanzig Jahre alt ist, da fließt das Blut noch nicht so langsam wie in späteren, besonneneren Jahren. Und diese zweite Herausforderung ließ mein italienisches Blut wallen. Jetzt dachte ich nicht mehr an eine weiße

Lagerschuppen und Sklavenbaracken am Rio Pongo

Flagge oder Unterhandlung! In einem Augenblick hatte ich die Taue los und das Focksegel sowie das Großsegel auf, so daß ich den Schoner wenden und er auf kurzen Abstand

die volle Ladung geben konnte. Ehe der Däne das Manöver noch zu vereiteln vermochte, gab ich ihm eine Portion Schrot und Kugeln, die seine Flagge zerfetzte und seinen

Rumpf übel zurichtete. Meine zweite Ladung zerschoß seinen Mast. Während ich die dritte vorbereitete, um ihm an den Leib zu gehen, ging seine Flagge nieder, und die Schlacht war zu unseren Gunsten entschieden. Nun herrschte tödliches Schweigen zwischen den beiden Kampfhähnen. Keiner rief den andern an, und keiner sandte ein Boot aus. Ormond, der von seiner Veranda aus das Ende des Gefechtes bemerkt hatte, ließ jetzt ein Boot aussetzen und kam zu mir an Bord. Nachdem er sich meinen Bericht über die Seeschlacht angehört hatte, ließ er sich zu dem Dänen rudern.

Ich wartete voll Spannung auf seine Rückkehr oder auf eine Botschaft. Da ich nicht wußte, wie der Mongo die Sache auffassen würde, schien es mir am sichersten, ehe es dunkel wurde, einem verräterischen Überfall zuvorzukommen; ich verließ daher den Fluß und lotste meinen Schoner mit seinen auf das Ufer gerichteten Kanonen in eine Bucht. Der Steuermann und die Mannschaft bekamen Befehl, die ganze Nacht zu wachen. Dann ging ich an Land, um meine Nachhut zu sichern, indem ich meine Faktorei in Verteidigungszustand brachte.

Aber meine Vorsorgemaßnahmen waren überflüssig. Bei Sonnenaufgang brachte der Ausguck den Bericht, daß der Däne fort war. Als ich flußaufwärts nach Bangalang fuhr, behauptete Ormond, das Sklavenschiff sei nach Sierra Leone gesegelt, um ein englisches Kriegsschiff um Hilfe zu bitten.

Man kann mir aber glauben, daß ich nicht so grün war, dies für bare Münze zu nehmen. Niemals würde ein Schiff, das für den Transport von Sklaven ausgerüstet war, es wagen, sich nach der britischen Kolonie zu begeben. Mein Feuer hatte ihm ernstlichen Schaden zugefügt; sein Zimmermann war in dem Kampf gefallen, und drei seiner Matrosen lagen im Sterben. Nach ein paar Tagen kam er jedoch von seinem Ausflug auf dem Atlantischen Ozean, wo ihn die Seewinde vielleicht etwas beruhigt hatten, zurück nach Rio Pongo. Er legte sich nun etwas mehr flußaufwärts als mein Spanier vor Anker, so daß die Matrosen einander aus dem Weg gehen konnten.

Aber mit den Kapitänen ging das nicht. Am Tisch bei dem Mongo war so etwas wie ein neutrales Terrain, wo wir uns einander mit kühlem Gruß, aber ohne ein Wort zu wechseln, trafen. Ormond und der Däne waren jedoch gute Freunde. Der Mulatte schien eine Freundschaft zu ihm gefaßt zu haben, wie ich sie sonst noch nie gesehen hatte. Im Hinblick auf seine wohlbekannte Falschheit fand ich das so merkwürdig, daß ich doppelt vorsichtig wurde.

Persönliche Beobachtung ist immer ganz gut, aber manchmal habe ich es doch für geraten gehalten, Nachrichten von anderen, besonders Vertrauensleuten, zu kaufen. Ich gab also dem eigenen Leibdiener Ormonds deutlich zu verstehen, daß es sein Schaden nicht sein sollte, wenn er hinter das Geheimnis dieser plötzlichen Freundschaft käme. Nach ein paar Tagen erzählte mir der treulose Sklave, der sehr gut Englisch sprach, daß der Däne durch höhere Bezahlung und stillschweigende Abgabe seines ganzen überflüssigen Proviants und seiner Ladung den Mongo dazu bewogen hatte, ihm vor mir den Vorzug bei der Ablieferung der Sklaven zu geben.

Nun war Ormond durch einen besonderen Vertrag – der vor der Ankunft des Dänen geschlossen und finanziell geregelt worden war – verpflichtet, mir für die *Esperanza* zweihundert Neger zu liefern. Das wußte der Däne sehr gut, aber er konnte es nicht vergessen, daß ich ihm solche Schläge versetzt hatte. Er lauerte daher auch gespannt darauf, mir meine hundert Neger, die Ormond noch bei sich hatte, durch List zu entwenden.

Ich sagte nichts von meiner Entdeckung und ließ mir auch keine Bemerkung über die verwunderliche Zuneigung der neuen siamesischen Zwillinge entfallen. Ich paßte gut auf, und als ich merkte, daß Ormond den Vorrat in seinen Baracken auf dreihundert Sklaven gebracht hatte, suchte ich ihn eines schönen Morgens ohne jede Zeremonie auf und erzählte ihm in vollster Ruhe, welchen Schurkenstreich er vorhatte. Mein alter Dienstherr war durch seine Ausschweifungen so tief gesunken, daß er nicht einmal böse wurde, als ich ihm dies alles vorwarf, sondern die ganze Sache als einen riesigen Spaß und als einen Ersatz für den Schaden aufzufassen schien, den ich dem Dänen zugefügt hatte. Wir dachten deshalb auch gar nicht daran, darüber zu sprechen, ob seine Handlungsweise sich gehörte oder nicht. Das einzige, woran mir lag, war, den Dänen zu überlisten; und dazu glaubte ich eine Trumpfkarte in der Hand zu haben. Ich schlug Ormond nämlich vor, daß ich ihm den Kontrakt für hundert Sklaven, die er mir noch für die *Esperanza* schuldig war, zurückgeben würde, und versprach ihm ferner hundertfünfzig Neger für diesen Abend – wobei ich ihm die Promesse von Brûlot über die fehlenden zweihundertfünfzig Schwarzen unter die Nase hielt –, und das alles, wenn er sich verpflichtete, das dänische Schiff erst in der nächsten Nacht zu laden.

Ormond begriff, worauf es ankam, und wir schlossen den Kauf ab. Der Däne bekam die Nachricht, daß er sofort alles an Bord regeln müsse, um seine Ladung gleich verstauen zu können. Er wurde besonders ersucht, fünfzehn Meilen flußabwärts zu fahren, damit er sofort unter Segel gehen könne, sobald die Sklaven an Bord waren.

Auch mein Schoner wurde für die Ladung fertig gemacht. Der Steuermann erhielt den Auftrag, alle Waffen zu kontrollieren und dafür zu sorgen, daß sie vollkommen in Ordnung waren. Unsere Schiffskanone wurde doppelt mit Kettenkugeln geladen. Auf meiner Faktorei wurde alles geregelt, und mein Schreiber bekam im Hinblick auf eine Abwesenheit von vier Monaten schriftliche Befehle. Ich übergab Ali Ninpha die Verwaltung der Baracken und dem Spanier die der Waren.

Ich freute mich, als ich nachmittags merkte, daß mein Gegner hereingefallen war; denn er borgte sich einen Wurfanker als Hilfe, wie er sagte, bei der Fahrt flußabwärts gegen die Flut und um einen besseren Platz zum Ankern zu finden. Hier, so weit von der Bank entfernt, wären ihm die Bäume lästig, und es gäbe auch keine so gute Luft, behauptete er. Darum wolle er lieber »näher an der See« sein. Und so fuhr der dumme Betrüger mit vollen Segeln an mir vorbei.

Die Nacht brach herein, so dunkel, wie eine sternenhelle Nacht in Afrika sein kann. Schnell schiffte ich zehn Mann, mit Pistolen und Kappmessern bewaffnet, im großen Boot ein. Bald kamen die Kanus von Bangalang in Sicht. In das erste Kanu stieg ich selbst ein und befahl den Ruderern, zu dem Spanier zu fahren. Das zweite wurde von meinem Steuermann, der hinter mir fuhr, benutzt. Auf das dritte, vierte und fünfte Kanu folgte das sechste in schnellem Tempo, so hatte ich binnen einer Stunde dreihundertfünfundsiebzig Neger in Sicherheit im Raum der *Esperanza* eingeschifft. Darauf gab ich dem Bootsmann jedes Kanus eine schriftliche Erklärung, daß ich die Sklaven erhalten hatte, und stellte einen Wechsel aus auf den Mongo zugunsten des Dänen auf die totale Anzahl der Schwarzen, die ich »geliehen« hatte. Unsere Abfahrt vollzog sich bei Tagesanbruch, bei günstigem Wind, als die Ebbe eintrat.

17. Kapitel

Von den Engländern verfolgt

Als der Landwind sich legte, wurde es völlig windstill. Drei Tage lang war die See spiegelglatt; wir sahen die Berge wie ein leichtes Wölkchen im Osten schimmern. Zwischen dem glühenden Himmel und dem ihn zurückstrahlenden Ozean trieben wir dahin wie in einem Ofen. Während der Nacht jedoch hüllte uns ein dichter Nebel in seine feuchten Schleier.

Als am vierten Morgen der Dunst in die Höhe stieg, rief der Ausguck am Mast: »Segel in Sicht!« Sofort suchten alle Augen den Horizont nach dem Lande zu ab, um den Fremdling zu entdecken. Unsere Spione am Strand hatten, als ich absegelte, gemeldet, daß keine Kreuzer an der Küste waren. Ich rechnete daher auch nicht mit Gefahr von dieser Seite. Dennoch hielten wir es für vorsichtiger, Begegnungen zu vermeiden, und unsere doppelt besetzten Ruder wurden ausgelegt, um uns eine langsame Fahrt zu geben. Nach einer Weile kletterte der Steuermann mit seinem Fernrohr in den Mast, hielt lange Ausschau und sagte dann: »Es ist nur der Däne – ich sehe seine Flagge.« Hierauf schwur die Mannschaft, daß sie in einem solchen Klima viel lieber kämpfen als rudern wolle. Mit Hurra kamen sie auf das Hinterdeck und baten mich, ruhig zu bleiben; dort blieb ich, bis der Nordländer uns eingeholt hatte.

Da wir mit den Rudern doch nur sehr langsam vorwärts kamen, meinte ich, daß es besser wäre, die Mannschaft nicht zu ermüden, wenn schon gekämpft werden mußte. Ich ging also zu den Matrosen und fragte einen nach dem andern persönlich ab, ob sie kämpfen wollten. Alle, vom Steuermann bis zum Schiffsjungen, zeigten sich von ganzem Herzen bereit, ihre Pflicht zu tun. Unser Frühstück war bei dieser Hitze natürlich lau, aber eine Kiste Wein, die ich anbrechen ließ, machte es etwas schmackhafter.

Wenn ein Sklavenschiff an der Küste Afrikas ein Segel in Sicht bekommt, dann sollte es davoneilen, besonders wenn es ein schneller Segler ist, und sich nicht erst mit den gewöhnlichen Höflichkeitsformen aufhalten, die bei der Handelsschiffahrt Brauch sind. Kämpfen ist ausgeschlossen, und die Besitzer lassen ihre Ware lieber im Stich. Aber gleichgültig, ob man flüchten oder kämpfen will, läßt ein vorsichtiger Sklavenfahrer, sobald er ein verdächtiges Segel bemerkt, die Feuer dämpfen, die Back zunageln, die Neger nach unten gehen und die Gitterfenster über dem Raum gut festmachen.

Dies geschah daher auch in aller Ruhe auf der *Esperanza.* Ferner ließ ich einen Vorrat Pistolen und Munition auf Deck schaffen, wo sofort eine Decke darüber gelegt wurde. Jeder stand auf seinem Posten oder dort, wo er sich am nützlichsten machen konnte. Die Kanonen wurden sorgfältig gereinigt und geladen, und weil ich unseren Freund foppen wollte, ließ ich die portugiesische Flagge hissen. Die Windstille hielt noch immer an, was ich an dem Wimpel des Großmastes sah, der mit dem Schlingern des Schoners schlaff hin und her ging. Der Fremde kam nicht näher an uns heran, und wir kamen nicht weiter.

So trieben wir dahin; unter uns Sklaven, über uns eine brennende Sonne, das Deck voll Waffen, keine Aussicht auf Entkommen; hinter uns der Verfolger, vor uns wie eine unerreichbare Ewigkeit der Ozean und überall Unsicherheit, während wir selbst in fieberhaftem Zweifel und im Gefühl der Verantwortung uns dennoch nach irgendeiner verzweifelten Tat sehnten, um in Gottes Namen ein Ende zu machen. Es war wie ein böser Traum.

Eine halbe Stunde lang ging ich unter dem Zelt an Deck auf und ab. Dann packte ich ein Fernrohr und stieg selbst in die Wanten, von wo aus ich unseren Quälgeist mir einmal genau ansah. Er war sieben oder acht Meilen von uns entfernt; aber ich sah doch sehr bald, oder bildete mir ein zu sehen, daß er eine Reihe von Stückpforten hatte, die der Däne nicht besaß; dann suchte ich den Horizont ab und konnte deutlich drei voll bemannte Boote erkennen, die mit gehißter Flagge auf uns zukamen.

Um eine Panik zu vermeiden, kletterte ich langsam herab

und befahl, die Ruder wieder auszusetzen, um dem Lüftchen zu helfen, das sich in den letzten zehn Minuten erhoben hatte und das genügte, um uns mit einer Geschwindigkeit von einem Knoten vorwärts zu schieben. Dann sagte ich meinen Steuerleuten, was ich gesehen hatte, begab mich unter die Mannschaft, um ihren Mut auf die Probe zu stellen, und berichtete, daß wir mit einem viel lästigeren Kunden zu tun bekommen würden, als es der Däne war. Kurz und gut, ich sagte ihnen rundheraus, daß unser Gegner ein Kreuzer mit zehn oder zwölf Kanonen war, dessen Klauen wir nicht entgehen konnten, wenn wir uns seine Boote nicht vom Leibe hielten.

Aber auch mit dieser neuen Gefahr vor Augen fand ich meine Mannschaft ebenso fest entschlossen wie zuvor, wo sie noch meinten, es mit dem Dänen aufnehmen zu müssen. Ich ließ über Kämpfen oder Übergabe abstimmen und fand, daß nur zwei Stimmen für Übergabe waren. Was die Steuerleute betraf, hegte ich keinen Augenblick Zweifel.

Der Wind hatte sich wieder gelegt. Es war so erstickend heiß und drückend, daß die keuchenden Ruderer beinahe ohnmächtig wurden. Ich ließ sie daher auch aufhören, warf einige Wasserfässer, die uns nur im Wege standen, über Bord und ließ unser Schiff am Achtersteven so hoch wie möglich aufrichten, um zu vermeiden, daß wir von dort aus geentert wurden. Nun waren wir klar zum Gefecht; glücklicherweise hatte ich unsere Ausrüstung noch mit zwei Kanonen von zwölf Pfund mit dazugehöriger Munition vervollständigt und die Mannschaft eines spanischen Sklavenschiffes, das eine Woche vor meiner Abreise auf der Bank von Rio Pongo gestrandet war, an Bord genommen. Alles zusammengerechnet verfügten wir über drei Kanonen und eine Menge Musketen, Pistolen und Kappmesser für eine Mannschaft von siebenunddreißig Köpfen.

Inzwischen waren die englischen Boote, die nur durch Ruder bewegt wurden, bis auf eine halbe Meile an uns herangekommen. Im Osten erhob sich eine leichte Brise, aber wir merkten noch nichts davon. Der Kreuzer hatte insofern davon profitiert, als er seinen Booten nachfahren konnte.

Jetzt lag er etwa fünf Meilen von uns entfernt, ebenso unbeweglich, wie wir den ganzen Tag schon gelegen hatten.

Ich sah jetzt, daß die drei Boote in Schußweite meiner Schiffskanonen gekommen und gerade zusammen waren, als sie berieten. Diese Gelegenheit benutzte ich, um ihnen meinen ersten Willkommensgruß zu senden; mit den Rudern warf ich den Schoner herum und feuerte einen Schuß auf sie ab. Aber die Kugel flog über ihre Köpfe hinweg. Mit dreimaligem Hurra trennten sie sich; das größte Boot kam auf die Mitte unseres Schiffes zu, und die beiden andern wandten sich, das eine nach unserem Vordersteven, das andere nach unserem Achtersteven.

Solange sie uns verfolgten, waren meine Kanonen mit Ausnahme der großen mir von keinem Nutzen. Aber ich hatte vorn und hinten Ruder heraus, um den Schoner wenden zu können; und jetzt, wo der Feind näher herankam, ließ ich die Kanonen brüllen. Das große Boot, das eine kleine Kanone besaß, war mein bestes Ziel. Aber wir verfehlten es stets, bis meine sechste Salve die Ruder der ganzen Steuerbordbank zerbrach und sie durch den heftigen Stoß außer Gefecht setzte. Dadurch konnte das Boot nicht weiter und trieb hilflos in der Runde; jetzt konnte ich meine ganze Aufmerksamkeit den anderen Booten widmen. Bevor ich den Schoner noch in eine gute Lage bringen konnte, wurden meine Angreifer durch ein Signal des Kreuzers zurückgerufen, um den Schaden zu reparieren.

Jetzt erst, wo ich einen Augenblick Atem schöpfen konnte, dachte ich daran, daß ich am Morgen, um den Dänen zu betrügen, die portugiesische Flagge aufgezogen hatte und sie sehr unvorsichtig in Anwesenheit von John Bull hatte wehen lassen. Ich ließ sie sofort einholen und die spanische Flagge aufziehen, worauf ich die Leute nach einer doppelten Portion Grog und Essen wieder an die Ruder gehen ließ.

Als die Boote beim Kreuzer ankamen, gingen die Ruderer sofort an Bord, aber die Boote blieben im Wasser, so daß ich wußte, daß der Angriff wiederholt werden würde, sobald der Rum und das Roastbeef von Alt-England meinem Gegner wieder Mut gemacht haben würden. Tatsächlich wurden nachmittags die Boote aufs neue bemannt. Wiederum kamen sie in derselben Schlachtordnung auf uns zu, und wiederum wechselten wir einige Schüsse, die nicht trafen. Dennoch gelang es mir, sie bis drei Uhr mit Schrot und Musketenfeuer auf Abstand zu halten, als der Kreuzer zum zweitenmal das Signal zur Rückkehr gab, was meine Mannschaft mit einem jauchzenden Vivat begrüßte.

Aber ich selbst beteiligte mich nicht, denn ich war dessen sicher, daß der Löwe sich nur zurückzog, um mich erneut anzugreifen. Zu allem Unglück kam der Steuermann und rapportierte, daß die Munition für unsere Kanonen beinahe verbraucht sei. Sieben kleine Fässer Pulver waren noch in dem Magazin, aber Schrot und Kugeln hatten wir nur mehr für etwa zwölf Schüsse. Patronen für Musketen und Pistolen waren noch reichlich vorhanden, aber damit konnten wir nicht viel gegen entschlossene Engländer ausrichten, die sicherlich mit Verstärkung angreifen würden. Vorn und hinten im Schiff suchten wir nach Projektilen. Musketenkugeln wurden in Säcke genäht; Nägel wurden in Papier gepackt, Sklavenketten mit Tauen zu Kettenkugeln zusammengebunden, und in einer Stunde waren wir wieder bereit, den Feind zu empfangen.

Nach dieser Arbeit lenkte ich meine Aufmerksamkeit auf die Mannschaft, die nun, da es nichts mehr zu tun gab, zu murren begann; einige wollten nicht einmal mehr Wein haben. Bis jetzt waren nur zwei Mann durch verirrte Musketenkugeln leicht verwundet. Aber die Leute des gestrandeten spanischen Schiffes verhielten sich so aufrührerisch, daß meine eigene Mannschaft sie nur mit Mühe von offener Meuterei zurückhalten konnte. Ich wußte im ersten Augenblick wirklich nicht, wie ich handeln sollte, aber ich hatte keine Zeit, darüber nachzudenken. Mit Gewalt war nichts zu erreichen, aber unter den Verhältnissen schien es äußerst gewagt, Leute zu überzeugen, über die ich nicht absolut Herr und Meister war.

Ich warf einen Blick über die Reling, und als ich sah, daß die englischen Boote noch weit weg waren, folgte ich meinem ersten Gefühl, rief die ganze Mannschaft auf das Achterdeck und probte die Wirkung eines afrikanischen Palavers und spanischen Goldes. Ich sprach über die Gefahr, die uns drohte, gefangengenommen zu werden, und die Torheit, ein Sklavenschiff zu übergeben, solange noch ein Schimmer von Hoffnung bestand, zu entkommen. Ich sagte, was wir nach dem Widerstand, den wir bereits geboten hatten, erwarten konnten. So manche Herren Seeräuber hatten das Leben lassen müssen. Und zum Schluß versuchte ich meine Beredsamkeit durch das Versprechen zu krönen, daß jeder Kämpfer ein paar Unzen Gold und einen Sklaven am Ende der Reise bekommen sollte.

Dort auf dem Sklavendeck, mitten in Windstille, Hitze, Kampf und Meuterei, mit dreihundertfünfundsiebzig gefesselten Teufeln unter mir, erwartete ich die Antwort, die ich, wie sie auch ausfallen sollte, ruhig anhören mußte. Nach einer kleinen Weile traten drei oder vier aus der Reihe und sagten, daß sie mein Angebot nicht annehmen. Ich zuckte mit den Achseln und ging ein paarmal an Deck auf und ab. Dann sprach ich wiederum zu den Leuten, verdoppelte mein Angebot, trug den Unwilligen ein Boot an, mit dem sie zum Feind übergehen konnten; aber ich schwur, daß ich mit meiner Mannschaft, den Feiglingen zum Trotz, mit der *Esperanza* fallen oder siegen würde.

Diese Beleidigung, mit der ich meine Ansprache schloß, schien die richtige Saite der spanischen Gitarre angeschlagen zu haben; denn sofort sah ich, wie sich die gebeugten Köpfe mit einem Ruck gekränkten Stolzes hoben. Und als der Steward und der Schiffsjunge mit frischen Flaschen Wein kamen, erhob sich ein einstimmiges Hurra aus der Menge. Ich ließ ihnen keine Zeit zur Besinnung, besiegelte mein Versprechen mit den nötigen Dublonen und schickte jeden auf seinen Posten; denn der Feind kam wieder auf uns los.

Und diesmal kam er nicht allein. Während unseres Palavers waren neue Spieler auf dem Schauplatz aufgetaucht. Wie es schien, hatte ein anderer Kreuzer das Feuern gehört, und wenn er auch zu weit entfernt war, als daß er das

An Deck eines Sklavenschiffes

Gefecht hätte sehen können, hatte er doch eine kleine Flotte von Booten in die Richtung des Schießens geschickt.

Die erste Abteilung meiner Angreifer war der neuen weit voraus; diesmal rückten sie geschlossen an und beabsichtigten anscheinend, uns alle an derselben Seite anzu-

greifen. Ich brachte daher alle meine Kämpfer und Waffen nach dieser Seite und befahl den Kanonieren und den Leuten, die Gewehre hatten, nicht eher zu schießen, als ich den Befehl dazu gab. Das Feuer des Feindes abwartend, ließ ich ihn ziemlich dicht herankommen; aber der Anführer des großen Bootes schien meinen Plan zu erraten und mit dem Feuern auch warten zu wollen, bis ich geschossen haben würde, um uns dann von der Bemannung der anderen Boote, unter Deckung des Rauches aus seiner Kanone und seinen Waffen, entern zu lassen. Es war töricht, wie wir beide einander schonten. Ich konnte selbst bei der drohenden Gefahr mein Lachen darüber nicht verbeißen, wie wir beide trachteten, einander zu überlisten. Aber wenn sie auch nicht schossen, so zielten die Matrosen und waren schon bedenklich an uns herangekommen, als ich den Moment für gekommen hielt, sie mit dem Inhalt meiner großen Schiffskanone, die bis an die Mündung mit Kugeln und Eisenstäben vollgeladen war, zu empfangen. Mein Schuß gebot ihrem Angriff Einhalt, und meine kleinen Kanonen pfefferten Schrot auf die anderen Boote. Aber sie verstanden es dafür, ihre Kanone und ihre Musketen so geschickt zu benutzen, daß fünf von meinen besten Leuten verwundet auf Deck lagen.

Jetzt, wo der Kampf mehr in der Nähe geführt wurde und ihre blutenden Kameraden vor ihren Füßen vor Schmerz und Wut schrien, kamen meine spanischen Matrosen erst recht in Feuer. Sie rissen sich die Kleider vom Leibe, brüllten nach Rum und schworen halbnackt, lieber zu sterben als sich zu ergeben.

Die andere Flottille war inzwischen herangekommen, und mit Hurra auf Hurra ruderten die fünf frischen Boote in doppelter Reihe daher. Sobald sie uns nahe genug waren, folgte jedem Hurra eine verhängisvolle Salve, die verschiedene meiner Leute zusammenstürzen ließ, während ich selber von einer Musketenkugel eine Wunde am Knie empfing, die sehr schmerzte. Fünf Minuten lang konnten wir den Feind mit Kanonen, Musketen, Pistolen und Kriegsgeschrei aufhalten, aber dann lud mein Kanonier in der Verwirrung zuerst die Kugel und danach das Pulver, so daß unsere beste Kanone für immer zum Teufel war, als der Schuß abging. Gerade in diesem Augenblick traf ein wohlgezielter Schuß aus dem großen Boot unsere zweite Kanone – unsere Munition war verbraucht –, und jetzt enterten die Engländer unser kampfunfähiges Schiff. Selbst da verstanden wir es noch, aus aller Kraft kämpfend uns den Feind vom Leibe zu halten; aber die übervollen Boote brachten immer neue Angreifer heran, die über unsere Reling kletterten und mit dem Hackmesser in der Hand alles vor sich hertrieben. »Kein Pardon«, riefen sie, und Matrose auf Matrose fiel in dem Kampf.

Da erklang der Befehl, die Gitterfenster aufzuhacken und die Sklaven zu befreien. Ich hätte bis zum äußersten standgehalten und meinen Platz verteidigt; aber als ich das verhängnisvolle Kommando hörte, das, wenn es ausgeführt wurde, Angreifer und Verteidiger in einem vernichten würde, befahl ich meinen Leuten, die Waffen niederzulegen, holte meine Flagge ein und warnte meinen Besieger, vorsichtig zu sein. Der älteste Offizier der Enterer gehörte zum zweiten Kreuzer. Als er das Deck betrat, warf er einen traurigen Blick auf den blutigen Schauplatz des Kampfes und befahl, die Überlebenden zu schonen. Es war höchste Zeit. Die aufgeregte Mannschaft der von uns zurückgeschlagenen Boote war eben an Deck gekommen und brannte darauf, sich zu rächen. Wer sich widersetzte, wurde ohne Gnade niedergemacht; und es fehlte nur wenig, so hätten sie auch mich getötet.

Aber es war vorbei. Als die Sonne blutrot unterging und das Meer einer feurigen Masse glich, waren Sieger und Besiegte auf dem blutigen Deck gleich ermüdet und ermattet. Zum erstenmal an diesem Tage fühlte ich selbst, daß ich Schmerzen hatte. Ein drückendes Gefühl, als ob ich erstikken müßte, ergriff mich, als ich auf die Lafette der zerschossenen Kanone niedersank und begriff, daß mein Schiff genommen und ich selber gefangen war.

18. Kapitel

Meine Flucht von einem britischen Kreuzer

Einige Augenblicke später verlangte der Offizier, der den Befehl über beide Abteilungen führte, meine Papiere; aber ich gab diese nicht ihm, sondern dem ältesten Offizier, der so menschenfreundlich dem Morden ein Ende gemacht hatte; auch ihm ergab ich mich als sein Gefangener. Ich sah, daß dies den anderen, den ich so oft abgewehrt hatte, ärgerte. Aber abgesehen davon, daß ich es selbst lieber tat, hielt ich es auch für richtiger; denn ich meinte, daß ich mit meiner Mannschaft wohl der ersten Abteilung hätte widerstehen können, wenn die zweite ihr nicht zu Hilfe gekommen wäre.

Der Offizier teilte jedoch meine Auffassung nicht, und es entstand ein Streit, der an Heftigkeit zunahm, bis der älteste Offizier dem damit ein Ende machte, daß er dem jüngeren befahl, unser Schiff in den Bereich des Kreuzers zu schleppen. Obgleich meine Schaluppe deutlich Spuren der Kugeln trug, die sie durchlöchert hatten, wurde sie doch niedergelassen und mir befohlen, mit meinen Papieren und meinem eigenen Diener unter dem Geleit eines Seekadetten mich an Bord des Siegers zu begeben. Als ich anlangte, stand der Kapitän am Fallreep. Als er mein blutendes Knie sah, befahl er, daß ich die Treppe nicht hinaufgehen, sondern an Bord gehoben werden sollte. Oben angekommen, wurde ich sofort in das Innere des Schiffes geschickt, um mich verbinden zu lassen. Es war nicht mehr als eine starke Fleischwunde, aber doch so, daß ich mein Knie nicht beugen und nur mit einem steifen Bein gehen konnte.

Nachdem der Verband angelegt war, wobei ich ein sehr angenehmes Gespräch mit dem Arzt führte, wurde ich in die Kajüte befohlen. Hier stellte man mir eine Reihe Fragen, die ich alle freimütig und der Wahrheit gemäß beantwortete. Von meiner Mannschaft waren dreizehn gefallen und beinahe alle anderen verwundet. Dann wurden meine Papiere untersucht. Man ersah daraus, daß ich unter spanischer Flagge fuhr. »Aber wie kam es dann«, rief der Kommandant, »daß Ihr unter portugiesischer Flagge gekämpft habt?«

Das war die Frage, die ich schon immer erwartet hatte. Umsonst hatte ich meine ganze Vernunft und Schlauheit zusammengenommen, um dafür eine annehmbare Entschuldigung zu ersinnen. Die freche Schändung der Nationalität konnte man nicht mit Reden gutmachen, und ich beschloß darum, offenherzig die Wahrheit zu erzählen von meinem Streit mit dem Dänen und wie ich ihn am frühen Morgen hatte foppen wollen. Aber ich war so schlau, nichts davon zu erzählen, wie geschickt ich ihm seine Sklaven entwendet hatte. Ich sagte, daß ich die Flagge vergessen hatte, als ich merkte, daß ich es mit einem anderen Feind als dem Dänen zu tun bekam, und daß ich mir mit der Hoffnung geschmeichelt hatte, entkommen zu können, wenn ich den ersten Angriff abgeschlagen hätte und ein Wind gekommen wäre.

Der Kapitän sah mich eine Weile schweigend an und fragte dann in einem Ton, als ob es ihm selbst leid täte, ob ich denn nicht wüßte, daß meine Verteidigung unter der portugiesischen Flagge, was immer auch der Grund dazu gewesen sein möchte, nicht anders denn als eine Tat der Seeräuberei betrachtet werden konnte!

Meine einzige Antwort darauf war, daß ich erblaßte, düster vor mich hinblickte und zähneknirschend meine Lippen aufeinanderpreßte.

Die Untersuchung fand in Gegenwart des Arztes statt, dessen Blicke und Worte von großer Teilnahme an meiner Lage zeugten. »Ja ...«, sagte der Kommandant, »es ist wirklich sehr schade, daß ein Seemann, der, um das, was er für sein Eigentum hält, zu verteidigen, so tapfer kämpft, wie Ihr es getan habt, infolge eines Zusammentreffens von Vergeßlichkeit und Irrtümern verurteilt werden muß. Aber wir wollen uns nicht übereilen; Ihr habt Hunger und braucht Ruhe; und wenn wir auch von der Marine und an der Küste von Afrika sind, so sind wir doch keine Wilden.«

Mir wurde der Befehl gegeben, zu bleiben, wo ich war,

und weitere Befehle abzuwarten; bald darauf kam mein Junge mit einem sehr reichlichen Mahl. Der Kapitän ging an Deck, aber der Arzt blieb. Ich sah, daß er mit dem Hofmeister einen Korb mit Zwieback, Fleisch und Flaschen füllte und an dem Henkel einen Strick von ein paar Ellen Länge sorgfältig festknüpfte. Als das geschehen war, rief er nach einer Lampe, entfaltete eine Karte und fragte mich, ob ich wisse, wo das Schiff sich befände. Ich antwortete bejahend und maß auf sein Ersuchen den Abstand nach dem am nächsten gelegenen Land aus, was Kap Verga war, ungefähr siebenunddreißig Meilen entfernt. Auch zeichnete ich den Kurs dahin.

»Nun, Don Theodore, dies eine weiß ich, wenn ich an Eurer Stelle wäre mit der Voraussicht auf eine Seiltänzerei und einen Strick, dann würde ich mich keinen Augenblick besinnen, sondern viel lieber zu erfahren versuchen, wie es in Kap Verga aussieht! Und seht doch einmal, bester Freund, wie die Vorsehung oder der Zufall oder das Glück Euch begünstigt. Zuerst einmal wird Euer eigenes Boot dicht unter Euren Kajütenfenstern mitgeschleppt; zweitens steht hier ein Korb mit Proviant, Wasser und Kognak fix und fertig gepackt auf dem Brett, den Ihr einfach in das Boot gleiten lassen könnt; dann ist Euer Junge bei der Hand, um Euch mit dem Boot zu helfen, und schließlich ist es stockfinster, und keine Schildwache ist in der Nähe zu sehen. Also vorwärts, mein Raufbold, ich wünsche Euch angenehme Nachtruhe und hoffe, Euch niemals wiederzusehen!«

Mit diesen Worten stand er auf, drückte mir fest die Hand und steckte im Vorbeigehen meinem Jungen etwas in die Tasche, was, wie sich später zeigte, ein paar Sovereigns waren. Inzwischen war der Steward mit ein paar Decken gekommen, die er auf der Bank ausbreitete, worauf er die Lampe ausblies und mit einem »Gute Nacht« auf Deck ging.

Es war ganz still und ungewöhnlich dunkel. In der Korvette war nichts zu hören. Nach einer Weile kroch ich leise zu dem letzten Kajütenfenster und steckte, platt auf der

Brüstung liegend, meinen Kopf hinaus. Da trieb wirklich meine Schaluppe an einem schlaff gespannten Tau. Während ich noch hinausschaute, zog jemand an Deck über mir sehr vorsichtig das Tau an, bis das Boot dicht unter meinem Fenster lag. Sehr geduldig, sehr langsam, sehr vorsichtig, den Atem anhaltend und voll Angst, daß man es hören würde, wenn er fiel, ließ ich meinen Jungen in das Boot hinab. Der Korb folgte. Der Neger schlug den Bootshaken in das Fenster, und auf diesem Wege folgte ich, verwundet wie ich war, dem Korbe. Glücklicherweise störte kein Geplätscher, kein Knarren, kein Schritt die Stille. Ich guckte hinauf, aber es war niemand am Achterdeck zu sehen. Ein kleiner Ruck machte das Tau los, das mit einem leisen Plumps ins Wasser fiel; und ich trieb in der Dunkelheit von dem Schiff fort.

19. Kapitel

Affenschädel-Suppe

Ohne ein Wort zu sprechen oder eine Bewegung zu machen, beinahe ohne Atem zu holen, ließ ich mich treiben, bis von der Korvette nichts mehr am dämmernden Horizont zu sehen war. Als alles dunkel um mich war, außer den Sternen, die mir den Kurs angaben, legte ich die Ruder aus und begann ruhig nach Osten zu rudern. Bei Tagesanbruch war ich anscheinend allein auf dem Ozean. Die Anstrengung dieser Nacht hatte mich so hungrig gemacht, daß ich zuerst einmal nach dem Korb griff, der mit Wurst, einem Stück Pökelfleisch, einem Stück von einem Schinken, viel Zwieback, vier Flaschen Wasser, zwei Flaschen Kognak, einem Taschenkompaß, einem Taschenmesser und einem Tisch- oder Bett-Tuch übervoll war; höchstwahrscheinlich hatte der edelmütige Doktor letzteres dazugegeben, damit es als Segel dienen konnte.

Zum erstenmal aßen der erniedrigte Sklavenhändler und sein Sklave Brot aus demselben Korb und tranken aus derselben Flasche. Das Unglück hatte uns in seltsamer plötzlicher Weise auf ein und dieselbe Höhe gemeinsamer Menschlichkeit gebracht.

Als die Sonne höher stieg, begann meine Wunde infolge meiner körperlichen Anstrengung zu schmerzen, und zu der Entzündung kam das Fieber, so daß ich bald hinten im Boot lag und vor Schmerzen stöhnte. Gegen Mittag erhob sich eine Brise aus Südwesten. Mit dem Tuch und unseren Rudern machten wir ein Segel, das uns eine Geschwindigkeit von drei Meilen gab, während mein Junge mit Decken und dem Bootshaken eine Art Zelt fabrizierte. Halb liegend steuerte ich bis Mitternacht auf das Land zu; dann zog ich das Segel ein und ließ mich bis zum Morgen auf dem ruhigen Meer treiben. Am nächsten Tage half uns wieder der Wind; und gegen Sonnenuntergang holte ich das Küstenboot eines befreundeten Mandingos ein, in das ich sofort überstieg und in dem ich in einen tiefen Schlaf fiel, der anhielt, bis er mich auf den Isles de Los an Land setzte.

Hier zwang mich meine Wunde, zehn Tage mit starken Schmerzen in einer dumpfen Hütte zu verbringen; ich sandte jedoch ein inländisches Kanu die fünfunddreißig Meilen nach Rio Pongo, um die Nachricht meines Unfalles zu überbringen und anzuordnen, daß man mir ein Boot mit allem, was ich brauchte, schickte. Da mein Schreiber vergaß, einen Anzug mitzusenden, mußte ich die Mandingo-Kleidung tragen, bis ich wieder auf meiner Faktorei war. Während der Überfahrt gab dies Veranlassung zu einem heiteren Vorfall. Als ich den Rio Pongo aufwärts fuhr, war eine französische Brigg bei der Sandbank das erste Zeichen von Zivilisation, das mein Auge seit vierzehn Tagen erblickt hatte. Ich mußte dicht an ihr vorbei, und als ich ganz in der Nähe war, bat ich den Kapitän um eine Flasche Bordeaux. Meine braune Farbe, meine afrikanische Kleidung und mein wilder Begleiter waren die Ursache, daß der Schiffer meinte, ich sei ein Eingeborener, so daß er sich spöttisch erkundigte, wo ich zum letzten Mal Bordeaux getrunken hätte, und auf das Meer deutend sagte, ich solle meinen Durst damit löschen.

Diese französische Behandlung war beinahe zuviel für einen kranken Italiener, aber ich wußte mich zu bezwingen und dankte ihm in einem so ausgezeichneten Französisch, daß er sofort einen anderen Ton anschlug und fragte, wo ich, au nom de Dièu, seine Sprache so sprechen gelernt hätte! Wahrscheinlich wäre ich weitergefahren, ohne entdeckt zu werden, wenn nicht der eine Steuermann, der vor einem Jahr in meiner Faktorei gewesen war, mich in diesem Augenblick erkannt hätte.

Im nächsten Augenblick war der Kapitän in mein Boot gesprungen, ergriff meine Hand und bat mich tausendmal um Entschuldigung; dann bestand er darauf, daß ich nicht weiter flußaufwärts fahren dürfe, ehe ich nicht bei ihm gegessen hätte. Er versprach mir einen herrlichen Teller Suppe – und ich möchte wohl gerne wissen, welcher Franzose oder Italiener eine solche Einladung hätte ablehnen können. Auch wollte er mir absolut aus seinem eigenen, spärlich versehenen Kleiderschrank andere Kleider geben. Aber weil er nichts von mir annehmen wollte, beschränkte ich mich darauf, ein reines Hemd zu nehmen und sein stumpfes Rasiermesser zu benutzen.

Während die Suppe gar wurde, ließ ich mir erzählen, was seit meiner Abreise in Rio Pongo geschehen war. Der Däne war nach einem Streit mit Ormond, der ihn mit nicht mehr als hundert Sklaven abspeiste, abgefahren, und eine spanische Brigg wartete auf meine Rückkehr; denn mein Junge, den ich von den Isles de Los abgesandt hatte, hatte alles von meinem Kampf, meiner Gefangennahme und Flucht gemeldet.

Bald saßen wir vor einer dampfenden Schüssel »bouillon gras« mit einer vollen Schale gerösteten Brotes. Der Kapitän legte zwei Schnitten auf meinen Teller und goß ein paar Löffel der duftenden Brühe darüber. Ich war sehr hungrig, und die Suppe schmeckte herrlich. Eine Weile hörte man nichts als Schlürfen und Schmatzen. Löffel auf Löffel wurde zum Munde geführt, so rasch, wie es die Hitze erlaubte: Und ich nahm mir kaum Zeit, den Koch zu loben. Da ich der einzige Gast war, wurde ich zuerst bedient und war daher auch zuerst fertig. Vielleicht aß ich auch schneller; denn ich war ausgehungert vom langen Fasten und wollte vielleicht aus Angst, daß nicht genug da war, dem andern voraus sein. Ich legte also wieder ein paar Stücke Brot auf meinen Teller, und mit einer eleganten Verbeugung und einem höflichen »s'il vous plaît« bat ich um eine zweite Portion.

Während der Kapitän mir zum zweitenmal den Teller füllte, fragte er höflich, ob ich auch »das Dicke« möge, und auf meine bejahende Antwort tauchte er den Schöpflöffel tief ein und brachte ihn wieder zum Vorschein mit einer dicken Masse, in deren Mitte ein kleiner afrikanischer Schädel den Gast mit einem teuflischen Grinsen anstarrte.

Der Teller glitt mir aus der Hand und fiel auf die Suppenschüssel, so daß die kochendheiße Brühe über den Tisch spritzte. Wie gelähmt starrte ich das abscheuliche

Ding an, das der Kapitän vor meinen Augen in die Höhe hielt. Ich fühlte, daß ich schwindlig wurde; mir wurde furchtbar übel, und im nächsten Moment hatte ich meine Portion von dem abscheulichen Mahl in dem Wasser des Rio Pongo deponiert.

Bei Sonnenuntergang sah ich zu, so rasch wie möglich von den Menschenfressern wegzukommen. Alle ihre Versicherungen, Eide und Erklärungen konnten mich nicht davon überzeugen, daß die Suppe ihre Kraft einem afrikanischen Pavian verdankte.

20. Kapitel

Der Tod des »Mongo John«

An diesem Abend herrschte Freude in Kambia, denn ich hatte unter den Dorfbewohnern und in Bangalang viele Freunde. Als der Bote von den Isles de Los die Nachricht von meiner Gefangennahme und meinem elenden Zustand brachte, gab es große Aufregung in der Niederlassung, bis bekannt wurde, daß der Mongo sicher und wohlbehalten bei seinem Beschützer angekommen war.

Nach einem herrlichen Bad hielt ich erst einen tiefen, erquickenden Schlaf. Die arme Esther kroch über die Palisaden von Bangalang, um die Geschichte von mir selber zu hören. Als Belohnung dafür gab sie mir einen Bericht von den Klatschereien, die auf dem Fluß über mein Abenteuer im Gang waren. Am nächsten Morgen saß ich wieder frisch und fröhlich in meinem Boot und fuhr zur *Feliz* aus Matanzas, die einen Pfeilschuß von Bangalang entfernt verankert lag. Als die Leute mich, nachdem ich um die Bucht herumgekommen war, erblickten, hißten sie die spanische Flagge, und als ich das Deck betrat, wurde ich mit Hurra-Rufen und dem Salutschuß einer Kanone zu Ehren meines Kampfes mit den Engländern begrüßt, der zu einer zweiten Schlacht von Trafalgar aufgebauscht worden war.

Ursprünglich war die *Feliz* an mich konsigniert worden, aber weil ich nicht da war, getraute sich der Kapitän nicht, einen so wichtigen Auftrag meinem Schreiber anzuvertrauen, und hatte sich an Ormond gewandt. Als jedoch meine Ankunft von den Isles de Los am Fluß angekündigt wurde, hatte er noch keine bindende Vereinbarung mit dem Mongo getroffen, und es war auch noch kein einziger Neger geliefert worden. Er hatte sofort seine ganze Schlauheit angewandt, um einen Vorwand zu finden, die Vereinbarung aufzuheben. In Afrika ist man in diesem Punkt nicht so genau. Als ich endlich Kambia erreichte, lag meine Brigg von hundertundvierzig Tonnen auch für ihren ursprünglichen Empfänger bereit.

Ich fand, daß ihre Wechsel und Ladung den Wert von dreihundertundfünfzig Sklaven darstellten, die ich daher auch sofort bei verschiedenen Händlern bestellte – aber als ich mich an den Mongo wegen seines Anteils wandte, verweigerte er entrüstet, diesen zu liefern, und gab als Grund dafür an, daß die mit ihm getroffene Vereinbarung gebrochen worden sei. Ich bemühte mich, so sehr ich konnte, den Mongo zu besänftigen und zufriedenzustellen, erzielte jedoch keinen Erfolg.

Nun betraf diese Frage aber den Mongo nicht allein. Wenn auf einer afrikanischen Faktorei der Faktor sich weigert oder nicht imstande ist, Handel zu treiben, haben alle seine Untergebenen, Diener, die Dorfbewohner und das ganze gewöhnliche Gesindel darunter zu leiden. Sie begreifen nicht, warum man nicht will, und werden dann böse. In diesem Falle beschuldigten sie ihn, daß er ihre Interessen schändlich vernachlässige. Verschiedene Familien und freie Dorfbewohner verzogen nach Kambia. Seine Brüder, die zuerst und am meisten die Folgen seiner Handlungsweise zu spüren bekamen, waren wütend über sein dünkelhaftes Auftreten. Schließlich kamen seine Frauen, von Fatimah angeführt. Wenn sie irgendeine Beschwerde hatten oder etwas vorbringen wollten, war Fatimah die Wortführerin; und auch jetzt nahm sie diese Rolle auf sich und ersparte dem armen Ormond keinen Vorwurf. Durch sein Alter und das Trinken war er in dem letzten halben Jahr innerlich und äußerlich ein Wrack geworden. Immer noch mürrisch und brummig, wurde er jetzt beinahe rasend, als dreißig Frauenzungen ihn im Chor mit Vorwürfen überhäuften. Gemeinsam und jede für sich beschuldigten sie ihn aller Laster und Fehler, die Frauen bei solcher Gelegenheit anführen können. Jedesmal, wenn ein neues Beispiel seiner Ungeschicklichkeit und Dummheit herausgekreischt wurde, bestätigten die anderen mit einem tiefen »Amen« die Worte der Sprecherin. Sie rühmten sich ihrer Untreue, lobten ihre Liebhaber, holten ihre Kinder und fragten ihn, spöttisch lachend, wem diese wohl ähnlich sähen.

Dem armen Mongo ging es bitter schlecht mit seinen

afrikanischen Hexen; er rief die Dorfbewohner zu Hilfe, aber viele von diesen standen mit den Frauen im Einverständnis, so daß niemand kam, um ihm beizustehen.

Auf seine eigene Bitte begab ich mich am Abend nach diesem Aufruhr zu Ormond, aber er war noch so erbittert über das Vorgefallene und dabei so betrunken, daß er unfähig war, ein Geschäft abzuschließen. Seine hinterlistigen bösen Blicke und nervösen Bewegungen deuteten Geistesverwirrung an. Als er mir die Hand gab, fühlte sich diese kalt und feucht an. Unter irgendeinem Vorwand lehnte ich das Glas Wein ab, das er mir anbot. Als er stammelnd und zögernd erklärte, daß er seine Weigerung zurücknähme und bereit wäre, einen Anteil an der Ladung der *Feliz* zu nehmen, schien es mir am vernünftigsten, die Besprechung darüber auf den nächsten Tag zu verschieben.

Ich wollte mich wieder einschiffen, als der Diener mich anrief, den ich einst bestochen hatte, damit er mich über die Angelegenheit mit dem Dänen informierte. Jetzt erzählte mir der Sklave, daß Ormond vor meiner Ankunft den Wein vergiftet hatte, und warnte mich vor dem Mongo; denn dieser hatte in seiner Gegenwart Drohungen geäußert. An diesem Morgen hatte eine der Frauen, wie er sagte, auch meinen Namen genannt, worauf Ormond wütend aufgefahren war, mich als die Ursache aller seiner Schwierigkeiten verwünscht und die Frau mit einem Faustschlag zu Boden gestreckt hatte.

In der Nacht kam mein Nachtwächter und meldete mir, daß Fremde da wären; es war Esther mit drei anderen Mädchen, die vor der Pforte standen. Sie erzählten, daß Ormond, bald nachdem es dunkel geworden war, mit einer geladenen Pistole in den Harem gekommen war, um sie selbst und Fatimah zu suchen; der Elende war jedoch so verwirrt durch seine Wut und seinen Rausch, daß die Frauen ihm ohne Mühe entkamen und aus Bangalang flohen. Kaum hatte ich ihnen einen Platz zum Schlafen für die Nacht angewiesen, da kam ein neuer Alarm, und der Wächter brachte mir die Nachricht, daß Ormond tot war. Er hatte sich selber ins Herz geschossen.

An Schlafen war nicht mehr zu denken, und beim ersten Morgengrauen fuhr ich nach Bangalang. Da lag der Mongo, so wie er gefallen war. Niemand hatte es gewagt, ihn anzurühren oder sich ihm zu nähern, bis ich kam. Nach dem Empfang der tödlichen Wunde hatte er sich nicht mehr gerührt.

Wahrscheinlich hatte er vergessen, daß er die für mich bestimmte Flasche vergiftet hatte; denn sie war beinahe leer; das letzte jedoch, was seine Leute wußten, war, daß er mit der Absicht in den Harem gegangen war, Esther und Fatimah zu ermorden. Bald darauf hatte man einen Pistolenschuß gehört, und da lag nun Jack Ormond der Mulatte. Eine Kugel hatte seine linke Brustseite durchbohrt, das Blut klebte noch an der Hand.

In diesem Teil von Afrika ist es Sitte, das Begräbnis eines Mongo mit einem Kolunjie oder Fest zu verbinden, zu dem alle Häuptlinge aus der Nachbarschaft und die Verwandten Beiträge an Speise und Trank für den Totenschmaus liefern. Boten wurden an die Brüder und Verwandten Ormonds gesandt, so daß das Begräbnis, das nach afrikanischer Sitte stattfinden sollte, auf den dritten Tag festgesetzt wurde. Inzwischen ersuchte man mich, alles dem Rang des Selbstmörders entsprechend anzuordnen. Ich gab also die nötigen Befehle, ließ unter einem stattlichen Baumwollbaum außerhalb des Dorfes ein Grab schaufeln, übergab den Leichnam den Frauen, die ihn mit Jammerklagen bis zum Begräbnis bewachen mußten, und kehrte wieder nach Kambia zurück.

Zur Bestattung kam ich wieder herüber. Punkt zwölf Uhr gaben die Kanonen im Dorf eine Salve ab, die von den Schüssen der *Feliz* und meiner Faktorei beantwortet wurden. Dann kamen alle benachbarten Häuptlinge und Fürsten mit ihrem Gefolge, worauf der Leichnam hinaus in den Schatten eines Wäldchens getragen wurde, damit ihn alle sehen konnten. Dann bildete sich der Leichenzug und setzte sich in Bewegung; die dreißig Frauen gingen dicht hinter der Bahre. Sie hatten ihre Köpfe geschoren und gingen in zerrissenen Kleidern, versengten ihre Körper mit glühenden Eisen und erfüllten die Luft mit ihrem Gekreisch und Geschrei.

In dem ganzen Dorf war keine englische Bibel oder ein Gebetbuch zu finden, aus dem ich die Totengebete hätte lesen können. Ich hatte aber das Ave Maria und das Vaterunser, die ich als Kind gelernt hatte, niemals vergessen. Das Gebet konnte auch gar nicht kurz genug sein für die ungeduldige Menge. Mein Amen war das Signal zu einem höllischen Spektakel, und im Augenblick rannten alle Anwesenden nach der Wohnung in Bangalang zurück.

Dort ging es schon lustig zu. Ganze Ochsen wurden an Stangen gebraten. Überall standen dampfende Kessel mit Reis. Kleine Fässer mit Rum wurden angebrochen. Bald wurde ein Spiegelgefecht vorbereitet, wurden die beiden Parteien aufgestellt. Sie nahmen ihre Plätze ein; zuerst kamen die Kundschafter, wie Schlangen am Boden kriechend, um die Stellung des Feindes aufzuklären; dann folgten die Heere selbst, mit Gewehren, Pfeilen und Bogen; und nachdem sie einander taub gefeuert, gebrüllt und geschrien hatten, zogen sie sich mit ihren Gefangenen zurück. Damit war der Krieg zu Ende. Nun machte man sich wieder über den Rum her, und darauf folgten Tänze. So wurde die Schwelgerei weiter getrieben, bis sie nicht mehr konnten und der Rum ausgetrunken war. Jeder fiel sinnlos betrunken dort nieder, wo er gerade stand.

21. Kapitel

Beim Zauberer von Matacan

Die Zufuhr von Sklaven nach Kambia und Bangalang ging sehr langsam vonstatten, und ich mußte noch die halbe Ladung der *Feliz* liefern. Zeit war Geld, und niemand am Fluß konnte mir helfen. In dieser Not beschloß ich plötzlich, auf eigene Faust eine Razzia unter den Eingeborenen zu unternehmen. Ich rüstete daher ein paar meiner größten Boote mit einem tüchtigen Vorrat Waffen und einer großen Menge von Handelswaren und Proviant aus und fuhr nach dem Matacan-Fluß, der nicht sehr lang und für größere Schiffe nicht befahrbar war. Ich beabsichtigte, fünfzig Sklaven zu kaufen.

Ich erreichte meinen Bestimmungsort ohne Unfälle. Nach der üblichen Wartezeit machte der König seine Aufwartung in aller Pracht einer afrikanischen Hoftoilette. Um die Mitte des Leibes hatte er ein paar Ellen karierten Kattun geschlungen, ferner trug er ein blaues Hemd und darüber eine rote Weste und als Krönung des Ganzen eine Dragonermütze mit Messingverzierungen. Auch in seinem Äußeren war er der Typus eines kleinen äthiopischen Königs. Seine schmale Stirn wich zurück, bis sie in seinem Kraushaar verschwand; seine Augen standen weit auseinander, und seine hervorstehenden Backenknochen bildeten die Basis eines umgekehrten Dreiecks, dessen Spitze ein krauses Spitzbärtchen bildete. In der Hitze des Gespräches zog er allerlei Grimassen, machte große Augen, dehnte seinen Mund von einem Ohr zum andern, grinste wie ein Pavian und streckte das Kinn mit einem Ruck in die Höhe. Trotz dieser Eigenheiten war der Fürst freundlich, höflich und gastfrei. Er zeigte sich auch wohl für ein Geschäft aufgeschlossen. Als Einleitung gab ich ihm und seinen Häuptlingen einige Geschenke, bestehend aus ein paar Stück Kattun, Pfeifen, Holzperlen und Spiegeln, und zwar in der Absicht, ihre Begierde für den nächsten Tag zu erregen.

Bei der Verteilung dieser guten Gaben wurde weder auf Rang noch Stand geachtet; wer am geschicktesten grabbeln konnte, der trug die größte Beute davon. Sobald die Sachen niedergelegt waren, faßten sie um die Wette zu, packten meine blanken Kattune, schleppten sie links und rechts nach ihren Hütten und kreischten, schrien und stritten dabei wie besessen. Manchmal sprang ein Schlaukopf zwischen zwei Raufbolde, die beide ein Ende des Kattuns gepackt hatten, wickelte schnell den Stoff um sich herum, hackte die Enden mit seinem Hackmesser ab und war in den Wald verschwunden, bevor die andern noch begriffen, was geschehen war. Mit den Pfeifen und Spiegeln ging man nicht sanfter um; Hände voll Tabak wurden zerrissen.

Am nächsten Tage begann der eigentliche Handel. Seine Majestät berief ein Palaver seiner Häuptlinge und Anführer, und ich begann meine Dantica, das heißt den Zweck meines Kommens zu erklären, und nannte meine Preise. Sehr schnell wurden jetzt einige junge Burschen zum Kauf angeboten, die an diesem Morgen sich sicherlich nicht hatten träumen lassen, daß Sklaverei in Kuba ihr Schicksal sein würde. Meine Waren erweckten die Erinnerung an alte, längst vergessene Übertretungen und lange erlassene Strafen. Als eifersüchtige Ehegatten meinen Rum gekostet hatten, dachten sie plötzlich daran, daß ihre Frauen ihnen untreu gewesen waren, und verkauften ihre bessere Hälfte gegen diesen Trank, um damit ihren Kummer darüber zu betäuben.

Ehe der Tag zu Ende ging, befand sich das ganze Dorf in Aufruhr; denn jeder plagte sich ab, um eine Entschuldigung zu finden, seinen Nachbarn zu betrügen, um so von meinem Handel profitieren zu können. Da das Dorf zu klein war, alle fünfzig Sklaven aufbringen zu können, nahm ich meine Zuflucht zu den benachbarten Niederlassungen, wo meine »Zutreiber« meisterhafte Arbeit leisteten. Sie stellten geschickt Fallen mit Waren auf, um die Unvorsichtigen zu locken, worauf dann der Dieb von seinem Feind, der sich im Hinterhalt aufgestellt hatte, überfallen und eine Stunde später nach dem Ufer geschleppt wurde, um sein ganzes weiteres Leben in Sklaverei zu verbringen. In dieser Weise reichten fünf Tage, um den Eindruck meiner Persönlichkeit für immer bei den Bewohnern der Niederlassungen am Matacan zu hinterlassen. In fünfzig Familien wird man sich sicher an mich mit allem andern, nur nicht mit Segenswünschen erinnert haben.

Am Rio Pongo hatte ich mir von einem erstaunlichen Zauberer erzählen lassen, der sich in dieser Gegend aufhielt. Ich benutzte den letzten Tag meines Aufenthaltes, um zu erfahren, wo er wohnte. Der Betrüger war berühmt wegen seiner starken Gaukelstücke und auch wegen seiner Heilungen, Hexereien und Wahrsagungen. Kranke kamen dutzendweise zu ihm; leichtgläubige Krieger brachten ihm kostbare Geschenke, um einen Fetisch gegen Kugeln und Pfeile zu bekommen, und die ärmeren Leute kauften seine Amulette gegen Schlangen, Krokodile, Haie und böse Geister oder baten um seinen Schutz für ihre noch ungeborenen Kinder.

Mein Dolmetscher hatte den Mann bereits aufgesucht und erzählte solche Wunder von seiner Kunst, daß sich meine Leute alle die Zukunft von ihm voraussagen lassen wollten, wozu ich natürlich die nötigen Waren als Vorschuß geben mußte. Als sie zurückkehrten, waren sie alle in äußerst guter Stimmung über ihr künftiges Schicksal, und mein Bootsmann, ein Kroo-Neger, hatte eine solche Freude, daß er um seinen neuen Fetisch aus Stöckchen und Hahnenfedern herumtanzte und keine Spur von Angst mehr hatte vor allen Haien, Krokodilen und Schwertfischen, die in der See zu finden waren.

Alle diese Erzählungen machten mich nach und nach so neugierig, daß ich etwas Kattun, ein auffallend gefärbtes Taschentuch und ein paar Rollen Tabak zusammenpackte und mich damit auf den Weg begab, um den Zauberer in seiner Höhle zu besuchen. Der Platz war wirklich sehr romantisch und mit Geschmack ausgesucht. Aus der Stadt mußte man einem Pfad folgen, der steil vom Fluß aufwärts führte; dann mußte man einen gefährlichen Weg mit scharfen Ecken und Windungen zwischen Felsen und Krummholz hinaufklettern, bis man an eine tiefe Kluft in einem Felsen kam, der über dem Fluß hing. Bei unserer Ankunft benachrichtigte mein Begleiter den Höhlenbewohner mit einigen Schreien. Als wir den Eingang erreicht hatten, wurde mir gesagt, daß ich warten solle, bis der Zauberer zu verstehen geben würde, daß er uns empfangen wolle. Endlich, nachdem wir ziemlich lange gewartet hatten, verkündigte ein dumpfes Brummen, daß der Hexenmeister kam.

Als er aus dem Dunkel auftauchte, sah ich eine auffallend lange Gestalt, die einen jungen Leoparden in den Armen trug. Von seinem Gesicht oder seinem Äußeren konnte ich nichts sehen, weil er vom Kopf bis zu den Füßen in ein Gewand aus Affenhäuten gehüllt war und eine weiße Maske trug. Hinter ihm tastete sich ein kleiner blinder Junge heran.

Wir setzten uns auf Felle, die am Boden lagen. Auf mein Ersuchen packte der Dolmetscher die Geschenke aus und sagte, daß ich mit vollen Händen gekommen sei, um von dem Zauberer meine Zukunft zu erfahren.

Er hatte seinen zahmen Leoparden abgerichtet, wie ein Hund zu apportieren; und ohne auf den Befehl zu warten, brachte das schlaue Tier die Geschenke seinem Herrn. Alles wurde gehörig gemessen, untersucht und in seinen Händen gewogen, um die Qualität und das Gewicht festzustellen. Dann nahm er ein Bambusrohr zwischen seine Lippen, steckte das andere Ende in das Ohr des blinden Knaben und flüsterte etwas, was das Kind laut wiederholte. Zuerst fragte er, was ich wissen wolle. Da man mir gegenüber seine fremdsprachlichen Kenntnisse so gerühmt hatte, sprach ich ihn auf spanisch an, aber aus seiner Antwort ging deutlich hervor, daß er diese Sprache nicht kannte. Daher war ich so frei, ihm einen scharfen Tadel in seiner eigenen Sprache zu versetzen. Er gebot mir mit einer befehlenden Gebärde zu schweigen und zu warten, da er mein Spanisch ausgezeichnet verstände, aber sein Dämon erlaube ihm nicht anders als Wort für Wort zu antworten.

Natürlich begriff ich die List sofort, die aus nichts anderem als einer schnellen und geschickten Wiederholung des

Gesprochenen bestand. Ich redete ihn jetzt also in seiner eigenen Sprache an und bat, dies auf Spanisch zu wiederholen. Aber das war ihm zuviel, wenn er auch sofort antwortete, daß ein Zauberer seines Ranges fremde Sprachen nur bei Vollmond sprechen könne.

Jetzt hielt ich die Zeit für gekommen, um zur Voraussage der Zukunft überzugehen und bat ihn, damit zu beginnen, mir erst meine Vergangenheit zu erzählen, da ich dann natürlich seiner Vorhersage viel mehr Glauben schenken würde. Der Unsinn, den er jetzt zum besten gab, war aber nicht zum Anhören, und ich sagte, er solle dann lieber doch mit der Zukunft beginnen. Jetzt kam er in Schwung. Ich würde unermeßlich reich werden. Ich würde ein großer Fürst sein. Ich würde hundert Frauen bekommen, aber ach! ehe sechs Monate verstrichen sein würden, würde meine Faktorei abbrennen, und ein Schiff von mir würde zugrunde gehen.

Dann schlug der Dolmetscher vor, daß er etwas zaubern solle; das war wirklich sehr unterhaltend. Er machte einen Knoten in ein Tau und zog diesen mit einem Ruck auf. Er steckte ein Messer tief in seinen Hals und schüttete eine Schale Wasser nach. Er führte noch andere Stückchen vor, aber das Geschickteste von allen war, wie er rotglühendes Eisen anfaßte, nachdem er seine Hände mit einer klebrigen Salbe bestrichen hatte. Ich habe auch gesehen, wie andere Eingeborene das taten und sich, wenn sie mit glühenden Kohlen oder glühendem Metall hantieren mußten, immer die Hände mit dieser Salbe einschmierten.

Den Schluß der Vorstellung bildete ein Gebrumm zum Abschied, worauf er den Leopard wieder in seine Arme nahm und verschwand.

22. Kapitel

Feuer in den Sklavenbaracken

Nachdem die *Esperanza* verloren war, mußte ich unbedingt nach Kuba reisen. Während also die *Feliz* sich zur Abreise bereitmachte, begann ich, die Faktorei und alle meine Geschäfte so zu regeln, daß ich mich einschiffen und geraume Zeit wegbleiben konnte. Ich will hier nur noch erwähnen, daß die unglückselige *Esperanza* nach Sierra Leone aufgebracht und dort als Sklavenschiff für verwirkt erklärt wurde; ihre Steuerleute und die weitere Mannschaft wurden auf Befehl der Admiralität in Ketten nach Lissabon geschickt, wo das Gericht sie zu fünf Jahren Zwangsarbeit verurteilte. Wie ich später erfuhr, wurden sie durch die Barmherzigkeit von Don Pedro de Braganza begnadigt, als dieser aus Brasilien zurückkehrte.

Alles war für unsere Abreise geordnet. Mein Reis war eingelagert und sollte verladen werden, als um drei Uhr morgens am 25. Mai 1828 die Stimme meines Dieners mich aus angenehmen Träumen aufschreckte und mir zurief, ich solle mein Leben retten.

Mit einem Sprung war ich vom Bett aufgesprungen und zur Tür hinausgeeilt, wo ich helle Flammen lodern sah, die vom dichten Morgennebel zurückgeworfen wurden. Das Dach meines Hauses brannte; unter einem Schutzdach ganz in der Nähe des Hauses befanden sich hundertfünfzig Fäßchen Pulver, die man nicht mehr wegschaffen konnte. Ein einziger Funke in die spröde und trockene Masse würde genügen, um alles in die Luft fliegen zu lassen.

Ein Schuß aus meiner Doppelflinte brachte sofort alle meine Leute auf die Beine. Sie halfen mir, die zweihundertundzwanzig Sklaven zu retten, welche sich in den Baracken befanden, und brachten sie in ein nahes Wäldchen, wo sie unter der Aufsicht eines Wächters sicher waren. In meiner Eile, die Sklaven zu retten, vergaß ich, meinen Leibjungen vor dem Pulver zu warnen. Der treue Kerl drang ein paarmal in meine Wohnung, um mein Hab und Gut zu retten.

Nachdem er alles herausgeschafft hatte, was er tragen konnte, war er noch einmal zurückgegangen, um den Bluthund, der in Afrika immer vor meinem Bett schlief, loszumachen. Aber der Hund begriff die Gefahr ebensowenig wie der Junge. Er kannte keinen anderen Freund als mich selber, er biß die Hand, die ihn retten wollte, und zwang seinen Befreier zur Flucht. Das war ein Glück, denn eine Minute später ließ ein furchtbarer Stoß die Erde erbeben, und die Vorhersage des Zauberers von Matacan war erfüllt.

Alles war wie durch einen Orkan weggefegt; nicht einmal von der Feuersglut meiner Wohnung war etwas zu sehen. Mein tödlich verwundeter, entsetzter Junge wurde, aus Ohren und Nase blutend, unter dem Schutthaufen eines seichten Brunnens hervorgeholt. Die Schuppen aus Bambus, die Baracken und Hütten, das Wohnhaus aus Lehm und der hübsche Garten – das alles konnte leicht und rasch genug wieder aufgebaut werden, aber mein Besitz, meine Kattunstoffe, meine Vorräte, meine Waffen und meine Munition, mein Kapital, alles war zu Staub geworden.

Innerhalb weniger Stunden versammelte sich eine Reihe von Freunden um mich, die nach afrikanischer Gewohnheit mir ihre Dienste anboten, alles wieder aufzubauen; mein größter Verlust war jedoch der für die Reise bestimmte Reis, den ich nicht ersetzen konnte, weil meine Tauschwaren vernichtet waren. Ich mußte daher einen Teil meiner zweihundertfünfzig Neger für die nötige Menge Reis hergeben; dadurch konnte ich die *Feliz* absenden, aber ich selber mußte meine Reise mit ihr aufgeben.

Eine Weile dachte ich an nichts anderes, als zu versuchen herauszufinden, wie der Brand entstanden war. Man sah das Feuer zuerst oben an einem Giebel. Und dies überzeugte sowohl Ali Ninpha als mich selber, daß es das Werk eines böswilligen Brandstifters war. Wir versuchten allerlei Mittel, um den Schurken zu finden. Aber alle unsere Mühe war umsonst, bis ein fremder Neger eine meiner Doppelflinten in einem benachbarten Dorf zum Kauf anbot, wo der Häuptling sie zufällig erkannte. Als man den Neger fragte, wie er zu der Waffe gekommen sei, behauptete er, er hätte sie in einem abgelegenen Dorf im Binnenland gekauft. Seine Antworten waren aber so wirr, daß der Häuptling ihn gefangennahm und nach Kambia schickte.

Ich zögerte keinen Augenblick, alle Mittel zu benutzen, die mir zu Gebote standen, um ein Bekenntnis aus dem Neger herauszubekommen, und bald gestand er, daß ein Bote des Zauberers von Matacan mein Gewehr gestohlen hatte und noch an der Grenze unserer Niederlassung sich aufhielt. Ich versprach eine große Belohnung, wenn ich den Hexenmeister selbst in die Hände bekäme. Aber man hatte eine so abergläubische Angst vor dem Ort, an dem er sich aufhielt, daß niemand es wagte, ihn in seinem Schlupfwinkel zu überfallen oder ihn dazu zu bringen, sich in meinen Bereich zu begeben. Mit seinem Botschafter verhielt sich die Sache anders, der war bald gefunden; es kostete mich nicht die geringste Mühe, ihn mitten auf den Trümmerhaufen, die sein Werk waren, richten zu lassen. Ehe er verschied, brachte ich ihn, wenn auch nach hartnäckigem Widerstand, zu einem Bekenntnis. Zu meinem großen Ärger stellte sich heraus, daß ein Bruder des Selbstmörders Ormond der eigentliche Anstifter der ganzen Sache war. Man hatte ihm die letzten Worte des Mongo überbracht als Ansporn, an mir Rache zu üben. Dabei merkte er sehr bald aus eigener Erfahrung, daß Kambia ein gefürchteter Konkurrent von Bangalang war. In seiner afrikanischen Dummheit dachte er, daß der »rote Hahn« auf meinem Dach mich von dem Fluß vertreiben würde. Augenblicklich war ich nicht in der Lage, es ihm heimzuzahlen, aber ich gelobte, ehe noch viele Monate verstrichen wären, dem neuen Mongo eine Gratis-Überfahrt in Ketten nach Kuba zu besorgen. Mit vielen anderen übereilten Vorsätzen habe ich aber dieses Gelübde niemals erfüllt.

Wie traurig auch die Verwüstung meiner Besitztümer war, so hatte der Brand doch noch ein anderes Unglück zur Folge, das mein Herz mehr schmerzte als der Verlust von Geld und Gut. Seit dem Tag, an dem ich in der Faktorei Ormonds an Land geblieben war, hatte ein liebes Wesen wie eine wohltätige Fee über mein Wohl und Wehe gewacht, und sie war immer ein Engel der Barmherzigkeit und Hoffnung gewesen. Infolge ihrer Abstammung zu zwei Rassen gehörig, war sie in mancher Gefahr mein geheimer Ratgeber gewesen. Und ebenso sanfter Art wie das liebste Mädchen in zivilisierteren Gegenden, trachtete sie immer, mein Glück auf uneigennützige Weise zu fördern. Als wir untersuchten, wer das Unglück überlebt hatte, war Esther nirgends zu finden, auch nicht die geringste Spur von der Gestalt der Paria konnte ich jemals unter den weithin verstreuten Schutthaufen entdecken.

Jetzt hatte ich natürlich außer meinen Dienern sehr wenig, was ich noch in Kambia zurückließ; ich vertraute diese Ali Ninpha an und fuhr in meinem Boot nach Sierra Leone, wo ich einen Schoner kaufte, der von der »Gemischten Kommission« als verwirkt erklärt worden war. In diesen Jahren [1828/29] wurden solche Schiffe öffentlich versteigert, und es war sehr leicht, sie wieder für die afrikanische Küste auszurüsten. Es hatte viel Ähnlichkeit mit einem Kartenspiel: Man machte Stiche, mischte die Karten durcheinander und gab, um wieder neue Stiche zu machen. Ich hatte auch kaum den Hafen verlassen, so machte ich den Schoner bereit, eine Ladung Sklaven an Bord zu nehmen. Meine Mannschaft bestand aus Leuten verschiedener Nationalität, die auf in Beschlag genommenen Schiffen gedient hatten. Als Steuerleute nahm ich nur Spanier.

Ein paar Tage nachdem wir die englische Kolonie verlassen hatten, als wir gerade durch eine leichte kühle Brise fortgetrieben wurden, kam der Steuermann mit dem Rudergänger, einem geschickten Kerl, ins Gespräch. Sie erzählten von ihren Reisen und Unfällen, und der Matrose sagte, er sei kürzlich von einem Schiff weggelaufen, das jetzt in Rio Nunez lag. Dessen Steuermann hatte den Kapitän vergiftet, um in den Besitz des Schiffes zu kommen. Dieses Schiff war, wie er erzählte, in St. Thomas angeblich für die Küstenfahrt ausgerüstet worden. Als sie aber nach Afrika fuhren, hatte man die Schiffspapiere in einem Boot nach der Insel zurückgesandt, damit sie für ein anderes Schiff verwendet werden konnten, während sie selbst ohne Papiere die Überfahrt gemacht hätten.

Ich habe allen Grund zu der Annahme, daß der Sklavenhandel nur selten nach den ehrlichen Grundsätzen getrieben wurde, die, wenn es sich um Schmuggeln handelt, die einzige Bürgschaft zwischen Eigentümern, Kapitänen und Empfänger bilden. Es gab sicherlich Männer, für die das »Ehrenwort« zwingender war als die Furcht vor dem Gesetz für gewöhnliche Händler. Aber zahllos waren die Fälle, wo Schwindler, die sich an der Küste Afrikas das aneigneten, was ihren Eigentümern gehörte, die dadurch erlangte Überlegenheit benutzten, sich der Entdeckung zu entziehen oder sich ein Willkommen in West-Indien zu sichern.

In den Jahren 1828 und 1829 fanden heftige Kämpfe zwischen spanischen Sklavenhändlern und dieser Art Schmuggler statt. Wenn sich eine gute, sichere Gelegenheit bot, dann griffen die Spanier die Portugiesen an. Manches Schiff wurde in Kuba ausgerüstet und kehrte mit einer Ladung zurück, die ausschließlich mit Kanonenkugeln und Enterhaken erkauft worden war.

Nun liebte ich Abenteuer; mein Schiff brauchte Ladung. Als der Steuermann mir erzählte, was er vom Rudergänger gehört hatte, bekam ich den Einfall, der Don Quichote Ehre gemacht hätte, daß ich berufen wäre, den vergifteten Kapitän zu rächen. Ich will nicht sagen, daß es nur ein edler Wunsch nach Gerechtigkeit war, der mich antrieb; denn es ist sehr gut möglich, daß ich keinen Augenblick länger an den Toten gedacht hätte, aber der Matrose erzählte uns, daß sein Schiff halbvoll mit Negern geladen gewesen sei.

Als wir langsam an der Mündung meines alten Flusses vorbeitrieben, steuerte ich den Schoner über die Bank und rüstete ihn mit einem starken Neunpfünder mittschiffs aus. Gleichzeitig schickte ich einen Spion an den Rio Nunez, um zu untersuchen, ob der Kapitän wirklich vergiftet worden und wie der Sklavenschmuggler bewaffnet war. Nach zehn Tagen kam er zurück und bestätigte alles, was der Matrose erzählt hatte. Das Schiff lag noch im Strom mit hundertachtundfünfzig menschlichen Wesen in seinem Raum, würde aber bald mit einer vollen Ladung von zweihundertfünfundzwanzig abfahren.

Der Zeitpunkt war außerordentlich gut gewählt, und alles begünstigte meinen Plan. Die Anzahl der Sklaven paßte gerade für meinen Schoner. Eine solche Gelegenheit durfte ich nicht versäumen, und ich fuhr am vierten Tag unter portugiesischer Flagge, die ich kraft eines Passes von Sierra Leone nach den Kapverdischen Inseln entfaltete, in den Rio Nunez ein.

Ich kann nicht sagen, ob mein Spion mich verraten hatte, aber jedenfalls war der Vogel, als ich nach Furvaria kam, ausgeflogen. Das war ein schlimmes Pech. Mein Schoner hatte zu großen Tiefgang, als daß er den Fluß weiter vorwärts befahren konnte, und außerdem kannte ich das Fahrwasser hier nicht.

Da es darauf ankam, mich nicht mit Fremden einzulassen, ging ich an einem stillen Fleckchen vor Anker. Das erste Kanu, welches vorbeikam, hielt ich an, und ich erfuhr für eine kleine Belohnung, daß das Schiff, das ich suchte, in einer Bucht des Flusses bei der Hauptstadt des Königs von Kakundei verborgen lag. Dorthin konnte ich jedoch nur von einem ganz bestimmten Mulatten gelotst werden, der als einziger Mann dazu imstande war.

Als man ihn mir beschrieb, wußte ich sofort, daß nur wenig Hoffnung bestand, ihn zu bewegen, mir diesen Dienst zu leisten. Er war mir nämlich fünf Sklaven für frühere Geschäfte in Kambia schuldig und hatte sich immer so hartnäckig geweigert, mir diese zu liefern, daß ich überzeugt war, er würde in den Wald flüchten, sobald er von meiner Ankunft am Fluß hörte. Ich behielt also die Leute aus dem Kanu bei mir und gab ihnen reichlich »Bitter« zu trinken; gegen Mitternacht setzte ich ein halbes Dutzend meiner eigenen Leute an Land, die nach der Hütte des Mulatten gingen und ihn gefangennahmen. Der Schelm erschrak tödlich, als er zu mir gebracht wurde; denn er dachte natürlich, daß es um seine Schuld ginge. Aber ich beruhigte ihn sehr rasch und versprach ihm eine hohe Belohnung, wenn er mich schnell, sicher und heimlich nach Kakundei lotsen wollte. Dazu war er sofort bereit, aber der Fluß war für mein Schiff zu seicht. Er verstand es, dies so überzeugend zu beweisen, daß ich nach einer halben Stunde meinen Plan aufgab und beschloß, daß wenn der Berg nicht zum Propheten käme, der Prophet zum Berge gehen würde.

Rasch wurden zwei Boote bemannt und mit Waffen und Laternen versehen. Mit umwickelten Rudern und unter Führung des Lotsen, dem ich fortwährend meine Pistole zeigte, überfielen wir im Dunkeln wie Vampire unsere Beute.

Mit wüstem Geschrei und unsere Pistolen in die Luft abschießend, sprangen wir an Bord und jagten die Mannschaft vor uns her in die Räume, ohne daß diese sich widersetzen konnte. Bei der Kajüte, der Back und den Luken wurden Schildwachen aufgestellt und die Taue durchgeschnitten. Meine Boote nahmen das Schiff ans Schlepptau, ich selber führte zusammen mit dem Lotsen das Steuer. Ehe es tagte, lag die Beute neben meinem Schoner, und es wurden siebenundneunzig Sklaven mit allem Nötigen umgeladen.

Die gefangengenommene Mannschaft zeigte sich höchst erstaunt, als sie merkte, worum es sich handelte. Noch größer waren der Ärger und die Wut des Giftmischers, als dieser am nächsten Morgen bei seiner Rückkehr von einem Gelage bei dem König von Kakundei den leeren Ankerplatz sah. Erst dachte er, daß wir ein wirklicher Kreuzer seien und gekommen wären, um den Tod des Kapitäns zu rächen. Als es sich herausstellte, daß sie Sklavenhändlern in die Hände gefallen waren, ließen fünf seiner Matrosen ihn im Stich und nahmen bei mir an Bord Dienst.

Nach den Abenteuern dieser Nacht schmeckte uns das Frühstück köstlich. Wir hatten es jedoch kaum beendet, als drei Kanus voller Neger, von Seiner Majestät selbst angeführt, den Fluß herabkamen. Ich wartete ihre Ankunft jedoch nicht mehr ab, sondern begrüßte die Herren mit einer Dosis Schrot, lichtete den Anker, setzte die Segel bei und flog wie ein Albatros davon.

23. Kapitel

Meuterei an Bord

Es war ein glühend heißer Juli, und unaufhörliche Regengüsse erinnerten uns daran, daß wir uns in der Regenzeit befanden. Während der hartnäckigen Windstille, die mich vor der Küste hielt, strömte der Regen mit solcher Gewalt herab, daß ich oft fürchtete, unser Schoner würde sinken. Hie und da erhob sich ein Südwestwind, der uns ein Stück forttrieb. Oder die Strömung nahm uns eine Weile mit; aber am zehnten Tag waren wir noch nicht weiter gekommen als vor die Kapverdischen Inseln, wo wir stark rollten.

Eines Tages, als die Wolken sich etwas verzogen hatten, kündete der Ausguck im Krähennest ein Segel leewärts an. Von Deck aus war nichts zu sehen, aber in der Windstille, die folgte, war die Pfeife des Bootsmanns deutlich zu hören. Ehe ich noch einen Entschluß fassen konnte, wurde das Rätsel durch einen Riß in unserem Großseil und das Donnern eines Kanonenschusses gelöst. Nun merkten wir, daß unser unwillkommener Gast ein Kriegsschiff war.

Glücklicherweise erhob sich bald eine Brise. Wir setzten nun alle Segel bei, die das Schiff führen konnte. In dem zunehmenden Winde flogen wir dahin wie ein von Hunden gejagter Hirsch. Um unsere Geschwindigkeit zu erhöhen, mußten die Sklaven jeden Augenblick ihren Platz wechseln, bald nach links, bald nach rechts, dann nach vorn, dann wieder nach hinten. Immer wieder gingen wir über Stag, und alles, was im Wege stand, flog über Bord. Von Zeit zu Zeit sagte uns ein Kanonenschuß von unserem Feind, daß er die Jagd noch nicht aufgab. Endlich hatte er unseren Abstand so gut berechnet, daß eine wohlgezielte Kugel unsere Reling zerschmetterte und ein großes Stück drei Fuß über Deck vom Großmast abriß.

Unter diesen Umständen war es gefährlich, soviel Segel zu setzen. Darum ließ ich den Schoner wenden und merkte zu meiner Freude, daß wir mit dem neuen Kurs einen Knoten schneller fuhren. Auch unser Feind ging über Stag, aber sehr bald schon trafen uns seine Kugeln nicht mehr, und noch vor Mittag waren wir so weit weg, daß wir nur mehr ein kleines Stück seiner obersten Segel sehen konnten.

Bis wir zu den Antillen kamen, ereignete sich nichts Besonderes mehr auf unserer Reise, ausgenommen, daß der Steuermann in einer dunklen stürmischen Nacht über Bord geschleudert wurde. Während aber sonst auf einem Sklavenschiff die Mannschaft meist fröhlich und lustig dreinschaut, fiel mir auf, daß sie hier nicht nur schlechter Laune zu sein schien, sondern auch Neigung zu Ungehorsam zeigte ... Der Zweite Steuermann, den ich in Rio Nunez angemustert hatte und der jetzt die Stelle des Ersten Steuermannes einnahm, schien sich ab und zu mit der Wache in Gespräche einzulassen, und seine Haltung deutete auf Unzufriedenheit, wenn nicht Meuterei.

Wenn die Küste in Sicht kommt, so bedeutet das gewöhnlich Fröhlichkeit; denn dann wird eine Ladung, die sich gut betragen hat, von den Fesseln befreit, und Männer und Frauen dürfen an Deck frei miteinander umgehen. Jeder darf soviel Wasser trinken, wie er will; die »Katze« wird über Bord geworfen, und die Zucht ist nicht mehr so streng. Man meint, daß die Gefahr eines Aufstandes überwunden ist; und bis zur Stunde der Landung genießt der Kapitän unbesorgte Ruhe. Die Matrosen teilen ihren Zwieback und ihre Kleider mit den Schwarzen. Die Frauen, die meistens keine Kleider haben, spazieren in allerlei schönen Dingen herum, die sie von den Matrosen, vom Bootsmann, Steuermann, machmal sogar vom Kapitän bekommen. Leinen- und Tischtücher, auch übrige Segel werden zerschnitten, um Kleidungsstücke daraus zu nähen. Auch Schuhe, Stiefel, Mützen, Ölmäntel und Wollwesten tragen dazu bei, die »Auswanderer« auszuputzen.

Ich hatte gehofft, daß der erste Anblick der Antillen meinen Schoner zum Schauplatz einer solchen Maskerade machen würde, aber die Mannschaft war so merklich unzufrieden, daß es mir am vernünftigsten schien, einem Aufstand zuvorzukommen, den verdächtigen Steuermann abzusetzen und ihn nach vorn zu schicken, wobei ich seine »Hundehütte« über Bord werfen ließ.*)

Ich hatte jetzt keinen Offizier mehr, dem ich vertrauen konnte, und mußte zwei der jüngsten Matrosen nehmen, die mir bei der Navigation des Schoners helfen sollten. Ich wußte, daß der Koch und der Steward – die beide hinten wohnten – zuverlässig waren. Mit vier Mann hinter und den Schwarzen unter mir, glaubte ich, daß ich mein Schiff würde beherrschen können. Von diesem Augenblick an erlaubte ich niemandem mehr, weiter als bis zum Großmast nach hinten zu kommen.

Es war ein schöner Nachmittag; wir trieben an der Küste von Porto Rico entlang, unseren Kurs kontrollierten wir nach der Karte. Plötzlich kam einer meiner Offiziere zu mir und fragte sehr ruhig, ob ich nicht eine Zigarette haben wolle. Da ich niemals rauchte, lehnte ich dankend ab, worauf der junge Offizier ein Röllchen Papier auf die Karte fallen ließ. Jetzt begriff ich seine List und sah, daß die Zigarette eigentlich ein zusammengerollter Zettel war, der wie eine Zigarette aussah. Ich steckte die »Zigarette« in den Mund und ging nach hinten. Hier legte ich mich mit dem Kopf über Bord aufs Deck, so daß ich den Brief unbeobachtet aufmachen konnte. Er enthielt den Bericht, daß der degradierte Steuermann eine Meuterei angezettelt hatte. Sobald San Domingo in Sicht käme, würde das Zeichen zum Aufstand gegeben, und ich würde auf dieser Insel an Land gesetzt werden. Sechs Leute von der Mannschaft waren mit dem Schurken im Einverständnis, und der Bootsmann, der krank im Spital lag, sollte mein Schicksal teilen.

Mein Entschluß war rasch gefaßt. In ein paar Minuten hatte ich die Waffenkiste inspiziert und gesehen, daß sie in Ordnung war. Dann ließ ich zehn meiner stärksten und verständigsten Neger auf dem Achterdeck antreten und er-

*) Auf einem Segelschiff halten sich der Kapitän, die Schiffsoffiziere und die Passagiere, wenn welche da sind, achtern auf, während das Schiffsvolk »vorne« haust. Auf Sklavenschiffen wurden Back und die Kajüte von der lebenden Ladung eingenommen; die Offiziere schliefen daher an Deck, in einer Art Koje, welche man »Hundehütte« nannte.

laubte mir, ihnen eine kleine Lüge aufzubinden. Ich erzählte ihnen nämlich im Susu-Dialekt, daß schlechte Kerle an Bord wären, die den Schoner auf die Felsen laufen und alle Sklaven ertrinken lassen wollten. Dann gab ich jedem von ihnen ein Hackmesser aus der Waffenkiste, versah meine getreuen Weißen mit ein paar Pistolen und einem Messer. Danach überwältigte ich, ohne ein Wort zu sprechen, den Leithammel und seine Gefährten.

Sie wurden gefesselt, in Ketten an Deck gebracht und an den Mast gekettet; ein schnell zusammenberufener Kriegsrat, bestehend aus den Offizieren und mir als Präsidenten, untersuchte den Fall und sprach das Urteil aus, alles in viel kürzerer Zeit, als ein wirkliches Gericht das getan hätte. Bei der Untersuchung zeigte es sich, daß der Tod des Ersten Steuermannes böswilliger Absicht zuzuschreiben war. Sein Mord war das Vorspiel zu dem auf mich gerichteten Überfall gewesen; denn der riesige Mann mit seiner Körperkraft wäre für sie ein gefährlicher Gegner gewesen, wenn sie sich das Schiff hätten aneignen wollen.

Die Art und Weise, wie wir die Untersuchung führten, hatte vielleicht etwas von der Inquisition. Wir arbeiteten hauptsächlich mit »Geständnissen«, und wenn sich einer der Missetäter unwillig zeigte oder weigerte, wurde sein Gedächtnis mit der »Katze« aufgefrischt. Als daher die Untersuchung beendet war, hatten die Meuterer schon eine ordentliche Portion Prügel bekommen, und unser Urteil lautete daher auch, daß die Mitschuldigen noch eine Tracht Prügel bekommen sollten und, bis wir Kuba erreichten, in den Fesseln bleiben mußten.

Was den Anführer betrifft, konnten wir uns nicht sofort einigen. Ein paar waren dafür, ihn einfach über Bord zu werfen, wie er es selbst mit dem Steuermann getan hatte; andere schlugen vor, ihn auf einem mit Ketten beladenen Floß wegtreiben zu lassen. Trotz seines Verrates hielt ich die beiden Strafen doch für zu grausam; ich ließ ihn daher von einer Schildwache mit geladener Pistole bewachen, bis ich ihn auf der Turtle-Insel, mit Mundvorrat für drei Tage und reichlichem Trinkwasser, gefesselt an Land setzte.

24. Kapitel

Aufenthalt in Kuba

Nach all diesen Abenteuern hätte ich beinahe noch den Schoner untergehen lassen, ehe wir landeten, und zwar durch eine Unachtsamkeit, über die ich mir jetzt noch Vorwürfe mache.

Es war am Nachmittag eines schönen Tages. Ich hatte schon seit einer Weile am Horizont eine niedrige weiße Wolkenbank bemerkt, die sich schnell über den Himmel und das Wasser ausbreitete und uns in einen undurchdringlichen Nebel hüllte. Ich spürte Gefahr; aber noch ehe ich den Schoner vorbereiten konnte, um einem Sturm zu widerstehen, hatte ein Windstoß, der uns wie ein Donner aus blauem Himmel überfiel, den Schoner beinahe zum Kentern gebracht. Der Stoß kam so heftig und unerwartet, daß alle frei herumlaufenden Sklaven, die sich auf Deck unterhielten, umfielen und über das Deck bis in die Lüftungslöcher rollten. Da das Steuer beinahe ganz aus dem Wasser herausgehoben wurde, konnten wir das Schiff auch nicht vor den Wind steuern. Glücklicherweise riß sich das Großsegel von den Rahen los. Dadurch wurde der Druck des Windes verringert, der Schoner richtete sich wieder auf, und wir konnten ihn wieder steuern. Der westindische Sturm ging ebensoschnell vorüber, wie er gekommen war. Ich war sehr froh, daß unser einziger Verlust in zwei Sklavenkindern bestand, denen man unvorsichtigerweise erlaubt hatte, auf der Reling zu sitzen.

Meine Reise war eine plötzlich unternommene Spekulation ohne Papiere, Manifest, Schiffsjournal, Empfänger oder Bestimmung. Ich mußte daher sehr vorsichtig sein, nicht nur bei dem Löschen meiner lebendigen menschlichen Ladung, sondern auch in der Wahl eines Landungsortes, von dem aus ich mich mit den dafür in Betracht kommenden Personen in Verbindung setzen konnte. Außer bei der bereits von mir beschriebenen Gelegenheit war ich noch niemals auf Kuba gewesen. Meine Geschäfte hatten

Stadt und Hafen von Matanzas auf Kuba

sich auch ausschließlich auf die Regla-Gruppe beschränkt, die mich damals nach Afrika geschickt hatte.

Am Tage nach dem Sturm trieb unser Schoner vor einer

steifen Brise längs der Südküste von Kuba, und da mir die Zeit günstig schien, meinte ich, daß es am besten wäre, meine Ladung in einer geschützten Bucht, etwa neun Meilen ostwärts von Santiago, an Land zu bringen. Wenn diese Stelle mein Bestimmungsort gewesen wäre, hätte ich es nicht besser treffen können. Ungefähr sechzig Ellen vom Landungsplatz entfernt fand ich die bequeme Wohnung eines Ranchero [Plantage], der mir die in solchen Fällen übliche Gastfreundschaft gewährte. Er ließ einen großen Schuppen für meine Sklaven herrichten, und seine Familie machte sich daran, ein reichliches Mahl zu bereiten.

Da jetzt keine Gefahr mehr bestand, daß die Ladung von einem Kreuzer in Beschlag genommen würde, beschloß ich, mich nicht darum zu kümmern, daß das Schiff keine Flagge führte und keine Papiere besaß. In Santiago war ich nicht bekannt und zog es daher vor, die Insel zu durchqueren und in der Hauptstadt einen Empfänger zu suchen. Ich bestieg ein feuriges Pferd und schlug mit einem berittenen Montero-Führer den Weg nach Havanna ein.

Mein Gefährte stellte mir tausend Fragen, die ich alle so freundlich beantwortete, daß wir bald gute Freunde wurden und er mir den ganzen Klatsch erzählte, der in Kuba umlief. So erfuhr ich, daß kürzlich eine Ladung in der Nähe von Matanzas an Land gebracht worden war und daß ein gewisser Herr ... aus Katalonien diese sehr geschickt an den Mann gebracht hatte.

Ich klatschte in die Hände, freute mich und beschloß sofort, keine weiteren Erkundigungen einzuziehen, sondern mich an diesen Mann zu wenden; und ich muß gestehen, daß dieser Entschluß hauptsächlich auf seiner Nationalität beruhte. Ich habe immer eine Vorliebe für Katalonier gehabt.

Nach meiner Ankunft besuchte ich daher meinen künftigen Empfänger in seinem Büro und legte ihm die ganze Angelegenheit vor, wobei ich nicht verschwieg, was für eine Bewandtnis es mit meinem Schiff hatte. Sofort ließ er Seine Exzellenz den Generalkapitän von meiner Ankunft benachrichtigen und ihm ein Verzeichnis der »Afrikanischen Schüler« [wie in Kuba die geschmuggelten Sklaven genannt werden] vorlegen. Der Hafenmeister mußte natürlich auch miteinbezogen werden. Auf einer zufällig unbeschriebenen Seite seines Hafenregisters wurde der Name meines Schiffes eingetragen und dabei vermerkt, daß es vor sechs Monaten den Hafen verlassen hatte, wobei eine Musterrolle und ein Ausklarierungszertifikat hinzugefügt wurden, um es mir zu ermöglichen, ohne Schwierigkeiten in den Hafen einlaufen zu können.

Noch ehe es Abend wurde, war alles in Ordnung; ein paar Tage später kehrte ich wieder an den Landungsplatz mit einem Pack Kleidern und einer Decke für jeden meiner Schüler zurück. Der Schoner wurde dann dem Kommando eines geschickten Lotsen übergeben, der formell die Stellung des Kapitäns einnahm, um der Wachsamkeit der niedrigen Beamten zu entgehen, deren Gewissen nicht durch Gold in Schlaf gewiegt worden war.

Inzwischen hatte mein gastfreier Ranchéro meinen Sklaven alle mögliche Sorgfalt angedeihen lassen. Nachdem das Kopfgeld einmal bezahlt war, wagte niemand – ob Bürger oder Militär, Ausländer oder Spanier –, sich um sie zu kümmern. Achtundvierzig Stunden Ruhe, Reinigung, körperliche Bewegung und Essen hatten genügt, sie wieder zu erfrischen. Auch hatten die Matrosen, die für sie die Verantwortung trugen, nicht versäumt, ihre Pflichten als »Kammerdiener« und »Kammerzofen« zu erfüllen. Als der Marsch nach Santiago begann, waren also alle gut gekleidet.

Die Makler des südlichen Marktes brauchten nicht viel Zeit, um Abnehmer für den ganzen Trupp zu finden. Die Zahlung geschah natürlich in Bargeld; kurz und gut, die ganze Sache verlief für mich so vorteilhaft, daß ich den Aufstand vergaß und die Mouterer mit dem Rest der Mannschaft an dem Gewinn teilhaben ließ. Was mich selber betrifft, war ich nach der Bilanz so zufrieden über das Ergebnis, daß ich beschloß, mich wenigstens einen Monat lang dem Landleben auf Kuba hinzugeben.

Aber während ich noch damit beschäftigt war, alles dafür vorzubereiten, zogen sich kleine Wölkchen am Himmel meines Glücks zusammen. Ich hatte unvorsichtigerweise der Mannschaft doppelten Lohn ausbezahlt, um sie für die gefährliche Arbeit am Rio Nunez zu belohnen. Leichtsinnig, wie Matrosen immer sind, hatten sie in Havanna damit geprahlt. Einer von ihnen, ein Franzose, hatte jedoch beim Kartenspielen alles verloren, so daß er seinen Konsul um Unterstützung bitten mußte. Dieser Beamte hatte ihn einem Kreuzverhör unterzogen, aus ihm die ganze Geschichte unserer Reise herausbekommen und benutzte nun die üble Lage seines Landsmannes, ihn als Zeugen gegen einen gewissen Theodore Canot auftreten zu lassen, der, wie es hieß, ein gebürtiger Franzose war. Dazu hatte der gemeine Kerl die Bestrafung des Zweiten Steuermannes zu einer ebenso ungerechten wie grausamen Tat aufgebauscht.

Die ganze Geschichte wurde nun dem Generalkapitän berichtet; und dieser stellte einen Befehl zu meiner Gefangennahme aus. Aber ich war zu schlau, als daß ich mich fassen ließe. Auf der ganzen Insel war niemand zu finden, der so hieß; und weil der Schoner mit spanischen Papieren und einer spanischen Mannschaft eingelaufen und öffentlich verkauft worden war, kam der höchst erstaunte Konsul bald zu dem Schluß, daß die ganze Erzählung des Matrosen nichts als ein von ihm selbst ersonnenes Märchen war. An demselben Abend noch wurde die prahlerische Mannschaft von Werbern, die nach Dienstwilligen für die Königliche Marine suchten, angeworben. Es war kein Zeuge zu finden, der die Klage des Konsuls hätte bestätigen können; und diese wurde daher auch sofort abgewiesen.

25. Kapitel

Die letzte Reise der *San Pablo*

Ehe ich wieder auf See ging, nahm ich mir mit einer wohlgefüllten Börse einen langen Urlaub bei meinen alten Freunden in Regla und Havanna. Ein längerer Aufenthalt in Kuba, so dachte ich, würde mich vielleicht Afrika vergessen lassen. Aber es waren noch keine drei Monate um, da segelte ich schon wieder aus dem Hafen von Santiago, um in Jamaica eine Ladung Waren für die Küste zu holen und dann nach Kuba zurückzukehren, um mich wieder für den Sklavenhandel auszurüsten.

Meine Reise begann mit einem Sturm, der uns drei Tage lang in günstiger Richtung forttrieb. In der dritten Nacht, als leewärts die Küste zu sehen war, brach jedoch der Großmast ab, und ich mußte, um unser Leben und die Ladung zu retten, den Schoner auf den Strand setzen. Das lief glücklicherweise ohne Unfall ab. Mit Tagesanbruch fand ich, daß wir auf einer unbewohnten Bank hoffnungslos festlagen. Schnell wurde mit Segeln, Rudern und dem, was wir noch an Rahen hatten, ein großes Zelt aufgeschlagen, in dem wir alles, was Wert hatte und nicht beschädigt war, unterbrachten, noch ehe die Nacht einfiel. Ich sandte Patrouillen zur Rekognoszierung aus. Der Fockmast wurde von Bord geholt und mit einem Notsignal am höchsten Punkt der Bank aufgerichtet.

Meine Kundschafter kamen enttäuscht zurück. Sie hatten nichts gesehen, nur einen großen Hund, der ein Halsband trug, der aber von uns nichts wissen und auch nicht zu uns kommen wollte; ich verbot, ihn niederzuschießen. Schwärme von Moskitos, die durch kein Feuer und keinen Zigarettenrauch zu vertreiben waren, überfielen uns nach Sonnenuntergang. Ihre Stiche schmerzten so, daß ein schwächlicher junger Matrose beinahe verrückt davon wurde und erst längere Zeit nach seiner Rückkehr nach Kuba sich wieder erholte.

Träge und trübe krochen die Tage auf der verlassenen

Sandbank hin. Unsere Lebensweise ließ mich oft zurückdenken an die Tage, die ich mit Don Rafael und seinen Leuten in derselben Weise verlebt hatte. Wir sahen eine Reihe von Schiffen vorbeifahren, aber keins beachtete unser Signal. Endlich, am zehnten Tag unserer Gefangenschaft, kamen ein paar kleine Schoner auf unsere Insel zugesegelt. Da sie sehr gut wußten, daß wir ihrer Gnade ausgeliefert waren, weigerten sie sich, uns zu befreien, wenn wir nicht einen hohen Preis bezahlen wollten. Nach vielem Unterhandeln vereinbarten wir schließlich, daß unsere Retter uns und unsere Waren in Nassau, in New Providence, an Land setzen sollten, wo dann das Gericht den Betrag festsetzen sollte. Die Reise war bald beendet, und die Richter sprachen unseren Befreiern für ihre Mühe nicht weniger als siebzig Prozent zu.

Der Schiffbruch und die Rettung hatten meine Finanzen so erschüttert, daß ich nur allzu froh war, die Stellung als Schiffer auf einer Sklavenbrigg anzunehmen, die in St. Thomas unter einem erfahrenen Franzosen ausgerüstet wurde.

Mein neues Schiff, die *San Pablo*, war eine elegante, in Brasilien gebaute Brigg von reichlich dreihundert Tonnen. Ihr Raum hatte sechzehn Vierundzwanzigpfünder, die Pulverkammer war reichlich versehen mit Munition, und auf dem Zwischendeck lagen Haufen von Kugeln und Schrot. Der Kapitän, den man mir als einen unangenehmen Herrn beschrieben hatte, empfing mich sehr höflich und schien sich darüber zu freuen, als ich ihm sagte, daß ich sowohl Französisch als auch Englisch fließend spreche.

Ich war kaum angekommen und hatte eben begonnen, mich über mein neues Fahrzeug zu orientieren, als sich das Gerücht im Hafen verbreitete, daß ein dänischer Kreuzer auf der Insel anlegen wollte. Sofort kam alles an Bord, und es gab ein großes Gehetze, um nur abfahren zu können. Waren und Proviant wurden in der größten Eile an Bord genommen, die Wasserbehälter während der Nacht gefüllt, und noch vor Tagesanbruch wurden fünfzig Halunken von allerlei Hautfarbe, Nationalität und Abstammung als Mannschaft angeheuert. Um sechs Uhr waren wir mit unserer

Küstenflagge im Topp zwei Meilen in offener See mit gerefftem Marssegel und nahmen von einem Lugger sechs Faß Mörtel und ein paar Kisten mit Kleidern an Bord.

Als wir endlich in voller Fahrt waren, merkte ich, daß der Sklavenhandel nicht in der gewohnten Weise durchgeführt würde. Am zweiten Tage bekam jeder Matrose zwei komplette Uniformen, die am Sonntag und beim Antritt zum Appell getragen werden mußten. Die Offiziere bekamen eine Mütze mit Goldschnur, ein blaue Jacke mit Ankerknöpfen, Epauletten und Degen. Zum Schluß hielt der Kapitän am Achterdeck eine Ansprache an die Mannschaft und teilte mit, daß jeder einen Bon für hundert Dollar bekommen würde, wenn alles gut ginge.

An demselben Abend noch zog der Kapitän mich ins Vertrauen und teilte mir einen Plan mit, der darin bestand, daß er in einem Hafen im Mozambique-Kanal Ladung an Bord nehmen wollte. Um das sicherer tun zu können, hatte er die Brigg genügend bewaffnet, die so einem Kriegsschiff von der gleichen Größe Widerstand leisten konnte – etwas, wozu ich niemals meine Einwilligung gegeben hätte. Er wollte ferner immer, ausgenommen wenn ein französischer Kreuzer in der Nähe war, die Lilien der Bourbonen als Flagge führen, die bourbonische Uniform tragen und in jeder Hinsicht tun, als ob das Schiff zur Königlichen Marine gehörte. Die Offiziere sollten ebenso wie die Matrosen doppelte Heuer bekommen, und das Zertifikat dafür wurde mir und meinen beiden Untergebenen sofort ausgehändigt. Dann bekamen wir ein Tagebuch, in dem für jeden Tag der folgenden Woche genau angegeben war, was wir zu tun hatten. Überdies erhielt ich als Vize-Kommandant den besonderen Auftrag, pünktlich meine Pflichten zu erfüllen und meine Untergebenen streng, aber gerecht zu behandeln.

Ich setzte nun meinen Stolz darein, die Pflichten, die diese neue militärische Auffassung des Sklavenhandels mir auferlegte, genau zu erfüllen. Ein paar Tage genügten, die Segel und Wanten schön zu täuen, meine sechzehn Kanonen aufzustellen, die Mannschaft sowohl mit der blanken

Waffe wie mit der Artillerie vertraut zu machen und mit Hilfe von Farbe und Schiffskenntnis die *San Pablo* in die *St. Paul*, einen regelrechten französischen Kreuzer, zu verwandeln.

Nach siebenundzwanzig Tagen legten wir an den Kapverdischen Inseln an, um Proviant einzunehmen. Dann fuhren wir nach Süden, ohne ein einziges von den vielen Schiffen, denen wir begegneten, zu preien, bis wir auf der Höhe des Kaps der Guten Hoffnung einem fremden Schiffe begegneten, das sich scheinbar mit uns einlassen wollte. Trotzdem waren wir so unhöflich weiterzusegeln, bis wir sahen, daß es vorn und hinten die weiße Flagge und den Wimpel von Frankreich entfaltete.

Sofort rief unsere Trommel alle Matrosen an Deck, und die Flaggenkiste wurde heraufgeschafft. Jetzt fragte das französische Transportschiff an, welche Flagge wir selbst führten, was wir sofort damit beantworteten, daß wir aus unserem reichen Vorrat die königliche portugiesische Flagge hißten.

Als wir dem Franzosen näher kamen, machten wir zur Sicherheit alles bereit. Die Kanonen wurden doppelt geladen, die Lunten gesteckt und die Mannschaft bewaffnet. Sobald wir in Hörweite gekommen waren, nahm unser Kapitän, der sich natürlich höher im Rang fühlte als der Kommandant eines Transportschiffes, das Wort und sprach zu den Franzosen. Eine Weile lang führten sie eine allerliebenswürdigste Unterhaltung in portugiesischer Sprache. Endlich bat der Fremde um Erlaubnis, sein Boot mit Briefen für die Île de France zu uns schicken zu dürfen, und wir sagten, daß uns das höchst angenehm sei. Aber der Kapitän hielt es für seine Pflicht, ihn zu warnen, daß wir seine Offiziere nicht zu uns an Bord einzuladen wagten, weil »ein paar Fälle von Pocken unter der Mannschaft waren, die sie sich höchstwahrscheinlich in Angola geholt hatten«.

Eine unvermutete volle Ladung hätte unserem Freund keinen größeren Schrecken einjagen können. Der Kapitän hatte noch nicht ausgeredet, da war das Deck des Franzosen schon in vollster Bewegung, seine Rahen wurden scharf angezogen, und sein Bug schnitt durch die Wogen, ohne daß er auch nur so höflich gewesen wäre, uns eine gute Reise zu wünschen.

Zehn Tage später warfen wir Anker in Quillimane, inmitten einer Anzahl portugiesischer und brasilianischer Sklavenschiffe, die mit aufgegeiten oder losen Segeln lagen, als ob sie fürs erste noch nicht abfahren würden.*) Wir feuerten einen Salut von zwanzig Schüssen ab und hißten die französische Flagge. Unser Salut wurde sofort beantwortet, und unser Kapitän machte in voller Uniform eines Marine-Kommandanten dem Gouverneur einen Besuch. Ich hatte inzwischen Auftrag bekommen, sorgfältig Wache zu halten, jede Berührung mit anderen zu vermeiden, die gewöhnliche Routine und das Aussehen eines Kriegsschiffes beizubehalten, bei Sonnenuntergang die Rahen loszumachen, die Flagge einzuholen, eine Kanone abzufeuern und vor allem sofort abzufahren und den Kapitän an einer schmalen Stelle der Küste, ein Stück vom Hafen entfernt, abzuholen, sobald auf dem Fort eine bestimmte Flagge als Signal gehißt wurde.

Ich habe nur selten einen Kunstgriff geschickter ausführen gesehen! Früh am nächsten Morgen kam das Boot des Gouverneurs, um das Geld zu holen; am vierten Tage wurde das Signal aufgezogen, das uns nach dem schmalen Streifen der Küste rief; der sechste, siebente und achte Tag brachten uns achthundert Neger, und am neunten Tage waren wir unterwegs nach unserem Bestimmungsort.

Daß es uns gelang, war um so auffallender, als bei unserer Ankunft sicher vierzehn Schiffe vor Anker lagen und auf Ladung warteten; einige von ihnen lagen sogar schon länger als fünf Monate in dem Hafen. Ihre Ungeduld war schon so gewachsen, daß die Schiffer untereinander vereinbart hatten, alle Neuankömmlinge abzuwehren und die La-

*) Diese Schiffe brauchten auch keine Angst vor Kriegsschiffen zu haben; denn i.J. 1829 war der brasilianische Sklavenhandel – wenn er südlich vom Äquator in portugiesischen Schiffen betrieben wurde – noch gesetzlich erlaubt.

dungen in der Reihenfolge zu übernehmen, in der sie angekommen waren. Aber mein Schlaukopf von einem Kapitän hatte es verstanden, diese ganze Fürsorge zu vereiteln. Dadurch, daß er als französisches Kriegsschiff vor Anker gegangen war und sich abseits gehalten hatte, war kein Mißtrauen oder irgendeine Vermutung eines Schwindels aufgekommen. Seine Fäßchen Metallgeld wußte er geschickt zu verwenden, um sich das Herz der Autoritäten und der Händler, die Sklaven lieferten, zu gewinnen.

Er war daher auch in bester Stimmung, als er an Bord zurückkehrte. Aber wir waren noch nicht auf hoher See, da bekam er eine Krankheit, gegen die kein einziges Hausmittel half, und infolge des Fiebers wurde er besinnungslos. Andere Gefahren häuften sich auch noch. Auf der Höhe des Kaps der Guten Hoffnung hatten wir ein paar Tage gegen Sturm und Wind zu kämpfen gehabt. Nach einer ermüdenden Nacht bekam ich den Bericht, daß verschiedene Sklaven die Pocken hatten. Von allen Unglücksfällen, die ein Sklavenschiff treffen können, ist dies der schrecklichste; denn dagegen gibt es so gut wie keine Hilfe. Ich war daher auch verzweifelt. In meiner Angst rannte ich zum Kapitän, ohne mich um sein Fieber und seinen Wahnsinn zu kümmern, und teilte ihm die furchtbare Nachricht mit. Eine Minute lang starrte er mich an, als ob er mich nicht begreife; dann öffnete er sein Schreibpult, zeigte auf eine lange Lunte, sagte, daß diese durch das Deck hin mit der Pulverkammer verbunden sei, und befahl mir, die Brigg in die Luft fliegen zu lassen.

Die Tollheit des Kapitäns brachte den Steuermann wieder zur Besinnung. Ich verlor keine Zeit und nahm sowohl das gefährliche Spielzeug als seinen Eigentümer in sichere Verwahrung. Dann berief ich die Offiziere des Schiffes zu einer Beratung in meine Kajüte.

Der Sturm hatte jetzt seit neun Tagen ohne Unterbrechung gewütet mit einer solchen Heftigkeit, daß es während der ganzen Zeit unmöglich gewesen war, die Luken zu öffnen, die Sklaven heraufzulassen, die Decks zu reinigen oder Windsegel anzubringen. Als er sich endlich etwas legte, hielt man eine gründliche Inspektion und fand, daß ein Sklave gestorben war. Die Leiche wurde genau untersucht, und es stellte sich heraus, daß wir die Seuche in unserer Mitte hatten. Der Tote wurde in aller Stille über Bord geworfen und die Krankheit vor der Mannschaft und den Negern geheimgehalten.

Nachdem wir an diesem verhängnisvollen Morgen das Frühstück eingenommen hatten, beschloß ich, selbst nach dem Sklavendeck zu gehen. Ich ließ Laternen bringen und stieg in die Tiefe hinab, wo es jetzt noch, obgleich gelüftet worden war, abscheulich nach menschlicher Ausdünstung stank. Ich fand, daß neun Neger die Krankheit hatten.

Jetzt berieten wir, ob wir Laudanum, ein Mittel, das nur selten und in den äußersten Fällen heimlich verwendet wird, geben sollten, um die Kranken schnell loszuwerden und die Gesunden vor der Ansteckung zu schützen. Aber bald kamen wir zu dem Schluß, daß es, wenn neun angesteckt waren, zu spät sei, die anderen dadurch zu retten, daß man die Kranken tötete. Die armseligen Geschöpfe wurden also sofort nach der Back geschafft und der Pflege einiger anderer anvertraut, die geimpft waren. Dann wurde der Raum ventiliert und mit Kalk desinfiziert; aber ehe der Sturm noch vorbei war, gab es dreißig neue Fälle. Das Spital konnte nicht mehr fassen. Zwölf Matrosen wurden angesteckt, und fünfzehn Leichen waren bereits über Bord geworfen worden.

Nun war keine Rede mehr, die Sache geheimzuhalten. Immer neue Seuchenopfer wurden in die See geworfen, und noch immer wütete der Sturm. Endlich, als der Wind und die Wogen sich so weit gelegt hatten, daß die Luken geöffnet werden konnten, erreichte unsere Verzweiflung den Höhepunkt, denn es zeigte sich, daß viele Sklaven tot waren oder im Sterben lagen. Jetzt war keine Zeit mehr für weiches Mitleid. Zwölf der stärksten Sklaven bekamen den Befehl, die Toten, die zwischen den Kranken lagen, herauszuholen; sie bekamen fortwährend soviel zu trinken, daß sie sinnlos betrunken waren, um sie widerstandsfähig zu machen. Aber trotzdem mußten wir ihnen von ein paar

Tollkühnen aus der Mannschaft dabei helfen lassen, die mit geteerten Handschuhen die stinkenden, faulenden Leichen in die See warfen.

Es schien kein Ende nehmen zu wollen, und jeder Tag verlief wie der vorhergehende. Nur der angeborene Selbsterhaltungstrieb und vielleicht auch die Begierde nach Gold gaben uns einen Mut, der einer besseren Sache würdig gewesen wäre. Endlich hatte der Tod genug, aber erst nachdem von den achthundert gesunden Menschen, die wir eingeschifft hatten, nur mehr vierhundertundsiebenundneunzig Skelette übriggeblieben waren.

Als wir uns dem Äquator näherten, war der Gesundheitszustand auf der *San Pablo* wieder gut. Die Toten hatten Platz, Nahrung und Wasser für die Überlebenden zurückgelassen, und den armseligen Hinterbliebenen wurden keine Beschränkungen auferlegt. Nach dem Ausbruch der verhängnisvollen Krankheit war niemand mehr gefesselt worden. In kurzer Zeit begannen die Überlebenden, sich wieder zu erholen und für den Markt dicker zu werden, nach dem sie so schnell wie möglich gebracht wurden. Nicht so ging es aber mit dem Kapitän. Das Fieber und das Phantasieren waren schon lange vorbei, aber plötzlich bekam er die Ruhr, deren Ursprung in einer früheren Krankheit lag, und sein Zustand verschlechterte sich zusehends. Seine Nerven waren so angegriffen, daß er aus Schwäche in hoffnungslose Schwermut verfiel. Zu seinen fixen Ideen gehörte, daß eine tüchtige Dosis Calomel ihm helfen könne. Unglücklicherweise war während der Seuche der Medizinschrank eines Tages zufällig offengelassen und unser ganzer Vorrat an Quecksilber gestohlen worden. Es nützte nichts, daß wir versuchten, ihn zu beruhigen und ihm zu versichern, daß es kein Calomel an Bord gäbe. Je mehr wir ihm die Unmöglichkeit vor Augen hielten, es ihm zu verschaffen, desto mehr drang er darauf.

In dieser Not gab ich Befehl, scharf nach Handelsschiffen auszusehen, von denen ich hoffte, die Medizin kaufen zu können. Endlich wurde ein Segel zwei Strich luvwärts gemeldet. Weil sein Segel geflickt und schmutzig aussah, hielt ich ihn für einen unschädlichen Engländer, dem wir uns ohne Gefahr nähern konnten.

Er stellte sich heraus, daß es eine Brigg von Belfast in Irland war. Als ich aber den Schiffer preite und ihn bat, uns ein Boot zu senden, weigerte er sich und setzte seinen Kurs fort. Ein zweiter und dritter Befehl wurde ebensowenig beachtet. Diese Geringschätzung meiner Flagge, Wimpel und Epauletten konnte ich nicht gut vertragen und befahl daher heranzufahren, legte den Widerspenstigen fest und ging mit zehn Mann an Bord.

Wir wurden nicht sehr freundlich empfangen, obwohl niemand von den Offizieren oder der Mannschaft Widerstand zu leisten versuchte. Ich teilte dem Kapitän mit, daß ich ihn nur aus Gründen der Nächstenliebe hatte stoppen lassen, und wiederholte die Bitte, die ich ihm durch den Schiffsrufer hatte sagen lassen. Aber obwohl ich ihm Bezahlung in Gold und Silber anbot, weigerte er sich auch jetzt noch, mir die Medizin zu geben. Hierauf befahl ich dem Steuermann, das Logbuch zu holen und nach meinem Diktat den Besuch der *San Pablo*, meine Bitte und die gemeine Weigerung einzuschreiben. Nachdem dies zu meiner Zufriedenheit geschehen war, befahl ich zwei Leuten von mir, die Medizinkiste zu suchen, die ein trauriges Durcheinander schal gewordener Tränkchen enthielt, obwohl glücklicherweise eine große Menge Calomel darunter war. Ich zögerte nicht, mir ungefähr ein Drittel davon anzueignen, wofür ich fünf Silberdollar auf den Tisch legte. Kaum hatte ich sie niedergelegt, so weigerte sich der Kapitän voll Verachtung, sie anzunehmen, worauf ich dem Steuermann das Geld aushändigte und eine Empfangsbestätigung dafür verlangte, die ebenfalls in das Logbuch eingeschrieben wurde.

Noch während ich über die Reling kletterte, versuchte ich den Bissigen zur Vernunft zu bringen, aber ein Knurren und Brummen war die einzige Antwort. Trotzdem beschloß ich, feurige Kohlen auf das Haupt des Widerspenstigen zu legen, und ich warf, ehe ich die Taue lösen ließ, ein Dutzend Marmeladen, einen Sack Pfeffer, ein Fäßchen

Speck und ein paar Säcke weiße spanische Zwiebäcke auf sein Deck, worauf ich ihn mit einem Hurra losließ.

Aber dem Kapitän brachte das Calomel keine Erleichterung. Er wurde mit jedem Tag schwächer, obwohl ihn seine starke Energie aufrechterhielt, wo andere schon längst erlegen wären, und es ihm sogar ermöglichte, von seinem Krankenbett aus den Befehl weiter zu führen.

Am Sonntag war es bei uns immer Brauch, die Mannschaft beim Klang der Trommeln antreten und sie Übungen mit den Kanonen und Feuerwaffen ausführen zu lassen. An einem Sonntag, nachdem das Exerzieren beendet war, wollte der Sterbende die Mannschaft noch einmal inspizieren. Er wurde zu diesem Zweck auf einer Matratze auf das Achterdeck getragen. Jeder Matrose mußte vor ihm antreten und bekam einen Händedruck, dann rief er alle um sich und sprach die Befürchtung aus, daß der Tod ihn ereilen würde, ehe wir unseren Bestimmungsort erreicht hätten. Ohne daß er uns vorher davon etwas gesagt hatte, gab er uns jetzt seinen Letzten Willen bekannt und machte es uns allen zur Pflicht, zu seinem Andenken diesen bedingungslos zu erfüllen. Wenn die *San Pablo* sicher den Hafen erreichte, wünsche er, daß alle Offiziere und Matrosen die ihnen versprochene Prämie bekommen sollten und daß der Erlös der Ladung seiner Familie in Nantes zukäme. Wenn wir jedoch von einem Kreuzer angegriffen würden und die Brigg durch das Wagnis eines unerschrockenen Widerstandes gerettet werden sollte, befahl er, daß die Hälfte des Erlöses unter den Offizieren und der Mannschaft verteilt, ein Viertel an seine Leute nach Frankreich geschickt und ein Viertel mir übergeben werden sollte. Sein Schiffer und die Empfänger in Kuba sollten dieses Salzwasser-Testament ausführen.

Wir waren jetzt ein gutes Stück in nordwestlicher Richtung weitergekommen und sahen in jeder Wolke ein Zeichen des Passatwindes, der unserer unglücksvollen Reise ein Ende machen würde. Vom Deck bis an das obere Bramsegel, vom Klüver bis zum Besan wurde jedes Stückchen Segel, das nur Wind fangen konnte, beigesetzt. Jeden Tag kamen wir an Schiffen vorüber, aber kein einziges schien uns verdächtig, bis wir schon weit westlich gekommen waren und ich durch mein Fernrohr einen Schoner entdeckte, der in aller Ruhe hin und her kreuzte. Ich befahl dem Rudergänger, weiter Kurs zu halten, ließ alle Wanten spannen und begab mich in die Kajüte, um die letzten Befehle unseres Kommandanten entgegenzunehmen.

Er nahm meine Meldung mit seiner gewohnten Tapferkeit entgegen und erschrak auch nicht, als ein Kanonenschuß des Schoners verkündete, daß er uns verfolgte. Er zeigte auf eine seiner Laden und befahl mir, diese zu leeren. Ich übergab ihm drei Flaggen, die er sorgfältig auseinanderrollte; es waren die Standarten von Spanien, Dänemark und Portugal. Zu jeder fand ich einen kompletten Satz von Schiffspapieren, die auf die *San Pablo* paßten. Mit schwacher Stimme bat er mich, eine davon zu wählen. Als ich die spanische wählte, drückte er mir die Hand, wies nach der Tür und befahl mir, mich nicht zu ergeben.

An Deck gekommen, fand ich, daß unser Verfolger uns rasch einholte. Er fuhr auch zweimal so schnell wie wir. Von Flucht konnte keine Rede sein, aber ich beschloß trotzdem, dem neugierigen Wichtigtuer, dadurch daß ich meinen Kurs beibehielt, einen Schuß abgab und meine spanische Flagge hißte, zu zeigen, mit wem er es zu tun habe.

Die *San Pablo* hatte jetzt eine gute Fahrt von sechs Knoten, als ein Schuß von dem Schoner knapp hinter uns einschlug. Sofort befahl ich, die Leesegel oben und unten beizusetzen, und ich hoffte, da die Mannschaft nach den Traditionen der Marine geschult war, dem Kreuzer durch die rasche und genaue Ausführung meines Befehles zu imponieren. Er fuhr jedoch ruhig weiter, und vier Stunden nachdem ich ihn das erstemal gesichtet hatte, war er bis auf einen halben Kanonenschuß herangekommen.

Bisher hatte ich meine Kanonen nicht angerührt, aber jetzt hielt ich den Augenblick für gekommen, vor den Augen meines Feindes zu laden, auf Befehl die Stückpforten zu öffnen und meine Zähne zu zeigen. Die gut geschulten Kanoniere führten das Kommando präzise aus. Jedoch auch diese kriegerische Gebärde schien ihm nicht im geringsten zu imponieren, und er setzte die Verfolgung fort, bis er so nahe an uns herangekommen war, daß er uns anrufen konnte. Sein Kommandant befahl mir beizudrehen, andernfalls ich einen Schuß bekäme.

Nun hatte ich diesen unverschämten Befehl erwartet und während der letzten halben Stunde mir überlegt, wie ich einem Gefecht entgehen könnte. Eine einzige volle Ladung hätte meinen Gegner vielleicht zum Sinken bringen oder ihn wenigstens übel zurichten können. Wenn er aber mich geentert hätte, und dies war, wie ich vermutete, seine Absicht, würden die Folgen unabsehbar gewesen sein.

Ich kümmerte mich also nicht um seine Drohungen, ließ alle Schoten anziehen und fuhr weiter. Jetzt kam mein »Jagdhund« auf der Leeseite heran, bis er einen Pistolenschuß weit entfernt war, und wiederholte seinen Befehl beizudrehen. Ich gab nur zur Antwort: »Ich versteh dich nicht«, während das Kriegsschiff vor mir dahinschoß.

Jetzt hatte ich ihn! Wie der Wind gab ich den Befehl, die Segel im rechten Winkel anzuziehen, und ich traf, das Steuer umwerfend, den Kreuzer dicht am Vordersteven, wobei ich seinen Fockmast und Bugspriet mitnahm. So verblüfft waren sie über meinen gewagten Streich, daß niemand eine Muskete abfeuerte oder sich rührte, um uns zu entern, bis wir uns wieder gelöst hatten. Dann war es zu spät. Wohl hatte ich meinen Klüverbaum und ein paar Wanten verloren, aber das hinderte mich nicht, meine Leesegel beizusetzen und den Lümmel hinter mir zu lassen, während er Zeit hatte, über seine dumme Gutmütigkeit nachzudenken.

In der nächsten Nacht starb unser Kapitän. Mit einer erlesenen Sammlung der verschiedenen Flaggen, die er mit seiner Nationalität beehrt hatte, wurde er über Bord gebracht. Ein paar Tage, nachdem die Wogen sich über ihm geschlossen hatten, war unsere Ladung sicher in einer Hacienda neun Meilen östlich von Santiago geborgen. Die *San Pablo* brannten wir bis zur Wasserlinie ab und überließen sie dann ihrem Schicksal.

26. Kapitel

Beim König der afrikanischen Sklavenhändler

Wenn auch die großmütigen Verfügungen meines verstorbenen Kommandanten nicht als Testament in offizieller Form betrachtet werden konnten, so wurden sie in Kuba doch vollständig befolgt. Mein Anteil an dem Unternehmen belief sich auf zwölftausend Dollar. Aber mein ruheloser Geist ließ mich nicht lange untätig bleiben. Unsere gelungene Reise hatte mir eine Reihe von Freunden unter den spanischen Sklavenhändlern eingebracht, und täglich bekam ich neue Angebote für ein anderes Kommando.

Aber die Taktik meines französischen Freundes hatte mir solche Lust gemacht, es ihm nachzutun, daß ich untergeordnete Posten ausschlug und selbst Eigentümer werden wollte. Ich schlug daher dem Besitzer einer großen amerikanischen Klipper-Brigg vor, daß wir diese in derselben Weise ausrüsten sollten wie die *San Pablo*, und da ich den kommerziellen Erfolg meines einstigen Kapitäns noch übertreffen wollte, äußerte ich den Gedanken, für unsere Ladung zu kämpfen, oder, um das Kind beim wahren Namen zu nennen, andere Sklavenschiffe ihrer lebendigen Ladung zu entledigen. Dieser Vorschlag fand bei dem Besitzer der *La Conchita* sofort Anklang. Das Schiff selbst kostete ursprünglich zwölftausend Dollar, und weil ich zur Hälfte Mitbesitzer werden wollte, schlug ich vor, als Gegenleistung die gleiche Summe für ihre Ausrüstung anzulegen.

Ich schloß den Kauf ab. Mit der nötigen Vorsicht wurden Bewaffnung, Segel, Extra-Masten und -Wanten und der nötige Proviant insgeheim eingeschifft. Da wir ohne irgendeine Ladung nicht aus dem Hafen herauskommen konnten, luden wir zum Schein Waren, die am Zollamt des öffentlichen Lagerhauses lagerten, bei Tag ein und brachten sie während der Nacht wieder an Land zurück. Da dieses Manöver eine schlaue Idee meines Verbündeten war, der selbst daran verdiente, achtete ich nicht weiter darauf, was an Bord kam oder wieder zurückging.

Endlich war alles fertig. Fünfundvierzig Mann wurden angemustert und die *Conchita* ausklariert. Am nächsten Morgen sollte ich, den Landwind nutzend, bei Tagesanbruch abfahren.

Es gibt für den letzten Abend eines Seemanns an Land eine ganz bestimmte Tradition; auch bei dieser Gelegenheit wurde keine einzige der gebräuchlichen Festlichkeiten übergangen. Es gab ein Abschiedssouper mit dem nötigen Champagner; hier und dort wurde ein Abschiedsbesuch gemacht und überall ein Abschiedstrunk genommen. So war es auch zwei Uhr nachts geworden, ehe ich das ganze Programm erledigt hatte, aber als ich endlich mit heftigen Kopfschmerzen nach Hause kam, erwartete mich da ein Mann mit einem Brief von meinem Partner, in dem er mir mitteilte, daß unser Schiff in Beschlag genommen und ein Befehl zu meiner Gefangennahme erlassen worden sei. Er riet mir an, mich von der Polizei fernzuhalten, bis er mit dem Zollamt und der Polizei die Sache geordnet haben würde.

Ich will hier nicht weiter auf die Sache eingehen. Am nächsten Tag saß mein Kompagnon wegen Schwindelei im Gefängnis; das Schiff wurde in Beschlag genommen, die Ausrüstung verkauft, und meine Börse war um zwölftausend Dollar leichter geworden. Ich selber konnte gerade noch fliehen, ehe die Polizei in meinem Hause war; und schließlich entkam ich der Polizei von Kuba nur dadurch, daß ich einen anderen Namen annahm und in den Bergen ein paar Wochen lang den Ranchero spielte.

Um meine Finanzen stand es sehr schlecht, als ich eines schönen Morgens langsam die Stadt Matanzas betrat. Nach einer Weile bekam ich jedoch durch heimliche Vermittlung meiner alten erprobten Freunde wieder das Kommando über ein Sklavenschiff. Das neue Schiff war ein tüchtiger Schoner von hundertzwanzig Tonnen, der eben aus den Vereinigten Staaten herübergekommen und für Whydah an der Sklavenküste bestimmt war. Wir rechneten damit, mindestens vierhundertundfünfzig Sklaven zurückzubringen. Um sie anzukaufen, hatten wir uns reichlich mit Rum, Pulver, englischen Musketen und farbigen Manchester-Kattunstoffen versehen.

Zur bestimmten Zeit segelten wir nach den Kapverdischen Inseln, dem gewöhnlichen Ausgangspunkt für solche Expeditionen. In Praya wechselten wir unsere Flagge und hißten die von Portugal, ehe wir längs der Küste hinauffuhren. Auf der Höhe von Sierra Leone machte ein englischer Kreuzer zwei Tage lang vergeblich Jagd auf uns; das gab mir nicht nur Gelegenheit zu erproben, wie schnell die *Estrella* fahren konnte, sondern war auch der Anlaß, daß ich ihre ganze Ausrüstung untersuchte und in Ordnung brachte. Ich setzte dann auch solches Vertrauen in die Geschwindigkeit meines braven Schiffes, daß ich bei günstigem Wind es sogar wagte, das erstbeste Schiff, das ich zu sehen bekam, zu verfolgen. Die Trikolore, die das Schiff führte, verwirrte mich, und ich konnte mir nicht denken, welcher Nationalität es angehörte, bis das Sprachrohr mich darüber aufklärte, daß die französischen Lilien in den Händen von Louis Philippe die drei Farben angenommen hatten. Ehe ich wieder Kurs nach Whydah nahm, grüßte ich den königlichen Republikaner, indem ich dreimal meine Flagge strich.

Ich konsignierte die *Estrella* an einen der merkwürdigsten Händler, der durch sein Genie den afrikanischen Sklavenhandel zur Blüte gebracht hatte: Sẽnor Da Souza – auf der Küste und im Inland besser unter dem Namen Cha-Cha bekannt – war, wie man sagte, ein Mulatte, gebürtig aus Rio de Janeiro. Nachdem er aus dem Heer seines kaiserlichen Herrn desertiert war, war er nach Dahomey ausgewandert. Wie er nach Afrika kam, weiß ich nicht; wahrscheinlich hatte er zur Mannschaft irgendeines Sklavenschiffes gehört und sein Schiff in derselben Weise verlassen, wie er früher dem Militärdienst in Brasilien entflohen war. Seine Eltern waren arm, träge und gleichgültig, so daß Cha-Cha als ein eigensinniger Junge ohne Unterricht herangewachsen war. Als er jedoch den afrikanischen Boden betrat, schien es, als habe er ein neues Leben begonnen. Gerade damals nahm der brasilianische Sklavenhandel einen großen Aufschwung. Jetzt verstand der ausgewanderte Abenteurer, von seiner Geschicklichkeit im Umgang mit den Eingeborenen zu profitieren und unter seinen Landsleuten den Makler zu spielen. Er hatte ganz klein angefangen und arbeitete mit hartnäckiger Ausdauer so lange, bis er ein reicher Faktor geworden war.

Vielleicht machte das inländische Blut, das seiner Hautfarbe einen dunklen Ton gab, ihn besonders geeignet dazu. Er liebte die Gebräuche seines Volkes. Er sprach die Dialekte ebenso flott wie die Eingeborenen selbst. Einen Häuptling nach dem anderen verstand er für sich zu gewinnen, und er strebte danach, unter Afrikanern als Vollblut-Afrikaner zu gelten, obwohl er gegen Weiße immer die Manieren und Höflichkeitsformen seines Landes bewahrte. Auf diese Weise hatte Cha-Cha langsam die Achtung eines jeden, mit dem er in Berührung kam, gewonnen und das Monopol der Aufträge aus Brasilien und Kuba bekommen, während er auch bei dem kriegerischen König von Dahomey in großer Gunst stand. Es wird sogar behauptet, dieser berüchtigte Potentat habe irgendeinen teuflischen Kontrakt mit dem portugiesischen Faktor geschlossen, daß er ihn nämlich, solange er lebte, mit allem, was er wünschte, versorgen sollte, unter der Bedingung, daß er nach seinem Tode seine Schätze erben würde.

Aber solange er noch davon genießen konnte, war Cha-Cha fest entschlossen, daß ihm kein Genuß, der sich für Geld kaufen ließ, in Whydah entgehen sollte. An einer ausgesucht schönen Stelle, nahe einem verlassenen portugiesischen Fort, hatte er ein großes, mit allen Bequemlichkeiten ausgestattetes Haus bauen lassen. Es enthielt jeden Luxus und Komfort, der das Auge erfreuen und den Sinnen schmeicheln konnte. Aus Paris, London und Havanna ließ er Weine, Eßwaren, Leckereien und Kleider kommen. Die schönsten Frauen von der Küste wurden dahin gelockt. Billard und Spieltische zogen die Seeleute, die sich dort aufhielten, an und verschafften ihnen Vergnügen. Kurzum, er umgab sich mit allem, was die Tugend untergraben, die Leidenschaften befriedigen, die Geldgier anreizen, die Schwäche versuchen und die Sinne verleiten konnte; das alles zusammengenommen gab ein Bild der in Dahomey eingewurzelten Sklaverei.

Wenn er ausging, geschah das immer mit viel Feierlichkeit. Vor ihm ging ein Diener, um ihm einen Weg zu bahnen; neben ihm hüpfte ein Narr oder Possenreißer; ein Trupp inländischer Musikanten spielte auf wenig wohllautenden Instrumenten, und ein paar Sängerinnen brüllten, so laut sie konnten, die widerlichsten Schmeicheleien zu Ehren des Mulatten.

Natürlich waren sehr viele Schiffe nötig, um diesen afrikanischen Nabob mit Dublonen und Waren zu versehen. Kapitäne von Kuba und Brasilien wurden manchmal monatelang in seinem gefährlichen Heim zurückgehalten, während ihre Schiffe in Erwartung der menschlichen Ladung längs der Küste kreuzten. Dann wurde nichts unversucht gelassen, die reichen Nichtstuer zu unterhalten und ihnen Geld abzunehmen. Es war nicht die Schuld von Cha-Cha, wenn seine Tafel und sein Keller Trunkenbolde aus ihnen machten. Wenn sie in seinen Spielsälen ihre Dublonen oder ihre Ladung mit Hazard oder anderem Kartenspiel verloren, bedauerte er das höchlichst, aber er konnte seine Gäste doch nicht in ihrem Vergnügen stören. Wenn die Sirenen aus seinem Harem beim Kartenspiel ihre Gunst für eine reiche Ladung zu schenken bereit waren, brannte der baufällige Schuppen ganz zufällig ab, sobald die Waren im geheimen weggeschafft waren.

Cha-Cha lud mich dringend ein, sein Gast zu sein. Als ich ihm meine Faktura vorgelesen hatte – denn er selbst beherrschte die Kunst des Lesens nicht –, verdoppelte er sein Drängen. Aber, wenn auch mit der größten Höflichkeit, ich blieb standhaft, weigerte mich, seine Einladung anzunehmen und wohnte bei einem eingeborenen Manfuka oder Makler. Ehe ich Matanzas verließ, hatte man mich nämlich vor seinen Lockmitteln gewarnt. Ich war fest entschlossen, sowohl meine Person selbst als auch meine Waren vor seinen Klauen zu bewahren und die Erfüllung unseres Kontraktes persönlich zu kontrollieren. Weil ich in

Dorf in Dahomey

dieser Weise seine Tafel, seine »Spielhöhle« und die Gesellschaft seiner zügellosen Frauen vermied, konnte ich unser Verhältnis rein geschäftlich gestalten. Gerade dies flößte

dem Sklavenhändler einen solchen Respekt vor mir ein, daß nach zwei Monaten die *Estrella* in ihrem Raum vierhundertachtzig Sklaven in ausgezeichneter Verfassung enthielt.

Da Souza starb im Mai 1849. In seinem Buch über Dahomey sagt Kommandant Forbes von der Königlichen Marine, daß ein Knabe und ein Mädchen enthauptet und mit ihm begraben und drei Männer am Strand von Whydah geopfert wurden. Er behauptet, daß die Begräbnisfeierlichkeiten, die ihm zu Ehren gehalten wurden, im Oktober noch nicht zu Ende waren, obwohl da Souza im Mai gestorben war. »Die Stadt«, so schreibt er, »ist noch immer voll Aufregung. Dreihundert Amazonen kämpfen und tanzen täglich auf dem Hauptplatz; Trupps von Zauberern paradieren auf der Straße, und vor ihnen her werden Hühner, Enten, Ziegen, Tauben und Schweine, an Stöcken festgebunden, getragen, um geopfert zu werden. Rum wird fortwährend verteilt, und die ganze Nacht hindurch hört man sie schreien, schießen und tanzen.« [Dahomey und die Dahomaner, I. S. 49).

27. Kapitel

Menschenopfer in Dahomey

Während ich noch in Whydah weilte, lud der König von Dahomey Cha-Cha und seine Gäste ein, dem alljährlichen »Brauch«, nämlich dem Menschenopfer, beizuwohnen, dessen Zweck nicht nur darin besteht, einen erzürnten Gott zu versöhnen, sondern auch den Hunger der verstorbenen Könige zu stillen. Ich war nicht bei der Gesellschaft, die dieses abscheuliche Fest mitmachte. Cha-Cha sandte aber ein paar Kapitäne, die auf Ladung warteten, unter dem Schutz seiner eigenen Dolmetscher und königlichen Makler dorthin. Einer dieser Augenzeugen, dessen Neugierde nur zu sehr befriedigt war, gab mir eine getreue Schilderung dessen, was er gesehen hatte.

Drei Tage lang zogen die Reisenden durch eine bevölkerte Gegend, wo in Dörfern der Eingeborenen die Köche von Cha-Cha ihnen üppige Mahlzeiten bereiteten, während sie die Nächte in Hängematten verbrachten, die zwischen Bäumen gespannt wurden. Am vierten Tage kamen sie in die Hauptstadt Abomey, wohin sich auch der König von seiner Residenz Cannah zu dem blutigen Fest begeben hatte.

Meine Freunde wurden gut untergebracht, damit sie sich ausruhen konnten, und am nächsten Morgen dem König vorgestellt. Dieser war ein starkgebauter Neger, trug eine weite türkische Hose und Schuhe aus gelbem marokkanischem Leder; um Schultern und Leib hatte er Seidentücher geschlungen und auf seinem Krauskopf prangte eine hohe Mütze mit herabhängenden Federn. Eine zahlreiche Leibwache von weiblichen Soldaten oder Amazonen, die mit Lanzen und Musketen bewaffnet waren, umgab Seine Majestät.

Zuerst krochen die Makler und Dolmetscher auf Händen und Füßen auf den König zu und legten ihm die Abgaben von Cha-Cha und die Geschenke der Weißen zu Füßen. Die ersteren bestanden aus Stücken Krepp, Seide und Taft und einer großen Kanne und Schüssel aus Silber; die letzteren aus der Kleinigkeit von zwanzig Musketen und hundert Stücken blauen Kattuns. Die Geschenke wurden huldvollst angenommen und die Spender beim Opferfest willkommen geheißen; weil nicht genug Schlachtopfer vorhanden waren, wurde das Fest verschoben, obwohl Befehl gegeben war, einen benachbarten Stamm zu überfallen und die Zahl der für das Opfer benötigten dreihundert Sklaven vollzumachen. Inzwischen wies der König den Gästen ein geräumiges, in europäischer Weise möbliertes und eingerichtetes Haus zu, das viel besser war als die gewöhnlichen afrikanischen Wohnungen. Sie bekamen auch die Erlaubnis, überall einzutreten und alles zu nehmen, was nach ihrem Geschmack schien; denn alle seine Untertanen, Männer und Frauen, waren Sklaven, die er den Weißen zur Verfügung stellte.

Der Anfang der Opferfeierlichkeiten, die fünf Tage dauern sollten, wurde auf den 6. Mai festgesetzt. Früh am Morgen erschienen zweihundert Frauen der Amazonen-Leibwache, mit stumpfen Hackmessern bewaffnet, auf dem Platz vor dem Palast des Königs. Sie waren bis zur Mitte nackt, aber ihre mit Öl gesalbten und glänzenden Glieder waren überreichlich geschmückt mit Glasperlen und Ringen. Der König kam bald heraus; jetzt begannen die Truppen zu manövrieren, wobei sie zum Klang einer Flöte und Trommel ziemlich gut im Schritt blieben.

Nicht weit vom Palast und vom Platz aus sichtbar war ein neun Fuß hohes Fort oder ein geschlossener Raum aus Lehm, umgeben von einem Zaun aus hohen scharfen Dornenzweigen, errichtet. Innerhalb dieses Raumes waren fünfzig Gefangene an Pfählen festgebunden, die zu Beginn des Festes geopfert werden sollten. Als die Parade und königliche Inspektion der Amazonen beendet war, herrschte eine geraume Zeit tödliches Stillschweigen in den Reihen und unter der riesigen Menge der Zuschauer. Dann gab der König ein Zeichen; sofort stürmten hundert Frauen, ihre Waffen schwingend und ihren Kriegsruf ausstoßend, auf die Barrikade los, über die sie zu springen versuchten, wo-

Krieger in Dahomey

bei sie sich an den scharfen Dornen blutig verletzten. Es dauerte nicht lange, bis fünfzig dieser weiblichen Teufel mit verletzten Gliedern und blutüberströmten Gesichtern zurückkamen und dem König ihre fünfzig kreischenden Schlachtopfer anboten.

Es war jetzt seine Pflicht, mit seiner königlichen Hand das Opfer zu beginnen. Er rief das Weib zu sich, das so tapfer gewesen war, als erste durch die Dornen hindurchzudringen, nahm aus ihrer Hand ein glänzendes Schwert entgegen, und im nächsten Augenblick rollte der Kopf des ersten Schlachtopfers im Staube. Dann gab er die Waffe der Frau zurück, welche sie jetzt den Weißen reichte und sie bat, auch an dem blutigen Fest teilzunehmen! Die Fremden jedoch weigerten sich nicht nur, sondern zogen sich auch voll Ekel von dem Schauplatz der Schlachtung zurück. Wie sie hörten, dauerte es bis mittags, dann gingen die Amazonen, trunken von Rum und Blut, zur Kaserne zurück. Fünf Tage lang mußten sie das gellende Geschrei der anstürmenden Amazonen hören, wenn diese das Fort bestürmten, um neue Schlachtopfer zu holen. Am sechsten Tage war das Opferfest beendet. – Die Gottheit war versöhnt, und in den Straßen von Abomey herrschte Ruhe.

Ehe die Reisenden aufbrachen, gewährte ihnen der König eine Abschiedsaudienz. Er empfing die Fremden äußerst höflich und lenkte ihre Aufmerksamkeit auf den Thron oder königlichen Sitz, auf dem er sich ausgestreckt hatte. Wie man sagt, ist das ein Erbstück von mindestens zwanzig Geschlechtern. Jeder Fuß ruht auf dem Schädel eines eingeborenen Häuptlings oder Königs. Und die Ehrfurcht vor dem uralten Brauch ist so groß, daß das Volk von Dahomey jedes dritte Jahr den Thron mit frischen Schädeln berühmter Fürsten aufs neue stützen muß.

In Whydah wird jemand nach der Anzahl der Frauen geehrt, die er besitzt; sogar bei den gebildeten Einwohnern ist die Vielweiberei viel ärger als anderswo. Auf Keuschheit der Frauen wird nicht so wie bei den Mandingos und Susus Wert gelegt; der Gatte ist zufrieden, wenn sein Harem nur den äußeren Schein wahrt. Sechzig oder siebzig Meilen südlich von Whydah jedoch wird die ungetreue Frau eines Häuptlings in Gegenwart ihrer Familie erstochen. Auch hier fordert der Aberglaube Menschenopfer, aber die Gottheit ist wenigstens mit einer einzigen Jungfrau zufrieden.

Ein paar Jahre nach meinem Aufenthalt in Whydah wollte es der Zufall, daß ich Geschäfte halber gerade zur Zeit dieses jährlichen Opferfestes in Lagos sein mußte, so daß ich das abscheuliche Schauspiel miterlebte.

Als die schmale Sichel des November-Mondes zum erstenmal sichtbar wurde, kündigte der König an, daß sein Juju-Mann oder Hohepriester seine jährliche Runde durch die Stadt machen würde. Während seines Rundganges ist es allen Untertanen streng verboten, nach Sonnenuntergang auf der Straße zu sein. So groß ist die Furcht, welche die Priester angeblich vor ihrem heiligen Abgott hegen, daß in ihren Häusern sogar das Feuer ausgelöscht wird.

Gegen Mitternacht kommt der Hohepriester aus einem heiligen Grie-grie-Wäldchen zum Vorschein, das nur diejenigen Neger betreten dürfen, die der geistlichen Brüderschaft angehören. Das Kostüm des Betrügers ist darauf berechnet, seinen Landsleuten Schrecken einzujagen. Er ist in ein Gewand gehüllt, das wie ein Rock von seiner Mitte bis zu seinen Füßen fällt und aus einem langen schwarzen Pelz gemacht ist; um seinen Hals geknöpft trägt er einen Kragen vom selben Stoff, der seine Arme bis zum Ellbogen bedeckt; eine riesige Mütze, die ebenso furchtbar aussieht wie die Bärenmütze eines Grenadiers, umschließt seinen Kopf; seine Hände sind vermummt als Tigerklauen, und eine weiße abscheuliche Maske mit einer spitzen Nase und dünnen Lippen verbirgt sein Gesicht. Zehn riesige Kerle, genauso gekleidet und maskiert wie er, begleiten ihn und vollführen mit allerlei Instrumenten einen Heidenlärm.

Das Gesetz schreibt vor, daß alle Türen offenstehen müssen, um den Ju-ju frei eintreten zu lassen. Aber kaum hört man den furchtbaren Lärm aus dem verbotenen Wäldchen näherkommen, so werfen sich alle Einwohner zu Boden und verbergen ihr Gesicht, um selbst den Blick des bösen Geistes zu vermeiden.

Uferstrecke bei Whydah an der Sklavenküste

Die Priester und die Machthaber verabreden immer, ehe sie das Grie-grie-Wäldchen verlassen, wer das Schlachtopfer sein soll. Um aber den abscheulichen Aberglauben noch tiefer einzuprägen, irrt der scheußliche Ju-ju die ganze Nacht durch die Stadt, als ob er noch im Zweifel wäre, wobei er dann ab und zu ein Haus betritt und dort einen Mord verübt, um die Panik noch zu steigern. Gegen Morgengrauen kommt er zum Hause des Schlachtopfers – immer das schönste Mädchen der Niederlassung –, und jetzt packt der Ju-ju sie sofort mit festem Griff und schleppt sie mit zu einem verborgenen Schlupfwinkel. Unter Todesstrafe dürfen ihre Eltern und Freunde keine Klage laut werden lassen, nicht einmal den Kopf dürfen sie aus dem Staub erheben.

Am nächsten Tag muß die unglückliche Mutter sich stellen, als wüßte sie nichts, oder sogar noch heucheln, daß sie sehr stolz ist auf die Wahl des Ju-ju. Zwei Tage verstreichen, ohne daß man etwas von dem Schlachtopfer merkt. Am dritten Tag kommt der König zu seinen Untertanen, die ihre schönsten Kleider tragen und scheinbar in größter Fröhlichkeit sind. Der König wird von einer Musikkapelle begrüßt. Plötzlich wird das arme Schlachtopfer, jetzt keine Jungfrau mehr, splitternackt von dem Zauberer, der gleichzeitig das Amt des Henkers ausübt, in die Öffentlichkeit gezerrt. Das lebende Opfer schreitet langsam und mit abgemessenem Schritt dahin, aber nicht einmal ihre nächsten Blutsverwandten erkennen sie; denn ihr Gesicht und der ganze Körper sind dick mit Kalk bestrichen.

Sobald sie vor den König kommt, werden ihre Hände und Füße am Flußufer an einem Baumstamm festgebunden. Dann tritt der Henker vor, schlägt Augen und Arme zum Himmel und scheint einen Segen für das Volk zu erflehen, worauf er mit einem Schlag den Kopf vom Rumpf trennt; der Kopf rollt dann in den Fluß. Der blutende Körper wird sorgfältig auf eine Matte gelegt und unter einen Baum gebracht, wo er liegenbleiben muß, bis ein Geist ihn nach dem Land der Ruhe mitnehmen wird. Während der Nacht schaffen die Priester ihn dann heimlich fort.

Diese Ju-jus, die in Afrika als Götter angesehen werden, sind die Häupter einer kultischen Sekte, die seit undenklichen Zeiten eine geheime Gesellschaft gebildet haben mit dem Zweck, die Macht des Königs zu stützen und das Volk durch ihren Aberglauben zu beherrschen. Diese bestialischen Priester wissen mit Hilfe von Furcht und Schwärmerei Geständnisse zu erpressen, die dann wieder zu einem geeigneten Zeitpunkt öffentlich als Aussprüche eines Orakels verkündigt werden. Meistens haben der König und seine Häuptlinge die höchste Macht in der Brüderschaft, und sicherlich mußte die Jungfrau, deren Opferung beschrieben wurde, ihre Jungfräulichkeit ihrem wüsten Fürsten opfern.

28. Kapitel

Meuternde Sklaven

Ich habe es immer bedauert, daß ich auf der Heimreise Whydah ohne Dolmetscher verließ, die uns beim Umgang mit unseren Sklaven hätten helfen können. Niemand an Bord verstand ein Wort von ihrem Dialekt. Eine Reihe von Klagen der Neger, die entweder abgewiesen oder zu ihrer Zufriedenheit beigelegt worden wären, wenn wir sie hätten verstehen können, wurden nun mit Stillschweigen übergangen oder mit der Peitsche unterdrückt. Ja, die Peitsche allein war das Symbol der Zucht an Bord der *Estrella*, und zum Schluß bekam ich dadurch eine bittere Lehre.

Von allem Anfang an zeigte es sich deutlich, daß die Sklaven unzufrieden waren. Zuerst versuchte ich ihnen mit Freundlichkeit zu begegnen, aber ungezähmte Afrikaner legen keinen Wert auf Freundlichkeit. Ein paar Tage nach unserer Abfahrt sprang ein Sklave in einem Anfall von Wut über Bord, und ein anderer erwürgte sich in der Nacht. Diese zwei Selbstmorde binnen vierundzwanzig Stunden beunruhigten meine Offiziere in höchstem Maße, und sie waren für mich Veranlassung, alle Maßregeln zu treffen, um einen Aufruhr zu unterdrücken.

Drei Wochen gingen jedoch ohne weitere Ruhestörung vorbei, und die Sklaven, die auf Deck kommen durften, schienen so fröhlich, daß meine Furcht vor Gefahr sich langsam legte. An einem schönen Nachmittage erhob sich jedoch bei einem beinah wolkenlosen Himmel ein Sturm; als die Pfeife des Bootsmanns alle Matrosen an Deck rief, um Segel zu reffen, bearbeiteten die eingesperrten Sklaven plötzlich alle zugleich die hinteren Gitterfenster, um sich zu befreien. Mitten in der Verwirrung, die der heraufziehende Sturm verursachte, schlugen sie die Wache nieder und stürmten herauf. Die Schildwache an der vorderen Luke packte ein Beil des Kochs, und es gelang ihr, indem sie dieses wie eine Sense schwang, die Bande in Schach zu halten, die unter ihr auszubrechen versuchte.

Inzwischen saßen die Frauen in der Kajüte auch nicht still. Sie wollten ihren Gefährten zu Hilfe kommen und stürzten alle zugleich heraus; der Steuermann mußte einige niederstrecken, ehe er die übrigen wieder zurückjagen konnte. Inzwischen waren jetzt etwa vierzig grinsende und schreiende wüste Teufel an Deck, bewaffnet mit Stücken von Wasserfässern oder Holzblöcken, die sie aus dem Raum mitgenommen hatten.

Ich merkte erst etwas von dem Aufstand, als der erste Weiße niedergeschlagen wurde. Aber im nächsten Moment hatte ich am Achterdeck die Waffenkiste geöffnet, und der Steuermann und der Steward standen neben mir, um diese zu beschützen. Vorne sah es nicht gut aus. Vier Matrosen waren schon erledigt, während die anderen sich selbst und die Verwundeten so gut wie möglich mit Handspaken und was ihnen sonst in die Hände kam zu verteidigen suchten. Ich hatte dem Koch Auftrag gegeben, für einen solchen Fall immer eine tüchtige Menge kochendes Wasser in Bereitschaft zu halten, um den Aufrührern damit an den Leib zu gehen. Bei dem ersten Anzeichen des Unheils versuchte er dann auch, die Wilden mit seiner dampfenden Brühe zu taufen, aber es war schon eine Weile her, seit wir gegessen hatten, so daß die laue Flüssigkeit die Wilden nur noch wütender machte und einer von ihnen den unglücklichen »Täufer« mit einem Schlag gegen die Klüse schleuderte, wo er blutend liegenblieb.

Das alles geschah viel schneller, als man es beschreiben kann. Ich begriff doch, daß wir durch den Aufstand der wütenden Sklaven bald der Verzweiflung nahe sein würden, wenn ich nicht den Befehl gab zu schießen. Ich sagte meinen Leuten daher, sie sollten tief zielen und sofort schießen.

Absichtlich hatten wir für eine solche Gelegenheit unsere Karabiner mit Schrot geladen, so daß die beiden ersten Salven verschiedene Aufständische niederstreckten. Die anderen jedoch, die nicht verwundet waren, dachten nicht daran, zu flüchten oder ihre Waffen niederzulegen. Zwei weitere Salven trieben sie nach vorn, wo meine übrige

Mannschaft sich beim Bugspriet aufgestellt hatte. Da wir jetzt Verstärkung durch den Bootsmann und Zimmermann erhielten, beherrschten wir die Luken bald so, daß ein Dutzend auf ihre Beine gezielte Schüsse auch die anderen Rädelsführer zwang, nach unten zu flüchten.

Es war die höchste Zeit; denn die Segel, die Wanten, Rollen und Rahen wehten und stießen so wild gegeneinander, daß uns die größte Gefahr durch den Sturm drohte. In einem Augenblick wurde jedoch jetzt alles festgemacht und das Schiff wieder vor den Wind gebracht. Jetzt konnten wir unsere Aufmerksamkeit den Meuterern zuwenden, die inzwischen im Raum untereinander in eine Prügelei geraten waren.

Ich merkte sofort an dem wütenden Geschrei, das von unten kam, daß wir nicht durch die Luken hinunter konnten. Wir ließen also die Frauen aus der Kajüte an Deck kommen, wo sie gut bewacht wurden, und schickten einige gut bewaffnete Leute, um ein paar Bretter aus der Holzwand zu brechen, welche die Kajüte von dem Raum trennte. Nachdem das geschehen war, krochen wir auf Händen und Füßen hinein und begannen die Anführer nach vorn gegen die Wand der Back zu drängen. Die Rebellen gaben jedoch nicht nach und schlugen mit ihren Stöcken tapfer drauf los.

Inzwischen hatte unser lahmgeschlagener Koch sein Feuer wieder angefacht; und jetzt kochte das Wasser tüchtig. Die Luken wurden geöffnet, aber gut bewacht, und alle, die nicht kämpften, durften einer nach dem anderen heraufkommen, wo sie sofort gefesselt wurden. Da zum Schluß nur mehr sechzig unten blieben, die entweder noch kämpften oder meine Mannschaft herausforderten, ließ ich, sobald die Schurken nach vorn getrieben worden waren, dort ein paar Löcher in das Deck bohren. Jetzt brachten die Eimer kochendes Wasser, das wir durch die Löcher schütteten, die Mehrzahl zur Unterwerfung.

Zwei wüste Kerle hielten aber sowohl gegen Feuer als gegen Wasser stand. Ich trachtete so lange wie möglich, ihr Leben zu schonen, aber sie wehrten sich so erbittert und waren so gefährlich, daß wir uns gezwungen sahen, sie durch ein paar Pistolenschüsse für immer zu entwaffnen.

So endete der Aufstand auf der *Estrella*, bei dem zwei meiner Leute ernstlich verwundet wurden, während achtundzwanzig Salven und Schrotladungen gegen die Sklaven gefeuert wurden. Eine Frau und drei Männer starben an den Wunden, die sie beim Kampf davongetragen hatten; aber außer den beiden, die sich auf Leben und Tod verteidigten, wurde niemand mit Absicht getötet.

Ich habe niemals gewußt, was eigentlich der Anlaß zu dem Aufstand gewesen ist, der mir um so rätselhafter ist, als die Leute von Whydah und Umgebung bekannt sind wegen ihrer Unterwürfigkeit. Es besteht kein Zweifel, daß nicht alle sich beteiligt hatten; denn sonst hätten wir sicher, mitten in der Gefahr und dem Trubel eines westindischen Sturmes, viel mehr Mühe gehabt, sie zu überwältigen.

Nach diesem Vorfall verlief das Leben an Bord nicht mehr angenehm. Wir lebten auf einem kaum bezwungenen Vulkan und wachten Tag und Nacht. Es war eine richtige Schreckensherrschaft, und die Peitsche regierte übermächtig.

Endlich bekamen wir Porto Rico in Sicht und fuhren schnell die schöne Küste entlang, als der Inspektor mich auf einen der Sklaven aufmerksam machte, der uns bediente und den wir zu einer Art Schiffsjungen abgerichtet hatten. Es war ein lieber, verständiger Junge, der das Herz aller meiner Offiziere gewonnen hatte.

Sein Puls jagte, sein Gesicht und die Augen waren rot und angeschwollen. In seinem Nacken fand ich etwa sechs rosa Pusteln. Ich schickte ihn sofort auf das Vorderdeck, wo niemand zu ihm kommen durfte; dort ließ ich ihn allein, bis ich Maßregeln gegen Ansteckung getroffen hatte. Er hatte die Pocken!

Der Junge verbrachte eine elende Nacht mit Fieber und Schmerzen, und seine Krankheit verschlimmerte sich immer mehr. Ich selbst schlief nicht weniger schlecht; denn meine Gedanken beschäftigten sich fortwährend mit seinem Schicksal. Sobald es tagte, beratschlagte ich mich mit unserem alten Bootsmann, dessen Meinung ich wegen seiner großen Erfahrung im Transport von Sklaven sehr hoch schätzte. So hart er auch sonst war, jetzt klang seine Stimme doch heiser, als er mir seinen Befund zuflüsterte. Ich wußte jedoch schon, wie es stand, noch bevor er ein Wort gesprochen hatte. Als wir nach Achterdeck gingen, waren die Augen aller auf uns gerichtet; denn jeder vermutete, welche Krankheit es war, und fürchtete die Folgen, aber niemand wagte es, eine Frage zu stellen.

Ich befahl eine allgemeine Inspektion der Sklaven, deren Ergebnis günstig ausfiel. Aber ich war noch nicht zufrieden und ging selbst hinab, um sie alle persönlich zu untersuchen. Es stimmte, nur das Kind war angesteckt.

Eine halbe Stunde lang ging ich ruhelos auf Deck auf und ab und ließ die Mannschaft untersuchen. Aber meine Matrosen waren ebenso gesund wie die Sklaven, und es zeigte sich keine Spur einer beginnenden Krankheit. Wieder war ich enttäuscht. Ein einziger Fall, ein einziges Symptom von Ansteckung – und das Gift könnte erspart werden.

An diesem Abend schlich, als alles still war, jemand mit zitternder Hand nach vorne, zu dem kranken Jungen, mit dem Trank, der kein Erwachen zuläßt. In ein paar Stunden war alles zu Ende; mit seinem Leben war auch die Seuche ausgerottet.

Ich bin nicht abergläubisch, aber eine Reise, die von so vielen Unglücksfällen begleitet war, konnte kein glückliches Ende nehmen. Unaufhörliche Stürme und Gegenwinde auf dieser Breite und zu dieser Jahreszeit waren etwas ganz Ungewohntes und hielten uns so lange auf, daß wir uns die ängstliche Frage stellten, ob unser Proviant wohl bis Matanzas reichen würde. Und um Gefahr und Unheil noch zu vergrößern, wurde eine englische Korvette auf der Höhe von Kap Maize auf uns aufmerksam und begann uns zu verfolgen.

Den ganzen Tag jagte sie hinter uns her. Darum hielt ich während der Nacht Kurs nach außen in der Hoffnung, daß ich meinem Verfolger entkommen würde. Als es jedoch tagte, sahen wir sie wieder, und jetzt waren wir zu allem Unglück noch auf der Leeseite. Ich brachte darum die *Estrella* gerade vor den Wind und hielt diesen Kurs, bis es dunkel wurde. Dann wich ich wieder aus und steuerte auf die Küste von Kuba los. Aber der Engländer schien meine Spur riechen zu können; denn bei Sonnenaufgang sahen wir ihn wieder.

An diesem Abend legte sich der Wind, und es wehte nur mehr ein kühles Lüftchen, während im Osten rote Wolken und Nebel auf einen Sturm vor Mitternacht aus dieser Gegend deuteten. Eine längere Jagd würde meinem Feind großen Vorteil bringen, und ich berechnete, daß es am besten war, zu versuchen, den kleinen Hafen bei Santiago, von dem uns weniger als zwanzig Meilen trennten und wo ich schon zwei Ladungen gelöscht hatte, zu erreichen. Die Korvette lag damals noch volle zehn Meilen hinter uns.

Mein Entschluß, die Ladung zu retten und das Schiff aufzugeben, war rasch gefaßt. Es wurde Befehl gegeben, den Sklaven die Fesseln, die sie seit der Meuterei immer getragen hatten, abzunehmen; die Boote wurden bereitgemacht, und jeder packte seine Sachen für einen raschen Abzug.

Der sich erhebende Sturm erreichte den Kreuzer eher als uns und jagte ihn vor sich her, so daß er mit einer Schaumwolke vor seinem Steven über die Wogen flog. Wir waren nur mehr sieben Meilen voneinander entfernt, als wir den ersten Druck auf unsere Segel merkten. Es galt nun, soviel wie möglich davon Nutzen zu ziehen. Jetzt kam das Wettrennen nach dem Strand, der drei Meilen vor uns lag.

Unter diesen Umständen war es nicht zu erwarten, daß die Engländer gewinnen würden. Trotzdem setzte er seine ganze Kraft dafür ein. Ohne sich um den Sturm zu kümmern, wurde ein Reff nach dem andern ausgelassen, aber er kam nicht näher. Drei Meilen auf sieben waren ein zu großer Vorsprung – und mit einer kleinen Wendung des Steuerruders und einem »Alles los«, um ihre Geschwindigkeit zu verringern, wenn wir zur Brandung kamen, setzte ich die *Estrella* sicher auf den Strand.

Durch den plötzlichen Stoß brach der Großmast wie ein

Pfeifenstiel ab, aber es wurde niemand verwundet. Im Augenblick waren die Boote ausgesetzt, Frauen und Kinder hineingepfercht und vom Steven eine Brücke zum Strand geschlagen, so daß die Sklaven, die Mannschaft und das Gepäck bald sicher und wohlbehalten in die Hand meines alten Hacendado gelangten.

So schnell auch alles ging, es war im Hinblick auf den Kreuzer doch nicht schnell genug. Wir hatten erst die Hälfte unserer Ladung gelöscht, als er vor der Einfahrt in die Bucht seine Marssegel strich, Boote aussetzte, in die Enterer sprangen und auf uns zukamen. Aber da sie noch eine halbe Meile rudern mußten, hatten wir noch wenige Augenblicke Zeit. Und als dann endlich die Korvette und die Boote zu schießen begannen, überließen wir ihnen den kleinen Rest unserer am wenigsten wertvollen Neger mit Vergnügen. Wahrscheinlich sind die befreiten Schwarzen jetzt alle Bürger von Jamaica.

In dieser Nacht konnten wir vom Dach der Wohnung unseres Gastfreundes aus sehen, wie die *Estrella* im Sturm wie ein Strohfeuer brannte, was ein malerischer Anblick war.

29. Kapitel

Gefangen und verurteilt

So unglücklich das letzte Unternehmen zur See auch verlaufen war, so befand ich mich doch ein paar Monate später wieder auf einem prächtigen Klipper, der den stolzen Namen *Aguila de Oro* oder *Goldener Adler* führte. Mit diesem trug ich bei den Kapverdischen Inseln einen Wettkampf gegen einen berühmten westindischen Kaper, die *Montesquieu*, aus.

Als solche Schiffe auf den englischen Inseln noch keinen so schlechten Ruf hatten wie später, war die *Montesquieu*, was Segelleistung und Mut der Mannschaft betraf, der Stolz von Jamaica. Während ich vergebens warten mußte, ob der Gouverneur es mit seinem Gewissen in Einklang würde bringen können, mir zu erlauben, die Flagge zu wechseln, neckten ihr Kommandant und ich einander fortwährend, jeder die größere Fahrgeschwindigkeit des eigenen Schiffes hervorhebend. Endlich bot ich ihm an, um fünfhundert Dollar zu wetten. Und am nächsten Tag hing ein hübsches Säckchen mit tausend Dollar an der Spitze der großen Rahe, zusammen mit der Einladung für den Großsprecher, es »holen zu kommen«. Es war verabredet, daß, sobald wir aus dem Hafen waren, die *Aguila* einen Vorsprung von fünf Minuten vor der *Montesquieu* haben sollte, worauf wir alle Segel beisetzen würden und der Wettkampf beginnen solle.

Die Neuigkeit von dieser Herausforderung hatte sich schnell im ganzen Hafen herumgesprochen. Die Kapitäne leckten sich bereits die Lippen bei dem Gedanken an das Frühstück, das mein prahlerischer Gegner versprochen hatte zu geben, sobald er die fünfhundert Dollar von der »Yankee-Nußschale« gewonnen hätte. Als alles bereit war und der Wind aus der günstigen Richtung wehte, waren die östlichen Klippen der Insel dicht besetzt mit Zuschauern, die sich den Wettkampf ansehen wollten.

Da wir zuerst aus dem Hafen herauskamen, warteten wir

auf unseren Gegner und fuhren, ohne von dem verabredeten Vorsprung profitieren zu wollen, erst ab, als er bis auf einen Musketenschuß herangekommen war. Dann wurde es aber ernst, und da die *Aguila* Nummer eins war, wählte ich die vorteilhafteste Takelage und hielt zwei Punkte frei. Die *Montesquieu* tat dasselbe, aber sie war ihrer Geschwindigkeit so sicher, daß sie nicht alle Segel beisetzte, die den Wind fangen konnten. Ihr Irrtum zeigte sich bald. Unser Chesapeake-Klipper eilte voraus, als ob das andere Schiff vor Anker läge. Im Nu ließ ich alles hissen, was gehißt werden konnte, und hielt sie scharf am Winde, der jetzt tüchtig wehte. Die Insel hatten wir schon bald hinter uns, und während ich noch einen Punkt wegnahm, holte ich alles aus der *Aguila*, was sie als Segler leisten konnte. Die *Montesquieu* folgte uns, aber Stunde für Stunde wurde der Abstand zwischen uns größer, und bei Sonnenuntergang verschwand der Rumpf des Großsprechers unter dem Horizont, und ich konnte das Säckchen als meine ehrliche Beute einstecken.

Nach diesem Abenteuer kehrte ich nicht nach Praya zurück, sondern fuhr an der Küste entlang, bis ich nach vier Tagen den Rio Salum, einen Fluß zwischen der französischen Insel Goree und den englischen Besitzungen am Gambia erreichte. Seit Jahr und Tag war hier kein Sklavenschiff gewesen. Ich mußte daher auch mein kleines Lotsenboot vierzig Meilen flußaufwärts in das Inland durch ganze Wälder von Luftwurzelbäumen hindurch hineinsteuern, bis ich zu dem Handelsplatz des Königs gelangte.

Nach Verhandlungen, die drei Tage in Anspruch nahmen, hatte ich gerade den Kauf mit Seiner Majestät, dem König ohne Beinkleider, abgeschlossen, als ein »Zutreiber« mir die traurige Nachricht brachte, daß die *Aguila* von Booten eines Kriegsschiffes umringt sei. Dem war so, aber mein Steuermann hatte sich geweigert, das Schiff auf neutralem Gebiet untersuchen zu lassen, und die Seeleute waren wieder abgefahren. Trotzdem wurde ich eine Woche später, nachdem ich gerade meine Geschäfte beendet hatte, von den eigenen Leuten des verräterischen Königs überfallen und dem Leutnant einer französischen Korvette – *La Bayonnaise* – ausgeliefert, während mein kleiner *Adler* ihr als gesetzliche Beute in die Hände fiel.

Ich habe niemals untersuchen können, inwieweit das Vorgehen der französischen Offiziere, was die Beschlagnahme betrifft, gesetzlich war oder nicht, da zwischen Frankreich und Spanien kein Vertrag zur Ausrottung der Sklaverei bestand. Es wird den Leser daher auch nicht wundern, daß die Mannschaft tobte, als sie merkte, daß sie gefangen war. Die Wut steigerte sich noch, als wir alle zusammen in einem Kerker in Goree eingesperrt wurden, der, was Dunkelheit und schlechte Luft betrifft, der »schwarzen Höhle« von Kalkutta nicht nachstand.

In diesem brennendheißen Klima wurden wir drei Tage lang bei karger Kost in dem schmutzigen Loch gefangengehalten, ohne daß wir mit unseren Freunden oder Bekannten uns in Verbindung hätten setzen dürfen. Dann erst paßte es den örtlichen Behörden, uns unter der Hut einer Abteilung Marinesoldaten an Bord unseres eigenen Schiffes nach St. Louis am Senegal zu transportieren.

St. Louis ist der Sitz des Gouverneurs und des kolonialen Gerichtes. Wieder wurden wir hier in ein Militärgefängnis gesperrt, bis ein paar Kaufleute, die mich noch vom Rio Pongo kannten, sich ins Mittel legten und bewirkten, daß wir im Militärspital untergebracht wurden. Bald hörte ich, daß unter den Eingeborenen Unruhen herrschten. Unter ein paar maurischen Stämmen, zweihundert Meilen flußaufwärts am Senegal, war Krieg ausgebrochen. Meine *Aguila* kam den Franzosen wie ein Geschenk des Himmels, da sie gerade ein Schiff mit so geringem Tiefgang brauchten, um ihre Flotte, die mit Waren beladen von Gatam auf der Heimreise war, zu beschützen. Ohne daher auch die Entscheidung des Gerichtshofes abzuwarten, ob die Beschlagnahme gesetzlich war oder nicht, wurde die *Aguila* bewaffnet, bemannt und auf die Expedition ausgeschickt.

Inzwischen taten die Barmherzigen Schwestern – die Engel hingebender Menschenliebe, die selbst die Hitze und Seuchen von Afrika nicht scheuen –, was sie nur konnten, um uns das Gefängnisleben so erträglich wie möglich zu gestalten. Wenn wir nicht vergitterte Fenster gehabt hätten und nicht auf eine Schildwache gestoßen wären, wenn wir ausgehen wollten, hätten wir uns für Kranke, die sich erholten, halten können anstatt für Gefangene.

An diesem Ort der Krankheit und des Schmerzes ging langsam ein Monat vorbei, ehe ein Feldwebel kam und uns sagte, daß er zu unserem Anwalt in dem bevorstehenden Prozeß ernannt worden sei. Weder Geld noch gute Worte hätten uns in der ganzen Kolonie einen anderen Anwalt verschaffen können. Schließlich war unser militärischer Freund nicht schlechter als ein anderer und hätte uns von ebensogroßem Nutzen sein können, wenn seine Vorgesetzten ihm während der Sitzungen nicht so oft befohlen hätten zu schweigen.

Die schnelle *Aguila* hatte inzwischen unter französischen Offizieren zwei Reisen gemacht und sich dabei der französischen Regierung als so nützlich erwiesen, daß keine Rede davon war, sie zurückzubekommen. Unter diesen Umständen gab es für die kolonialen Behörden zwei Wege; entweder sie kauften sie, oder sie erklärten sie für verwirkt. Da sie sehr wohl wußten, daß ich sie nach dem Mißlingen meiner Reise nicht zurücknehmen würde, hatte man sich zu dem Prozeß entschieden, um die Beschlagnahme zu legalisieren. Aber sogar in Afrika war es nötig zu beweisen, daß ich die Ehre des französischen Gebietes durch Sklavenhandel verletzt hatte und die *Aguila* dabei auf frischer Tat ertappt worden sei.

Die Gerichtsverhandlung, wobei mein militärischer Freund von dem Ankläger, der Ankläger vom Richter und der Richter von mir angeschnauzt wurde, will ich nicht zu beschreiben versuchen. Nach einer Reihe von Torheiten und Rechtsverdrehungen bekam ein mohammedanischer Sklave die Erlaubnis, den Eid als Zeuge gegen mich abzulegen, worauf ich in eine solche Flut von Argumenten, Protesten, Spöttereien und Scheltworten ausbrach, daß ein paar Soldaten geholt werden mußten, um meine Zunge und mich selbst im Zaume zu halten.

Aber die Tat war vollbracht. Das vorher entworfene Urteil wurde in aller Form ausgesprochen. Die *Aguila de Oro* wurde das Eigentum des Königs Louis Philippe; meine Matrosen wurden zu zwei, meine Offiziere zu fünf und Don Theodore selbst zu zehn Jahren Gefängnisstrafe in dem Hauptgefängnis von La belle France verurteilt.

Meine Verurteilung erregte die Entrüstung einer Anzahl anständiger Geschäftsleute in St. Louis, und es versteht sich von selbst, daß es in dem Gefängnis, wohin ich wieder gebracht wurde, nicht an freundlichen Besuchen mangelte. Eine Berufung an das Gericht einzulegen, um den Prozeß wieder aufzunehmen oder das Urteil zu mildern, würde nichts nützen. Ein edelmütiger Freund schmuggelte jedoch eine Säge in meine Zelle. Diese war auf die Zähigkeit der Eisenstäbe berechnet. Außerdem gab er mir den Wink, daß, wenn ich die Stäbe in der Nacht durchsägen könne, ein Boot bereitliegen würde, um mich an das andere Ufer des Flusses zu bringen. Von hier aus sollte mich ein unabhängiger Häuptling auf einem Kamel nach Kambia führen.

Ich weiß nicht, wie die Regierung meinen Fluchtplan entdeckte, aber daß sie davon wußte, zeigte sich daraus, daß wir an Bord eines im Flusse liegenden Wachschiffes gebracht wurden. Noch ließen mich meine Freunde nicht im Stich. Ich erhielt die Nachricht, daß ein Trupp von ihnen, der am ersten nebligen Morgen den Fluß aufwärts auf die Jagd gehen würde, beabsichtigte, dem Kommandanten des Schiffes einen Besuch abzustatten. War dann das Schiff von ihren Booten umringt, würde ich mitten in der Verwirrung über Bord springen und davonschleichen können. Durch den dichten Nebel, der am Morgen über den Flüssen Afrikas hängt, sollte es mir nicht schwerfallen, falls mir eine Kugel nachgeschickt würde, ihr zu entgehen. Wenn ich einmal das Ufer erreicht hätte, dann würde dort ein Kanu bereitliegen, um mich nach einem befreundeten Schiff zu bringen.

Der Plan schien leicht ausführbar, da der Kapitän zufällig ein sehr netter Kerl war, der mir auf seinem Schiff unbeschränkte Freiheit gewährte. Nachdem ich die Nachricht

Am Ufer des Senegal

daher auch wohl erwogen hatte, rief ich meine Offiziere zusammen und schlug ihnen vor, mit mir zusammen zu flüchten. Der Plan wurde von ihnen ausführlich bespro-

chen, aber die Aussicht, wenn auch bei Nebel, unter Musketenfeuer schwimmen zu müssen, war eine Gefahr, der sie sich nicht aussetzen wollten. Ich sah jetzt deutlich ein, daß es am besten war, wenn ich mich um solch feige, bange Kerle nicht mehr kümmerte. Ich sagte ihnen daher, sie sollten tun, was sie wollten, verteilte unter ihnen noch dreitausend Franc in Notenscheinen und schenkte dem Steuermann meinen goldenen Chronometer.

Am nächsten Tag war der ganze Senegal in undurchdringlichen Nebel gehüllt. Aber ich konnte doch recht gut das Geräusch von herankommenden Ruderern hören. Plötzlich kamen fünf Boote zum Vorschein und legten sich mit ihren lachenden und lärmenden Insassen längs unseres Schiffes.

Gerade in diesem Augenblick legte sich eine Hand freundlich auf meinen Arm, und eine leise Stimme lud mich zu einem Spaziergang auf dem Achterdeck ein. Es war unser Kapitän!

Es war natürlich unmöglich, diese höfliche Aufforderung abzulehnen; denn während der ganzen Zeit, die ich an Bord verbrachte, hatte der Kommandant mich mit der größten Liebenswürdigkeit behandelt.

»Mon cher Canot«, sagte er, sobald wir am Achterdeck angekommen waren, »Ihr scheint Euch sehr für unsere Besucher zu interessieren, und ich würde es Euch von Herzen gönnen, daß Ihr an dem Ausflug, den sie machen, teilnehmen könntet, aber, so leid es mir auch tut, die Herren werden ihren kleinen Plan doch nicht verwirklichen können«.

Da ich nicht genau begriff, was er meinte – wenn ich es auch ungefähr erriet –, gab ich eine ausweichende Antwort, und Arm in Arm brachte er mich vom Deck nach der Kajüte. Als wir ganz allein waren, gebot er mir, mich zu setzen, und sagte geradeheraus, daß ein Judas mich dem Sergeanten der Marinesoldaten verraten hatte.

Ich war ganz niedergeschlagen; denn ich hatte mich schon in Freiheit gewähnt; aber trotzdem ärgerte mich das Mißlingen des Planes nicht so sehr wie die Untreue meiner eigenen Leute. Wie ein dummer Junge stand ich da und starrte den Kapitän an, als die Tür der Kajüte aufgerissen wurde und die Jäger mit Hurrageschrei hereinstürmten, um ihren Freund zu begrüßen.

Ich hatte mich an diesem Morgen absichtlich nicht angekleidet und trug weder Rock noch Weste, auch Schuhe und Strümpfe hatte ich nicht angezogen, so daß ich – nur in Hemd und Hose – zum Empfang von Besuchen nicht sehr elegant aussah. Es war daher erklärlich, daß meine freundlichen Befreier mich zuerst einmal wegen meiner Toilette auslachten. So gut es mir in meiner Gemütsverfassung möglich war, parierte ich jedoch ihren Spott, indem ich ihnen vorwarf, daß sie zu früh gekommen seien, noch ehe ich mein Bad genommen hätte, was sie wohl an meinem Kostüm sehen könnten.

Der Wink wurde verstanden, aber der Kapitän hielt es für besser, offenherzig zu sagen, wie die Dinge lagen. Niemand, sagte er, hätte sich mehr gefreut als er selbst, wenn ich entkommen wäre, ehe der Verrat bekannt wurde. Er bat meine Freunde dringend, weitere Versuche zu unterlassen, denn diese würden nur zu einer strengeren Haft Anlaß geben können. Sofort darauf wurden meine gemeinen Gefährten in die Kajüte gerufen, wo sie in Gegenwart der Kaufleute gezwungen wurden, die dreitausend Franc und den Chronometer zurückzugeben.

»Aber so«, sagte der Kapitän, »soll die Komödie nicht enden – en avant messieurs!« Und damit schritt er uns nach dem Speisesaal voraus, wo ein herrliches Frühstück für Jäger und Offiziere aufgetragen war, bei dessen wunderbarem Duft ich wenigstens für eine Weile meine Enttäuschung vergaß.

30. Kapitel

»Staatspension« von König Louis Philippe

Noch vierzehn Tage lang mußte ich an Bord des Wachschiffes meinen Ärger verbeißen und trostlos in die Luft oder über das Wasser des Senegal starren. Dann wurde unser ganzer Trupp mit einem Kanonenboot an Bord der Fregatte *Flora* transportiert, wo der Leutnant, dem ich von meinen Freunden empfohlen worden war, mich sofort von meiner Mannschaft trennte. Diese Schurken mußten die ganze Reise in strenger Gefangenschaft verbringen, während mein Los, soweit das in St. Louis gefällte harte Urteil dies erlaubte, möglichst erleichtert wurde.

Die Überfahrt dauerte nur kurze Zeit. In Brest wurde ich heimlich an Land gebracht, während meine Mannschaft und meine Offiziere bei hellichtem Tag unter Bewachung einer Eskorte von Gendarmen durch die ganze Stadt gehen mußten. Ich bin dem Kommandanten dieser Fregatte noch immer sehr dankbar, daß er mein Leiden in so edelmütiger Weise erleichterte, soweit es in seiner Macht lag; sein Rapport an die französische Regierung bewirkte auch, daß mein Urteil später in gewöhnliche Haft verändert wurde.

Nachdem sich der höfliche Seekadett, der mich an Land brachte, von mir verabschiedet hatte, nahm mich der Schließer des Gefängnisses, das im königlichen Arsenal lag, in Obhut. Hier fand ich meine Mannschaft und meine Offiziere wieder. Eine Weile lang wies ich ihre Bezeigungen, daß es ihnen leid tue und daß sie bereuten, zurück. Aber wenn man plötzlich aus der wüsten Ungebundenheit von Afrika herausgerissen wird und zu zehn Jahren Gefängnis verurteilt ist, wenn die Einsamkeit unseres Herzens quält und der Klang unserer eigenen Stimme in dem ewigen Schweigen beinahe unerträglich wird, dann ist es erstaunlich, wie versöhnlich man gestimmt wird. Einer nach dem anderen wurde also wieder in Gnaden genommen, so daß ich, wenn ich von der mir vom Schließer gewährten Erlaubnis, meine Zelle zu verlassen, Gebrauch machte, mich von siebzig bis achtzig Matrosen umringt sah, die wegen verschiedener Missetaten bestraft waren.

Die ganze Anstalt stand unter der Aufsicht eines Marine-Kommissars, der selbst an ein sehr strenges Reglement gebunden war. Nach einiger Zeit wurden mir und meinem Trupp zwei geräumige Zimmer zugewiesen, und der Kerkermeister, der sich als zweiseitiger Gauner heausstellte, halb Soldat, halb Seemann, versicherte uns »auf das Ehrenwort eines vieux militaire«, daß wir, solange wir uns anständig betrugen, in seinem Gebiet frei herumgehen dürften.

Am nächsten Tage ging ich auf einen großen Platz, über dessen Mauern der blaue Himmel verlockend lachte, um ein wenig Turnübungen zu machen. Da stand ich, in bittere Gedanken vertieft, als ein dicker alter Kerl, in eine schäbige Uniform gekleidet, militärisch Front vor mir machte, gemäß allen Regeln der Kunst salutierte und um die Gunst einer Unterredung bat.

»Pardon, mon brave!« sagte der Störenfried, »aber ich würde es sehr zu schätzen wissen, wenn Monsieur le Capitaine so freundlich wäre, mir mitzuteilen, ob er schon einmal das Glück gehabt hat, in einem französischen Gefängnis zu verweilen vor dem unglücklichen Zufall, der uns die Ehre und das Vergnügen seiner Gesellschaft schenkt?«

»Nein«, sagte ich brummig.

»Encore«, ging er weiter mit seinen Fragen, »würdet Ihr etwas dagegen haben, wenn ich diese Gelegenheit benutzte, Monsieur le Capitaine im Namen unserer Gefährten und Kameraden bekanntzumachen mit den Vorschriften dieser königlichen Anstalt?«

»Ganz und gar nicht«, sagte ich etwas freundlicher.

»Dann, mon cher, je eher Ihr in die Geheimnisse derselben eingeweiht werdet, desto besser ist es, und niemand könnte diese Feierlichkeit deutlicher, kürzer und angenehmer vollziehen als ich selbst – le Corporal Blon. Damit angefangen, mon brave, und wie Euch Euer eigener Verstand sagen wird, ist es absolut nötig, daß jeder Neuling für seine Aufnahme unter die ›Regierungs-Kostgänger‹ bezahlt, und da Ihr, Monsieur le Capitaine, der geehrte Chef der Eskadron zu sein scheint, werde ich so frei sein, Euch um einen Louis d'or oder einen Napoléon zu bitten, um Euer Willkommen sicherzustellen.«

Diese Bitte wurde erfüllt.

»Bien!« sprach der Korporal weiter, »c'est un bon enfant, parbleu! Jetzt habe ich Euch nur noch ein Geheimnis zu enthüllen, und das ist eine Vorschrift, der sich kein schlauer Kopf entzieht. Wir sind Gefährten im Leid; wir schlafen unter einem Dach, wir essen aus einem Topf – kurzum, wir sind Brüder; und in diesen Mauern sind die Geheimnisse von Brüdern vor Kerkermeistern und Wächtern heilig.«

Nachdem er das gesagt hatte, klemmte er die Lippen zusammen und sah mir scharf in die Augen; einen Finger an die Lippen führend, stellte er sich wieder in Positur und legte seine rechte Hand an seine abgetragene, schmutzige Polizistenmütze.

Ich war eingeweiht. Ich gab für meine Mannschaft das verlangte Versprechen und bekam dafür die Zusicherung, daß wir bei allem, was wir auch unternehmen würden, um zu flüchten – und das schien das einzige Ziel der Gefangenen zu sein – auf die Hilfe und den Schutz unserer Mitgefangenen würden rechnen können.

Den größten Teil des Tages verbrachten wir auf unseren Zimmern. Bei Einbruch der Dunkelheit wurden wir nach dem Appell für die Nacht eingeschlossen. Am Anfang trotzten und schmollten wir, aber nach einer Weile gingen wir alle zusammen auf den Platz und beschlossen, die Dinge so zu nehmen, wie sie eben waren.

Sehr bald wurde es eine Gewohnheit von mir, mit dem Korporal Blon zu plaudern, der Erster Kämmerer oder Oberzeremonienmeister unseres Gefängnisses war und sich als ein guter Kerl erwies, obwohl er schon hin und wieder mal in Konflikt mit dem »Coq de France« kam. Blon gab mir einen Platz in der Sonne, worüber ich sehr froh war; denn in der kalten Gefängniszelle hatte ich vor Kälte gebebt. Er kam jetzt mit einem Gefangenen nach dem andern zu mir und stellte mir jeden einzelnen vor.

Als Nummer eins hatte ich die Ehre, Monsieur Lamarie, einen dicken, starken, gutgebauten Marinesoldaten, kennenzulernen, der sich als Maitre d'armes unseres königlichen Kosthauses ausgab und mich für ein paar Franken je Woche im Gebrauch des Degens und Säbels unterrichten wollte. Nummer zwei war ein riesiger Kerl, halb Matrose, halb Landratte, der schlingernd auf uns zukam und mir als Bruder Zouche, Meister mit dem kurzen Stock, vorgestellt wurde. Auch dieser erklärte sich bereit, mich gegen mäßigen Preis zu lehren, wie ich mich gegen Straßenräuber zur Wehr setzen konnte. Darauf folgte ein Tanzmeister, ein Kleidermacher, ein Violinlehrer, ein Schuster, ein Briefschreiber, ein Barbier, ein Wäscher und noch eine Anzahl anderer Leute, die einen nützlichen Beruf ausübten oder Lektionen gaben. Und alle erklärten sich bereit, für eine wöchentliche Vergütung meinen Geist zu bilden, meinen Geschmack zu entwickeln, meine Korrespondenz zu führen, meinem Ohr zu schmeicheln und mein Äußeres zu verschönern.

Zuerst begriff ich den Zweck dieser feierlichen Anschläge auf meine Börse nicht, aber sehr bald merkte ich, daß Korporal Blon mich als eine Art von Don Magnifico aus Afrika geschildert hatte, der von seinem früheren Handel Schätze zurückgelegt hätte, über die er trotz seiner Gefangenschaft frei verfügen könne.

Nach dem Frühstück ging ich einmal durch die Gänge, um zu sehen, ob meine Höflinge die Wahrheit gesprochen hatten, und fand den Schuster und den Schneider mit zerrissenen Schuhen und abgenutzten Kleidern beschäftigt. In einem Zimmer waren der Violinmeister und der Tanzmeister, die ein paar Taugenichtse unterrichteten; in einem andern saß der Briefschreiber, eifrig beschäftigt, auf einen Bogen Papier Herzen, Flammen und Pfeile zu zeichnen, während ein verliebter Lümmel neben ihm kniete und ihm einen Erguß an seine Herzenskönigin diktierte; in einem Saal übten sich zwei Schüler des Herrn Lamarie im Fechten; etwas weiter im Gang standen kleine Tische mit Zigarren, Schnupftabak, Briefpapier, Tinte, Federn, Lack, Oblaten, Garn und Nadeln; und in der letzten Zelle entdeckte ich ein Versatzamt und einen Würfeltisch.

Sofort nachdem ich in Brest eingesperrt worden war, hatte ich eine Beschwerdeschrift beim spanischen Konsul eingereicht, worin ich den traurigen Zustand schilderte, in dem sich zweiundzwanzig Untertanen seines Herrn befanden, und um die Vermittlung unseres Gesandten in Paris bat. Bald bekamen wir daher auch Besuch vom Konsul und einem hervorragenden Rechtsanwalt, der sagte, er könne die Bestätigung unseres Urteils verhindern, aber weil der spanische Gesandte unsere Sache offenbar nicht der Mühe wert fand, waren alle Bemühungen unseres Rechtsanwalts und der ganze Eifer unseres Konsuls fast von gar keinem Nutzen.

Drei Monate krochen vorbei. Blon kam regelmäßig zu mir mit Schuldscheinen für zwanzig Stüber, die ich dann einwechseln mußte, und ebenso regelmäßig sorgte ich dafür, daß ich diese Schuldscheine wieder beim Kartenspiel an ihn verlor.

Inmitten dieser Unterhaltungen kam plötzlich der Befehl, uns sofort in das Zivilgefängnis von Brest zu überführen. Dieses befand sich in einem düsteren Turm in dem von Mauern umgebenen Schloß.

31. Kapitel

Im Gefängnis von Brest

Ich wurde per Schiff von dem einen Gefängnis nach dem anderen übergeführt und entging daher wieder der Schande, unter bewaffneter Aufsicht durch die Straßen gehen zu müssen.

Der Brigadier, der uns begleitete, erhielt einen Empfangsschein für den ganzen Trupp. Meine Mannschaft wurde vom Kerkermeister ohne weitere Umstände über die Zellen verteilt, in denen schon Verbrecher saßen. Da das Äußere meiner Offiziere darauf schließen ließ, daß sie Geld hatten, bot er uns die »salle de distinction« an, wenn wir geneigt wären, monatlich zehn Franken Miete dafür zu zahlen. Ich fand, daß die französische Regierung eigentlich verpflichtet wäre, einen unfreiwilligen Gast auch ordentlich unter Dach zu bringen, und daß es nicht sehr freundlich sei, mich zuerst gefangenzunehmen und dann auch noch für meine Wohnung zahlen zu lassen. Bei näherem Nachdenken beschloß ich jedoch, das Angebot anzunehmen, so schwer es mir auch fiel. So hielten wir also unseren Einzug in einen großen Raum mit zwei vergitterten Fenstern, die auf einen düsteren Innenhof hinaussahen.

Kaum hatten wir uns eingerichtet, da kam schon eine hübsche Frau mit einer tiefen Verbeugung herein und sagte, daß es ihr ein großes Vergnügen wäre, uns für zehn Stüber per Tag mit Betten und Bettzeug zu versehen. Ferner erzählte sie, daß das Gefängnisessen aus zweieinhalb Pfund Schwarzbrot per Tag bestünde und Wasser, soviel man wollte. Sie könne uns aber, wenn wir das wünschten, mit der im Schlosse wohnenden Marketenderin bekanntmachen, die uns zweimal täglich eine Mahlzeit aus der Kantine der Unteroffiziere würde besorgen können.

In meinem ersten Gefängnis hatte ich nicht sehr viel ausgegeben. Ich zögerte daher auch nicht, den Kauf mit Madame Sorret zu schließen, und bat sie, die Marketenderin sobald wie möglich kommen zu lassen. Bald öffnete sich dann auch wieder die Tür, und das Fräulein, begleitet von zwei spanischen Frauen, kam herein. Die beiden spanischen Frauen waren mit Musikern des Korps verheiratet und hatten gehört, daß verschiedene Landsleute von ihnen an diesem Morgen ins Gefängnis eingeliefert wurden. Diese wollten sie nun besuchen.

Ich legte jetzt gleich ein Menü für unseren Aufenthalt im Gefängnis fest. Zweimal per Tag sollten wir eine Mahlzeit von drei Gerichten bekommen, wofür wir per Mahlzeit fünfzehn Stüber vorausbezahlen mußten. Nachdem dies alles vereinbart war, setzten wir uns auf den Boden, um zu plaudern.

Meine katalonischen Besucherinnen hatten Leute des Regimentes geheiratet, als der Herzog von Angoulême mit seinen Truppen nach Spanien gerückt war. Als treue Gattinnen waren sie ihren Männern auf allen Kreuz- und Querzügen gefolgt, die das Regiment seit seiner Rückkehr aus Spanien nach Frankreich gemacht hatte. Da zwei meiner Offiziere gebürtige Katalonier waren, schlossen sie rasch Freundschaft mit ihnen. Von dieser Stunde an besuchten uns die braven kleinen Frauen nicht nur jeden Tag, sondern sie machten auch Besorgungen für uns, sorgten für unsere Gesundheit wie Schwestern und erwiesen uns alle kleinen Liebesdienste, die nur das zarte Gemüt des schönen Geschlechtes erdenken kann.

Zivilgefangene werden in den französischen Provinzen schändlich behandelt. Die gewöhnliche Kost bestand, wie ich bereits sagte, aus nichts anderem als Brot und Wasser. Für seinen Schlafplatz hatte jeder Gefangene Recht auf neun Pfund Stroh in der Woche. Bettücher und Decken gab es auch im Winter nicht. Da die Zellen weder Öfen noch Kamine hatten, waren die unglücklichen Bewohner derselben wohl gezwungen, dicht aneinander zu kriechen, um nicht vor Kälte umzukommen. Auch gab ihnen die Regierung niemals neue Kleidung, so daß die armen Kerle, die keine Freunde und kein Geld besaßen, ein paar Tage nach ihrer Einsperrung von Ungeziefer strotzten. Ein Aufenthalt in der frischen Luft war nur zweimal in der Woche gestattet; die Gefangenen wurden dann auf das flache Dach des Turmes gebracht, wo sie ein paar Stunden lang unter Aufsicht einer bewaffneten Schildwache sich der Sonne erfreuen durften.

Ich glaube, daß es die Verbrecher in den Zentralgefängnissen von Frankreich, wo sie freiwillig oder auch wohl gezwungen arbeiten, in jeder Hinsicht tausendmal besser hatten als die Unglücklichen in den Provinzgefängnissen an der Küste. Es ist sicher, daß die obige Beschreibung für alle damaligen kleineren Gefängnisse paßt, in denen die Schuldigen nicht zu Zwangsarbeit, sondern nur zu Gefängnisstrafen verurteilt waren.

Mir tat das Herz oft weh beim Anblick dieser armen Matrosen, denen ich aus meiner mageren Börse half, so gut ich konnte, obwohl ich selber nicht wußte, wie lange ich noch in dem Schloß würde bleiben müssen. Nachdem die Unglücklichen alles, was sie an entbehrlichen Kleidungsstükken besaßen, verschachert hatten, um hie und da einmal eine dünne Suppe zu ihrem steinharten Brot zu bekommen, hatten sie seit beinahe einem Jahr kein Fleisch und keine Suppe mehr erhalten. Einmal nur – am Tag des heiligen Philipp – hatten die Barmherzigen Schwestern ihnen ein paar Rinderköpfe geschenkt, damit sie den Namenstag des guten Königs der Franzosen feiern konnten.

Meine Offiziere und ich hatten es in unserem gemieteten Gemach etwas besser. Unsere Spanierinnen brachten uns Gitarren und Geigen, auf denen meine Gefährten hübsch spielten. So konnten wir von Zeit zu Zeit eine Soirée dansante geben, an der die Marketenderin, ihre Freundinnen Dolorescita, Concha, Madame Sorret und ein älteres Fräulein, das für ihre Schwester galt, teilnahmen. Ein fröhlicher Falschmünzer traf gerade zur rechten Zeit ein, um einen Kotillon bilden zu können.

Unsere Soiréen, zu denen der eine Geld und der andere ein paar Flaschen Wein beitrug, fanden Donnerstag und Sonnabend abend statt. Die übrigen Abende verbrachten wir mit Kartenspielen, Romanlesen, der Abfassung von Bittschriften, Scherzen mit den Mädchen und Schelten über unser Los und die französische Regierung. Die bösen Stimmungen gegen Seine Gallische Majestät kamen am meisten in den frühen Morgenstunden vor, wenn man plötzlich in angenehmen Träumen durch das Getrampel von Soldaten gestört wurde und das Knarren der Riegel uns ankündigte, daß unser Inspektor ohne Komplimente hereinkam, um seine Lieben nachzuzählen und die Gitter unserer Fenster zu inspizieren.

Mit der Zeit geht in dem Gefängnis jedoch nicht nur die Geduld, sondern auch das Geld zu Ende. Je mehr wir murrten, tanzten, aßen und tranken, desto mehr gaben wir aus und verschwendeten wir, so daß der Boden meiner Börse bedenklich sichtbar wurde. Ich begann dann auch zu überlegen, wie ich diese Leere wieder füllen könnte. Betteln konnte ich nicht, ein Handwerk ausüben ebensowenig; auch hatte ich keine Lust, mich mit dem Abschaum der gewöhnlichen Gefangenen in Ketten abzugeben. Die Scham hielt mich zurück, mich an meine Familie in Frankreich oder Italien zu wenden, und wenn ich an meinen alten Partner oder an meine früheren Freunde in Kuba schrieb, bekam ich nicht einmal eine Antwort. Schließlich und endlich mußte ich meine wenigen Schmuckgegenstände und meine goldenen Chronometer verkaufen, um den Advokaten für eine letzte Bittschrift und die wöchentliche Miete im voraus bezahlen zu können.

»So, mon enfant«, sagte Madame Sorret, als sie mein Geld einstrich – sie rückte ihre Haube gerade und blickte mich mit der schlauen Teilnahme an, die eine Französin immer so ausgezeichnet anzubringen versteht –, »so, mon enfant, das ist also Euer letzter Franc und die letzte Woche, die Ihr in meinem Appartement verbringen werdet; die letzte Woche in diesem Saal, wo Ihr und ich und Babette, Dolorescita und Concha und Monsieur so viel Vergnügen gehabt haben! Aber warum, mein Lieber? Warum soll es die letzte Woche sein? Kommt, überlegen wir einmal. Wäre es nicht tausendmal besser, wenn Ihr, anstatt auf Louis Philippe zu schelten, Advokaten für Bittschriften zu bezahlen, die niemals gelesen werden, statt auf Briefe von spanischen Gesandten zu hoffen, die niemals kommen, und anstatt Euch selber in Ärger und Verbitterung zu verzehren – wenn Ihr anstatt alledem einmal die Dinge nehmt, wie sie sind, nüchtern und nicht wie ein dummer Phantast, der sich selbst etwas vormacht, und die Talente gebraucht, welche le bon Dieu Euch in Gnaden geschenkt hat? Seht, Capitaine Theodore, Ihr sprecht fremde Sprachen, als ob sie die Euren wären. Gestern noch blieb Monsieur Randanne, Euer Advokat, vor meinem Büro stehen nach seinem letzten Besuch bei Euch und sagte: ›Oh, Madame Sorret, wie gut kann der arme Canot doch Sprachen. Wie schön spricht er Englisch, und wie froh wäre ich, wenn er ein Zimmer hätte, wo er meine Söhne lehren könnte.‹ Sehen Sie, Capitaine«, fuhr sie fort, »an diese Worte des guten Randanne muß ich fortwährend denken, und daraus ist ein Plan entstanden, wie aus einem Samen eine Pflanze sprießt. Und jetzt habe ich die Sache fertig. Ihr könnt mein Schlafzimmer als Schulzimmer bekommen, und wenn Ihr wollt, könnt Ihr morgen mit meinen zwei Söhnen als Schüler für fünfzehn Franken im Monat beginnen.«

Dieser Plan von Madame Sorret hatte einen ausgezeichneten Erfolg. In kaum einer Woche richtete ich mich in ihrem Zimmer ein, mit einer Klasse, in der auch ihre beiden Söhne waren. Von allen Schülern zusammen kam ich auf ein monatliches Einkommen von fünfzig Franken. Ich faßte meinen neuen Beruf mit dem ganzen Eifer eines armen Schulmeisters auf und gewann mir das Herz der Eltern durch die Sorgfalt, mit der ich ihre Kinder unterrichtete. Mit der Zeit erweiterte ich den Unterricht, indem ich auch Schönschreibstunden gab. Darüber freuten sich die Eltern so, daß sie aus eigenem Antrieb noch achtzehn Franken mehr bezahlten.

So ging die Zeit ganz vergnügt um. Meine Begnadigung kam endlich, aber das war auch alles, was ich an Schadensersatz dafür, daß mein Schiff ungerechterweise in neutralen Gewässern für verwirkt erklärt worden war, aus der Hand von Louis Philippe erhielt. Als Sorret, von seiner Frau, Babette und den Kindern gefolgt, in mein Zimmer stürmte, um mir die freudige Nachricht zu bringen, war der brave Kerl so gerührt, daß er mich eine Weile ansah und kein Wort herausbringen konnte. Die Marketenderin Dolores und die nette Concha kamen auch dazu. Dann erschien Monsieur Randanne mit allen meinen Schülern, und alle umarmten mich unter Tränen. Ich fühle noch den Druck von Sorrets Hand, als er mich an allen Gräben und Riegeln vorbei hinausführte, um mir den königlichen Erlaß vorzulesen.

Am nächsten Tage begleitete eine ganze Gesellschaft von Freunden und Schülern den freigelassenen Sklavenhändler an Bord des Schiffes, das mich auf Befehl des Königs als freiwilligen Verbannten für immer aus Frankreich fortführen sollte.

32. Kapitel

Die Cholera in Marseille

Wenn meine Gefangenschaft und meine Verurteilung mir nach Recht und Gesetz auferlegt worden wären, würde ich bei den langen Betrachtungen, denen ich mich in dem Schloß hingab, vielleicht Reue über meine früheren Sünden bekommen haben. Aber mit dem ganzen Feuer meines heftigen Charakters, dem Hindernisse in den Weg gelegt wurden, war ich viel mehr geneigt, mich aufzulehnen und Rache zu suchen, wenn sich eine Gelegenheit dazu bot, als demütig und gehorsamen Herzens meine Sünden zu gestehen. Ich hatte mich in dem Gefängnis daher auch hauptsächlich damit beschäftigt, auf den Gerichtshof und den König zu schimpfen und darüber nachzudenken, wie ich am schnellsten wieder nach Afrika kommen könnte.

Das Schiff, das mich für immer von Frankreich wegführen sollte, hatte als Bestimmungsort Lissabon. In Lissabon blieb ich jedoch nicht länger, als nötig war, um mir unter einem fingierten Namen einen Paß zu verschaffen, worauf ich Louis Philippes »ewige Verbannung« in den Wind schlug und mich nach seiner getreuen Stadt Marseille einschiffte. Hier fand ich zwei Schiffe, die für die afrikanische Küste ausgerüstet wurden. Aber weil die Cholera furchtbar wütete, lag jeder Handel augenblicklich still. Die Angst war so groß, daß keine Rede davon sein konnte, das Schiff, auf dem mir die Überfahrt versprochen worden war, abgehen zu lassen, ehe die Seuche abnahm. Weil ich sehr wenig Geld hatte, ging ich, um diesen Zeitpunkt abzuwarten, in ein ganz kleines Hotel.

Die Cholera schien damals ihren Höhepunkt erreicht zu haben. Beinahe alle Hotels standen leer; denn die Mehrzahl der gewöhnlichen Gäste hatte die Flucht ergriffen, und Fremde kamen nur in die Stadt, wenn es unbedingt nötig war. Die meisten Pensionen und Hotels hätten daher auch sicher ihren Betrieb geschlossen, so wenig gab es zu tun. Doch der Präfekt hatte eine Verordnung erlassen, wodurch allen, die sich weigerten, Fremde aufzunehmen, gedroht wurde, daß ihnen ihre Lizenz für die Zeit von zwei Jahren entzogen würde. Sogar als die Seuche täglich Hunderte von Opfern forderte, hielten alle Hotels, Kaffeehäuser, Fleischer, Krämer und Bäcker in Marseille ihr Geschäft auf. Man brauchte neben der Furcht vor Cholera nicht auch noch Angst vor einer Hungersnot zu haben.

Natürlich war es sehr still in meinem einfachen Hause. Die meisten Gäste und Besucher waren vor meiner Ankunft geflüchtet. Ich traf nur drei Gäste und einen mürrischen Wirt an, der auf die Behörden fluchte. Mein Empfang war alles andere als herzlich. Man sagte mir, die Proklamation hätte nicht verhindert, daß der Koch davongelaufen war, und ich müsse mich daher mit dem zufriedengeben, was der Hauswirt auf den Tisch bringen konnte.

Die Tafel bildete ein langes Oval, wovon drei Viertel nicht gedeckt waren und unbesetzt blieben; wir fünf Personen saßen an dem einen Ende. Ich nahm gegenüber einer schönen, eleganten brünetten Dame Platz, welche die hübschesten Augen und rosigsten Wangen hatte, die man sich denken kann. Inmitten von Krankheit und Tod war ihre Erscheinung eine so herrliche Erquickung, daß ich die Cholera ganz vergaß. Neben mir saß ein komisches Kerlchen, das sehr bald Bekanntschaft anknüpfte und darauf bestand, mir die ganze Gesellschaft vorzustellen.

»Es muß wohl sein,« sagte der Spaßmacher, »wir haben jetzt keine Zeit für Höflichkeitsformen. Heute rot, morgen tot, so lautet jetzt das Motto von Marseille. Messieurs, wäre es daher nicht vernünftig, da die Bekanntschaft vielleicht nur von so kurzer Dauer sein wird, uns darüber zu freuen?«

Hier blieb ich, bis die Krankheit nachließ und der französische Kauffahrer von Marseille abfuhr. Siebenundzwanzig Tage später hatte ich das Vergnügen, die edelmütigen Freunde zu begrüßen, die mir vor zwei Jahren zur Flucht verhelfen wollten. Trotz meiner Vermummung bekam jedoch die Kolonialregierung bald Wind von meiner Anwesenheit, und ich wurde aufgefordert, Goree zu verlassen.

Ich kam gerade zur rechten Zeit in Sierra Leone an, um

Zeuge davon zu sein, wie willkürlich die englische Regierung bei der Ausführung des neuen Vertrags über die Unterdrückung des Sklavenhandels gegen spanische Kaufleute und Küstenfahrer vorging. Erst sechs Monate nachdem die Vereinbarung in London und Madrid unterzeichnet und ratifiziert worden war, wurde sie in Kuba und Porto Rico bekanntgemacht. Die Bestimmungen waren so abgefaßt, daß sie bei Konfiskationen sehr viel dem Urteil der mächtigsten Partei überließen, und wenn der britische Löwe einmal einen Preis erbeutet hatte, zeigte sich das freundliche Tier ganz und gar nicht geneigt, diesen wieder fahren zu lassen. Als ich nach Sierra Leone kam, sah ich dann auch dreißig bis vierzig in Beschlag genommene Schiffe in dem Bereich der Geschütze vor Anker liegen. Ich habe allen Grund anzunehmen, daß verschiedene von ihnen auf der Reise von Havanna nach Spanien aufgebracht worden waren und nicht das geringste mit Sklavenhandel zu tun hatten.

33. Kapitel

Pedro Blanco von Gallinas

Ich war nicht so vaterlandsliebend oder so neugierig, allein wegen der Verletzungen von Vertragsbestimmungen länger als nötig in Sierra Leone zu verweilen. Tätigkeit war alles, worum es mir zu tun war. Mit meinen achtundzwanzig Jahren war ich nach Prüfungen, Abenteuern und Aussichten, die genügt hätten, ein halbes Dutzend Vermögen anzuhäufen, arm wie eine Kirchenmaus. Der Mongo von Kambia, der mohammedanische Bekehrte von Ahmah-di-bellah, der Günstling von Ali Mami von Futa Jallon, der Führer von Sklavenkarawanen, der Besitzer von Sklavenniederlassungen, der Kapitän von Klipperschiffen, die der englischen Flagge trotzten, war zu der niedrigen Stellung eines Dolmetschers und Küstenlotsen auf einer amerikanischen Brigg, die für den berühmten Sklavenmarkt in Gallinas bestimmt war, herabgesunken.

Wir erreichten unseren Bestimmungsort wohlbehalten. Aber ich bezweifle es, ob der Kapitän bis zum heutigen Tag weiß, daß seine Brigg von einem Abenteurer gelotst wurde, der von der Küste und dem Hafen nicht mehr wußte, als was er in ein paar Gesprächen mit einem spanischen Lotsen erfahren hatte.

In der langen Geschichte der Afrikafahrt ist keine Stelle anzugeben, ob es sich nun um Spanier, Portugiesen, Engländer oder Franzosen handelt, wo mehr ergreifende, tragische und gewinnbringende Ereignisse sich abgespielt haben, als der Ort, in den das Schicksal mich jetzt geführt hatte.

Früher war die ganze Küste von Gambia bis zum Kap Palmas, mit Ausnahme nur von Sierra Leone, ein einziger Sammelplatz von kühnen Sklavenhändlern. Der erste Eingriff in die Gesetzlosigkeit dieser reichlich fünfzehnhundert Meilen Küste und Festland ging von der Niederlassung in Liberia aus. Langsam verstand es diese Kolonie, ihre Macht zu erweitern, bis durch Verträge, Kauf, Verhandlungen und Einfluß der Sklavenhandel in der ganzen Gegend verschwunden war. Zu dem Zeitpunkt, wovon ich jetzt spreche, war auf der Windward-Küste, im Norden und Westen von Kap Palmas, der Sklavenhandel hauptsächlich auf die portugiesischen Niederlassungen beschränkt – Bissagos, die Flüsse Rio Grande, Nunez und Pongo, Groß- und Klein-Bassa, Neu-Sestros und Trade Town. Aber den Kern der Sklavenmärkte bildete die fürstliche Niederlassung in Gallinas. Damit verglichen kam Kap Mesurado erst an zweiter Stelle.

Und jetzt haben wir es mit Gallinas zu tun. Ungefähr hundert Meilen nördlich von Monrovia mündet ein kleiner, träg dahinströmender Fluß in den Atlantischen Ozean; in der Regenzeit führt er eine Menge Schlamm aus dem Inneren, den er an der Stelle, wo ihn die Gezeiten des Ozeans erreichen, in der Form von zahllosen sumpfigen kleinen Inseln ablagert. Mit Schilf und Mangrovenbäumen bewachsen, gleichen diese Inseln, von der See aus gesehen, einer Sammlung von riesigen Pilzen. Mit Landbau und Handel ist hier natürlich nichts anzufangen, aber die gefährlichen Bänke und die große Einsamkeit machen diese Gegend zu einem idealen Ort für Verbannte und Sklavenhändler.

Dies war daher auch wahrscheinlich der Grund, der Don Pedro Blanco, einen gebildeten Seemann von Málaga, bestimmte, Gallinas zum Schauplatz seiner Tätigkeit zu wählen. Don Pedro besuchte die Gegend zuerst als Kapitän eines Sklavenschiffes; da es ihm nicht gelang, seine Ladung zu vervollständigen, sandte er das Schiff mit hundert Negern zurück. Der Erlös genügte kaum, den Steuerleuten und der Mannschaft ihren Lohn auszuzahlen. Blanco selbst aber blieb mit einem Teil der Ladung der *Konquistador* an der Küste und begann damit, mit den Eingeborenen und den Kapitänen von Sklavenschiffen Handel zu treiben, bis er nach vier Jahren den Eigentümern den Betrag für ihre Waren zurücksandte und für eigene Rechnung begann. Die ehrliche Rückerstattung eines Betrages, den man schon seit langem als verloren betrachtet und abgeschrieben hatte, war vielleicht die wichtigste Ursache seines Erfolges. Eine

Reihe von Jahren hatte er dann auch das Monopol des Handels in der Landschaft Vey, wobei er enorm verdiente.

Als ich nach Gallinas kam, war es nicht mehr das, was es einmal gewesen war, aber es war doch genug von seiner Macht und seinem Einfluß geblieben, um den alles umfassenden Geist von Pedro Blanco zu zeigen. Das erste, was mir auffiel, als ich den Fluß hinauffuhr und durch das Labyrinth von kleinen Inseln meinen Kurs nahm, war die Wachsamkeit, die der Spanier zeigte. Überall waren Ausgucke gebaut, die gegen Sonne und Wind geschützt waren und fünfundsiebzig oder hundert Fuß über dem Erdboden auf Stangen oder einzelnstehenden Bäumen ruhten. Von diesen Ausgucken suchte man mit Fernrohren fortwährend den Horizont ab, um die Annäherung von Kreuzern oder Sklavenschiffen zu melden. Diese Telegrafisten waren die scharfsinnigsten Leute auf den Inseln. Sie irrten sich niemals, wenn es galt, Freund oder Feind zu unterscheiden.

Eine Meile von der Mündung des Flusses entfernt fanden wir eine Gruppe kleiner Inseln. Auf jeder derselben war die Faktorei eines bestimmten, zum großen Bund gehörenden Sklavenhändlers errichtet. Auch Blanco selbst hatte verschiedene Niederlassungen. Eine davon, dicht an der Mündung, war sein Büro für fremde Schiffe. An der Spitze desselben stand sein erster Schreiber, ein schlauer und geschickter Herr. Auf einer anderen kleinen Insel, die etwas weiter aufwärts lag, befand sich sein Wohnhaus, wo seine Schwester die einzige weiße Frau war, die eine Weile das einsame Leben von Don Pedro teilte.

Hier hatte sich dieser Mann von Bildung und feinem Geschmack mit allem Luxus umgeben, der in Europa und Indien für Geld zu bekommen war. Er wohnte da nun in einer Art orientalischer, halb barbarischer Pracht, die eher für einen afrikanischen Fürsten, als für einen spanischen Granden paßte. Noch höher flußaufwärts lag eine andere kleine Insel, auf der sich sein Harem befand und wo jede Favoritin nach dem landesüblichen Brauch ihre eigene Wohnung hatte.

Außer diesen gab es noch zehn oder zwölf andere kleine Inseln, die für Baracken oder Sklavengefängnisse verwendet wurden. Auf jeder dieser Inseln befanden sich hundert bis fünfhundert Sklaven. Die Baracken waren mit rohen Pfählen aus härtestem Holz umgeben, die fünf Fuß tief in den Boden getrieben und durch doppelte Eisenstäbe miteinander verbunden waren. Auch die Dächer waren aus diesem Holz und ebenso stark befestigt. Darüber lag ein dickes Flechtwerk von langem zähen Gras, wodurch die Innenräume trocken und gleichzeitig kühl gehalten wurden. Am Eingang standen Wächterhäuschen, vor denen Posten mit geladenen Musketen wachten. Über jede Baracke führten zwei oder vier Spanier oder Portugiesen die Aufsicht, die alle an Fieber und Wassersucht zu leiden schienen.

Das war im Jahre 1836 die Umgebung von Don Pedro, dessen schlanke Gestalt und dunkles Gesicht ich damals zum erstenmal sah. Er empfing mich mit einer Höflichkeit, die ich von einem Manne, der seit fünfzehn Jahren nicht über die Bank von Gallinas hinausgekommen war, kaum erwartet hatte. Drei Jahre nach unserer Begegnung verließ er die Küste für immer mit einem Vermögen von beinahe einer Million. Eine Weile wohnte er in Havanna, wo er Handel trieb. Aber ich erfuhr, daß Familienstreitigkeiten ihn bewogen, diesen ganz aufzugeben; und wenn er jetzt noch lebt, so ist er wahrscheinlich in »Genova la Superba«; denn von Kuba zog er dorthin.

Die Macht dieses Mannes über die Eingeborenen ist wohlbekannt; sie war viel größer als die von Cha-Cha, von dem ich schon erzählte. Fest entschlossen, mit seinem Handel sich ein Vermögen zu erwerben, ließ er bei Weißen wie bei Schwarzen kein Mittel unerprobt, um seinen Vorteil zu sichern. Man hat mich oft gefragt, was für einen Charakter jemand haben müsse, der sich beinahe ein ganzes Leben lang freiwillig in verseuchten Sümpfen mit mörderischem Klima begrub – und ein Händler in Menschenfleisch war, der Kriege erregte und unwissende Neger bestach und verdarb; jemand, der ohne Gesellschaft, Vergnügen, Aufregung oder Veränderung jahraus, jahrein denselben eintöni-

Dorf der Kroos

gen Wechsel von Jahreszeiten und Personen erlebte, der keinen anderen Umgang hatte als Männer, die die Gesetze übertreten hatten. Meine Antwort auf diese Frage war im-

mer, daß ich dieses afrikanische Rätsel ebensowenig lösen konnte wie die ordentlichen und geschulten Geister, die natürlich viel heftiger Anstoß an dem Geschmack und der langen Laufbahn eines Sklavenhändlers nahmen, der sich in den Sümpfen von Gallinas niedergelassen hatte.

An der Küste habe ich manche Geschichte über Blancos Grausamkeit gehört, aber diese glaubte ich ebensowenig wie die Erzählungen von seinem Stolz und seiner Arroganz. Als ich ihn später näher kennenlernte, habe ich es ein paarmal miterlebt, daß er Diener, die die Abgeschlossenheit seines Serails zu verletzen gewagt hatten, zu Tode prügeln ließ. Dem steht gegenüber, daß sein Edelmut sprichwörtlich war, und zwar nicht nur gegen Eingeborene, deren Anhänglichkeit für ihn von großer Wichtigkeit war, sondern auch gegenüber Weißen, die in seinem Dienst standen oder seiner Unterstützung bedurften.

Sein Gedächtnis war außergewöhnlich. Ich erinnere mich, wie an einem Abend ein paar von seinen Angestellten eine Wette eingingen, das Vaterunser lateinisch herzusagen. Sie bemühten sich aber vergebens. Zufällig kam Don Pedro dazu, nahm die Wette an und sagte es ohne Stocken her. Der Einsatz war ein Sklave gewesen. Jetzt bestand er auch darauf, diesen zu bekommen, schenkte ihn jedoch sofort einem Kapitän, der in die Fänge eines englischen Kreuzers geraten war.

Dies ist eine kleine Skizze des großen Menschenhändlers von Afrika, dem Rothschild der Sklaverei, dessen Wechsel auf England, Frankreich oder die Vereinigten Staaten in Sierra Leone und Monrovia mit Gold aufgewogen wurden.

Am Tage nach unserer Ankunft auf dem Gebiet dieses großen Oktopoden – der alles einfing, was in den Bereich seiner langen Greifer kam – landete ich in einem der kleinen Büros und verkaufte Don José Ramon tausend Viertelfäßchen Pulver. Als ich dann am nächsten Tag in meiner Eigenschaft als Dolmetscher in das Büro von Don Pedro kam, merkte ich, daß sein kastilianischer Stolz verletzt war. Obwohl wir mit förmlicher Höflichkeit empfangen wurden, wollte er nichts kaufen, weil wir nicht zuerst ihn aufgesucht hatten.

In Sierra Leone hatte man allgemein den Edelmut Don Pedros gepriesen, so daß ich die Hoffnung nicht aufgab, ihn dazu zu bringen, den größten Teil unseres Tabaks und Rums zu kaufen, der sonst unverkäuflich geblieben wäre. Ich wandte sogar eine kleine List an, um über sein Herz einen Anschlag auf seine Börse zu unternehmen.

Ich schrieb ihm nämlich einen Brief, in dem ich meine Abenteuer, mein Pech und meine Gefangenschaft der Wahrheit gemäß beschrieb, und schloß ihn, indem ich die Hoffnung aussprach, daß er jemandem, der so arm und unglücklich sei, beistehen wolle, indem er ihm Gelegenheit gebe, eine ehrliche Provision zu verdienen, die mir der amerikanische Kapitän für jeden Verkauf zugesagt hatte, den ich abschließen konnte. Das zog; ich bekam eine kurze, aber kräftige Antwort und den Auftrag, mit unserem Konnossement an Land zu kommen. Mir zuliebe kaufte Don Pedro von der Yankee-Brigg für fünftausend Dollar Rum und Tabak, die er mit Wechseln auf London bezahlte, wobei es sich ursprünglich natürlich um Sklaven gehandelt hatte. Meine angebliche Provision blieb aber in den Taschen der Eigentümer.

Als wir unsere Ladung löschten, ereignete sich etwas, was ein eigenartiges Licht auf Blancos Charakter warf. Es wurden Fässer mit Tabak ausgeladen, und unser Zweiter Steuermann, der ärger schielte, als ich es je bei einem anderen Menschen gesehen hatte, ärgerte sich sehr über einen der eingeborenen Bootsleute, die dabei geholfen hatten. Es kann sein, daß der Neger frech war; der Steuermann fand es jedenfalls nötig, damit zu antworten, daß er ihm einen Knüppel an den Kopf warf. Der Neger lief davon und versuchte, sich an der anderen Seite seines Kanus zu verbergen; aber der wütende Steuermann lief ihm nach, und als der Kroo-Mann sich dadurch zu verteidigen suchte, daß er plötzlich ein Ruder in die Höhe hielt, rannte er mit seinen schielenden Augen mit aller Kraft dagegen an. Ich weiß nicht, ob es die Wut war oder weil er so schlecht sah, oder auch beides zusammen, aber der Anprall war so heftig, daß er eine große Wunde an seiner Lippe bekam und vier Zähne verlor. Der unglückliche Neger flüchtete sofort in den Wald. An demselben Abend machte der Steuermann, entweder weil er Fieber hatte oder fürchtete, verunstaltet zu bleiben, in einer Art Delirium seinem Leben ein Ende, indem er Laudanum nahm.

Das afrikanische Gesetz schreibt vor, daß jemand, der Blut vergießt, eine Strafe in Sklaven zahlen muß, die der zugefügten Verletzung entspricht. Demzufolge lag der Kroo-Neger, obgleich er ohne böse Absicht gehandelt hatte, mit schweren Ketten beladen in den Baracken von Don Pedro, wo er auf sein Urteil wartete, das laut den weißen Angestellten die Todesstrafe sein mußte. »Er schlug einen Weißen!« sagten sie, und es hieß, daß die Wunde, die er ihm zugefügt hatte, die Todesursache gewesen sei.

Glücklicherweise ging ich an Land, ehe das Urteil vollstreckt war. Da ich Zeuge des Vorfalls gewesen war, appellierte ich in der Hoffnung, den Neger retten zu können, an Don Pedro. Meine einfache und wahrheitsgetreue Wiedergabe der Tatsachen genügte. Sofort wurde der Befehl gegeben, den Schwarzen freizulassen. Trotz der eingeborenen Häuptlinge und der unzufriedenen Weißen, die in barbarischer Weise nach Blut dürsteten, blieb Don Pedro standhaft und sandte ihn zurück an Bord der *Reaper.*

Sowohl die Gesinnung, die Blanco hierbei zeigte, als auch die bewundernswerte Weise, in der er seine Faktorei leitete, brachten mich dazu, einen günstigen Augenblick zu benutzen, um ihm meine Dienste anzubieten. Er ging sofort darauf ein, und es dauerte nicht lange, da war ich Chef in einem seiner Büros.

34. Kapitel

Meine erste Expedition nach Liberia

Ehe die spanischen Faktoreien errichtet wurden, waren nicht viele Vey-Eingeborene in der Umgebung des Flusses ansässig. Vom Jahre 1813 an, in dem verschiedene Schiffe mit reicher Ladung aus Kuba kamen, ließ sich eine Reihe von benachbarten Stämmen in den sumpfigen Gebieten nieder. Da Sprache und Sitten der ursprünglichen Bewohner und der neu angesiedelten sich ähnelten, gab es bald viele Heiraten zwischen ihnen; dadurch entstand gemeinschaftlicher Grundbesitz.

In dem Maße, wie sie unter dem Einfluß reicher Aufkäufer den Sklavenhandel kennenlernten, nahmen sie immer mehr die Gewohnheit an, auf ihre Landsleute Jagd zu machen. Sie kannten zum Schluß keine andere Tätigkeit mehr, als Krieg zu führen und Menschen zu betrügen. Da das Land dicht bevölkert und der Handel sehr vorteilhaft war, nahm dieses Geschäft einen solchen Umfang an, daß die Tausende und Zehntausende, die jährlich von Gallinas ausgeführt wurden, das benachbarte Land entvölkerten; aber die Gewinnsucht kümmerte sich nicht um Entfernungen, sobald es sich als nötig erwies, die Streifzüge und Menschenjagden bis weit in das Inland hinein auszudehnen. Binnen weniger Jahre wurde überall, wo sich der Einfluß des Stromes geltend machte, fortwährend Krieg geführt. Die Sklavenfaktoreien versahen die Jäger mit Waffen, Pulver und Kaufwaren. Sie traten daher auch kühn gegen die Stämme auf, die zu dumm waren, als daß sie den Nutzen von Bündnissen eingesehen hätten, und von denen jeder für sich gegen die Überwältiger kämpfte, wodurch sie für diese dann auch eine leichte Beute wurden.

Aber die Nachfrage wuchs. Don Pedro und seine Satelliten hatten eine Ader angebohrt, die sich als viel reicher erwies als die Goldküste. In allen spanischen und portugiesischen Kolonien wurden seine schwimmenden Baracken sprichwörtlich, und immer wieder kündigten seine Auslug-

Hafen von Libreville

posten die Ankunft neuer Schiffe an. Nördlich und südlich von seiner ursprünglichen Niederlassung wurden neue Faktoreien als Filialen errichtet. Mana Rots, Sherboro, Su-

garei, Kap Mount, Klein Kap Mount und sogar Digby, dicht bei Monrovia, alle diese Orte hatten Depots und Sklavenbaracken, die Gallinas gehörten.

Diese Wohlfahrt war jedoch nicht von langer Dauer. Ein schwarzer Paris, der einem Onkel seine Helena stahl, entzündete die Fackel der Zwietracht. Dies führte zu einem Bürgerkrieg, in dem man viel mehr bestrebt war, Mord mit Mord zu rächen, als Sklaven zu fangen. Jedes Dörfchen und Gehöft hatte seinen Achilles und Odysseus, und jede Stadt hätte Anspruch auf den Namen von Troja erheben können.

Infolge der oben beschriebenen geographischen Beschaffenheit des Landes wohnten beinahe alle angesehenen Familien isoliert an den verschiedenen Flußarmen und konnten sich darum auf ihren kleinen Inseln und sumpfigen Gebieten leicht verstärken. Die wichtigsten Parteien in diesem Familienstreit waren die Amarars und die Shiakars. Amarar war in Shebar geboren, und Generation auf Generation floß Mandingo-Blut durch seine Adern. Shiakar, der am Fluß geboren war, betrachtete sich als von einheimischem Adel, und er verteidigte, weil er der Angreifer in dem Streit war, seine Beute mit blutrünstiger Grausamkeit. Die Sklavenhändler, die immer auf Streitigkeiten zwischen Eingeborenen lauern, hüteten sich wohlweislich, die Partei eines der Kämpfer zu nehmen. Sie kauften aber ruhig alle Gefangenen auf, die von beiden Seiten nach ihren Faktoreien gebracht wurden. Manches Schiff führte zwei erbitterte Feinde, die an ein und dieselbe Kette geschmiedet waren, über den Ozean. Auf demselben Deck fanden andere ein lange verlorenes Kind oder einen Bruder wieder, die in dem Bürgerkrieg gefangengenommen worden waren.

Der Kampf endete mit dem Tod von Amarar. Einige Monate lang war dieser Wilde in seiner Festung von den Kriegern Shiakars eingeschlossen. Endlich mußte er einen Ausfall unternehmen, um Lebensmittel zu holen, aber die Feinde waren zu zahlreich, als daß er es hätte wagen können. Amarar ließ nun seinen Wahrsager kommen und bat ihn, den günstigsten Augenblick für sein Unternehmen zu bestimmen.

Das Orakel zog sich in seine Höhle zurück und erklärte nach den nötigen Beschwörungen, daß der Versuch gemacht werden müßte, unmittelbar nachdem Amarar seine

Hände in das Blut seines eigenen Sohnes getaucht haben würde. Wie man sagt, plante der Prophet, daß ein jüngerer Sohn von Amarar das Schlachtopfer sein sollte, der sich an die Familie seiner Mutter angeschlossen hatte und damals abwesend war; aber der ungeduldige und abergläubische Wilde, der bei der Verkündigung sein zweijähriges Söhnchen in der Nähe erblickte, riß dieses der Mutter aus den Armen, warf es in einen Mörser, in dem gerade Reis gestampft wurde, und zermalmte es mit dem Stampfer.

Als das Opfer vollbracht war, wurde der Befehl zum Ausfall gegeben. Toll von dem vergossenen Blut und fest auf den Ausspruch des Orakels vertrauend, stürmte der ausgehungerte wüste Trupp hinaus. Amarar, den noch vom Blute seines Kindes rauchenden Stampfer schwingend, führte sie an. Die Belagerer hielten nicht stand und flohen; die Stadt war befreit; die Belagerungswerke wurden geschleift und der Wahrsager mit einem Sklaven für seine Voraussage belohnt.

Ein anderes Mal war Amarar im Begriff, eine schwerverstärkte Stadt anzugreifen, als Zweifel am Ausgang des Unternehmens aufkamen. Wiederum wurde der Wahrsager um Rat gefragt, und jetzt erklärte das Orakel, daß der Häuptling nicht siegen würde, wenn er nicht wieder in den Schoß seiner Mutter einkehre. In dieser Nacht beging Amarar die abscheulichste Blutschande. Aber ein Angriff wurde zurückgeschlagen, und jetzt wurde der falsche Prophet gesteinigt.

Das sind nur einige und nicht einmal die ärgsten Tatsachen aus einem Kampf, der einige Jahre dauerte. Schließlich wurde Amarar in seiner Geburtsstadt von Truppen Shiakars gefangen. Mana, sein Besieger, ließ ihn enthaupten und den noch blutenden Kopf des Ungeheuers in den aufgerissenen Bauch seiner Mutter stecken.

Die erste Expedition, auf die Don Pedro Blanco mich schickte, gab mir einen neuen Blick für Afrika. Mit einem kleinen portugiesischen Schoner wurde ich nach Liberia geschickt, um Tabak zu holen. Alles, was ich dort sah, das schöne Regierungsgebäude, die netten öffentlichen Magazine, die große Anstalt für Obdachlose, die schönen breiten Straßen mit Steinhäusern und Geschäften, die beiden Kirchen mit ihren Glocken und ihrer hübschen Umgebung, der freundliche Gruß gutgekleideter Neger, die schönen Schiffswerften mit ihren auf Stapel liegenden Schiffen und, nicht zu vergessen, der Besuch eines dunkelhäutigen Steuerbeamten, der eine gedruckte Rechnung für zwölf Dollar »Ankergeld« präsentierte, dies alles gab mir die Überzeugung, daß in Wirklichkeit viel mehr in diesen schwarzen Gestalten verborgen war als ein einfaches Tausch- und Handelsobjekt. Mit Vergnügen bezahlte ich die Rechnung; denn es schien mir, daß ein Dokument, das unter nordamerikanischem Einfluß von Negern in Afrika gedruckt war, für die Ungläubigen in Gallinas eine große Kuriosität sein müsse.

Mein Abkommen mit Blanco beruhte auf meiner Kenntnis des Sklavenhandels in allen seinen Verzweigungen, aber mein unabhängiger Geist und leidenschaftlicher Charakter waren die Ursache, daß ich mich von Anfang an geweigert hatte, in Gallinas eine untergeordnete Stelle anzunehmen.

Sobald ich dann von der neuen Republik zurückgekehrt war, ersuchte mich Don Pedro, alles bereitzumachen, um in Neu-Sestros, einem unabhängigen kleinen Fürstentum unter einem Bassa-Häuptling, eine Filiale zu errichten, die ausschließlich unter meiner Leitung stehen sollte.

Ich ließ kein Gras darüber wachsen und begann meine Karriere von verhältnismäßiger Unabhängigkeit damit, daß ich mich mit einer Ladung Handelswaren nach der Stadt der Kroo begab, wo ich zu bleiben gedachte, bis meine Faktorei gebaut werden konnte.

Sowohl ein Afrikaner als ein Weißer muß lernen, Sklavenhandel zu treiben. Daß dies so war, sah ich sehr bald bei dem Fürsten und dem Volk von Neu-Sestros, die in jeder Hinsicht weit hinter den Susus, den Mandingos und den Veys zurück waren. Eine Weile lang betrugen sie sich so töricht, arrogant und kindisch, daß ich meine Kisten schloß und jeden Verkehr unterbrach. Überdies waren die Sklaven, die sie brachten, von minderer Sorte und gepfeffert teuer. Da ich jedoch Auftrag hatte, mich zu beeilen, gelang es mir, ungefähr fünfundsiebzig Neger von mittlerer Qualität zusammenzubringen. Sie alle wollte ich mit dem Schoner, der vor der Küste verankert lag, nach Gallinas schikken.

Als es soweit war, sandte ich nach dem schwarzen Fürsten, der mir bei der Einschiffung der Sklaven helfen und zugleich das Kopfgeld in Empfang nehmen sollte, das seine Ausfuhrsteuer auf meiner Ladung bildete. Die Antwort, die ich hierauf erhielt, zeigte deutlich den Charakter und die Ungezogenheit der Taugenichtse, mit denen ich zu tun hatte. Sie lautete: »Der Fürst wünscht Eure Frechheit nicht, Don Theodore, und er wird erst kommen, wenn Ihr ihn mit einem Geschenk um Verzeihung gebeten habt!«

Ich hatte zwar nach meinem Besuch ihrer Republik eine größere Achtung vor den Schwarzen bekommen, aber meine Verachtung für sie in ihrem ursprünglichen, natürlichen Zustand war wohl noch immer so, daß ich, als mir der jüngste Sohn des Fürsten, ein Affe von einem sechzehnjährigen Jungen, im Namen seines Vaters diese Antwort gab, ihm einen wohlgezielten Faustschlag ins Gesicht versetzte, worauf der kleine Prinz weinend und blutend nach Hause ging.

Man kann sich vorstellen, welcher Aufruhr entstand, als der Junge in den Palast zurückkam. In weniger als zehn Minuten kam ein zweiter Bote mit dem Befehl, daß ich »am nächsten Tage vor der Mittagsstunde« das Land verlassen haben müßte. Wenn ich diesen Befehl nicht befolgte, sagte der Gesandte, würden die wütenden Bewohner der Stadt wohl dafür sorgen, daß es geschähe.

Aber ich war zu lange in Afrika gewesen, als daß ich vor einem Negerfürsten gezittert hätte. Wenn ich auch diese Gegend ganz und gar nicht leiden konnte, beschloß ich doch, mich zu widersetzen, um ihm Manieren beizubringen. Ich bereitete daher alles vor, um Widerstand zu bieten. Als meine angenommenen Diener und die Aufseher der Baracken aus Angst vor dem Fürsten davonliefen, ließ ich ein paar Matrosen von dem Schoner kommen, die mir helfen sollten, die Sklaven zu bewachen.

Mein Haus war inzwischen aus den spröden Bambuspfählen und Matten errichtet worden, die im Bassaland ausschließlich für Gebäude verwendet werden. Ich hatte eine Veranda darangebaut und, um mich gegen die diebischen Eingeborenen zu schützen, einen hohen Zaun ringsherum machen lassen, der alle ungeladenen Gäste fernhielt. In diesem abgeschlossenen Raum hing meine Hängematte, und hier aß ich, las, schrieb und empfing den Fürsten und das Volk.

Als es Abend wurde, lud ich fünfundzwanzig Musketen, die ich auf mein Sofa legte; dieses war nichts anderes als eine große Warenkiste. Über den Holztisch breitete ich eine Decke, unter deren Falten ich ein geöffnetes Fäßchen Pulver versteckte. Dicht daneben legte ich ein paar doppelläufige Pistolen unter einen breitrandigen Sombrero. Nachdem das alles geschehen war, kroch ich in meine Hängematte, übergab die Wache den drei Matrosen und schlief herrlich, bis die Sonne schon eine Stunde lang am Himmel stand und ich von dem Lärm der Kriegstrommeln wach wurde. Die Trommel kündigte an, daß der Fürst sich näherte.

In ein paar Minuten war mein kleiner Vorhof voll mit bewaffneten schnatternden Eingeborenen, und Seine Majestät, angetan mit einem roten Rock eines englischen Tambourmajors, aber ohne Hose, hielt feierlich Einzug bei mir. Ich tat, als ob ich sehr schüchtern wäre, geleitete den Fürsten nach dem einen Ende der Veranda, wo er ganz von seinem Volk getrennt war, und stellte mich zwischen den Tisch und den Sombrero. Einige seiner Blutsverwandten versuchten ihm zu folgen, wagten aber wegen der Etikette nicht weiter als bis auf einen bestimmten Abstand heranzukommen.

Nachem die Formalitäten beendet waren, herrschte einige Augenblicke tiefes Schweigen. Ich blickte den Fürsten ruhig an und wartete, bis er sprechen würde. Aber er schwieg. Endlich, als ich genug davon hatte, den Stummen zu spielen, fragte ich den Neger, ob er gekommen sei, um mir bei dem Einschiffen der Sklaven zu helfen. »Die Sonne steht schon hoch«, sagte ich, »und es wäre besser, keine Zeit zu verlieren.«

»Hast du meine Botschaft erhalten?« war seine Antwort, »und warum bist du noch nicht fort?«

»Natürlich habe ich deine Botschaft erhalten«, sagte ich, »aber da ich nach Neu-Sestros kam, weil mir das so paßte, werde ich auch erst dann weggehen, wenn es mir paßt. Und dann, Prinz Vryman, fürchte ich ganz und gar nicht, daß du mir etwas Böses tun wirst, schon darum nicht, weil ich, wenn du etwas wolltest, dir sicher zuvorkommen würde.«

Hierauf zog ich mit einem Ruck die Decke weg, die über dem Pulverfäßchen lag, nahm die Pistolen, zielte auf den König und auf das Pulver und forderte ihn auf, mir noch einmal zu befehlen, wegzugehen.

Es ist kaum möglich, die Bestürzung zu beschreiben, die bei diesem Anblick nicht nur Vryman, sondern auch seine Leibwache ergriff. Es war wirklich lächerlich, wie ängstlich sich dieser arme Großsprecher, der ganz von seinem Gefolge abgeschnitten war, benahm. Seine dunkle Haut wurde aschgrau, er sprang vom Stuhl auf, lief an den äußersten Rand der Veranda und war, um es kurz zu sagen, in ein paar Minuten so bescheiden und zahm wie ein Schoßhündchen.

Ich war natürlich nicht unerbittlich, als er an das Geländer ging und sagte, er hätte seinen Plan geändert. Dem stinkenden Trupp seiner Schwarzen befahl er, sich zu entfernen. Ehe sie weggingen, ließ ich den König in ihrer Gegenwart ewige Freundschaft und Treue schwören, worauf ich diesen Eid mit ein paar Flaschen Rum aus Neu-England besiegelte.

Noch vor Sonnenuntergang brachten seine Kanus meine fünfundsiebzig Sklaven an Bord.

35. Kapitel

Neu-Sestros und die Juju-Priester

Mein Auftreten brachte die Kroo- und die Fish-Männer von Neu-Sestros zur Einsicht, daß sich mit mir nicht scherzen ließ. Sowohl auf der benachbarten Küste als auch auf den angrenzenden Inseln hatte meine Entschlossenheit eine ausgezeichnete Wirkung. Die freien Schwarzen zeigten nicht nur mehr Respekt vor meiner Person und meinen Leuten, sondern sie begannen auch, mir einen besseren Schlag von Negern zu liefern. Als Don Pedro merkte, daß ich Erfolg hatte, beschloß er, eine ständige Faktorei zu errichten, und erhöhte meine Provision auf zehn von je hundert Sklaven, die ich ihm verschaffte.

Ich begann nun Gebäude zu errichten, sowohl für meinen persönlichen Gebrauch als auch, um die Sklaven unterzubringen. Dicht am Strande suchte ich ein hübsches Fleckchen aus. Ein geräumiges und bequemes Haus von zwei Stockwerken, umgeben von einer doppelten Veranda, wurde mit einem Ausguck gekrönt, von dem aus man den Ozean weithin übersehen konnte. Daneben ließ ich Häuser und Büros bauen, wie sie zu einer erstklassigen Faktorei gehörten. Es gab Magazine, eine eigene Küche, ein Lagerhaus für Reis, Wohnungen für die Hausbedienten, eine allgemeine Werkstätte, ein Wasserreservoir, eine Küche für die Sklaven, Hütten für unverheiratete Männer und Schuppen, wo die Sklaven sich bei Tage von Zeit zu Zeit unterhalten durften. Das Ganze war durch eine große Umzäunung von dicht nebeneinander gepflanzten Sträuchern umgeben; der Zugang bestand aus einer doppelten Pforte, zu deren beiden Seiten sich lange, voneinander getrennte Baracken für Männer und Frauen befanden. Am Eingang eines jeden Sklavenschuppens stand eine Kanone, und in der Mitte war ein großer offener Raum, wo ich oft siebenhundert Sklaven beisammen gesehen habe, die unter Bewachung eines halben Dutzends Musketiere sich nach der Mahlzeit mit Singen, Tanzen und Spielen unterhielten.

Die Eingeborenen finden es sehr schwer, unsere Namen auszusprechen, und wissen natürlich so gut wie nichts von unserem christlichen Namenskalender. Sie haben die nette Gewohnheit, jedem Neuankömmling einen Beinamen zu geben, wobei dann die eine oder andere Eigenart in seinem Äußeren oder Auftreten den Ausschlag gibt. Nach meinem Auftreten dem Fürsten gegenüber hieß ich »Pulver«, aber als sie meine prächtige Niederlassung und meine Magazine sahen und immer wieder das Wort »store« [Magazin, Geschäft] hörten, wurde ich auf »Store« umgetauft.

Wenn Store auch keinen Sitz bei der gesetzgebenden Behörde in Afrika hatte, so war er doch vorbestimmt, sehr rasch eine große Veränderung in die Verhältnisse und Zukunftsaussichten dieser Gegend zu bringen. In ein paar Monaten erwachte Neu-Sestros zu einem neuen Leben. Auf dem abgelegenen Strand, wo vor meiner Ankunft nur ein halbes Dutzend Kroo-Hütten verstreut lagen, sah man jetzt ein paar blühende Dörfer, deren Bewohner in meiner Faktorei Arbeit und Kaufwaren fanden. Die benachbarten Häuptlinge, die jetzt sicher waren, daß sie mir ihre Gefangenen verkaufen konnten, kämpften sich durch die früher nie betretenen Wälder nach der Küste hin durch. Binnen kürzester Zeit sandte Fürst Vryman, der über meinem Fäßchen Pulver erklärt hatte: »Krieg nicht lieben«, eine Expedition zu den benachbarten Stämmen aus, um angebliche Kränkungen wettzumachen oder mit Schuldnern seines verstorbenen Urgroßvaters abzurechnen. Von einer »Vergrößerung des Gebietes der Freiheit« oder Annexion von Bodenbesitz wurde mit keinem Wort gesprochen. Es war aber erstaunlich, wie empfindlich der Herrscher für nationales Unrecht wurde und so vaterlandsliebend in seinem Streben, die Rechte seines Landes auszuüben. Es muß zugegeben werden, daß diese afrikanische Metamorphose nicht ohne einige Eingriffe gegen die Menschlichkeit stattfand. Aber ich getraue mich doch zu behaupten, daß während meines Aufenthaltes die moderne Zivilisation größeren Fortschritt verzeichnen konnte als während der Verwaltung irgendeines anderen Händlers.

Als ich bei dieser Handvoll Wilden landete, fand ich sie von dem niedrigsten Aberglauben beherrscht. Alle Stände, alle Männer und Frauen konnten jeden Augenblick unter dem nichtigsten Vorwand von den Juju-Männern irgendeiner Sache beschuldigt werden, und der verhängnisvolle »Saucy-wood-Trank« wurde dann immer angewendet, um ihre Schuld oder Unschuld zu beweisen. Saucy-wood ist die rötliche Rinde des Gedu-Baumes. Feingerieben und mit Wasser verdünnt, ist es ein giftiger Trank, der, wie es heißt, beim Aufspüren von Missetaten unfehlbare Wirkung zeigt. Es ist eine Art Gottesurteil; bleibt derjenige, der davon trinkt, am Leben, dann ist er unschuldig; stirbt er, dann war er schuldig.

Oft kam es vor, daß jemand eine kranke Frau, einen Vater oder eine Mutter, die zu nichts mehr zu brauchen waren, oder einen reichen Blutsverwandten loswerden wollte. Dann bestach er einen elenden Schurken, die betreffende Person der Hexerei oder anderer Missetaten zu beschuldigen. Da der Juju-Mann selbst den giftigen Trank abmaß und mengte, mißlang es beinahe niemals, wenn der Tod desjenigen gewünscht wurde, der ihn trank. Diese sogenannten Gottesurteile kamen beinahe täglich vor. Manches unschuldige Opfer der Habgier oder Böswilligkeit ging dabei zugrunde. Es fiel mir sehr bald auf, daß dieser abscheuliche Brauch vielfach vorkam. Als man in der kleinen Niederlassung, die um meine Faktorei herum entstanden war, ihn wieder einmal ausüben wollte, bat ich, man solle den Beschuldigten zu aller Sicherheit in meiner Baracke einsperren, bis der verhängnisvolle Trank bereitet und die Stunde, da er ihn trinken müsse, herangekommen sei.

Es versteht sich natürlich von selbst, daß der Saucy-wood-Trank stärker oder schwächer bereitet werden kann und daß derjenige, der ihn bereitet, es in der Hand hat, seine Wirkung zu bestimmen. Wenn der Angeklagte Freunde hat, die den Juju-Mann bestechen können, wird er gewöhnlich so schwach gemacht, daß der Angeklagte ihn ohne weiteren Schaden wieder erbrechen kann; aber wenn das Opfer keine Freunde hat, wird er in voller Kraft verab-

Kroos und Fetischpriester

reicht, und dann stirbt derjenige, der ihn trinkt, ehe er noch den zweiten Becher ergreifen kann.

Bald nachdem ich meine Baracke als Gefängnis für einen Angeklagten angeboten hatte, wurde ein Kroo-Mann zu mir gebracht, den man verdächtigte, durch Beschwörungen den Tod eines Neffen verursacht zu haben. Der Juju war zu Rate gezogen worden und hatte den Verdacht bestätigt. Nun hatte man den unglücklichen Neger gefangen, gefesselt und meiner Bewachung anvertraut.

Am Morgen des nächsten Tages begann der Juju-Mann die Baumrinde feinzureiben, vermengte sie mit Wasser und ließ den Trank über einem kleinen Feuer langsam ziehen, um das Gift zu voller Kraft zu bringen. Da ich vermutete, daß man es besonders auf den gefangenen Onkel abgesehen hatte, ging ich selbst nach der Hütte des Juju-Mannes, als dieser mit seinem Gebräu beschäftigt war, und bestach ihn mit einer Flasche Rum, den Trank dreimal so stark wie sonst zu machen. Ich sagte, daß mein eigener Juju genau das Gegenteil behauptet habe, nämlich daß der Mann unschuldig sei, und daß ich jetzt besonderen Wert darauf lege, festzustellen, welches von unseren Orakeln das stärkste sei.

Der Schurke versprach mir, meinem Wunsch zu entsprechen, und ich ging zur Baracke zurück, um die verhängnisvolle Stunde zu erwarten. Bis zum letzten Augenblick blieb ich mit dem Gefangenen allein, und eben bevor die Pforte geöffnet wurde, gab ich ihm eine doppelte Dosis Brechstein, worauf ich ihn, mit Ketten beladen, herausführte. Seiner Unschuld bewußt und im festen Vertrauen auf die größere Zauberkraft des Weißen, trank der starke Neger das Gift in einem Zug aus, und noch keine Minute später bewies das erbrochene Gift, daß er unschuldig war.

Diese Geschichte verbreitete sich wie ein Lauffeuer. Der gerettete Kroo-Mann erzählte seinen Freunden von dem »Saucy-wood des Weißen«, das ich ihn in der Baracke hatte trinken lassen. Von nun ab wurden alle Angeklagten zu mir gebracht, wobei mein Brechmittel immer über das inländische Gift siegte und manches Leben rettete. Nach kurzer Zeit hörte dieser Brauch von selbst auf.

Während des Trocken-Monsuns hatten englische Kreuzer mir drei Schiffe genommen. Infolgedessen hatte ich drei Monate lang keinen einzigen Sklaven versenden können, so daß sich jetzt fünfhundert in meinen Baracken befanden, was unsere Wachsamkeit sehr auf die Probe stellte. Unter ihnen befand sich eine Familie, bestehend aus einem Mann, seiner Frau, drei Kindern und einer Schwester, die alle mit der besonderen Bedingung verkauft worden waren, daß sie zu Verbannung und Sklaverei bei Christen verurteilt waren. Den Vater hatte der Schurke von einem Fürsten persönlich gefangengenommen. Der Familie hatte man sich bemächtigt, als ihr Dorf bald darauf gestürmt worden war.

In den Augen eines Afrikaners war Barrah ein Verworfener und ein großer Verbrecher, obwohl seine Missetaten nicht schlimmer waren als andere, die man unter dem feudalen System für ehrenvoll und ritterlich hielt. Er war der verbannte Sohn eines Häuptlings im Inneren und hatte sich erdreistet, den Weg nach der Küste zu blockieren und ein Lösegeld von den Vorübergehenden und Karawanen zu fordern. So kam er in Konflikt mit Vryman und seinen Steuern, und außer daß er ihm dadurch Schaden zufügte, war er so frech gewesen, verschiedene Male dessen Vagabunden zu prügeln und auszuplündern. Endlich wurde er so reich und kühn, daß er quer über den Weg viele Hütten baute, die er nach allen Regeln der Kunst verstärkt hatte. Dies war meinem kleinen Fürsten an der Küste natürlich ein Dorn im Auge. Er ruhte darum auch nicht eher, bis Barrah gefangen war. Als er ihn endlich in seiner Macht hatte, hätte er seinen erbitterten Feind eigentlich am liebsten sofort getötet, aber die Vermittlung seiner Freunde und die Erwägung, daß ein lebendiger Neger mehr Wert hatte als ein toter, hatten Seine Hoheit zu dem Entschluß gebracht, ihn unter der Bedingung zu verkaufen, daß er nach Kuba gesandt würde.

Barrah versuchte mehrmals ohne Erfolg, die Wachsamkeit meiner Wächter zu täuschen und aus der Baracke auszubrechen. Sie mußten daher auch oft seine Freiheit beschränken, ihm seine Bequemlichkeiten entziehen und schwerere Fesseln anlegen. Er war wirklich einer der furchtbarsten Wilden, die ich jemals kennenlernte. Einmal steckte er die Bambus-Matten in Brand, die einen Teil der Baracken gegen die Sonne schützten. Hierfür bekam er eine tüchtige Tracht Prügel. Aber als er am nächsten Tag unter dem Vorwand, daß er Fieber habe, die Erlaubnis erhielt, schwer gefesselt, wie er war, sich am Küchenfenster niederzusetzen, warf er plötzlich ein Stück brennendes Holz auf das Dach und ergriff ein zweites, mit dem er zum Pulvermagazin rannte. Seine Ketten hinderten ihn jedoch, sein Ziel zu erreichen, ehe er niedergeschlagen wurde.

Bald darauf besuchte mich der Fürst und wollte ihn zurücknehmen, wovon ich ihn mit allen Getränken, die ich ihm anbot, und trotz der Vorhersage, daß er einen großen Verlust erleiden würde, nicht abbringen konnte; aber inzwischen hatte der Bassa-Häuptling, dem mein kleiner Fürst Gehorsam schuldete, von Barrahs Anschlag auf das Pulvermagazin gehört und forderte seine Auslieferung, damit er den Landesgesetzen gemäß seine Missetat auf dem Scheiterhaufen büße. Was ich auch sagte, nichts konnte seine Richter milder stimmen; sie blieben dabei, daß nur ein grausamer Tod das Volk, dessen Leben durch den Räuber bedroht worden war, zufriedenstellen konnte. Trotzdem wollte ich das Schlachtopfer nicht zu einer solchen Strafe abtreten.

Schließlich kamen wir zu einem Vergleich, Barrah wurde in Anwesenheit aller Sklaven und Stadtbewohner totgeschossen. Von allen Zuschauern machten sich seine Frau und seine Schwester am wenigsten daraus.

Es gibt keinen Fluß bei der Niederlassung in Neu-Sestros, obgleich die Geographen mit ihrer gewohnten Genauigkeit, soweit es Afrika betrifft, auf See- und Landkarten einen hingezeichnet haben. Zwei Meilen von dem kurzen und gefährlichen Strand, an dem ich meine Barakken gebaut hatte, war ein kleines Flüßchen, das die Eingeborenen wegen seiner geringen Tiefe und seines engen felsigen Eingangs den »Armen Fluß« getauft hatten. Meine Faktorei lag aber in dem eigentlichen Neu-Sestros, und da gab es, wie ich bereits sagte, keine Wasserabfuhr aus dem Inneren und tatsächlich nichts anderes als ein Stück Küste von zweihundert Ellen, das an beiden Seiten von gefährlichen Klippen eingeschlossen war. An einer solchen Küste, die vor der vollen See offen liegt und stets wütenden Stürmen ausgesetzt ist, ist eine Landung immer gefährlich; denn selbst bei vollkommener Ruhe und Stille gibt es doch immer eine sehr starke Brandung. Die Wogen kommen mit einer riesigen Kraft heran und bedrohen alle Boote, die sich ohne Erfahrung hineinwagen. Eigentlich würde es beinahe unmöglich sein, in Neu-Sestros zu landen, wenn die geschickten Kroo-Männer nicht wären, die mit ihren Kanus die Wogen durchschneiden und trotz deren Riesenkraft darüber hinweg scheren.

Kroo- und Fish-Männer sind ganz anders als die Buschneger. Die beiden ersteren leben ausschließlich an der Meeresküste und werden, da sie völlig von den anderen afrikanischen Stämmen getrennt sind, von ihren Ältesten in einer etwas demokratischen Weise regiert. Die Buschneger erlauben den Kroo- und den Fish-Leuten nicht, mit dem Inland Handel zu treiben, aber umgekehrt sind diese geschickten Schiffer an der ganzen Küste entlang übermächtig, was den Handel mit Schiffen betrifft. Da europäische und amerikanische Boote gegen die Brandung, die ich beschrieben habe, nichts ausrichten können, sind die Kroo- und die Fish-Männer nicht nur gegenüber ihren Brüdern aus dem Busch, sondern auch gegenüber den Weißen im Vorteil. Sie unterlassen es auch nicht, hiervon zu profitieren. Kurz gesagt, die Sache läuft darauf hinaus, daß die Buschneger kämpfen, reisen, stehlen und Handel treiben, während die Kroo- und die Fish-Kerle, die schon seit Jahrhunderten siebenhundert Meilen der afrikanischen Küste besetzt halten, die Seefahrer sind, ohne deren Geschicklichkeit und Kühnheit die Sklaven der Karawanen und Baracken keine Abnahme finden würden. Und besonders ist dies der Fall, seitdem englische, französische und amerikanische Kreuzer den Handel aus jedem Winkel und Loch der Westküste, das nur irgendwie etwas von einem Hafen hat, vertrieben und die Sklavenhändler gezwungen haben, auf einer offenen Reede auf ihre Beute zu warten.

Die Kroo-Kanus, die vorn und achtern messerscharf zusammenlaufen, werden aus einem massiven Baumstamm bis auf Daumendicke ausgehöhlt. Sie sind so leicht, daß sie wie eine Feder auf der Oberfläche des Meeres treiben. In einem Kanu haben vier Mann Platz, es kann sehr leicht von einem Mann transportiert werden. Beide Stämme stehen daher bei allen Sklavenhändlern, Kaufleuten und Kriegsschiffen, die an der Westküste von Afrika fahren, in großer Gunst. An Land vermeiden es Händler, mit ihnen Streit anzufangen.

Als ich in Neu-Sestros landete, hatte ich dafür gesorgt, bald eine kleine Flotte dieser Wasserratten zur Verfügung zu haben. In dem Maß, wie meine Freigebigkeit nach Norden und Süden an der Küste bekannt wurde, nahm die Zahl meiner Untergebenen schnell zu. Nach sechs Monaten nannten ein paar konkurrierende Städtchen – eins von den Kroo- und eins von den Fish-Leuten – mich nicht anders als »Admiral« und »Konsul«. Mit solchen Hilfstruppen zu meiner steten Verfügung, kümmerte ich mich gewöhnlich nicht sehr um die Brandung, wenn Sklaven eingeschifft werden mußten. In Gallinas, wo Don Pedro selbst die Aufsicht führte, wurden immer alle Maßnahmen getroffen, um eine genügende Anzahl dieser Leute mit ihren Booten bereitzuhaben, und ich zweifle nicht, daß man dort, als die Niederlassung in voller Blüte stand, in einem günstigen Zeitpunkt mindestens tausend Sklaven binnen vier Stunden einschiffen konnte. Dennoch habe ich von Kroo-Negern in Gallinas die schrecklichsten Erzählungen von Unglücksfällen beim Transport von Negern über die dortige gefährliche Bank gehört. Sogar beim Trocken-Monsun ist der Fluß dort oft gefährlich. Und so geschickt die Kroos auch waren, konnten sie es doch nicht verhindern, daß eine Bootsladung nach der anderen eine Beute der gierigen Haifische wurde.

Für mich in Neu-Sestros lief alles sehr günstig, als der Proviant des Kreuzers, der mich schon eine lange Zeit mit seiner Blockade geärgert hatte, zu Ende ging, so daß er gezwungen war, nach Sierra Leone zurückzukehren. Mein gutbezahlter Spion – ein Kroo, den der Kreuzer in Dienst genommen hatte – benachrichtigte mich bald, daß und warum der Kreuzer abgefahren war. Binnen einer Stunde war alles am Strand in vollster Bewegung; ein schnelles Kanu wurde nach Gallinas geschickt mit der Botschaft an

Don Pedro: »Die Küste ist sicher – sende mir ein Schiff – befreie mich von meiner Überfülle!«

Noch waren keine achtundvierzig Stunden verstrichen, als die beiden Masten einer Klipper-Brigg am Horizont auftauchten, die das Signal zur Einschiffung gab. Alle waren da, sie willkommen zu heißen, denn seit Tagesanbruch hatten sich Kroo-, Fish-, Buschleute sowie Bassa-Neger bereitgehalten, sie zu empfangen und ihren Lohn zu verdienen. Am Tage vorher hatte kein Boot ausfahren dürfen, so daß in der ganzen Niederlassung kein einziger Fisch zu bekommen war. Solche genauen Vorsorgemaßregeln werden vorsichtige Sklavenhändler immer anwenden; sie sind unentbehrlich, denn sehr wahrscheinlich hatte der Kreuzer unter meinen Leuten einen Spion in seinem Dienst, ebenso wie ich einen unter seinen Leuten hatte.

So weit war alles in bester Ordnung. Aber ach! es war Vollmond, und dann ist die afrikanische Brandung besonders gefährlich. Wenn ich auf meiner Veranda horchte oder aus meinem Aussichtsturm blickte, donnerte sie auf den Strand, als ob ganze Armeen Kavallerie anstürmten. Mein wachsamer Feind war schon seit ein paar Tagen weg, und ich erwartete jeden Augenblick seine Rückkehr. Obwohl die Einschiffung also sehr gefährlich war, mußte sie doch vor sich gehen; es blieben nur mehr vier Stunden, bis es dunkel wurde. Ich wußte, daß es ein Wagnis war; aber als ich mit den Häuptlingen der Kroo- und der Fish-Leute überlegte, gelang es mir doch, sie durch das Versprechen einer dreifachen Vergütung zu bewegen, es mit den kleinsten Kanus und den besten Ruderern zu versuchen. Ein Trupp starker junger Leute sollte bereitstehen, sich in das Wasser zu stürzen, sobald die Wogen ein Boot zum Umschlagen brächten.

Wir begannen mit den Frauen, diese sind nämlich immer am schwersten einzuschiffen; siebzig kamen wohlbehalten an Bord. Jetzt folgten die Männer. Inzwischen hatte sich aus Südwesten ein Seewind erhoben, der einem tüchtigen Sturm glich und die Wogen mit immer größerer Heftigkeit aufpeitschte, so daß beinahe jede zweite Nußschale mit ihrer lebenden Ladung umschlug. Es war nur ein Glück, daß unsere Haifische an diesem Abend irgendwo anders ein Fest zu haben schienen, so daß immer wieder die Neger aus den Wogen gerettet werden konnten. Aber die Sonne sank schnell, und es waren erst zwei Drittel meiner Sklaven an Bord.

In fieberhafter Aufregung rannte ich am Strand hin und her, ermunterte Bootsleute und Schwimmer und feuerte sie durch Schmeicheleien, Drohungen und indem ich ihnen zu trinken gab, an. Aber je öfter sie ans Ufer zurückkamen, um so erschöpfter wurden sie, und sie weigerten sich schließlich, noch einen Finger zu rühren. Der Rum, der sie bisher sozusagen elektrisiert hatte, wirkte nicht mehr. Pulver, Musketen und Handelsgegenstände lockten sie nicht; denn sie beschäftigten sich niemals mit Menschenraub oder Sklavenhandel.

Je mehr es Nacht wurde, desto stärker tobte der Sturm. Dort lag die Brigg mit beigedrehten Marssegeln und gab Signal auf Signal zur Eile, und ich, unglücklicher Händler, konnte nichts tun! Ich war der Verzweiflung nahe und wollte es schon aufgeben, als mir plötzlich einfiel, daß ich noch eine Menge venezianischer Perlen aus unechten Korallen irgendwo in einer Kiste hatte. Diese waren gerade damals bei den Mädchen am Strand in der Mode. Jede Schöne sehnte sich glühend danach, solche zu besitzen. Nun hat ein Fräuleinlächeln in Afrika dieselbe zauberische Kraft wie überall in der Welt. Durch das Angebot einer Korallenschnur für jeden eingeschifften Neger bekam ich alle Frauen und Mädchen von Sestros auf meine Seite. Im Augenblick schien es, als ob ein Vogelschwarm zwitscherte und schnatterte. Mütter, Schwestern, Töchter, Frauen und Bräute, alle bemühten sich um die Einschiffung, brachten ihre Männer mit guten und bösen Worten dazu, wieder an die Arbeit zu gehen. Ehe die Sonne ganz unter dem Horizont verschwunden war, sandten einige Schnüre unechter Korallen und die Küsse einiger Negerfrauen noch etwa hundert Afrikaner in spanische Sklaverei.

Aber damit war es auch zu Ende. Nicht einmal die Korallen halfen mehr. Drei Sklaven ertranken oder fielen den Haifischen zum Opfer, während die Brigg im Dunkel ohne die übriggebliebenen hundertundzwanzig Neger, die ich für ihren Raum bestimmt hatte, abfuhr.

Am nächsten Morgen lag der Kreuzer wieder auf seiner alten Stelle. In einer unwiderstehlichen Aufwallung von Hilfsbereitschaft sandte ich eiligst einen Kroo-Neger mit meinen Empfehlungen an ihn und einem ehrlich gemeinten Angebot, ihm nötigenfalls zu helfen.

36. Kapitel

Der Mord an Gouverneur Findley

Ungefähr um diese Zeit ließ ein spanisches Schiff von den Kanarischen Inseln dicht vor meiner kleinen Reede seinen Anker fallen. Es hatte eine Ladung Früchte an Bord gehabt, die zum größten Teil in Goree, Sierra Leone, Gallinas und Kap Mesurado abgesetzt worden waren, und brachte mir nun einen Brief von Blanco. Dieser hatte es gechartert, um von der Getreideküste nach meinen Anweisungen eine Ladung Reis zu holen.

Meine Baracken waren in diesem Augenblick so gut wie leer. Da die Jahreszeit sich nicht zum Handel eignete und meine Anwesenheit auf der Faktorei nicht erforderlich war, bedachte ich, wenn ich einmal ein paar angenehme Wochen verbringen und mich ganz von den Ermüdungen der letzten Zeit ausruhen wollte, so könnte ich nichts Besseres tun, als mein Gepäck an Bord der *Brilliant* schaffen zu lassen und selbst den Einkauf zu erledigen.

Gesagt, getan; wir besuchten ein paar englische Faktoreien an der Küste, in denen ich Reis einkaufte, und blieben auf der Rückreise vor der Flußmündung liegen, um Proviant einzunehmen. Hier traf ich Gouverneur Findley, das Oberhaupt der Kolonie, der schon längere Zeit krank war. Medizinen halfen nicht mehr, aber man meinte, daß eine Seereise, auch wenn diese nur ein paar Tage dauerte, ihm guttun würde. Wenn ich auch ein Sklavenhändler war, so versäumte ich doch niemals, den Herren der afrikanischen Küste eine Höflichkeit zu erweisen, wenn die Gelegenheit sich bot, ich war daher auch sehr stolz, als Gouverneur Findley meine Einladung, mit der *Brilliant* einen Ausflug entlang der Küste zu machen, annahm. Er wollte Monrovia und Bassa besuchen, dort in dem einen oder andern Hafen an Land gehen und dann die Rückkehr des Kapitäns abwarten.

Ich fuhr nun, so langsam, wie ich nur konnte, die Küste entlang, um dem Gouverneur möglichst Gelegenheit zu geben, die Seeluft zu genießen. Doch als ich unterwegs in Neu-Sestros landete, fand ich drei Handelsschiffe vor, deren Ladung an mich konsigniert war, so daß ich meine Reise abbrechen und zu meinen Geschäften zurückkehren mußte. Aber ich ließ den Gouverneur in guter Hut zurück und gab dem Kapitän den Auftrag, drei Tage zu seiner Verfügung zu bleiben und ihn dann nach Monrovia, den letzten Ort, den er besuchen wollte, zu bringen.

Der Rio San Juan oder der Große Bassa ist nur vierzehn Meilen nordwestlich von Neu-Sestros, aber es war doch schon beinahe dunkel, als die *Brilliant* die Mündung des Flusses erreichte.

Der spanische Kapitän riet meinem Gast, erst am nächsten Morgen an Land zu gehen; aber der Gouverneur war so unruhig und fürchtete einen Aufschub, daß er diesen Rat in den Wind schlug und sich bei der Stadt der Eingeborenen in der Absicht an Land bringen ließ, die zwei Meilen Strand, die ihn von der amerikanischen Niederlassung trennten, zu Fuß zurückzulegen.

Als Findley von der *Brilliant* in das Kanu des Kroo-Mannes überstieg, hörte man das Klirren von Geld in seinen Taschen, und man riet ihm, sein Geld zu verwahren oder es an Bord zu lassen. Aber der Gouverneur lachte darüber und stieg, ohne die Warnung weiter zu beachten, in das kleine Boot des Afrikaners.

Es wurde Nacht. Ein dunkler Schleier senkte sich über die See und die Küste. Zweimal ging die Sonne auf und unter, ohne daß man etwas von dem Gouverneur hörte. Endlich wurde der Kapitän ungeduldig über den Aufenthalt und sandte einen von meinen Dienern, der englisch sprach, nach der amerikanischen Niederlassung. Niemand hatte etwas von dem Gouverneur gesehen oder gehört. Als der Junge jedoch rasch zurückkehrte, ging er den Strand entlang, und auf halbem Wege zu der Stelle, wo das Schiff lag, fand er einen menschlichen Leichnam, der mit einer tiefen Kopfwunde im Wasser trieb und gegen die Felsen stieß. Das Gesicht war so verstümmelt, daß man es nicht erkennen konnte, aber die Kleidung, an die er sich sehr gut erin-

Fort Goree am Senegal

nern konnte, ließ bei dem Diener keinen Zweifel bestehen, daß es die Leiche Findleys war.

Seine Erzählung erweckte große Bestürzung an Bord der

Brilliant, und der Kapitän, der die Küste und die Eingeborenen nicht kannte, wagte es wegen der Gefahr eines Hinterhaltes nicht, zu landen, um die Leiche seines unglücklichen Passagiers zu bestatten. Er hielt es in diesem Dilemma für das Vernünftigste, die vierzehn Meilen nach Neu-Sestros zurückzufahren und meinen Rat zu hören, ehe er sich an Land wagte.

Der Zufall wollte es, daß die drei Handelsschiffe ihre Ladung schon gelöscht hatten. Die leeren Schiffe lagen auf der Reede vor Anker, und die Schiffsoffiziere erklärten sich sofort bereit, mir bei allem beizustehen, was ich für nützlich halten würde. Meine Kollegen gehörten drei verschiedenen Nationen an: Einer war ein Spanier, einer ein Portugiese und der dritte ein Amerikaner.

Am nächsten Morgen war ich früh an Bord des Spaniers; ich sandte zu dem portugiesischen Kapitän und ließ beide Mannschaften antreten. Mit Nachdruck wies ich auf die Schande hin, die der Flagge von Kastilien durch den an einem Beamten hohen Ranges begangenen Mord angetan worden war, nachdem dieser sich ihrem Schutz anvertraut hatte. Ich bewies ihnen die Notwendigkeit, das schimpfliche Verbrechen sofort zu rächen, und endete mit der Mitteilung, daß unsere Kapitäne beschlossen hätten, mir zu helfen, unsere Flagge in Ehren zu halten. Als ich zum Schlusse die Hoffnung aussprach, daß die Männer nicht zögern würden, dem Beispiel ihrer Offiziere zu folgen, erhob sich der einstimmige Ruf, daß sie bereit seien, an Land zu gehen und die Neger zu bestrafen.

Sobald unsere Absicht an Bord des Amerikaners bekannt wurde, bestand auch dessen Kapitän darauf, an der Expedition teilzunehmen. Gegen Mittag war unser kleines Geschwader mit fünfzig Musketen in den Kajüten unterwegs.

Ich machte einen vorläufigen Plan, unter Drohung unserer Flotte die Auslieferung des oder der Mörder des Gouverneurs Findley zu verlangen und diese dann auf seinem Grab oder an der Stelle, wo sein Leichnam gefunden worden war, zu töten. Wenn uns das nicht gelang, wollte ich einen Teil der Mannschaft an Land setzen und die Städtchen verwüsten, die der Stelle, wo die Tragödie sich abgespielt hatte, am nächsten lagen.

Es war noch mehr als eine Stunde vor Sonnenuntergang,

als wir hintereinander an den Niederlassungen der Eingeborenen an der unseligen Küste vorbeifuhren und unsere Flaggen und Wimpel hißten. Auf der Höhe des San-Juan-Flusses gingen wir wie Kriegsschiffe über Stag, segelten wieder südwärts und nahmen unsere Stellung gegenüber einer anderen Stadt ein, um sie bestreichen zu können.

Während ich mit der Planung und der Ausführung dieser Maßnahmen beschäftigt war, hatten die Bewohner der amerikanischen Kolonie die Nachricht von der Katastrophe erhalten und den verstümmelten Leichnam des armen Findley gefunden. Gerade als wir vor die Mündung des Flusses kamen, fand eine Versammlung statt, um zu beraten, auf welche Weise die Wilden am besten bestraft werden konnten.

Wir lagen noch nicht lange vor Anker, als Gouverneur Johnson einen Kroo-Mann sandte, um sich zu erkundigen, ob ich an Bord eines befreundeten Geschwaders sei. Wenn dies der Fall wäre, dann hoffte er, daß ich sofort an Land kommen und mich für die beabsichtigte Bestrafung seinen Truppen anschließen würde.

Inzwischen waren die schlauen Wilden, die schnell bemerkt hatten, daß wir über keine Kanonen verfügten, in großer Schar an den Strand gekommen. Da unsere Musketen sie nicht erreichen konnten, machten sie allerlei beleidigende Gebärden und schienen uns herauszufordern.

In dieser Nacht wurde nichts gegen die Schwarzen unternommen. In einer Ratssitzung in der amerikanischen Niederlassung beschlossen wir, daß die Expedition mit einem Geschütz verstärkt am nächsten Tage den Strand entlang vorrücken sollte und ich dann in kurzer Entfernung von dem Städtchen mich mit meinen Matrosen ihr anschließen würde.

Genau zur verabredeten Zeit, um neun Uhr morgens, erschien die Flagge der Kolonie mit Trommel und Flöte am Strand. Ihr folgten vierzig Mann, die das Feldgeschütz zogen. Sofort setzten wir fünf Boote mit bewaffneten Matrosen aus, um den Angriff zu unterstützen. Die Kolonisten waren inzwischen zu einem großen Felsen gekommen, der wie ein Bollwerk den Strand absperrte und schon von den Eingeborenen besetzt war. Meine Flankenstellung erwies sich nun von großem Nutzen, um den Feind zu vertreiben. Natürlich trieb ich die Ruderer zur Eile an, um den Durchgang zu öffnen. Da ich ganz und gar nicht wußte, wieviele Wilde sich im dichten Strauchwerk, das bis zu fünfzig Fuß von der Wasserlinie wuchs, versteckt hatten, ließ ich die Boote im Abstand eines Musketenschusses halten. Ein paar Salven aus unseren Gewehren vertrieben die Verteidiger von dem Felsen. Ein einziger Wilder wurde dabei tödlich verwundet.

Dann rückten die Kolonisten zu dem verlassenen Bollwerk vor, wo wir uns zu ihnen gesellten. Wheeler, der die Amerikaner befehligte, schlug jetzt vor, geschlossen gegen die Ortschaft vorzugehen und eine Schlacht zu liefern, wenn die Schwarzen da standhalten sollten. Aber sein Plan kam nicht zur Ausführung, weil wir aus dem Strauchwerk angegriffen wurden, noch ehe wir zu den Negerhütten kamen. Ihre Absicht war, sich in dem dichten Unterholz versteckt zu halten, von dort aus zu schießen und dann wegzulaufen; und da wir am Strand ihrem Feuer ausgesetzt waren, konnten wir nichts anderes tun als uns verteidigen, ihren Kugeln auszuweichen versuchen und auf Feinde schießen, von denen wir nur den Rauch ihrer abgeschossenen Gewehre sahen. Manchmal kamen große Trupps Wilde außerhalb der Reichweite unserer Musketen zum Vorschein, warfen ihre Gewehre und Lanzen in die Höhe, schwangen ihre Hackmesser, zeigten uns ihre bloßen Glieder, schlugen sich auf die Brust und verschwanden wieder. Aber dieses nette Spiel dauerte doch nicht lange. Ein kräftiger Kolonist namens Bear, der ein langes, schweres, altmodisches Gewehr trug, stützte dieses auf meine Schulter und ließ, als wieder ein Trupp der höhnischen Spaßvögel seine Künste zeigte, den Anführer mit einer Yankee-Kugel ins Gras beißen. Jetzt traten unsere Kanonen und unsere Donnerbüchsen in Tätigkeit, um das Krummholz zu säubern und die Scharfschützen daraus zu vertreiben, die im Vertrauen auf die Sicherheit ihres undurchdringlichen Verstecks mit größerer Zielsicherheit zu schießen begannen, als es uns erwünscht war. Auf unserer Seite wurde ein Kroo-Mann getötet und ein Kolonist schwer verwundet. Wir sandten jetzt immer nur ein paar Mann als Tirailleurs aus, die vorwärts rannten und ein paar Schüsse in das Strauchwerk abgaben, während der Haupttrupp den Strand entlang nach dem Städtchen zog. Indem wir dieses Manöver ein paarmal wiederholten, erreichten wir ohne weiteren Verlust die Niederlassung.

Hier erwarteten wir natürlich, die Wilden in voller Schlachtordnung aufgestellt zu finden, um ihre Häuser zu verteidigen. Doch als wir vorsichtig in den Ort einrückten und uns nach dem ersten, etwas abseits gelegenen Haus schlichen, war es leer. Beim zweiten, dritten, vierten ging es ebenso. Nun marschierten wir durch die ganze Stadt und fanden, daß sie gänzlich verlassen war; selbst den Hausrat, das Vieh, die Geräte, sogar die Türen hatten die Flüchtlinge mitgeschleppt. Nur den Schutzgott hatten sie zurückgelassen, der über ihre Wohnungen wachen sollte. Aber seine Macht erwies sich nicht als ausreichend; denn wir zündeten sie an, und binnen einer Stunde gingen fünf der Bambus-Gehöfte in Flammen auf.

Schon während wir auf das Städtchen vorrückten, zeigte es sich, daß unser Angriff eine starke Bresche in unseren Munitionsvorrat geschlagen hatte. Darum hielten wir es für nötig, einen Boten nach der Kolonie zu senden, um ihn zu ergänzen. Durch Achtlosigkeit oder infolge eines Mißverständnisses gelangten jedoch das Pulver und die Kugeln nicht in unseren Besitz. Als das Städtchen verwüstet war, kam niemand auf den Gedanken, in den Wald einzudringen und das Ungeziefer mit dem Rest der Patronen, die wir noch in unserer Kiste und den Schachteln hatten, daraus zu verjagen. Ich bin niemals dahintergekommen, was der Grund dieser unverzeihlichen Nachlässigkeit war, noch welcher Offizier dafür die Verantwortung trug; aber es wurde jetzt beschlossen, nachdem wir uns zum Teil gerächt hatten, nicht länger mit der Rückkehr zu warten.

Bis jetzt hatten sich die Afrikaner auf eine verteidigende

Haltung beschränkt. Sobald sie aber sahen, daß wir an den Strand zurückkehrten, schien jedes Gestrüpp und Gesträuch wieder von Feinden zu wimmeln, die zum Angriff übergingen. Eine Weile lang hielt unsere Kanone sie in Schach, aber bald hatten wir keine Kartätschen mehr. Als ich damit beschäftigt war, die restlichen Kugelpatronen richtig zu verteilen, traf mich ein Stück Eisen in den rechten Fuß. Im ersten Augenblick fühlte ich kaum, daß ich getroffen war, und ging weiter; aber während ich durch den Sand und das Seewasser watete, begann meine Wunde zu schmerzen. Da ich mit jedem Schritt mehr Blut verlor, war ich bald gezwungen, in das Kanu meiner Kroo-Männer einzusteigen.

Als sie sahen, daß ich blutend nach dem Boot getragen wurde, brachen die Wilden in lauten Jubel aus und gaben ihrer Freude und Verachtung durch Gebärden Ausdruck. Nachdem ich in ruhiges Wasser gekommen war, wandte ich meine Blicke nach dem Strand, von woher eine triumphierende Kriegstrommel zu mir herübertönte, und sah, wie die Kolonisten die Flucht ergriffen, wobei sie ihre Artillerie in der Hand des Feindes zurückließen. Es wurde später behauptet, daß der Anführer des Trupps, als er sah, wie gefährlich die Lage war, alle Besinnung verloren und den Befehl zu dem übereilten und unglücklichen Rückzug gegeben hatte. Der Rückzug machte die Neger so übermütig, daß sie noch am Abend Rache für den Brand ihres Städtchens übten, indem sie Bassa Cove in Asche legten.

Am nächsten Tage wurden meine eigenen Leute und die Freiwilligen des spanischen, des portugiesischen und des amerikanischen Schiffes an Bord gesandt; acht von ihnen hatten Verwundungen, aber glücklicherweise war keine einzige Wunde gefährlich. Die Flucht meiner Kameraden feuerte nicht nur die Schwarzen an, sondern verbreitete auch eine Panik unter den Kolonisten. Sie sagten mir, daß die Niederlassung der Gefahr ausgesetzt wäre, angegriffen zu werden. Darum verließ ich San Juan nicht, ohne dem Gouverneur Johnson zwanzig Musketen und einige Fäßchen Pulver geschickt zu haben.

Ich habe vielleicht allzu ausführlich diesen traurigen Vorfall beschrieben, aber dafür gibt es einen Grund. Man sprach damals sehr häßlich über den toten Gouverneur Findley, weil er als Beamter das Anerbieten einer Überfahrt auf der *Brilliant* angenommen hatte, von der zu Unrecht behauptet wurde, daß sie ein spanisches Sklavenschiff war. Unter den frommen Brüdern gab es sogar einzelne, die so weit gingen, daß sie seinen Tod als eine Strafe betrachteten, weil er das Deck eines solchen Schiffes betreten hatte.

37. Kapitel

Drei Jahre Sklavenhändler in Neu-Sestros

Bei der erstbesten Gelegenheit berichtete ich Don Pedro Blanco von dem Unfall, den sein Faktor gehabt hatte, damit ich eigens einen Schreiber bekäme, der sich um den aktiveren Teil unserer Geschäfte kümmern könnte. Don Pedros Antwort war sehr kennzeichnend. Der Brief begann mit einem Wechsel für fünfhundert Dollar, die er mich ermächtigte, der Witwe und den Waisen von Gouverneur Findley zu übergeben, wenn er Frau und Kinder hinterlassen haben sollte. Darauf folgten Kommentare des Sklavenhändlers von Gallinas zu meinem tollen Unternehmen. Obwohl sie in sehr höflichem Ton gehalten waren, erhielten sie doch eine sehr bestimmte Mißbilligung meines törichten Versuches, die Neger zu züchtigen. Meine Motive tadelte er nicht, aber wenn nicht alle Maßregeln getroffen waren, um einen vollständigen Erfolg sicherzustellen, fand er jeden rachsüchtigen Angriff auf Neger unvernünftig. Don Pedro hoffte, daß ich in Zukunft die Dinge etwas ruhiger auffassen und mein Leben und sein Eigentum nicht mehr aufs Spiel setzen würde. Er schloß seinen Brief, indem er ihn adressierte an:

Señor Pulver
in seinem Magazin
NEU-SESTROS.

Das Eisen hatte meinen Fuß dicht über dem Knöchelgelenk getroffen und das Fleisch und die Sehnen verletzt. Durch die schmerzhafte und gefährliche Wunde war ich gezwungen, neun Monate lang an Krücken zu gehen. Während der langen Zeit, die ich im Hause zubringen mußte, wo ich vor Langeweile beinahe starb, hatte ich wenig anderes zu tun, als eine allgemeine Aufsicht über die Faktorei auszuüben. Hie und da ereignete sich etwas, was mein eintöniges Leben im Krankenstuhl unterbrach und mich für einen Augenblick den Schmerz, den ich in meinem lahmen

Fuß hatte, vergessen ließ. Eins dieser Dinge war ein Brief, den ein Küstenfahrer heimlich an meinem Landungsplatz abgab und der von dem armen Josef, meinem alten Partner am Rio Pongo, kam, der in Schwierigkeiten war. Und obgleich der undankbare Taugenichts niemals meine Bitten aus dem Schloß von Brest beachtet hatte, zögerte er nicht, sich an mich mit dem Ruf um meine brüderliche Hilfe zu wenden. Auf einem spanischen Sklavenschiff gefangengenommen, war er rettungslos kompromittiert nach Sierra Leone gebracht worden, wo er sich jetzt, zur Verbannung verurteilt, befand. Der Brief deutete an, daß eine tüchtige Geldsumme sein Entkommen selbst aus den zähen Klauen des britischen Löwen bewerkstelligen könnte; und wie ich so an frühere Zeiten zurückdachte, an die vielen fröhlichen Stunden, die wir in Kambia verbracht hatten, vergab ich ihm. Ein Wechsel auf Don Pedro wurde ohne Schwierigkeiten in Sierra Leone einkassiert, obwohl der Trassant ein Sklavenhändler war und die Transaktion auf dem Rechtsgebiet des Heiligen Georg und seines Kreuzes stattfand. Es war ein »reines Handelsgeschäft« und daher keine Sünde. So geschah es, daß sich innerhalb eines Monats Josef und sein bestochener Wächter unterwegs nach Rio Pongo befanden.

Inzwischen hatte die Faktorei-Filiale in Neu-Sestros in Kuba und Porto Rico eine gewisse Berühmtheit erlangt. Unsere Behandlung der Kapitäne, die Art meiner Ladungen und die kurze Zeit, innerhalb welcher ich einen Kunden und sein Schiff zurücksandte, waren auf den Inseln sprichwörtlich geworden. Das dritte Jahr seit meiner Niederlassung war noch nicht verstrichen, als die Nachfrage nach Sklaven so stieg, daß trotz Rum, Kattunstoffen, Musketen, Pulver, Menschenraub und Kriegen des hiesigen Fürsten die Gegend nicht genügte, allen Anfragen nachzukommen.

Um Neu-Sestros zu Hilfe zu kommen, hatte ich verschiedene Pflanzungen oder kleine Faktoreien angelegt, die im Abstand von ein paar Meilen von der Grenze von Liberia lagen. Diese »Erholungshäuser« versahen meine eigenen

Baracken mit jungen, kleinen Negern, die meiner Vermutung nach größtenteils in der Nähe der Küste gestohlen worden waren.

Nachdem ich vollständig von der Verwundung, welche ich mir in meinem ersten Kampf aus Menschenliebe geholt hatte, geheilt war, belud ich meinen geräumigen Kutter mit einer ausgesuchten Kollektion von Handelswaren und ging eines schönen Morgens nach dem Außenposten in Digby unter Segel. Ich hatte auch die Absicht, eine andere Empfangsstation dicht bei Kap Mount einzurichten, wenn dies erwünscht schien.

Aber mein Besuch in Digby fiel nicht gut aus. Die Baracken waren leer und unsere Waren auf Kredit verzettelt worden. Das ärgerte mich sehr, und es würde, wenn mein Angestellter auf seinem Posten gewesen wäre, zu einem Gespräch gekommen sein, das weder für ihn noch für den »Herrn Pulver« angenehm oder nützlich gewesen wäre. Aber zum Glück für uns beide war er im Innern bei einem Fest mit irgendeinem König. Daher verweigerte ich die Ausschiffung meiner Waren und fuhr weiter nach dem nächsten Dorf. Hier machte ich bessere Geschäfte. Unser Rum wurde mit freigebiger Hand ausgeschenkt. Und so kam es zu einer »entente cordiale«, auf die ein Diplomat bei seinem ersten Diner in einer neuen Stadt eifersüchtig hätte sein können. Die nackten Schurken drängten sich wie Geier um mich herum. Ich bekleidete ihre Lenden mit vielfarbigen Röckchen und schmückte sie mit Federn, die so bunt waren wie die eines Papageis. In fünf Tagen tauschte ich neunzehn eben »angekommene« Schwarze gegen Londoner Musketen, Yankee-Grog und Manchester-Kattun.

Obwohl mein Kutter nur siebenundzwanzig Fuß lang war, hatte er doch genug Raum, um den Trupp aufzunehmen, da die Reise nur kurz und die Sklaven nur Jungen und Mädchen waren. So wandte ich wohlgemut bei heiterem Himmel mein Schiff heimwärts. Aber ehe die Nacht hereinbrach, hatte sich alles geändert. Wind und See wurden unruhig. Blutrot sank die Sonne. Nach einer Weile begann ein Regenguß, und in der Nacht überfiel uns ein wütender Sturm. Die Brandung ging so hoch, und die Küste lag so offen, daß es ganz unmöglich war, ein Fleckchen zu finden, wo wir im Schutz des Landes ruhig hätten abwarten können, bis der Sturm sich gelegt hatte. Am besten schien es noch, darauf zu vertrauen, daß der Kutter es in offener See aushalten würde, ohne unterzugehen. So fuhren wir mit unserem Stückchen Segel bis zum Tagesanbruch längs den Brandungen, wobei ich mich nach dem Getöse richtete, mit dem die Wogen aufschlugen. Aber als die Sonne über dem Horizont heraufstieg – nur eben durch einen Riß in den Wolken hindurchspähend, um sich sofort wieder hinter einem grauen Nebel zu verbergen –, sah ich sofort, daß die Küste keine einzige Möglichkeit bot, unsere Schwarzen irgendwo in der Nähe einer befreundeten Stadt an Land zu setzen. Überall donnerte die Brandung gegen die Küste. Nicht einmal die geschicktesten Kroo-Männer hätten ihre Boote hindurchsteuern können. Mit gerefften Segeln flog ich also weiter, wobei die Wogen immer wieder über den Kutter schlugen, bis wir ungefähr gegenüber von Monrovia waren, wo ich mich vor Kreuzern sicher wußte. Als es dunkelte, ging ich hier unter dem Schutz des Kaps vor Anker und verbarg meine Ladung unter unseren überflüssigen Segeln.

Bei Sonnenuntergang hatte sich der Wind gelegt. Gegen Morgen konnten wir wieder weiterfahren. Wir hatten das Kap noch nicht verlassen, da begann der Wind wieder mit voller Kraft zu stürmen. Außerdem hatten wir die Strömung gegen uns, so daß wir nicht vorwärtskamen. Dennoch blieb ich bis zum Abend draußen und kroch dann wieder zu meinem geschützten Ankerplatz zurück.

Meine Mannschaft und die Sklaven waren jetzt beinahe verhungert; denn als einzige Nahrung hatten sie etwas rohe Cassave genossen. Die Angst, die schwere Arbeit, der Regen und die überspritzende Gischt des Meeres, das alles zusammen hatte ihren Mut gebrochen. Die Sklaven, die aus dem heißen Inneren kamen und zum erstenmal auf See waren, litten nicht nur unter dem schlechten Wetter, sondern standen auch alle Qualen der Seekrankheit aus. Ich beschloß vordringlich, sie ein wenig mit einer warmen Mahlzeit aufzumuntern, und brachte das Kunststück fertig, eine tüchtige Portion Reis zu kochen. Das warme Essen tat ihnen sehr gut, aber ach, am nächsten Tage war es genau wieder dasselbe. Von den Sklaven, die am Boden des Kutters in dem Salzwasser in einem wirren Haufen auf- und durcheinanderlagen, starb einer am Abend. Am nächsten Morgen hing derselbe bleifarbene Himmel tief wie ein Trauerflor über See und Land. Wütende Sturmstöße und Regengüsse heulten und jagten uns um die Ohren. Ich beschloß, nicht wegzufahren, was auch geschehen mochte, sondern zu bleiben, wo ich war. Den ganzen Tag hielt ich meine Leute unter den Segeln mit dem Befehl, ihre Glieder soviel wie möglich zu bewegen, um das Erstarren zu verhindern, was durch die Feuchtigkeit und das Sitzen auf engem Raum verursacht wurde. Die unaufhörlichen Regenströme und Sturzseen, denen sie schon so lange ausgesetzt waren, hatten ihren Blutkreislauf gehemmt, und es war vorauszusehen, daß sie es nicht lange mehr aushalten konnten. In Bewegung bleiben, in Bewegung bleiben, das war mein fortwährender Befehl. Als letztes Rettungsmittel hielt ich Alkohol in Bereitschaft.

Endlich sah ich ein, daß es so nicht weiterging und daß nur ein kühnes Wagnis mein Eigentum und das Leben der Sklaven retten konnte. Ehe es Nacht geworden war, hatte ich meinen Entschluß gefaßt. Ich würde dicht bei der Kolonie landen und unter dem Schutz der Dunkelheit durch dieselbe hindurchziehen.

Es wird den Leser wahrscheinlich nicht interessieren zu hören, wie ich meine erstarrte Mannschaft an den Strand setzte und sie mit langen Zügen aus der Kognakflasche wieder aufmunterte. Aber noch vor Mitternacht marschierte meine ganze Ladung unter dem Geleit von Kroo-Führern tapfer und wohlbehalten durch die Kolonie auf ihrem Wege nach Neu-Sestros. Es war ein Glück für meinen allerfrechsten Plan, daß die Regengüsse nicht aufhörten, so daß die nichtsahnenden Kolonisten sich nicht herauswagten. Niemand hätte doch vermuten können, daß man bei einem solchen Hundewetter einen Gewaltmarsch unternehmen würde, sonst wäre es mir, wenn ich bei dieser Entheiligung des Hoheitsgebietes erwischt worden wäre, wahrscheinlich sehr schlecht ergangen. Trotzdem war ich auf alle Möglichkeiten vorbereitet. Niemals ging ich ans Werk, ohne die zwei großen Schlüssel Afrikas bei mir zu haben – Gold und Schußwaffen. Wenn es der Zufall gewollt hätte, daß ich einem Kolonisten begegnet wäre, dann hätte er entweder den Wert des Schweigens gelernt oder wäre unter Androhung eines Pistolenschusses mitgeführt worden, bis mein Trupp in Sicherheit war.

Es war noch dunkel, als ich die Karawane auf einem Binnenweg nach Klein-Bassa sandte, wo eine meiner Filialen sie mit dem Nötigsten versehen konnte, um durch die andere Kolonie von Bassa Juan zu ziehen, von wo aus sie dann in drei Tagen meine Faktorei würde erreichen können. Inzwischen ging ich nach Monrovia zurück, wo ich bei Sonnenaufgang ankam und den freundlichen Kolonisten beweisen konnte, daß ich soeben Schutz in ihrem Hafen gesucht hatte und gerade von meinem triefenden Kutter kam.

38. Kapitel

Die Blockade durch britische Kriegsschiffe

Wenn ein Schiff auf der Reede von Neu-Sestros auftauchte, war es meine Gewohnheit, mein Kanu mit »den Empfehlungen von Kapitän Canot« ihm entgegenzuschicken; selbst wenn Kreuzer Seiner Britischen Majestät mir die Ehre antaten, in meiner Nähe Wache zu halten oder meinen Handel zu behindern, wich ich hiervon nicht ab. Im Gegenteil, dann war ich doppelt höflich, bot ihnen meine Dienste an und fragte, ob ich ihnen vielleicht mit Proviant oder anderem, was die Gegend sonst lieferte, helfen könne.

Im Zusammenhang hiermit erinnere ich mich an eine nette Begegnung mit den Offizieren des Kriegsschiffes *Bonito.* Noch bevor es seine Segel gestrichen hatte, war mein Brief schon mit einem getreuen Kroo-Mann unterwegs; aber »vorläufig« wurde mein Anerbieten höflich abgelehnt. Der Kapitän benutzte jedoch die Rückkehr meines Boten, um mir mitzuteilen, daß der Vizeadmiral, der den Befehl über das afrikanische Geschwader führte, die *Bonito* speziell abgesandt hatte, um Neu-Sestros zu blockieren. Für diesen Zweck war sie für sechs Monate mit Proviant versehen worden und hatte Auftrag, ihren Ankerplatz nicht zu verlassen, ehe sie von einem Kreuzer abgelöst wurde!

Diese scharfe Botschaft bezweckte natürlich, mir Respekt einzuflößen. Der Kapitän endete damit, daß er die Hoffnung aussprach, ich würde es als Torheit ansehen, unter den Augen eines solchen unerwünschten Gegenübers meinen abscheulichen Handel fortzusetzen; er konnte sich auch nicht enthalten, mir sein Erstaunen darüber auszusprechen, daß jemand von meinem Charakter und solchen Fähigkeiten sich so erniedrigen konnte, die unglücklichen Neger, die jetzt in meinen Baracken seufzten, in Ketten zu legen und auszuhungern.

Aus dieser Kombination von Einschüchterung und Schmeichelei, mit dem Resultat der Blockade, zog ich sofort den Schluß, daß der Kommandant entweder sehr schlecht unterrichtet war oder meinte, in meiner Niederlassung herrsche dieselbe Knappheit an Reis wie anderswo an der Küste.

Der Verdacht, daß ich Neger in Ketten hungern ließ, war nicht nur pathetisch, sondern auch wenig angenehm. Es gehörte jedoch zu der sentimentalen Quengelei der englischen Rapporte und Berichte, an die ich mich in Afrika gewöhnt hatte. Ich verhöhnte den stattlichen Kapitän nicht mit der auf der Hand liegenden Antwort, daß seine Vorfahren es gewesen waren, von denen die Spanier den Handel gelernt hatten. Aber ich wünschte dennoch, daß seinerseits keine offizielle Meldung mit allerlei erdichteten Angaben über meine Baracken und ausgehungerten Neger an die Britische Admiralität gehen sollte. Ohne weitere Formalitäten sandte ich daher ein zweites Schreiben an die *Bonito*, worin ich den Kapitän und diejenigen seiner Offiziere, die dazu Lust haben sollten, einlud, Neu-Sestros zu besuchen und sich persönlich zu überzeugen, wie die Dinge in meiner Niederlassung stünden.

Merkwürdig genug war es, daß meine Einladung angenommen wurde. Gegen Mittag kam ein Boot mit einer weißen Fahne durch die Brandung, in dem sich zwei Offiziere befanden. Meine Besucher waren der Linienschiffsleutnant und der Schiffsarzt. Ich hieß sie herzlich willkommen. Nachdem die üblichen Erfrischungen eingenommen waren, schlug ich vor, einmal einen Blick in die furchtbaren Baracken zu werfen.

Soweit ich mich erinnern kann, müssen mindestens fünfhundert wohlgenährte und fröhlich dreinschauende Sklaven damals in meinen Baracken gewesen sein, die da warteten, bis es dem ersten besten Schiffer gelingen würde, die Wachsamkeit des Kreuzers zu täuschen. Ich hatte den Aufsehern heimlich sagen lassen, daß wir kämen und was sie zu tun hatten, so daß meine Freunde von der Marine in dem Augenblick, wo sie die starke Umzäunung hinter sich hatten, in jeder der Baracken von reichlich zweihundertundfünfzig Menschen durch Aufstehen und lange anhaltendes Händeklatschen begrüßt wurden. Dieses plötzliche und unerwartete Schauspiel erschreckte meine Gäste im ersten Moment, so daß sie einen Schritt zurück nach der Tür taten. Vielleicht hatten sie auch Angst vor Verrat. Aber als sie die lächelnden Gesichter meines Volkes sahen und ihr fröhliches Geschwätz hörten, kamen sie wieder herein und erfuhren nun, daß es Gewohnheit war, diese Begrüßung mit einer großen Flasche Rum zu erwidern.

Ihr Besuch hätte zu keinem besseren Zeitpunkt für den guten Ruf von Neu-Sestros, den meines Chefs Don Pedro und meinen eigenen stattfinden können. Unsere Niederlassung war damals auf dem Höhepunkt ihre Blüte, wie es weder vor noch nach dieser Zeit jemals wieder einen gleichen gab. Meine Baracken waren voller Sklaven, meine Magazine voll Reis, meine Lagerhäuser voll Waren.

Haus für Haus und Hütte für Hütte besuchten der Seemann und der Pillendreher, besahen und bewunderten alles, bis die Essenszeit kam. Ich hatte den Auftrag gegeben, alle Gebräuche mit peinlicher Genauigkeit zu beobachten. Das Waschen, das Singen, die Verteilung des Essens, Taktschlagen und alle übrigen Zeremonien, die dem eigentlichen Essen vorangingen, wurden auch sehr ordentlich ausgeführt. Sie konnten nicht glauben, daß dies die gewöhnliche Tagesordnung in den Sklavenbaracken war, und machten ein paar Anspielungen, daß ich die ganze Komödie speziell für sie angeordnet hätte und es nicht möglich sei, Afrikaner auf die Dauer so zu drillen. Der bewegliche Doktor, der alles selbst wissen mußte, steckte seine Nase überall hinein und landete schließlich in der Sklavenküche, wo ein großer Kessel herrlicher Reis gekocht wurde. Dicht daneben stand ein Topf mit Fleisch und Suppe. Und sofort hatte der Doktor sich ein Stück herausgefischt und forderte seinen Gefährten auf, das gleiche zu tun.

Nun war dies alles keine auf Effekt berechnete Komödie, sondern die Routine einer Faktorei, wo alles mit der nötigen Sorgfalt sowohl zum Nutzen der Besitzer als zum Wohlbefinden der Leute geschah. Und doch hegten diese Engländer, deren Auffassung von spanischen Faktoreien und Sklavenbaracken hauptsächlich auf übertriebenen Gerüchten und Schwätzereien beruhten, ein derart fanatisches Vorurteil, daß ich sie erst dann von der Wahrheit dessen, was ich gesagt hatte, überzeugen konnte, als ich ihnen mein Buch vorlegte, in dem alle täglichen Ausgaben sorgfältig eingetragen waren. Ich muß jedoch bemerken, daß es nicht meine Gewohnheit war, die Sklaven täglich mit Fleisch zu bewirten. Das wäre nicht vernünftig gewesen, weil die meisten Neger nicht daran gewöhnt sind. Für meine Faktorei wurden jede Woche zwei Ochsen geschlachtet, und von der Haut, dem Kopf, den Beinen, dem Hals, dem Schwanz, dem Blut und den Därmen wurde dann Suppe für die Baracken gekocht. Zufällig waren meine Besucher gerade an dem Tag gekommen, an dem geschlachtet worden war.

Als ganz natürliche Folge des Besuches ergab sich, daß wir selbst tüchtig Hunger bekamen. Während meine Gäste diesen noch ein wenig begossen, benutzte ich die Gelegenheit, auf einen Sprung die Veranda zu verlassen und unserem Hafenlotsen Befehl zu geben, zu rapportieren, daß die Küste »unsicher für Boote« sei. Dies ist eine Warnung, die kein vorsichtiger Seemann an dieser Küste jemals in den Wind schlägt. Gleichzeitig sandte ich einen Kroo-Mann mit einem Brief zum Kapitän der *Bonito*, in welchem ich ihm meldete, daß seine Offiziere durch ein Essen verhindert seien, sofort zurückzukehren, und vielleicht sogar gezwungen sein würden, die Nacht an Land zuzubringen. Diese kleine List war ein Einfall von mir, um meine Inspektoren aufzuhalten und unsere Bekanntschaft bei einer afrikanischen Mahlzeit fortzusetzen, die inzwischen schon in Schüsseln und Terrinen dampfend auf dem Tische stand und von den nötigen Wein- und Kognakflaschen flankiert wurde.

Bei Tisch wurde über nichts anderes gesprochen als über Afrika und wieder Afrika, Sklaverei, Kreuzer, Prisengeld, Gefangennahme, Krieg, Handel mit Negern, Philanthropie. Andere Dinge wurden nicht berührt. Der Wein hatte einen solchen besänftigenden Einfluß auf den Arzt, daß er als »Philosoph« geneigt war zuzugeben, die Neger hätten es bei den Weißen besser als bei den Schwarzen – und er selbst würde den Handel befürworten, wenn dieser etwas menschlicher und mit weniger Blutvergießen ausgeübt werden könne. Der Leutnant zeigte, nachdem er ein paar Flaschen geleert hatte, für nichts anderes Interesse als für Prisengeld und Gehorsam gegen den Admiral; und Don Theodore ließ sich einige scharfe Bemerkungen über den Kriegsdienst entfallen und erklärte, daß er erst dann an englische Philanthropie glauben werde, wenn England ein Ende mache mit seinen indischen Kriegen, seinem Opiumschmuggel und seiner Verfolgung der Irländer.

Um die Wahrheit zu sagen, wurden die getreuen Untertanen des Königs und der spanische Sklavenhändler, noch ehe der Abend verstrichen war, die besten Freunde. Der Tag wurde mit einem Besuch bei Fürst Vryman beschlossen, der sofort einen Negertanz und ein Fest speziell für uns veranstaltete.

Wie dies alles ausging, erinnere ich mich nicht mehr; denn ich kam erst wieder zur Besinnung, als mein Ausguck an meine Tür klopfte und meldete, daß die Brigg als Signal für die Offiziere, daß sie zurückkehren sollten, feuerte und ein verdächtiges Segel am Horizont zu sehen sei.

Alle guten Seeleute schlafen sozusagen mit einem Auge offen. Im Nu war der Leutnant daher auch schon auf den Beinen und rannte nach der Küste, während er dem Arzt zurief, ihm zu folgen. »Ein Kanu! Ein Kanu! Ein Kanu!« rief der brave Kerl und lief am Rande des Wassers hin und her, während die Brigg immer neue Signale gab. Aber, bedauerlich für die britische Flotte, die Kroo-Männer rührten sich nicht und sahen ruhig zu, ohne dem Offizier Seiner Englischen Majestät zu helfen. Jetzt begann der Leutnant mit seinem Geld zu klimpern und bot zwanzig Dollar, wenn sie ihn in einem Kanu an Bord bringen würden. Aber die Antwort lautete: »Weiß nicht! Weiß nicht! Frag Kommodore! Frag Konsul!«

»Schert euch zum Teufel mit eurem Kommodore und Konsul«, brüllte der Leutnant, als der Doktor auf den Lärm hin herbeieilte, »bringt uns an Bord, oder ich werde …«

»Still! Still!« legte sich der friedfertige Pillendreher ins Mittel, »nicht fluchen und nicht drohen, Leutnant! Das wird Euch alles nichts helfen. Erstens ist die *Bonito* schon unter Segel – und zweitens ist das Schiff, auf das sie Jagd macht, eins vom Geschwader Canots, und natürlich darf jetzt an dem ganzen Strande kein einziges Kanu ausfahren.«

Während sich dies abspielte, saß ich oben in meinem Ausguck und schaute der Jagd zu. Da beide Schiffe Kurs nach Norden nahmen, waren sie bald meinen Blicken entschwunden.

Es war Zeit zum Frühstück geworden; daher ging ich hinunter auf die Veranda, wo ich tat, als wäre nichts geschehen. Der Leutnant faßte die Sache jedoch nicht so ruhig auf.

»Das ist etwas Schönes, Herr«, begann er, mich mit einem vernichtenden Blick ansehend, während er mit großen Schritten auf und ab ging, »eine prachtvolle Sache, sage ich! Darf ich Euch fragen, Kommodore, Konsul, Don, Señor, Mister, Monsieur Theodore Canot, oder wie Ihr Euch zum Teufel zu nennen beliebt, wie lange Ihr beabsichtigt, englische Offiziere in Eurer verdammten Sklavenhöhle gefangenzuhalten?«

»Setzen Sie sich, Leutnant!« sagte ich sehr ruhig, »der Kaffee wird sofort kommen, und Sie sind mein Gast. Nichts wird mich jemals dazu bringen, in einem so abgelegenen und einsamen Ort wie diesem die Pflichten der Gastfreiheit zu versäumen. Setzen Sie sich, Doktor! Beruhigen Sie sich, meine Herren! Nehmen Sie sich ein Beispiel an mir. Ihre *Bonito* ist augenblicklich wahrscheinlich in einem grimmigen Kampf mit einem der Schiffe Don Pedros, aber darüber ärgere ich mich nicht, und darum bin ich auch nicht Herren gegenüber unhöflich, die meine Bambushütte mit ihrer Gegenwart beehren.

Gewiß, meine Herren«, fuhr ich fort, »ich verstehe sehr gut, was Ihre Pflicht und Ihre Verantwortung ist, aber würden Sie jetzt, wo Sie etwas ruhiger geworden sind, die Freundlichkeit haben, mir zu sagen, in welcher Hinsicht ich zu tadeln bin? Kamen Sie nicht hierher mit Ihrer Brigg und Proviant für ein halbes Jahr, um Neu-Sestros zu blokkieren? Hindere ich Sie daran, sich einzuschiffen, wenn Sie einen Kroo-Mann finden können, der Sie an Bord bringen will? Und darf ich einmal fragen, ob einer von Ihnen, wie es doch sonst Sitte ist, wenn man irgendwo zu Gast ist, gesagt hat, daß Sie die Absicht haben, so früh abzureisen, so daß ich mir das Vergnügen hätte machen können, alles nach Ihren Wünschen zu regeln? Kommen Sie doch, meine Lieben, Neu-Sestros ist mein Flaggschiff, so wie die *Bonito* Ihres ist. Ohne Erlaubnis des Kommodore macht hier niemand einen Schritt, und es würde mich sehr wundern, wenn Sie, die Sie so auf Zucht und Ordnung halten, dagegen etwas einzuwenden hätten. Sollten Sie es jedoch unbedingt wünschen, es auf eigene Faust zu versuchen, dann werde ich sofort ein Kanu bereitstellen lassen.«

»Das«, fiel der Doktor ein, »wäre wohl das Dümmste, was wir tun könnten! Kommen Sie, Don Theodore, machen Sie sich nicht länger lustig über uns. Ziehen Sie die Flagge ein, Leutnant, und die Schwarzen sollen das Frühstück hereinbringen!«

39. Kapitel

Meine Flucht aus Sierra Leone

Nichts war jedoch veränderlicher als die Verhältnisse an der afrikanischen Küste. Einmal war John Bull im Vorteil, dann kam wieder der Sklavenhändler an die Reihe zu triumphieren. Eine Weile war jetzt John Bull der Sieger, sicher aus Rache für meine auferzwungene Gastfreundschaft.

Unsere Freunde von der *Bonito* blieben herausfordernd hartnäckig vor meiner Faktorei liegen, so daß ich einige Monate lang keinen Besuch aus Kuba bekam. Schließlich mußte ich mich unbedingt nach einer nahen Kolonie begeben, um Vorräte anzuschaffen. Zu diesem Zweck schiffte ich mich auf einem russischen Handelsschiff ein, das gerade an der Küste lag. Als wir jedoch unseren Bestimmungsort in Sicht bekamen, hielt uns ein englischer Kreuzer an und untersuchte die *Galubtschik*. Ihre Papiere waren in Ordnung, und auf dem ganzen Schiff war nichts Verdächtiges zu finden. Somit dachte ich, Leutnant Hill würde seinen Besuch kurz machen und dann wieder zu seiner *Saracen* zurückkehren. Aber ein gewisses »Sklavendeck« und eine ungewöhnlich große Anzahl von Wasserbehältern erregten seinen Argwohn, so daß wir, anstatt in unseren Hafen einfahren zu dürfen, ohne Umstände eine Prisenmannschaft an Bord bekamen und nach Sierra Leone dirigiert wurden.

Da ich ganz und gar nicht an dem Schiff interessiert war, wagte ich nicht, dagegen zu protestieren, aber wohl erlaubte ich mir die Bemerkung: Weil ich doch nur ein Passagier sei, stünde dem wohl nichts entgegen, mich an Land zu setzen, ehe die neue Reise begänne.

Sofort erhielt ich zur Antwort: »Ihre Anwesenheit ist gerade einer der Hauptgründe, um das Schiff in Beschlag zu nehmen!« Jawohl! Ich merkte sehr bald, daß einige Kroo-Männer auf dem Kreuzer mich erkannt hatten und daß mein schlechter Ruf dem russischen Schiff teuer zu stehen kommen würde.

In Sierra Leone sah die Sache noch schlimmer aus. Der Gerichtshof wagte nicht, den Russen zu verurteilen, beschloß aber, ihn nach England zu senden. Als ich meine höfliche Bitte, freigelassen zu werden, wiederholte, erhielt ich den Bescheid, daß ich mit dem Schiff die Reise nach England mitmachen müsse.

Dieses eigenmächtige Urteil meiner Kerkermeister warf alle meine Pläne über den Haufen. Eine Reise nach England würde den Untergang von Neu-Sestros zur Folge haben. In meinen Baracken wimmelte es von Negern, aber die Vorräte meiner Lagerhäuser reichten kaum für einen Monat. Der Beamte, der vorläufig die Leitung hatte, war völlig ungeeignet, die Faktorei während einer langen Abwesenheit meinerseits zu verwalten. Mein ganzer persönlicher Besitz sowie der von Don Pedro würden in einer sehr schwierigen Lage seiner Unfähigkeit und seinem unsicheren Urteil anvertraut sein.

Ich beschloß, mich unauffällig aus dem Staube zu machen.

Vor und hinter uns lagen drei Kriegsschiffe. Vom Land aus durfte kein Boot zu uns kommen, und während der Nacht paradierten zwei Marinesoldaten und vier Matrosen auf unserem Deck, so daß es wirklich keine Kleinigkeit war, unter diesen Umständen an Flucht zu denken. Aber es gab keinen anderen Ausweg. Den Luxus eines Prozesses in England gegen die Admiralität oder die Kanzlei konnte ich mir nicht erlauben, wenn meine Baracken in Afrika inzwischen keine Nahrungsmittel hatten.

Seit der Beschlagnahme des Russen war niemand von Bord entfernt worden, und wir durften uns auch frei bewegen und miteinander sprechen, solange der Verdacht nicht zu einer gesetzlichen Verurteilung geführt hatte. Der Kapitän, ein geborener Spanier, war ein alter Bekannter von mir. Der Steward und der Bootsmann waren sehr tüchtige Leute, die sich bereiterklärten, mir bei allem, was ich tun würde, zu helfen, um meine Freiheit wiederzuerlangen.

Ich kam auf den Einfall, ein Fest zu geben, und beschloß sofort, daß mein spanischer Kapitän verpflichtet war, seinen Geburtstag in geziemender Weise und mit einer überreichlichen Menge Grog zu feiern. Das ließ sich nicht hinausschieben; jeder Tag war recht, und alles, was wir für das Fest brauchten, war nur Zeit, um die nötigen Mengen an Speisen und Trank zu beschaffen.

Das war schnell genug geschehen, und das gemästete Schwein wurde für diese Gelegenheit geschlachtet. Da ich nie ohne Geld auf Reisen ging, mangelte es auch nicht an dem nötigen Champagner und Kognak.

Alles ging wie am Schnürchen. Wir aßen wie die Raben und tranken wie die Bürstenbinder. Glas auf Glas wurde auf die Gesundheit des Geburtstagskindes geleert. Wie es bei solchen Gelegenheiten immer geschieht, verbreitete sich allmählich die Stimmung von der Kajüte nach dem Vorderdeck. Die Prisenbemannung wurde eingeladen und nahm an. Unter dem Einfluß von Roastbeef und Kognak verbrüderten sich John Bull und der kastilianische Löwe wieder einmal. Gegen Sonnenuntergang war jedermann auf den Geschmack unseres Eau de vie gekommen und wollte mehr davon haben. Bei der ersten Wache befanden sich alle an Bord in der besten Stimmung, mit einer einzigen Ausnahme, dies war der Korporal der Marinesoldaten.

Von Anfang an hatte ich befürchtet, daß dieser Korporal sich als Hindernis erweisen würde. Er war ein echter Dienstmeier; steif wie ein Stock mit seiner schwarzen Krawatte, genau geschniegelt und gebügelt. Er trank und aß nicht, lachte und plauderte nicht, sondern ging mit strenger Miene auf dem Deck auf und ab, als ob er sagen wollte: »Wenn sich niemand mehr hier um Zucht kümmert, dann werde ich es eben tun.« Ich zweifle daran, ob Seine Majestät in der ganzen Marine einen eifrigeren Diener hat als Korporal Blunt, wenn der gute Mann nicht der afrikanischen Malaria zum Opfer gefallen ist.

Dennoch gab ich die Hoffnung noch nicht auf, daß im Laufe des Abends irgend etwas sein eisernes Herz erweichen würde, und hatte darum ein kleines Fläschchen im Sack, dessen Inhalt ihn sicher vierundzwanzig Stunden lang ununterbrochen hätte schlafen lassen. Aber nichts konnte ihn von seiner starren Mäßigkeit abbringen. Da schritt er auf und ab, stundenlang, steif und stramm wie ein Ladestock.

Aber wer kann sagen, daß er niemals einer Versuchung unterliegen werde! Auch Korporal Blunt mußte dies erfahren, wenn man auch zugeben muß, daß der Feind sich vermummt hatte.

»Du lieber Himmel, Korporal!« rief unser Prisenleutnant, »warum zum Kuckuck macht Ihr nicht auch einmal ein fröhliches Gesicht und trinkt ein Glas auf das Wohl des Kapitäns Gaspard und Don Theodores? Ihr habt doch keine Angst vor Apfelwein, was?«

»Apfelwein, Kapitän?« sagte der Korporal, stellte sich in Positur und salutierte.

»Apfelwein, was sonst, zum Teufel!« antwortete der Leutnant, »natürlich ist es Apfelwein, Korporal! Was können arme Schlucker wie wir denn sonst in Sary-lony zu trinken bekommen?«

»Nun, Leutnant«, sagte der Korporal, »wenn es also nur Apfelwein ist, was der spanische Herr einschenkt und was so schäumt, und wenn Apfelwein nach acht Glasen nicht gegen die Regeln ist, und wenn Sie, Leutnant, mir ordonnieren, ein Gläschen zu trinken, dann sehe ich nicht ein, wie ich das ablehnen dürfte!«

»Ach, hör schon auf mit dem Wenn und dem Quatsch«, fiel der Leutnant ein, füllte ein Glas und gab es dem Korporal, der es in einem Zug austrank. Er wollte das leere Glas zurückgeben, aber statt es anzunehmen, füllte der Leutnant es sofort wieder.

»Danke sehr, Leutnant, danke bestens!« sagte Blunt und salutierte wieder, »aber wenn Sie gestatten, möchte ich lieber nicht mehr trinken, wenn Sie nichts dagegen haben.«

»Das habe ich aber wohl, und zwar sehr viel, Blunt. Weißt du denn nicht, daß es keinem Herrn einfallen würde, sein Glas nicht auszutrinken, wenn es voll ist, wenn er auch ein Tröpfchen darin lassen darf, um dieses zu Ehren seiner Liebsten auszugießen – Dummkopf, vorwärts, trink aus! Und jetzt, Blunt, wo du die Grundlage gelegt hast, bestehe ich darauf, daß wir ein Glas miteinander trinken auf dein Liebchen, von dem du gerade gesprochen hast!«

»Ich, Leutnant?«

»Du, Korporal!«

»Aber ich weiß von keinem Liebchen, Leutnant; auf mein Ehrenwort als Korporal hab ich schon zwanzig Jahre keins mehr gehabt, und das letztemal war es an dem Sommerabend, als Jane ...«

»Hör mal, Korporal, du wirst doch nicht die Frechheit haben, deinem Vorgesetzten zu widersprechen, was? Willst du vielleicht ein Beispiel von Meuterei geben?«

»Oh, meine Zeit, Leutnant, das würde mir nicht im Traum einfallen.«

Aber das dritte Glas Champagner, der »Apfelwein« sein sollte, hatte seine Wirkung, und in einer halben Stunde ging der Korporal taumelnd über das Deck; denn er mußte und würde seine Wache halten, wenn er auch schon zu weit im Nebel war, als daß er Kurs hätte halten können. Blunt, der unfehlbare Blunt, war total betrunken.

Er war jedoch nicht der einzige. Mit allem Respekt vor der Marine Seiner Majestät: Außer dem Kapitän und mir war niemand an Bord, der nicht einen Rausch hatte. Der Kapitän lud nun den Leutnant ein, mit ihm ein Tricktrack in der Kajüte zu spielen. Die Mannschaft hing über die Reling oder schnarchte auf Deck. So hatte der Bootsmann Gelegenheit, auf dem Vorderdeck ein Ruder für mich herzurichten, womit ich den Strand erreichen konnte.

Es schlug Mitternacht, als ich mich in meiner Kabine entkleidete, meine Kleider in meine Koje legte und meine Uhr über dem Kissen aufhängte. Aus einem Flanellhemd und einer Hose machte ich ein kleines Päckchen, das ich mir um den Hals band, worauf ich mit dem Ruder unter dem Arm mich leise vom Bugspriet in das Wasser gleiten ließ.

Es war ganz finster, aber auch ein schweres Gewitter, das gerade losbrach, half mir, meine Flucht zu verbergen, und vertrieb überdies noch die Haifische aus dem Fluß. Es dauerte daher auch nicht lange, bis ich bei einem kleinen Dorf anlangte, wo ein Kroo-Mann, der heimlich verständigt worden war, wartete, um mich aufzunehmen und zu verstekken.

Am nächsten Morgen brachte der Schiffsjunge, der mich nicht wie sonst an Deck sah, meinen Kaffee in meine Kabine, wo ich, wie er vermutete, meinen Rausch vom Abend vorher ausschlief. Der Vogel war aber ausgeflogen. Mein Koffer stand noch da, meine Kleider und meine Uhr, alles genau so, wie ich es abends zuvor hingelegt hatte, als ich zu Bett ging. Und an den zerknüllten Laken konnte man sehen, daß ich in der Koje geschlafen hatte. Das Ergebnis der Untersuchung war daher auch nicht zweifelhaft – ich war in der Nacht über Bord gefallen, und sicher hatten die Haifische mich erwischt.

Die Nachricht von meinem Tode verbreitete sich schnell an Land; die englischen Kolonisten glaubten es, aber ich nahm nicht einen Augenblick an, daß die brave Teerjacke, die unser Schiff kommandierte, sich auch hat täuschen lassen.

Acht Tage lang hielt ich mich bei meinen Neger-Freunden verborgen, und aus meinem Versteck sah ich das russische Schiff unter dem Geleite der *Saracen* unter Segel gehen. Die braven Händler in der englischen Kolonie ließen mich jedoch in meinem Versteck nicht im Stich; denn sie wußten, daß ich Geld und Kredit hatte. So konnte ich Besuche empfangen und Einkäufe für die Faktorei tätigen. Nach acht Tagen gelang es mir, auf einem portugiesischen Schiff mit allem, was ich nötig hatte, die englische Kolonie zu verlassen.

Auf dem Wege nach Neu-Sestros ließ ich den Kapitän in Digby anlegen, wo ich einunddreißig Neger und ein paar Kroo-Männer mit starken Kanus an Bord nahm. Die letzteren kamen an Bord, um meine lebende Ladung an Land zu bringen, falls wir einem Kreuzer begegneten.

Und es war sehr gut, daß ich diese Vorsichtsmaßregel getroffen hatte. Die Nacht war dunkel und regnerisch; bald stürmte es, dann war es wieder windstill. Gegen ein Uhr meldete der Ausguck zwei Schiffe vor uns. Schnell wurden die Kanus ins Wasser gelassen, bemannt und jedes mit zehn Negern beladen, worauf sie der Küste zufuhren. Dies alles konnte gerade noch geschehen, ehe unsere neuen Freunde uns mit ihrem Besuch beehrten. Zehn Sklaven waren noch an Bord, aber da es zu gefährlich schien, diese mit unserer eigenen Jolle an Land zu bringen, kehrten wir die Jolle auf dem Deck um und steckten die Kerle darunter mit einem Matrosen, der eine geladene Pistole hatte, um sie still zu halten, wenn eine Untersuchung stattfand.

Kaum waren die Lichter in den Kabinen und dem Kompaßhäuschen gelöscht, als wir das Klatschen von Rudern hörten. Einen Augenblick darauf legte das Boot an. Der Offizier kam an Deck, und eine Untersuchung begann, die jedoch ohne Ergebnis verlief. Die Neger unter der Jolle verhielten sich mäuschenstill; es wurde nichts Verdächtiges gefunden, und die *Maria* durfte fahren, wohin sie wollte. Aber es wurden uns ein paar Verwünschungen an den Kopf geschleudert, daß wir die Herren bei einem solchen Hundewetter aus ihren Kojen geholt hatten. Am nächsten Morgen erreichten wir Neu-Sestros, wo meine zehn Neger sofort ausgeschifft wurden.

Der Spaß war jedoch noch nicht zu Ende. Gegen Mittag ließ die *Dolphin* ihren Anker dicht bei der *Maria* fallen und war so frei, sie als Beute zu erklären. In dem Dunkel und in der Verwirrung bei der Einschiffung war einer der zwanzig Sklaven, die in den Kanus an Land gebracht worden waren, mit einer Pagaie über Bord geglitten und hatte sich, bis es hell wurde, über Wasser halten können, worauf ihn der Kreuzer, dem wir in dieser Nacht entkommen waren, auffischte. Seine Erzählung, wie wir den Kommandanten getäuscht hatten, erregte dessen Zorn, und die arme *Maria* mußte jetzt die Zeche bezahlen und unter dem Geleit eines Offiziers nach Sierra Leone zurückkehren.

Meine Rückkehr nach Neu-Sestros wurde mit großer Freude begrüßt. Die ganze Küste entlang waren allerlei sonderbare und einander widersprechende Gerüchte über meine Gefangennahme verbreitet worden. Als man Don Pedro erzählt hatte, daß ich im Rausch in Sierra Leone ertrunken sei, hatte er sich sofort geweigert, das zu glauben, weil es, wie das Gesetz sagt, »zu viel bewies«. Es sei schon sehr gut möglich, sagte er, aber wenn die Leute schwätzten, daß ich durchs Trinken ums Leben gekommen sei, so sei dies nicht nur unwahrscheinlich, sondern absolut undenkbar. Er würde sich daher auch erlauben, nichts davon zu glauben, und war davon überzeugt, daß ich früher oder später schon wieder auftauchen würde.

Der arme Fürst Vryman hatte jedoch kein so gutes Urteil in solchen Dingen wie Don Pedro. Vryman hatte gehört, daß ich tot sei. Abergläubisch wie er war, hatte ihn niemand überzeugen können, daß ich noch lebte, bis er eine Gesandtschaft mit seinem Sohn an der Spitze nach meiner Faktorei schickte, die sich von der Tatsache überzeugen sollte. Aber daraufhin besuchte mich der tapfere Fürst sofort, um mich zu beglückwünschen. Als ich ihm meine beiden Hände zustreckte, um ihn zu begrüßen, sah ich, wie er sich mißtrauisch zurückzog.

»Zähl deine Finger einmal!« sagte Vryman.

»Was fällt dir ein!« sagte ich, »warum? Hier sind sie, eins – zwei – drei – vier – fünf – sechs – sieben – acht – neun – zehn.« – »Schön-schön!« jauchzte der Fürst und drückte mir die Hände. »Weiße Mann erzählt Lügen zu viel von Kommodore. Weiße Mann sagen, John Bull gefangen Kommodore und schneiden ihm Fingers allemal ab, so Kommodore nicht mehr können ›machen Buch‹ für Foppen John Bull!« Womit der Fürst sagen wollte, es sei das Gerücht verbreitet worden, daß meine englischen Kerkermeister mir die Finger abgehackt hätten, um mich daran zu hindern, Briefe zu schreiben, wodurch ich, wie die dummen Eingeborenen meinten, so oft Kreuzer Seiner Majestät getäuscht und gefoppt hatte.

Während meiner Abwesenheit hatte ein französischer Kapitän, der einer meiner besten Freunde war, einen Esel zurückgelassen, den er speziell für mich von den Kapverdischen Inseln mitgebracht hatte, damit ich hie und da einmal einen Spazierritt machen könne. Ich beschloß sofort, das Tier als Zeichen meiner Freundschaft dem Fürsten Vryman zu verehren; aber noch ehe eine Woche verstrichen war, kam der unglückliche Vierfüßer wieder zu mir zurück mit einer Botschaft von dem Fürsten, daß es bei einem Junggesellen vielleicht weniger darauf ankam, aber daß das höllische Geschrei genügte, seinem ganzen Harem, nicht erst zu reden von allen anständigen Frauen in seinem Reich, solchen Schrecken einzujagen, daß man Fehlgeburten befürchten müsse.

Diese abergläubische Furcht verbreitete sich wie ein Lauffeuer. Alle Frauen wurden rebellisch, und es blieb mir nichts anderes übrig, als auf seine Serenaden zu verzichten und das Tier nach Monrovia zu senden, wo die Mädchen und Frauen es mit jedem Esel, auch wenn er noch so groß war, aufnahmen.

40. Kapitel

Das Massaker von Digby

In Digby, ein paar Meilen von Monrovia entfernt, waren zwei Städtchen, welche von Vettern beherrscht wurden, die immer in Frieden und Freundschaft gelebt hatten. In dem Ort des jüngeren Vetters hatte ich vor kurzem eine Sklavenfaktorei errichtet mit den nötigen Waren, um dem Geschmack der Neger zu schmeicheln und sie trotzdem unter die Aufsicht eines jungen, schlauen Matrosen zu stellen. Dies erregte den Zorn des älteren Vetters. In seiner Stadt waren keine Waren und kein weißer Mann zu finden; auf dem ausländischen Handelsmarkt bei ihm gab es nichts zu verdienen an Steuern. Das alles war die Ursache, daß binnen kürzester Zeit die beiden Vettern miteinander in einen heftigen Streit gerieten.

In beiden Orten bereitete man sich auf Verteidigung und Angriff vor. Beide Städtchen erhielten starke Umzäunungen und wurden Tag und Nacht von Schildwachen sorglich bewacht. Manchmal unternahm man einen Ausfall ins feindliche Gebiet; aber da die Häuptlinge beide gleich wachsam und vorsichtig waren, wurde kein anderer Schaden angerichtet, als daß hie und da ein paar Frauen oder Kinder gepackt wurden, wenn diese in den Wald oder an den Fluß gingen, um Holz oder Wasser zu holen.

Dies gefiel aber meinem bösen Günstling nicht. Nachdem so ein paar Monate mit unbedeutenden Scharmützeln vorbeigegangen waren, nahm er gewisse Buschneger in Dienst. Diese standen unter der Führung eines berüchtigten Schurken namens Jen-ken, der wegen seiner barbarischen Grausamkeit in der ganzen Gegend bekannt war. Jen-ken und seine Leute waren Kannibalen und zogen niemals in den Streit, ohne ein Gelöbnis abzulegen, daß sie mit Menschenfleisch zurückkommen würden, um ihren Familien einen Festschmaus zu bereiten.

Dieser Wilde machte nunmehr verschiedene Überfälle auf den eifersüchtigen Vetter, aber da sie wenig ausrichteten, zogen sich die Barbaren in das Innere des Landes zurück. Es wurde ein Waffenstillstand geschlossen. Der jüngere Vetter machte dem anderen Friedensvorschläge, und ein paar Monate vergingen in scheinbarer Ruhe.

Gerade in dieser Zeit mußte ich wegen Geschäften nach Gallinas reisen. Unterwegs legte ich in Digby an in der Absicht, dem verstimmten Häuptling Waren und einen Angestellten zu schicken, falls es mir vorteilhaft erscheinen würde.

Bei Sonnenuntergang erreichte ich den Strand. Es war daher zu spät, meine Waren auszuschiffen, so daß ich dies bis zum nächsten Morgen verschob. Wie wohl zu erwarten war, wurde meine Ankunft mit Freuden begrüßt. Der neidische Nebenbuhler war außer sich vor Freude, als er hörte, daß er auch einen Weißen bekommen sollte; auch die ganze Stadt freute sich von Herzen mit. Es wurde drauflosgeschossen, als ob Pulver nichts kostete; der Rum floß in Strömen, und Männer wie Frauen betranken sich, bis sie endlich in Schlaf fielen.

Ungefähr um drei Uhr morgens wurde ich durch ein plötzliches Geschrei von Frauen und Kindern aus einem tiefen Schlaf geweckt. Dem Schreien folgten Gewehrsalven. Dann wurde heftig an meine Tür geklopft, und ich hörte, wie der Häuptling der Neger mir zurief, daß ich aufstehen und fliehen sollte. Die Stadt sei belagert – die Häuptlinge seien beinahe entkommen – Widerstand würde nicht helfen – sie waren verraten – es gab keine Krieger, um die Wälle zu verteidigen!

Ich wollte die Tür öffnen, um seinen Rat zu befolgen, als meine Kroo-Männer, welche die Sitten des Landes noch viel besser kannten als ich, mich davon abhielten, da sie meinten, daß die Belagerer niemand anderes waren als die Leute aus dem anderen Städtchen, welche die Buschneger nur für kurze Zeit weggeschickt hatten, um meinen Gastfreund zu betrügen. Die Kroos behaupteten steif und fest, daß ich nichts zu befürchten hätte. Vielleicht würden wir überfallen werden, vielleicht sogar gefangengenommen, aber nach kurzer Gefangenschaft würden unsere Besieger nichts lieber sehen als ein Lösegeld. Bei einer Flucht würden wir aber vielleicht irrtümlich ermordet werden.

Ich setzte ein solches Vertrauen in das Urteil und die Treue der Männer, die – teils als Bootsleute, teils als Leibwache – mich immer begleiteten, daß ich nur wenig um mein eigenes Leben fürchtete, als ich das Geschrei der Wilden hörte, die durch die Stadt stürmten und jeden, auf den sie stießen, kaltmachten. Einen Augenblick später wurde unsere eigene Tür von den Wüstlingen eingeschlagen, und Jen-ken drang mit einer Fackel in der Hand herein und erklärte uns zu seinen Gefangenen.

Wir unterwarfen uns ohne Widerstand; denn obgleich wir vollständig bewaffnet waren, war die Übermacht so groß – Revolver kannte man damals noch nicht –, daß ein einziger Ansturm der wütenden Menge uns sofort erledigt hätte. Der Häuptling der Barbaren wählte sofort unser Haus zu seinem Hauptquartier und schickte seine Leute aus, um ihr Werk zu vollenden. Ein Gefangener nach dem andern wurde zu uns gebracht. Manchmal zeigte der dumpfe Schlag einer Keule oder der gellende Schrei einer Frau, die gewürgt wurde, daß die blutige Arbeit noch nicht beendet war. Langsam verstrich die Nacht des Schreckens. Das graue Tageslicht schien durch die Ritzen unserer Hütte. Alles war still bis auf das Stöhnen der verwundeten Gefangenen und das Jammern von Frauen und Kindern.

Allmählich sammelten sich die Krieger wieder um ihren Häuptling. Ein Palaverhaus, das dicht vor meiner Hütte lag, bildete den Versammlungsort. Es gab keinen Buschneger, der nicht den Leichnam eines verstümmelten, blutenden Schlachtopfers heranschleppte. Die mißhandelten lebenden Gefangenen wurden in der Mitte auf einen Haufen geworfen. Bald waren alle Zugänge zu dem Platz dicht mit triumphierenden Wilden besetzt. Die Häuptlinge wurden inzwischen reichlich mit Rum bewirtet.

Kurz darauf hörte ich aus der Ferne langsam den Klang von Trommeln und Hörnern näherkommen. Eine Viertelstunde später traf ein Zug von Frauen, deren nackte Körper mit Kalk und Ocker beschmiert waren, auf den Platz, um

Krieger aus dem Hinterland von Sierra Leone

sich an den tierischen Gebräuchen zu beteiligen. Jede dieser Teufelinnen war mit einem Messer bewaffnet und trug irgendein kannibalisches Siegeszeichen in der Hand. Jenkens Frau – ein dickes Wesen von fünfunddreißig Jahren – schleppte an einem Bein das blutende tote Körperchen eines Kindes fort, das lebend seiner Mutter entrissen worden war. Als sie ihren Gatten erblickte, stießen die beiden Unmenschen einen Freudenschrei aus, während sie die

kleine Kinderleiche in die Luft warfen und
einem Speer auffingen. Während die Frauen
schrien, jauchzten die Männer ihnen zu un
noch mehr an. Bald löste sich der Kreis, und
lenden Schrei warf sich jede Frau auf den Kö
wundeten Gefangenen.

Bei meinen Streifzügen in den afrikanis
habe ich oft gesehen, wie ein wildes Tier a
sprang und den ihm angeborenen Blutdurst
es seine Beute dann verschmähte und lie
diese afrikanischen Negerinnen waren noc
und grausamer als ein Raubtier der Wüst
eine teuflische Lust zu empfinden, Marte
die wohl peinigten, aber nicht töteten. Es
hafte Anziehungskraft in dem Schauspie
Augen davon nicht abwenden ließ. Lebend
den langsam in raffiniert grausamer Wei
überall waren gerade die Frauen schlimme
Sie gingen von dem einen zum andern, r
schlugen Lippen und Ohren ab und zog
Fleisch von den Knochen, während die A
rien inmitten des Mordens herumging, ur
schlagenen Kopf das Gehirn als Leckerbis
stehende Festmahlzeit zu sammeln.

Nachdem das letzte Schlachtopfer ge
erte es nicht lange, bis ein großes Feue
die nötigen Geräte herbeigeschafft ware
dem Geruch gebratenen Menschenfle
Ehe es jedoch noch ganz geröstet war, w
mit einem Freudengeschrei auf die ein
dem sowohl Befriedigung der Rache als
klang. Die Raserei erreichte ihren Höhe
herangeschleppt wurde, an dem der n
der Frau des besiegten Häuptlings aufg
wurde ein Loch gegraben, der Pfahl da
Holzbündel herbeigetragen; aber ehe
zünden konnte, um sie lebend zu verl
glückliche bereits tot.

kommen. Und das konnte man auch sc
Auge sehen, als wir uns der Küste nä
man, wie die sich brechenden Woger
während die Küste, soweit das Auge r
bedeckt war. Als unser kleines Kanu a
dung von einer großen Woge aufgenom
ich sehen, wie meine Freunde mit ihre
winkten, als ob sie mir bedeuten wollte
zu fahren.

In meinen guten Tagen hatte ich an de
schem Wetter oft größere Entfernunge
rückgelegt als den Abstand, der mein K
Küste trennte. Meine Freunde in Gallina
gut, und ich konnte nicht begreifen, w
drücklich vor einer Landung warnten. Ic
was ärgerlich darüber, und in mir regte s
Tollkühnheit, die oft zu unüberlegten D

Diese Stimmung war es nun, die mich
trieb, es zu wagen; aber als ich aufrecht i
die Gefahr, die mir drohte, besser überb
sah ich, wie die schwarze Flagge dreima
wie um mir Lebewohl zu sagen. Unmittel
sie wieder über dem Körper eines riesigen
gezogen.

Jetzt begriff ich natürlich sofort, wo di
und daß hier weder Mut noch Schnelligk
was helfen würden. Meine einzige Hoffn
noch die offene See. Nach Kap Mount
würde ein schweres Stück für meinen e
Mann sein, der jetzt schon vierundzwanz
Unterbrechung gerudert hatte. Es bot si
Möglichkeit abzuwarten, ob die Brandun
oder ob ein befreundetes Schiff auftauchte
ich mein letztes Stück Cassave, während
sich auf dem Boden des Kanus ausstreckte
ser und halb in der brennenden Sonne – u
lung herrlich schlief.

Bis zum Mittag steuerte ich unser kleine

Pagaie, während es mit der Flut und der Strömung trieb. Dann stieg im Südosten eine schwere Wolkenbank herauf, die einen von den Wirbelstürmen ankündete, die in den Monaten März und April die afrikanische Küste so oft heimsuchen. Ein kräftiger Puff in seine Rippen schreckte den Kroo-Mann aus seinem wässrigen Schläfchen auf. Als er nach dem Himmel sah, zitterte er; denn dieser prophezeite ihm das Schlimmste, was einem Neger passieren kann – auf See vom Regen naß zu werden.

Um die Kälte zu vertreiben, brachen wir unsere letzte Flasche Schnaps an. Wenn wir andere Kanus bei uns gehabt hätten, hätten wir sie aneinanderbinden müssen, um dadurch mehr Widerstand gegen die Windstöße und Wogen leisten zu können; weil ich jedoch ganz allein war, mußte ich auf die Geschicklichkeit und Wachsamkeit meines Gefährten vertrauen.

Da wir das Kanu gerade in den Wogen hielten, konnten wir jedem Stoß widerstehen, wenn wir auch allmählich abgetrieben wurden. Dies taten wir, bis die tiefhängenden Wolken ihre Last fallen ließen, die Wogen niederpeitschten und unser Kanu zur Hälfte mit Regenwasser füllten. Während der Kroo-Mann paddelte und steuerte, schöpfte ich das Wasser mit meinem Panamahut aus, da der afrikanische Schöpfer völlig unzureichend war.

An der Küste Afrikas dauern diese heftigen Stürme, mit denen die Regenzeit einsetzt, jedoch niemals lange. Unsere Angst wich daher auch bald, aber wir waren natürlich pudelnaß geworden. Mein rotes Flanellhemd konnte ich auswringen. Für den Neger dagegen, dem nur seine Haut Schutz bot, gab es nichts besseres als einen Extra Zug aus der Flasche, womit ich seine bebenden Glieder erwärmen konnte.

Dieser letzte Zug war auch unser allerletztes Rettungsmittel. Er half uns bloß für einen Augenblick, und wir fühlten uns bald kälter und niedergeschlagener als zuvor. Es war mir, als ob mein Kopf ganz leer wäre. Dann wieder hatte ich ein Gefühl, als ob mir alles ganz gleichgültig wäre, als ob ich nichts mehr sähe, nichts mehr fürchtete. Aber auch das ging vorüber, und ganz erstarrt sank ich hilflos zusammen.

Wie lange die Betäubung dauerte, weiß ich nicht, aber der Kroo-Mann rüttelte mich mit der Nachricht auf, daß ein Landwind sich erhoben habe und er ein Segel sehe, das er für einen Kreuzer halte. Es kostete mich große Anstrengung, die Schwere in meinen Gliedern zu überwinden. Und ich weiß auch nicht, ob es mir gelungen wäre, wenn nicht eine Zauberkraft in dem Wörtchen »Kreuzer« verborgen gewesen wäre, die mir plötzlich zum Bewußtsein brachte, daß mein Fäßchen allerlei Papiere enthielt, die sich auf den Sklavenhandel bezogen.

Ich hatte kaum Zeit, es über Bord zu werfen, bevor das Schiff in unsere Nähe kam. Wie groß war mein Erstaunen, als ich dann ein Sklavenschiff, das für Gallinas bestimmt war, sah. In der Kajüte wurde ich herzlich empfangen, und ein herrliches Bett mit einer Menge Decken bewirkte, daß ich mich in kurzer Zeit wieder erholte, obwohl mir meine gefährliche Flucht von Digby und die Erinnerung an alle Greuel, welche ich dort erlebt hatte, wahrscheinlich bis zu meiner Todesstunde wie ein rheumatisches Fieber in den Gliedern liegen wird.

Ich hatte wohl recht daran getan, mich nicht in die Brandung zu wagen, nachdem der tote Haifisch als Signal in die Höhe gezogen worden war; denn in der Brandung von Gallinas gab es so viele dieser Ungeheuer, daß ein paar Nächte zuvor bei einem Versuch zur Einschiffung mehr als hundert Sklaven von ihnen verschlungen worden waren.

42. Kapitel

Mein letztes Geschäft mit Sklaven

»Don Pedro Blanco hat Gallinas verlassen – ein Millionär im Ruhestand!«

Als ich diese Nachricht in der Faktorei erhielt, konnte ich mich nur mit Mühe enthalten, öffentlich zu bekennen, welche Reue mich erfüllte. Ein Wunsch, der bei mir seit einiger Zeit sich geregt hatte, wurde dadurch stärker. Jahre waren dahingegangen, seitdem ich zum erstenmal wie durch Zufall an den Sklavenhandel geraten war. Meine Lust, ein Leben voller Streifzüge und kühner Abenteuer zu führen, hatte sich abgekühlt. Die barbarischen Grausamkeiten, die vor kurzem gegen die Besiegten in einem Kampf verubt worden waren, dessen unfreiwillige Ursache ich darstellte, hatten in mir einen Widerwillen gegen den Handel erregt. Immer lauter erhob sich die Stimme der Menschlichkeit in mir, ich wollte die Tage, die ich noch zu leben hatte, in ehrlicher Arbeit verbringen.

Als ich die Küste entlangsegelte, um ein Kind seinem Vater – dem König von Kap Mount – zurückzubringen, freute ich mich über das stolze Vorgebirge, den schönen See und die reizenden Inselchen, die diese herrliche Landschaft auszeichneten. Als ich den Jungen seinem Vater zurückgab, kannte die Dankbarkeit des alten Mannes keine Grenzen, daß ich seinen Sohn vor der Sklaverei gerettet hatte. Alles wurde mir zur Belohnung angeboten. Da mich die prachtvolle Naturschönheit seines Landes sehr anzuziehen schien, bot er mir eins der schönsten Fleckchen zum Geschenk an, wenn ich den Sklavenhandel aufgeben und eine ehrliche Faktorei errichten wollte.

Augenblicklich hoffte ich, daß einmal der Tag kommen würde, wo ich Herr und Gebieter von Kap Mount sein würde und unter dem Schutze seines stolzen Vorgebirges mich um die Kreuzer nicht mehr zu kümmern brauchte. Aber ich konnte meine Niederlassung in Neu-Sestros nicht so plötzlich aufgeben. Die Abreise von Don Pedro enttäuschte mich sehr, weil meine laufende Rechnung mit ihm noch nicht abgeschlossen war und das Aufgeben des Handels jetzt von allerlei Umständen abhängig sein mußte. Dennoch beschloß ich, es zu wagen, die Faktorei für eine Weile zu verlassen und im Anschluß an eine Reise nach England ihn in Havanna aufzusuchen.

Es war Sommer im Jahre 1839 geworden, als ich meine ganzen Geschäfte für eine lange Abwesenheit ordnete und auf dem Schoner *Gil Blas* nach England fuhr. Bis zum Ärmelkanal verlief die Überfahrt ziemlich eintönig, aber da kam ein tüchtiger Südwest, der uns schnell nach unserem Bestimmungsort führte.

Die Uhren von Dover hatten gerade neun Uhr abends geschlagen, da entstand auf Deck eine Verwirrung, alles lief hin und her, es herrschte plötzlich ein Durcheinander von Schrecken, Befehlen, Gehorchen und Angst, worauf ein furchtbarer Stoß folgte, der mich auf den Fußboden meiner Kabine schleuderte; ich sprang auf und eilte an Deck. Ein Dampfschiff hatte uns angefahren! Über uns stieg eine große schwarze Mauer in die Höhe, während der Steven des Eindringlings unsere Nußschale beinahe unter Wasser tauchte. Der Dampfer kam zum Stillstand, meine *Gil Blas* war in Gefahr zu sinken. Als die Räder des Dampfschiffes sich wieder zu drehen begannen und es sich langsam von unserem Wrack löste, versuchten wir alle so rasch wie möglich an Bord des Zerstörers zu klettern.

Der Empfang, den uns der Britische Löwe bei dieser Gelegenheit bereitete, war nicht so herzlich und gastfrei, wie man hätte wünschen können. Niemand kümmerte sich eigentlich um uns, bis ein geschickter Soldat aus Irland, der nach Dublin reiste, uns in die Kajüte zweiter Klasse einlud. Unser Steuermann beachtete dies jedoch nicht, sondern eilte auf die Kommandobrücke, begann den Kapitän mit heftigen Worten zu beschimpfen und verlangte eine anständige Unterkunft für seinen verwundeten Kommandanten und die Passagiere.

Bald darauf wurden der Kapitän der *Gil Blas* und ich in die Kajüte erster Klasse gebracht. Da ich nichts anderes anhatte als einen dünnen Schlafanzug aus Kattun, den ich trug, als der Zusammenstoß erfolgte, erhielt ich ein Hemd und eine Hose aus der Kleiderkiste der Matrosen. Als mein schwarzer Diener in die Kajüte kam, warfen ihm die Passagiere von allen Seiten Kleingeld zu.

Am nächsten Morgen wurden wir in Cowes an Land gesetzt; weil der Steward seine Pantoffeln, die ich angezogen hatte, zurückverlangte, mußte ich Alt-England barfuß und mit unbedecktem Kopf begrüßen. Unseren Matrosen war es viel besser ergangen. In der Back waren sie zu barmherzigen Samaritern gekommen. Sie hatten eine Menge Kleidungsstücke bekommen, und eine Sammlung, die unter den Soldaten und Frauen abgehalten worden war, brachte mehr als genug ein für ihre Reise nach London.

Infolge meines sparsamen Lebens in Afrika und einiger ziemlich vorteilhafter Reisen konnte ich mir meinen Wunsch, London von allen Seiten kennenzulernen, gründlich erfüllen. Zwei herrliche Monate verbrachte ich dort, dann rief mich das Gefühl der Pflicht nach Havanna. Vor meiner Abreise wollte ich mir die Unterstützung irgendeines reichen Engländers sichern, mit dessen Hilfe ich ein ehrliches Handelsgeschäft in Kap Mount errichten und führen wollte. Ich fand, was ich suchte, in Mr. George Clevering Redman in London, dem Besitzer der *Gil Blas.* Mit diesem Schiff und noch zwei anderen trieb er Handel zwischen England und Afrika.

Ich war diesem Manne vorgestellt worden als ein »ehrlicher Händler an der Küste«; da ich aber meinte, daß wir keine Geschäfte machen sollten, solange er eine so unrichtige Meinung über mich hatte, ergriff ich die erste beste Gelegenheit, ihm die Wahrheit zu gestehen, wer ich eigentlich sei. Zugleich aber sagte ich ihm, daß mein Entschluß unumstößlich sei, den Sklavenhandel für immer aufzugeben und an einer günstig gelegenen Stelle eine Faktorei zu gründen. Ich erzählte ihm, welche besonderen freundschaftlichen Beziehungen zwischen dem König und mir bestanden, und erbot mich, Kap Mount seinem afrikanischen Besitzer abzukaufen, wenn man das wünschen sollte.

Kap Mount

Redman war ein Kaufmann mit Unternehmungsgeist. Er hörte meine Vorschläge mit Interesse an und sagte mir, nachdem er ein paar Tage lang darüber nachgedacht hatte, seine Beteiligung zu, sobald ich den Beweis erbracht haben würde, daß ich den Sklavenhandel für immer aufgegeben hätte. Die Vereinbarung war, daß kein Kontrakt aufgesetzt und keine Verträge unterzeichnet werden sollten, ehe ich mich vollständig von Don Pedro Blanco und allen, die zu ihm in Beziehung standen, frei gemacht haben würde. Wenn das geschehen sei, würde ich wieder nach England kommen und meine neue Tätigkeit beginnen.

Als ich jedoch auf der Königin der Antillen landete, fand ich Don Pedro ganz und gar nicht in der Stimmung, mir in meinen menschenfreundlichen Absichten entgegenzukommen. Der alte Sklavenhändler sah mich zweifellos für einen Mischling von einem Toren und einem Fanatiker an. Es

war gerade ein amerikanisches Schiff gechartert worden, um Ladung nach der Küste zu bringen. Statt aus meinem Dienstverhältnis entlassen zu werden, erhielt ich den Auftrag, mich darauf als Supercargo einzuschiffen. Tatsächlich war ich am dritten Tage nach meiner Ankunft in Havanna gezwungen, nach der Küste zurückzukehren, ohne jede Aussicht auf Unabhängigkeit.

Eine Reise von zweiundvierzig Tagen führte mich zum sovielten Male nach Neu-Sestros. Auf dieser Reise begleiteten mich zwei Negerinnen, die ihre Überfahrt bezahlt hatten und, ganz wie es sich gehörte, auf dem Zwischendeck reisten. Die ältere war ungefähr vierzig Jahre und sehr stattlich, während ihre Gefährtin jünger war und auch hübscher aussah.

Diese ehrwürdige Dame kehrte nach einer Abwesenheit von vierundzwanzig Jahren nach ihrem Geburtsort Gallinas zurück, um ihren Vater, König Shiakar, zu besuchen. Mit fünfzehn Jahren war sie gefangen und nach Havanna geschickt worden. Ein Konditor in Kuba hatte das geschickte Mädchen gekauft und sie eine Reihe von Jahren mit seinen Kuchen und Pasteten hausieren geschickt. Im Laufe der Jahre hatte sie sich die Gunst der Städter erworben und allmählich so viel ersparen können, daß sie ihre Freiheit erkaufen konnte. Durch ständige Sparsamkeit und Fleiß hatte sie ein Haus in der Stadt und ein Eiergeschäft auf dem Markt erworben, als der Zufall ihr einen Vetter in den Weg führte, der soeben aus Afrika hertransportiert worden war und ihr Nachrichten von der Familie ihres Vaters brachte. Fünfundzwanzig Jahre hatten die Liebe zu ihrer Familie nicht in dem Herzen der Negerin erlöschen lassen; sie beschloß sofort, die Überfahrt über den Atlantischen Ozean zu unternehmen und noch einmal den Wilden zu sehen, dem sie ihr Leben verdankte.

Ich sandte diese unternehmungslustige Frau mit dem ersten Handelsschiff, das Neu-Sestros passierte, nach Gallinas und hörte später, daß sie auf den Inseln mit aller Feierlichkeit empfangen worden war, die bei einer solchen Gelegenheit gebräuchlich ist. Eine Anzahl Kanus waren mit Flaggen, Trommeln und Hörnern dem Schiff entgegengefahren, um die Damen zu empfangen und zu begrüßen. An Land war ein Festzug vorbereitet worden, und man hatte dem Kapitän einen Ochsen für den erwiesenen Dienst angeboten.

Als der ehemaligen Eierhändlerin ihr ältester Bruder vorgestellt wurde, breitete dieser seine Arme aus, um die Schwester zu umarmen, aber zum Erstaunen aller Anwesenden trat sie zurück und bot ihm nur die Hand, indem sie jeden weiteren Beweis der Zuneigung zurückwies, bis er ihr gehörig gekleidet seine Aufwartung machen würde. Dieser kühle Empfang hielt nun auch ihre übrigen Verwandten zurück; denn mit Hosen war es bei ihnen sehr schlecht bestellt.

Wenn Shiakars Tochter auch eine weitgereiste Dame war, gelang es ihr doch nicht, in Gallinas die Mode zu bestimmen oder den Geschmack zu ändern. Nach einem Aufenthalt von zehn Tagen sagte sie ihren Verwandten daher Lebewohl und kehrte nach Havanna zurück, für immer geheilt von ihrer Vorliebe für die Gebräuche und Sitten ihres Heimatlandes.

Während ich in England und Kuba weilte, hatte mein Geschäftsführer in Neu-Sestros eine Ladung von dreihundert Negern verschifft, die beinahe alle wohlbehalten nach Westindien gelangt waren und einen Gewinn von neuntausend Dollar einbrachten. Es befanden sich aber noch hundertfünfzig Neger in unseren Baracken, die auf eine Schiffsgelegenheit warteten. Die Ladung der *Crawford* wurde auch bald bei den Eingeborenen gegen Sklaven umgetauscht. Binnen zwei Monaten hatte ich sechshundert Menschen in meinen übervollen Schuppen. Auch zwei benachbarte Faktoreien waren überladen mit Sklaven, und zu allem Unglück lag dicht vor unserer Niederlassung ein starkes Geschwader englischer Kriegsschiffe, um zu verhindern, daß wir die Sklaven einschifften.

Kein Sklavenschiff wagte es, sein Segel am Horizont sehen zu lassen. In dieser Jahreszeit kamen auch keine Lebensmittel aus dem Binnenland. Küstenfahrer legten nur selten in Neu-Sestros an, und weil unser Vorrat an Getreide und anderen Lebensmitteln zu schwinden begann, wurde die furchtbare Gefahr einer Hungersnot der einzige Gesprächsstoff unserer Faktoreibesitzer.

Man kann sich natürlich vorstellen, daß alle Versuche gemacht wurden, nicht nur so sparsam wie möglich mit unserem kärglichen Vorrat umzugehen, sondern ihn auch zu ergänzen. Deshalb sandten wir unsere Boote nach allen Seiten aus, um an der Küste Reis und Cassave aufzukaufen. Wir boten doppelte und dreifache Preise, aber immer wieder kehrten unsere Einkäufer mit leeren Händen zurück. Die freien Eingeborenen befanden sich ebenfalls in Gefahr, vor Hunger umzukommen. Während sie sich weigerten, etwas von ihrem Vorrat abzugeben, so sehr man auch versuchte, sie dazu zu bringen, sandten sie selbst ihre Leute mit der Bitte um Nahrungsmittel zu mir.

Allmählich lernte ich einsehen, daß ich die Anzahl der Leute, die ich zu ernähren hatte, einschränken mußte. Zuerst schenkte ich den Alten und Schwachen die Freiheit. Für ein paar Tage bedeutete das eine große Erleichterung, aber da ich die Stärksten behalten hatte, verringerte ihre Eßlust unsere Portionen sehr rasch auf eine einzige Mahlzeit pro Tag. Endlich kam der Magazinmeister und meldete, daß nur noch für eine Woche Vorrat vorhanden war. Höchstens noch zwölf Tage. Dann würde nichts mehr da sein.

In dieser äußersten Not rief ich die benachbarten Häuptlinge zu einer Beratung, wobei ich ihnen die Lage auseinandersetzte und sie fragte, was wir an diesem gefürchteten Tage tun sollten. Ich hatte mich entschlossen, meine Neger zu behalten, bis die letzte Mahlzeit gegessen sein würde, und sie dann alle freizulassen, damit sie sich selbst einen Weg suchen könnten.

Der Gedanke jedoch, daß sechshundert ausgehungerte Feinde auf sie losgelassen werden sollten, erfüllte die Küstenbewohner mit Abscheu. Dies, sagten sie, würde sicher zu Mord und Totschlag führen, und sie flehten mich an, das nicht zu tun, ehe sie alles versucht hätten, mich zu entlasten. Als erstes schlugen sie vor, daß sie die meisten Frauen und alle Jungen aus den Baracken bei sich aufnehmen würden, die sie dann für meine Rechnung ernähren und bewahren würden, bis bessere Zeiten kämen.

Durch dieses System wurde mir die Sorge für die Ernährung von zweihundertfünfundzwanzig Negern abgenommen, und überdies hatte ich noch das unerwartete Glück, daß ein Besuch eines befreundeten Küstenfahrers mir binnen zehn Tagen ermöglichte, meinen schönen Kutter *Ruth* gegen eine Ladung Reis aus der Kolonie Kap Palmas einzutauschen.

Glücklicherweise verließen die englischen Kreuzer eine Woche nach dieser willkommenen Hilfe für ein paar Tage die Reede. Sobald sie weg waren, benachrichtigte der »Rauch-Telegraph« – der damals an der afrikanischen Küste nicht weniger nützlich war, als der elektrische es jetzt für uns ist – die berüchtigte *Volador* von ihrer Abfahrt. Es herrschte große Freude in den übervollen Faktoreien, als das Signal kam, daß die *Volador* auf der Reede lag. Noch in derselben Nacht wurden siebenhundertneunundvierzig Neger in ihren Laderaum von hundertfünfundsechzig Tonnen verpackt und begannen so die Reise nach Kuba.

Dieses war meine letzte große Sklavenverschiffung an der afrikanischen Küste.

Die Ursachen der Sklaverei und die Schrecken des Sklavenhandels

Unter den hauptsächlichsten Veranlassungen, wodurch die Neger ihre Freiheit verlieren und woraus daher der Sklavenhandel die größte Masse seines traurigen Materials erhält, stehen die Kriege der Schwarzen gegeneinander oben-an. Sie sind dem Mungo Park zufolge von zweierlei Art. Die erstere, welche Killi heißt, kommt ihrer Natur nach unseren Kriegen sehr nahe. Zwei Nationen bekriegen sich nach vorhergegangener Ankündigung.

Die zweite beruht auf erblichen Fehden. Park nennt eine solche Fehde Tagria. Die Einwohner einzelner Distrikte haben nämlich einen alten Haß gegeneinander wegen vormaliger Beleidigungen. Und diese Rache befriedigen sie dadurch, daß sie gewöhnlich nach vollbrachter Ernte einander hinterlistig überfallen, Menschen und Vieh rauben, Städte und Dörfer verheeren.

Oftmals geschehen solche Einfälle in das Gebiet der Nachbarn mit mehreren Hunderten auf einmal. So überfiel der Sohn des Königs von Fuhlada die Jallonkas mit fünfhundert Reitern und machte viele Gefangene.

Oftmals unternehmen hingegen einzelne Familien solche Raubzüge; ja sogar ein einzelner kühner und starker Neger wagt es, auf vorübergehende unbewaffnete Menschen hinter dem Gebüsch hervorzuspringen und einen freien Mann als Gefangenen fortzuführen.

Diese beiden Arten, Menschen zu rauben oder vielmehr sie ihrer Freiheit zu berauben, sind durch unseren Sklavenhandel allerdings sehr vermehrt und vervielfacht worden.

Seit der Einführung der europäischen Bedürfnisse, z. B. des Feuergewehrs, der Schießmaterialien, des Eisens und vorzüglich des Branntweins, machen sich die Negerführer kein Gewissen daraus, sobald es ihnen an solchen Waren mangelt, ihre friedlichen Nachbarn mit Krieg zu überziehen und die unglücklichen Gefangenen den Europäern zu verhandeln.

Donnel, der Negerkönig von Cajor, hatte kaum vernommen, daß europäische Sklavenhändler an der gegenüberliegenden Insel Goree gelandet seien, als er sogleich seine bewaffneten Menschenräuber in die umliegenden Gegenden sandte. Da diese seine Gier nach unseren Waren, besonders nach Branntwein, zu langsam und zu kleinlich befriedigten, überfiel er die benachbarten Negerstämme mit seiner ganzen Macht. Nach einer blutigen Schlacht, denn der Widerstand der so schändlich überfallenen Nachbarn war bedeutend, siegte leider das stärkere Heer des Donnel. Zweihundert Menschen blieben auf dem Platz, hundertachtzig Kriegsgefangene führte der König mit sich fort, und alle Greise und unverkaufbaren Kinder wurden niedergemacht.

Sogar gegen ihre eigenen Untertanen scheuen sich diese würdigen Väter nicht, solche Greuel zu begehen.

Ähnliche, aber noch blutigere Kriege führte bereits le Maire zu Ende des 17. Jahrhunderts von dem König Brak, unweit des Senegals, an.

Im Jahre 1788 erlebte der edle Madstroem zu Joal, daß der König von Bursin (Barbasin) fast jedesmal in der Nacht vom Sonnabend auf den Sonntag bewaffnete Leute aussandte und mit Gewalt seine eigenen Untertanen zum Verkauf stehlen ließ.

Der damalige Fürst war, solange er nüchtern blieb, durchaus einer solchen Tat unfähig. Französische Sklavenhändler, welche bei Joal (zwischen dem Senegal und dem Gambia) lagen, wußten ihn in der Trunkenheit durch den Reiz ihrer Waren hierzu zu bestimmen. Oftmals reute den König seine Tat; er sandte selbst einstens zwei Sklaven zum Austauschen eines während seiner Trunkenheit geraubten und verkauften freien Mädchens.

Bei diesen Räubereien werden Tausende der Untertanen teils zugrunde gerichtet, teils getötet; die Familien werden getrennt, die Mütter werden von ihren säugenden Kindern gerissen, und die ausgesandten königlichen Henkerknechte scheuen sich nicht, die in Tränen schwimmenden Unglücklichen mit den härtesten Schlägen fortzutreiben, während

Menschenräuber an der Guineaküste zu Beginn des 19. Jahrhunderts

ihre Mitsoldaten das Geschrei der Unschuldigen durch Trommeln und Schießen zu übertäuben suchen.

Daß dies Rauben einzelner Menschen mitten im Frieden

durch eigene Mitbürger nicht bloß an der Seeküste, sondern selbst im Innern von Afrika stattfindet, bezeugt der Wahrheit liebende Gustav Wasa. Er selbst ward in einem der entlegensten Teile von Benin als Knabe gestohlen. Daher geht dort der Neger unter seinen eigenen Mitbürgern häufig bewaffnet einher.

Oftmals fällt ein solcher Menschenraub hart auf den Räuber zurück. An der Pfefferküste bei Picannani Sestre sah der Engländer Dove, wie ein schwarzer Sklavenhändler, Ben Johnson, ein geraubtes junges Negermädchen an Bord eines Sklavenschiffes brachte, es dort verkaufte und mit den dafür erhaltenen Waren in seinem Boot davoneilte. Aber ein anderes Boot holte das seinige ein; die darin befindlichen Neger überwältigten Ben Johnson, brachten ihn unter strengstem Rufen »Teefee« [Dieb] auf das Schiff und boten ihn nun selbst dem Schiffskapitän zum Kauf an. Ben Johnson stellte diesem vergeblich vor, er kenne ihn ja schon lange als einen freien Neger und großen Handelsmann und werde ihn daher doch nicht kaufen; allein dieser, dem Charakter solcher Europäer gemäß, antwortete ruhig: »Gleichviel, wenn diese Neger dich verkaufen wollen, so kaufe ich dich«, und er schlug ihn in Fesseln, zahlte den Preis und führte den Dieb selbst nach Westindien.

Noch schaudervoller ist die Erzählung des le Maire, da ein Vater seinen eigenen Sohn an die Franzosen am Senegal zu verkaufen gedachte. Dieser, der französisch verstand, überlistete jenen, verhandelte den gefühllosen Vater, und der wurde, obgleich er dem Käufer laut zurief: »Ein Sohn kann seinen Vater nicht verkaufen«, von dem ebenso gefühllosen Menschenhändler in Fesseln geschlagen und nach Westindien geführt.

Die zweite Veranlassung zum Verlust der Freiheit unter den Negern hat größtenteils ihren Grund in der ersten, nämlich in ihren Kriegen.

Alle Lebensmittel werden dadurch verwüstet, Ackerbau und Viehzucht werden vernachlässigt, und so entsteht in dem reichsten Lande der Welt Hungersnot. Diese nimmt jedoch zuzeiten auch von langer Dürre und nur auf sehr kurze Zeit von ungeheuern, alles Laub und Getreide verzehrenden Heuschreckenschwärmen ihren Ursprung. Mungo Park war Augenzeuge, daß eine vom Hunger völlig

diese ihnen einträgliche Eifer-
ise stets höher an.
statt vieler anderen folgendes
es der Kapitän Hall durch ge-
hat. In dem Reiche Calabar [ei-
lge zu dem südlichen Benin ge-
Stadt Calabar unweit derselben
Namen Neu-Calabar, gebildet.
ter die vornehmsten Sklaven-
haft gibt dann häufig Veranlas-
rsucht und erregt Feindschaft.
ben englische Sklavenschiffe,
von Liverpool, unweit dersel-
. Die Eifersucht der beiden
en so hohen Grad von Feind-
die Einwohner wechselseitig
en zu holen; hierdurch stockte
diesem Zeitverlust ein Ende
hrer von Bristol und Liverpool
er beider Städte miteinander
nehmsten von beiden auf ihre
äterisch mit denen von Neu-
n Stadt zu Sklaven zu machen
hmste Mann von Alt-Calabar,
nnt ihn den König], gab, zum
ussöhnung, seine Tochter an
mann in Neu-Calabar; und
nem sehr großen Gefolge an
ren diese aber ihrer Beute ge-
n Kanonenschuß das Zeichen
ehmen. Nun fielen die be-
labar über die zutraulichen
alten Stadt, die sich auf dem
chiffe oder auf denselben be-
uf die fliehenden Boote feu-
tötet und sehr viele als Ge-
des erwähnten Obersten von
flehentlich, sie möchten ihn

abgezehrte Mutter ihr schönes Kind an einen reichen Neger gegen eine Portion Lebensmittel für vierzig Tage verkaufte.

Während einer dreijährigen Teuerung kamen viele Neger in die englische Faktorei am Gambia und baten den dortigen Dr. Laidley, sie an seine Sklavenkette zu legen, um sie vom Hungertode zu retten.

Eine dritte Ursache der Sklaverei, vielleicht die billigste von allen, ist die Bestrafung schwerer Verbrechen. Mord, Ehebruch und Diebstahl und, was mehr zu bedauern ist, auch Zauberei werden in vielen Negerländern, besonders in dem großen Königreich Benin, mit Sklaverei bestraft.

Dies lieferte freilich seit Jahrhunderten, ja schon lange vor dem heutigen Negerhandel, oftmals Sklaven, die dann teils den Großen des Landes blieben, teils nach anderen Negerländern verkauft wurden. Allein seit der Ankunft der Weißen werden jene Veranlassungen zum Verlust der Freiheit auf eine unerhörte Weise mißbraucht. Nicht bloß der geringste Argwohn eines Ehebruchs bringt oft den Unschuldigen schon um seine Freiheit; die Großen richten ihre Weiber darauf ab, junge Neger an sich zu locken, um sie hierdurch zur Sklaverei verdammen und an die Weißen gegen Branntwein verhandeln zu können.

Die Könige und die Großen von Aquambo, an der Goldküste, heiraten in jedem ihrer Dörfer drei bis vier Frauen. Diese lassen sie dort, reisen aber jährlich einmal zu ihnen und zwingen sie, eidlich auszusagen, wie oft und mit wem sie unterdessen sich vergangen haben. Die von ihnen angegebenen Liebhaber werden sodann als Sklaven an die Dänen verkauft, und die Frau erhält noch für die Angabe eine Belohnung.

Zu den Zeiten Des Marchais' [1725] bestrafte der König den Ehebruch einer seiner vielen Weiber auf die grausamste Art. Die Unglückliche wurde an einen lotrecht aufgerichteten, in die Erde versenkten Pfahl gebunden, und die übrigen Frauen des Serails mußten ihr so lange kochendes Wasser aus großen irdenen Krügen auf den Kopf stürzen, bis sie ihren Geist aufgab.

Dergleichen Bestrafungen ereignen sich weniger, seitdem der Sklavenhandel so sehr zugenommen hat. Man verkauft aber jetzt nicht nur die Frau, sondern ihre ganze Familie.

Ebenfalls wird die Todesstrafe, die vormals die sogenannten Zauberer betraf, gewöhnlich jetzt in den Verlust der Freiheit umgewandelt.

Auf der einen Seite ist dadurch an Menschlichkeit gewonnen; allein diese verliert sich wieder, weil man nun weit mehr als zuvor wegen des Gewinnes falsche Aussagen hervorsucht; es wäre leicht, eine Menge gültiger Beispiele hiervon aufzuführen.

Schulden wegen die Freiheit zu verlieren war schon längst vor dem Negerhandel in Afrika Sitte. Freilich bietet dieser Handel dazu häufigere Gelegenheiten. Oftmals trifft ein solches Unglück selbst angesehene Kaufleute, die auf Spekulation teils Waren, teils Sklaven kaufen. Ist es ihnen dann unmöglich, dem Zahlungstermin Genüge zu leisten, so werden sie selbst Sklaven. Der europäische Kaufmann hat sogar das Recht, sich eines oder mehrerer Verwandter des Schuldners zu bemächtigen, wenn er des letzteren nicht selbst habhaft werden kann.

Endlich verliert der Neger, gleich den alten Deutschen, oftmals seine Freiheit durch das Spiel. Wenige Nationen zeigen eine so entschiedene Vorliebe für Hazardspiele als die Neger. Diese Spiele haben viel Ähnliches mit unserem Würfelspiel. Statt der Würfel bedienen sie sich der Kauris, der kleinen Muscheln, die bei ihnen statt des Geldes dienen. Sie machen sie durch verschiedene Zeichen kenntlich, sie schütteln sie in der Hand, wie wir die Würfel im Becher, werfen sie sodann in die Höhe; je nachdem, ob die Muscheln des Gegners oder des Spielers entweder auf die Mündung oder auf den Rücken fallen oder auch, bei einem anderen Spiele, bald nach der Seite des Gegners, bald nach der Seite des Spielers hinrollen, wird der Verlust oder Gewinn entschieden. Der Neger macht selten den Satz geringer als vier Liv. [einen Taler] und treibt dies mit solcher Wut, daß er nicht nur oftmals sein übriges Vermögen und

ßen Sklavenhändler fachen
sucht auf die niedrigste W
Hiervon überführt uns
schreckliche Beispiel, welc
richtliche Aussage bewährt
nigen Erdbeschreibern zufo
hörig] hat sich aus der alten
eine Kolonie, unter dem
Beide Städte zählt man un
märkte. Die nahe Nachbars
sung zu kaufmännischer Eif
Im Jahre 1767 hatten si
zwei von London und fünf
ben zum Einkauf angelegt
Städte war aber jetzt auf ein
schaft gestiegen, daß sich
nicht ins Land wagten, Sklav
dieser Handel gänzlich. Um
zu machen, gaben die Kauffa
vor, sie wollten die Einwoh
aussöhnen. Sie luden die Vo
Schiffe ein, kamen aber ver
Calabar überein, die der alte
oder hinzurichten. Der vorn
Ephraim Robin John [Hall ne
Zeichen seiner aufrichtigen A
den angesehensten Handels
seine Brüder gingen nebst ei
Bord der Engländer. Kaum wa
wiß, so gaben sie durch eine
zum Morden und Gefangen
waffneten Boote von Neu-C
unbewaffneten Einwohner de
Wasser längs der englischen S
fanden, her, während letztere
erten. Dreihundert wurden g
fangene verkauft. Ein Bruder
Alt-Calabar bat die Engländer

seinen Feinden nicht ausliefern; allein der Menschenhändler, dem man dafür einen starken Neger anbot, war taub für alle Redlichkeit. Kaum hatte er ihn seinen wütenden Feinden übergeben, so lag sein Kopf schon in dem Boote, das ihn aufnahm. Die beiden übrigen Brüder erwarteten ein gleiches Schicksal; aber der Kapitän, auf dessen Schiff sie sich befanden, versprach nur dann ihre Auslieferung, wenn die Anzahl der ihm nötigen Sklaven voll sein würde. Sobald er aber diese erhalten und bezahlt hatte, hinterging er die Betrüger und segelte mit den erhaltenen Sklaven wie auch mit den beiden Brüdern des Ephraim Robin John nach Amerika. Er rettete sie hierdurch. Sie wurden nämlich beide sechs Jahre danach durch einen anderen Kaufmann von Bristol wieder zu den Ihrigen nach Calabar gesendet; indes hatte dieses Ereignis einen vierjährigen Krieg hervorgebracht.

So schwarz nun auch diese Tat war, so hinderte sie dennoch nicht, daß bald darauf andere Sklavenschiffe der Engländer in Alt-Calabar des Gewinnes halber gut aufgenommen wurden; so tötet der Wucher alle Gefühle!

Den europäischen Sklavenhändlern genügte es indes nicht, die inländischen Sklavenmakler und Kaufleute, Slatihs genannt, zu solchem Hintergehen ihrer eigenen Landsleute zu reizen. Sie lassen sich selbst solche Schandtaten zuschulden kommen und büßen dann freilich zuzeiten dafür sehr hart.

Oftmals machen die Europäer die zu ihnen des Handels wegen ans Schiff kommenden freien Neger trunken und schlagen sie dann in Eisen. Ein andermal gehen sie mit diesen unkundigen Menschen, während diese sich an Bord befinden, nachts unter Segel und verkaufen sie danach als Sklaven in Westindien.

Auf diese Weise haben sie oft freie Neger, die von den Ihrigen als Geisel für eine Schuld zurückgelassen worden waren, fortgeführt, obwohl sie wußten, man werde sie tags darauf wieder auslösen.

General Rook bezeugte, drei englische Sklavenhändler hätten ihn gebeten, er möge ihnen zum Überfallen und Gefangennehmen von hundertfünfzig freien Negern unweit Goree behilflich sein; er lehnte es freilich mit Verachtung ab.

Endlich machen sich die Boote der weißen Sklavenhändler, welche auf den Flüssen zum Einhandeln der Sklaven tiefer landeinwärts fahren, des Menschendiebstahls nur zu oft schuldig.

Der Lohn aller dieser Untaten folgt ihnen zuzeiten auf dem Fuße nach.

Wadstroem erfuhr, daß kurz vor seiner Abreise von Goree drei englische Schiffe, die sich unterstanden hatten, freie Neger fortzuführen, durch widrige Winde aber auf die Küste zurückgetrieben worden waren, von den Negern umringt und genommen wurden. Die ganze Mannschaft wurde niedergemacht; nur einem einzigen Knaben schenkte man das Leben; dieser entsprang seiner Gefangenschaft und gab von dem traurigen Ereignis Nachricht.

Kap. Arnould erlebte auf den Cameronen [Küste von Benin] ein ähnliches Unglück. Mehrere Schiffskapitäne wurden von den Negern gewaltsam fortgeführt und mit Ketten an Bäume geschlossen. Ein Teil davon wurde von ihren Matrosen durch Waffengewalt wieder befreit. Dies alles traf völlig unschuldige Europäer, weil ein anderes Sklavenschiff einige verpfändete freie Neger betrügerisch mit sich fortgeschleppt hatte.

So vielfach sind die Mittel und Wege, die den Neger zur Sklaverei führen.

Der Handel selbst wird hauptsächlich durch Slatihs oder auch Makler betrieben. Man findet sie sowohl in den großen Städten wie auch auf den Dörfern des tiefen Binnenlandes, wie z. B. vom Gambia aus, Mungo Park zufolge, in Subo und mehreren kleinen Flecken. Sie bereisen dann die großen Salz- und Sklavenmärkte, wie Sansanding, Kamalia, Dschenne, Houssa, Timbuktu, in welchen gleichfalls die räuberischen Mauren viele von ihnen gestohlene Neger zusammenbringen. Die Namen der großen Sklavenmärkte tiefer gegen Süden oder im Innern von Benin sind nicht so genau bekannt, während ihre Existenz durch die gültige

Aussage des Wundarztes Faulconbridge u. a. gewiß ist. Je weiter aber das Vaterland eines Sklaven von dem Verkaufsort entfernt ist, desto höher wird er, wegen der geringeren Wahrscheinlichkeit, entwischen zu können, geschätzt.

Der Preis der Sklaven im Binnenlande ist nicht immer gleich. Krieg und Hungersnot setzen ihn herab; große Nachfrage an den Küsten erhöht ihn. In Kamalia galt gegen das Ende des letzten Jahrhunderts ein Sklave von der ersten Güte 9 bis 10 Dukaten, in allerhand Waren gerechnet. Damals galt dort selbst die Scheibe Salz [ein von dem Salzstock Tischit, Tegaza, auf Eseln dorthin geführtes teures Material], dritthalb Fuß lang, vierzehn Zoll breit und zwei Zoll dick, an die 15 Taler, eine Flinte fast ebensoviel [3 bis 4 Dukaten], ein Pferd aber 10 bis 17, hingegen ein Ochse nur einen Dukaten. Man kaufte mithin einen Sklaven etwa für 2 Scheiben Salz oder für drei Flinten oder für ein schlechtes Pferd oder endlich für 10 Ochsen. Indes sind diese Preise veränderlich. Kap. Heathley sah unweit dem Gambia 40 Sklaven für ein einziges tatarisches Pferd hingeben; und Gustav Wasa wurde als Knabe im Innern von Benin, in Timmah, mit 172 Stück Kauris bezahlt. In weiter Entfernung vom Meer sind die höchstwahrscheinlich viel teurer als an der Küste, wo 20 Kauris oder Bos nur 6 Pf. gelten, so daß Gustav Wasa nur etwa 4 gGr. kostete; denn der Preis dieser Muscheln ist auch veränderlich. Andere setzen ein Pfund derselben auf 25 bis 30 holländische Stüber; oder wenn man nach der Zahl rechnet und wie gewöhnlich 4000 Kauris zu 1 Pfund Sterling annimmt, so hätte der Knabe etwa 6 gGr. gekostet.

Die Sklavenschiffe zahlen dem Landesfürsten oder den Häuptlingen einen Zoll für die Erlaubnis zu handeln. Ein Schiff zahlte den Wert von 14 1/2 Sklaven, eine Schnau nur von 7 und eine Jagd [Sloop] nur von 3 1/2. Diese Zahlungen werden wie die der Sklaven selbst nicht nur in Eisen, Flinten, Pulver und Branntwein gemacht, sondern auch in Leinwand, Pagnen oder Pantjes von Baumwolle und Seide, zur Bedeckung des unteren Teils des Körpers; ferner in Kupfer und Messingbecken, Korallen und Glaskugeln u. dgl.

Die von den Slatihs so aufgekauften Sklaven werden mit starken Stricken von gedrehtem Leder um den Nacken, je vier und vier, aneinandergereiht; des Nachts legt man ihnen noch überdies eiserne Ketten um den Hals. Auch fesselt man gewöhnlich das rechte Bein des einen Sklaven an das linke des andern. Den Unbändigeren legt man schwere Klötze an, oder man läßt um ihren Kopf einen Ring von geflochtenen Stricken gehen, woran ein langes Scheit Holz hängt; die Hände werden durch zwei Öffnungen eines Brettes gesteckt, die man sodann durch einen hölzernen Querriegel verschließt.

Den Zug einer solchen Karawane, die aus dem Innern nach dem Gambia ging, beschreibt Park auf folgende Art: Voran fünf oder sechs Sänger [Dschillikihs], welche teils die Gesellschaft aufheitern, teils durch ihren Gesang die auf dem Wege gelegenen Ortschaften zu einer gütigen Aufnahme bestimmen sollen; auch singen sie an jedem Orte, wo sie anhalten, die Geschichte der Karawane öffentlich ab. Auf diese folgen die übrigen freien Männer, dann die Sklaven, vier und vier zusammengebunden, auf dem Kopfe ein Bündel Nahrungsmittel u. dgl., und zwischen je vieren ein freier, mit einem Speer bewaffneter Mann. Nach ihnen kamen die Haussklaven und zuletzt die Frauen der Slatihs und die übrigen freien Frauenzimmer.

Schon auf diesen Zügen zum Meer oder zu den Weißen hin ist der Verlust sehr groß. Die ungewohnte Bürde, die Traurigkeit, von den Seinigen auf immer getrennt zu werden, und die höchst sparsame Kost bei fortdauernden Strapazen hatten zur Folge, daß bei jener Karawane von fünfunddreißig Sklaven drei verlorengingen, also fast neun von hundert.

Mit jedem Tage steigen nun der Mißmut und die Angst dieser Unglücklichen. Ihre Gefühle beim Anblick des Meeres und der europäischen Sklavenschiffe hat niemand besser und merkwürdiger beschrieben als Gustav Wasa.

Seit seiner gewaltsamen Entführung aus dem väterlichen Hause war Olaudah Equiano über sechs Monate im Innern von Afrika aus einer Hand in die andere verkauft und bald mehr, bald minder gut, aber nirgends tyrannisch behandelt worden. Er genoß hierbei stets noch den Vorteil, sich unter Menschen zu befinden, mit denen er sich unterhalten konnte, die ihm an Lebensart und an Sitten oder wenigstens der Farbe und Bildung nach durchaus ähnlich waren. Auch der Boden, auf welchem er lebte, blieb so ziemlich ähnlich. Nur einmal fand er einen bedeutenden Unterschied, als er zu einer Nation gebracht wurde, welche an und auf einem sehr großen Flusse [dem Niger oder dem Senegal?] auf kleinen Fahrzeugen lebte, während ja Benin in seinem Innern nur von sehr kleinen Flüssen bewässert ist.

Jetzt sah er aber plötzlich das Meer, eine unabsehbare Wasserfläche, und auf derselben zu gleicher Zeit ein großes europäisches Sklavenschiff! Sein ahnungsvolles Erstaunen hierüber verwandelte sich bald in höchsten Schrecken, als Geschöpfe von ungewohnter Menschengestalt, mit langen gelblichen Haaren, von der Farbe des bösen Geistes, mit wildem Blick und mit einer Sprache, die auch nicht die mindeste Ähnlichkeit mit irgendeiner von ihm bisher gehörten hatte, auf ihn zutraten und ihm mit der gröbsten Scham- und Gefühllosigkeit eines Fleischhändlers alle Glieder, im eigentlichen Sinne des Wortes, durchtasteten. Diesen Zustand auszudrücken, fehlten seiner Sprache die Worte; er glaubte fest, in eine Welt fleischfressender Teufel geraten zu sein.

Auf das Schiff geschleppt, sah er viele ihm ähnliche Schwarze in Ketten, völlig stumm, den tiefsten Kummer oder die höchste Verzweiflung in allen Zügen; daneben kochte ein erstaunlich großer Fleischkessel, und ein mephitischer Geruch duftete ihm aus dem Innern des ungeheuren Wasserkessels entgegen.

Zwar suchten ihn die Schwarzen, von welchen er verkauft war, zu trösten und ihm jene schwarzen Gedanken zu nehmen. Zu seiner Erquickung brachten sie ein Glas Branntwein. Allein diese vermeinte Labung, das Lebenswasser der Weißen, berührte kaum seine Lippen, so fühlte er sich gleichsam verbrannt und schauderte nun sogar vor den Nahrungsmitteln dieser ihm neuen Zauberwelt.

Gleich darauf traten seine Landsleute ihre Rückfahrt nach der Küste an. Von allen bekannten Menschen und Dingen verlassen, war ihm jede Hoffnung, sein Vaterland wiederzusehen, verloren; und er befand sich in den Händen dieser unbekannten Wesen. Durch einen Strom von Tränen suchte die fast unter dem Kummer erliegende Natur sich zu erleichtern, als plötzlich eine Greuelszene diese Linderung hemmte. Die Weißen hängten einen der Ihrigen selbst an einen Mast, peitschten ihn so unmenschlich, daß er unter den Hieben starb, und nun warfen sie völlig gefühllos den Leichnam über Bord zur Nahrung für die Haie.

Voll Entsetzen über diese durchaus unerhörten Greuel flehte G. Wasa den Tod an, versagte er die ihm von den Weißen angebotene Speise. Dafür wurde er sogleich über die Winde gelegt und auf das grausamste gegeißelt. Er wollte seinen Tod in den Wellen suchen; allein es war ihm unmöglich, über die von Stricken auf dem Verdeck gezogene Galerie zu springen; und er verging fast vor Wehmut, da er acht Schwarze wegen eines ähnlichen, aber mißlungenen Unternehmens auf den Tod peitschen sah.

In dieser verzweiflungsvollen Stimmung entdeckte er endlich einige Schwarze, deren Sprache ihm verständlich war. Wer sind, fragte sie Wasa, diese weißen Ungeheuer? Woher kommen sie? Wohnen sie stets in solchen großen Höhlen auf dem Wasser? Oder, wenn sie sonst noch ein Vaterland haben, warum verlassen sie es? Wie kommen sie zu uns? Sicher sind es boshafte Zauberer, die uns nur rauben, um uns zu fressen? Und wie könnten sie auch das große Haus ohne Zauberei bewegen und fortschaffen?

Nur einige dieser Fragen waren seine Landsleute imstande zu beantworten; die Weißen kämen von einem weit entfernten Land; dorthin brächten sie die gekauften Neger und hielten sie auf das härteste zum Landbau an. Jene Stricke und Segel setzten das Schiff in Bewegung, allein selbst dies könne nicht ohne Zauberei geschehen.

Ein mit vollen Segeln ankommendes englisches Schiff bestärkte die Schwarzen noch mehr in diesem Wahn. Kaum sahen die Weißen ihres Schiffes jenes zweite Segel, so erhoben sie ein gräßliches Freudengeschrei. Das Fahrzeug näherte sich, wurde dabei zur allgemeinen Bewunderung der unkundigen Neger mit jedem Augenblick größer und blieb, nachdem es den ihnen völlig unbegreiflichen Anker ausgeworfen hatte, auf einmal stehen!

Endlich hatte das Sklavenschiff unseres Wasa seine volle Ladung. Die armen Neger, mehrere hundert an der Zahl, wurden gezwungen, in die unteren Behältnisse hinabzusteigen. Ein scheußlicher Abgrund voller Gestank! Jammernde, kranke, in Ketten geschmiedete Menschen preßten, verwundeten sich bei jeder Bewegung in der düsteren Höhle, und die durch die Enge des Raumes mephitisch gewordene Atmosphäre machte das Atmen selbst zur Strafe. Das Angstgeschrei der Weiber, die Wut der Verzweifelnden, das wilde Rufen der den Anker lichtenden und das Schiff in Bewegung setzenden Matrosen über den Köpfen dieser Unglücklichen, dies alles zusammen genommen verursachte, daß Wasa sofort atemlos zu Boden sank. Man zog ihn an die Luft; und sein erster Gedanke, nachdem er Besinnung genug hatte, den Gang des mirakulösen Gebäudes zu beobachten, war: »Höchst gescheite, aber auch höchst boshafte Satane müssen diese Weißen sein!«

Die Größe der Sklavenschiffe ist wie bei andern Schiffen einander nicht gleich. Vor uns*) ist ein Schiff von 320 Tonnen, die *Broocks* von Liverpool, im Durchschnitt und dessen unterstes Deck von oben gesehen vorgestellt. Es hielt 100 Fuß in der Länge, und die Breite am Deckbalken war 25. Der Aussage des Kap. Parey zufolge hatte es an Bord gehabt: 321 Männer, 127 Weiber, 90 Knaben und 41 Mädchen, zusammen 609 Sklaven und 45 Matrosen. Ein anderes Schiff, die *Gregson*, gleichfalls von Liverpool, von 335 Tonnen, hatte gar 700 Sklaven in Bonny eingenommen, obgleich es nur für 550 eingerichtet war.

Einem Schiff von 320 Tonnen waren vom Parlament nur 450 Personen zu führen zugestanden. Bei dieser Voraussetzung bekam jeder einzelne Mannsklave 6 Fuß Länge und

*) Anm.: Vgl. dazu das Bild auf den Seiten 374/375

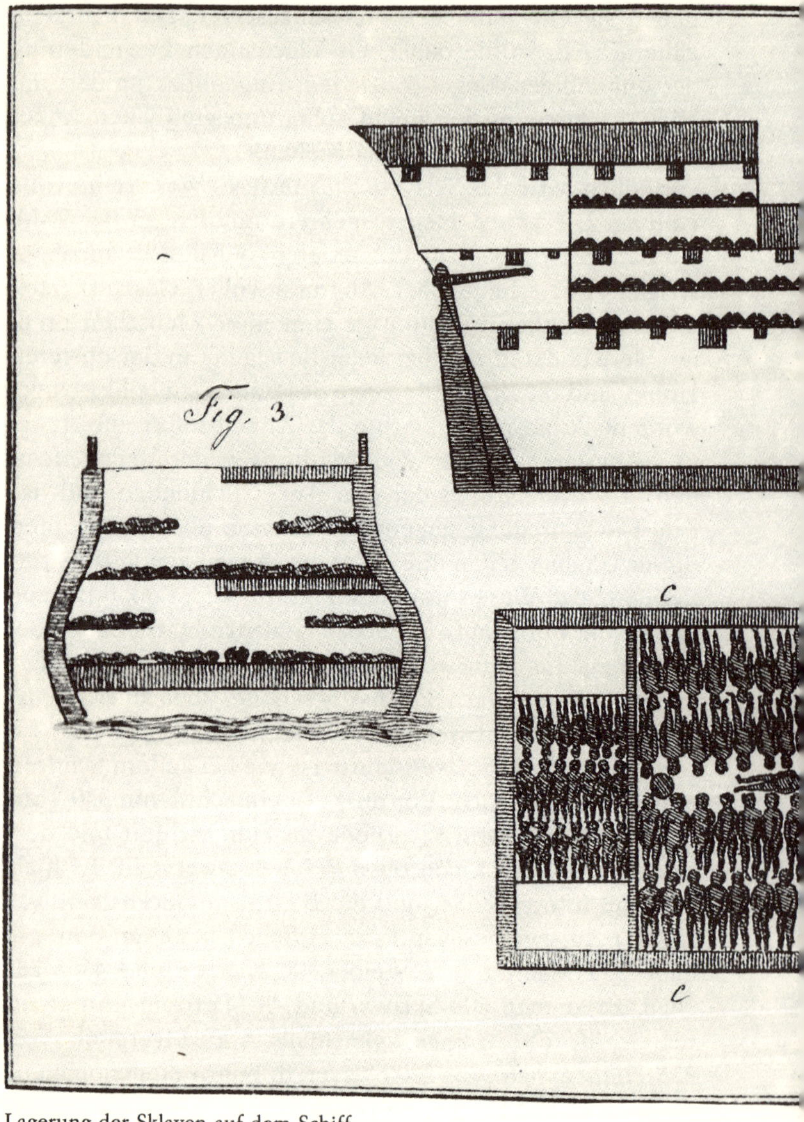

Lagerung der Sklaven auf dem Schiff

1 Fuß 4 Zoll Breite für seinen Raum, ein Weib 5 Fuß 10 Zoll, bei 1 Fuß 4 Zoll, und ein Knabe 5 Fuß, bei 1 Fuß 2 Zoll, ein kleines Mädchen aber 4 Fuß 6 Zoll, bei 1 Fuß

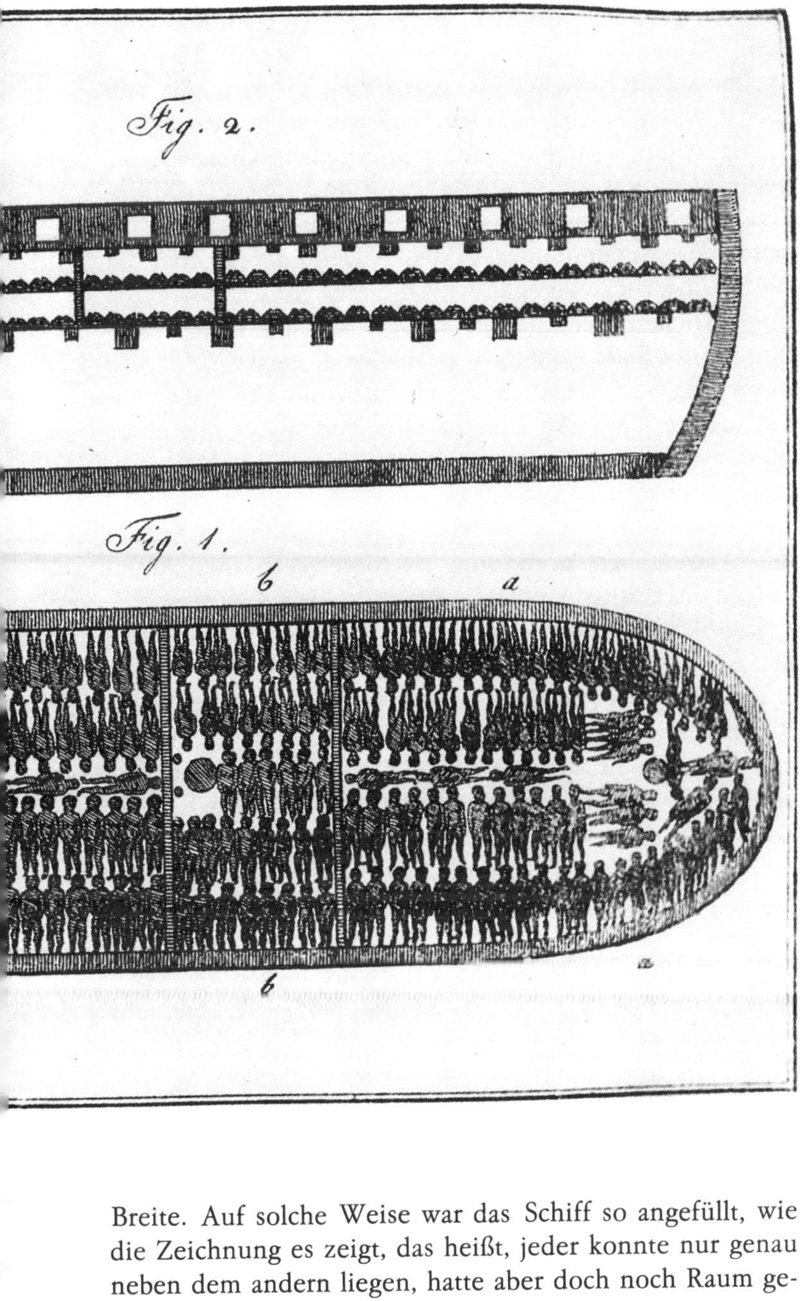

Breite. Auf solche Weise war das Schiff so angefüllt, wie die Zeichnung es zeigt, das heißt, jeder konnte nur genau neben dem andern liegen, hatte aber doch noch Raum genug, flach auf dem Rücken auf den nackten Brettern zu liegen.

Eine solche Einschränkung ist sicher furchtbar; die Luft muß notwendig höchst ansteckend werden in diesem von animalischen Substanzen unter dem heißen Klima so vollgepfropften Kasten. Allein wie wird dies alles an Tödlichkeit zunehmen, wenn man sich nun gar noch 159 Menschen dazwischen eingekeilt denkt! Denn dies ist hier der wahre Ausdruck, wo eben wegen dieser größeren Zahl die unglücklichen Menschen gezwungen werden, nebeneinander auf der Seite zu liegen. Und wieviel gefährlicher wird dieser Zustand, wenn man weiß, daß die Höhe der verschiedenen Verdecke [Etagen oder Böden] oft nur etwas über 2 1/2 Fuß beträgt, so daß der Mensch nicht einmal aufrecht darin sitzen kann.

Auf der *Gregson* ward es bei der noch unbilligern Anzahl der Sklaven sogar notwendig, sie in verschiedenen Abteilungen des Schiffs wirklich aufeinander liegen zu lassen!

Die Sklaven werden auf den Schiffen größtenteils zweimal des Tages, morgens und nachmittags um vier Uhr, mit einem Brei ernährt, der aus gekochten Saubohnen oder Reis besteht, wozu man zuzeiten Dams [Arum esculentum] und Mais mischt. Man nennt ihn Dab-a-Dab und gibt oftmals eine Sauce, Slabber-Sauce genannt, von Palmöl, Wasser und Pfeffer, auch wohl etwas Fleischbrühe dazu.

Diese dem Neger ungewohnte Kost, der in seinem Vaterlande von frischen Früchten, Wurzeln und Fischen lebt, verursacht häufig Krankheiten. Das gewöhnliche Maß Wasser beträgt nur 1/4 Maß bei jeder Mahlzeit. Auf der Reise verdirbt das Getränk leicht, und bei längerer Fahrt entzieht man ihnen sogar einen Teil der Portion.

So reißen denn unter dem heißesten Himmel, bei der tiefsten Schwermut über ihr trauriges Schicksal, Krankheiten aller Art, besonders Ruhr, Scharbock, Gallenfieber, Wahnsinn, unter diesen Unglücklichen ein; oftmals gesellen sich sogar die Kinderblattern dazu.

Zwar werden bei gutem Wetter ihre Lagerstätten gelüftet und gereinigt. Sie selbst führt man sodann auf das Verdeck und läßt sie nicht bloß darauf umhergehen, sondern man nötigt sie darauf zu springen und zwingt diejenigen, welche aus Schwäche oder Traurigkeit dazu wenig geneigt sind, durch Peitschenhiebe zum Tanz.

Hat sich indes einmal die Infektion gezeigt – und wie leicht, ja wie fast unvermeidlich muß dies bei solcher Lage der Fall werden –, tritt hierbei gar regnerisches und stürmisches Wetter ein, wodurch es notwendig wird, die Stückpforten und das Rösterwerk [Luftlöcher] zu verschließen, was für einen Anblick kann sodann ein solcher Kerker gewähren? Die Schiffswundärzte geben schaudererregende Nachrichten davon.

Die Hitze ist alsdann so groß, daß der Wundarzt nur völlig nackt darin einige Minuten verweilen kann. Dennoch war diese noch das mindeste Übel. Der Boden war auf das scheußlichste mit dem den Kranken abgegangenen Blut und Schleim bedeckt, glich einem Schlachthause. Der pestilenzialische Geruch warf eine große Zahl der unglücklichen, noch nicht infizierten Neger in Aphorie; Männer, welche abends völlig gesund in das untere Verdeck hinabstiegen, zog man morgens als Leichen hervor; und selbst der gesunde Wundarzt büßte beinahe sein Leben dabei ein.

Eine grauenvolle Szene gewährt sodann die Sklavenkammer. Auf dem scheußlich gefärbten Boden schleppen sich die aneinander Gefesselten gewaltsam zu den Ausleerungsgefäßen hin; die durch ihre Eisen Verwundeten schreien, die Wahnsinnigen toben, die stiller Leidenden winseln, die Sterbenden röcheln, und die diesen Angeschmiedeten macht der kadaveröse Geruch ihres verscheidenden Mitbruders besinnungslos.

Ist es in dieser Lage der Dinge noch zu verwundern, wenn von 490 Negern 180 oder von 895 gar 356 auf der Reise verlorengehen? Bei den Kinderblattern holt man zuzeiten 10 Leichen an einem Tage aus dem unteren Deck hervor! Auch hatte hierdurch ein Sklavenschiff weit über die Hälfte seiner Sklaven, nämlich 360 Menschen, auf einer Reise verloren.

Schrecklich ist der Zustand der Sklavenschiffe, wenn sie

von einer Windstille überfallen werden oder ihnen auch wegen Überladung die Lebensmittel ausgehen oder wenn sie durch einen unglücklichen Zufall auf eine Sandbank getrieben werden.

Nach der Aussage des Engländers H. Roß stieß ein Sklavenschiff mit 400 Negern in der Nacht auf eine Sandbank, genannt die Morant Keys, 11 Seemeilen von Jamaica. Die Offiziere und Matrosen landeten in einem Boot auf einer der kleinen sandigen Inseln der Sandbank, sie hatten Wasser und Proviant mit sich genommen. Am andern Morgen bemerkte man, daß die Neger Mittel gefunden hatten, sich ihrer Eisen zu entledigen, und sich nun Flöße bauten, worauf sie die Weiber und Kinder setzten, während die Männer, welche zu schwimmen verstanden, die Flöße gegen eben die Insel hintrieben, worauf die Matrosen sich befanden. Nicht ohne Grund fürchteten letztere, daß die vielen hundert Neger ihnen die wenigen Lebensmittel gar bald aufzehren würden. Sie beschlossen daher, um ihr eigenes Leben zu retten, die Neger beim Anlanden zu erschießen und niederzustoßen. Auf die Weise töteten sie wirklich zwischen drei- bis vierhundert derselben; nur 34 wurden am Leben erhalten und nachmals nach Kingston auf Jamaica verkauft!

Ein anderes Schiff, welches 900 Neger an Bord hatte, wurde von einer Windstille überfallen. Bei der schnellen Abnahme der Lebensmittel zitterte man vor dem Hungertod. In dieser Not band man zuerst die schwächlichsten Neger, je zwei und vier, aneinander und warf sie ins Meer; die Zahl der hierzu Ausgewählten stieg aber endlich so hoch, daß nur einhundert Neger erhalten und nach Westindien zum Verkauf gebracht wurden.

Der Kap. Collingwood ging 1781 von Afrika mit 440 Negern und 17 Matrosen ab. Eine ansteckende Krankheit entriß ihm binnen kurzem 60 Neger. Der Verlust für die Schiffseigentümer ließ ihn zu ihrer Schadloshaltung folgendes entsetzliche Mittel ersinnen. Er bewies den Schiffsoffizieren, daß, wenn die Neger aus Notwendigkeit zur Rettung des Schiffes keines natürlichen Todes stürben, der

Schaden den Assecuranten, nicht aber den Eigentümern zur Last fiele, indem die Sklaven völlig als anderes Kaufmannsgut angesehen und verassecuriert werden. Den Vorwand zu seiner schrecklichen Tat wollte er aus dem Mangel an Trinkwasser herleiten. Und hierauf ließ er, obgleich fast keinem der übrigen die Notwendigkeit hiervon deutlich schien und obgleich darauf ein starker Regen fiel, 132 der kränklichsten Neger lebendig ins Meer werfen. Diesen folgten bald mehrere nach; ja 10, denen das Leben ohnehin verleidet war, sprangen freiwillig über Bord. Als das Schiff auf Jamaica landete, kam es zu einem Prozeß zwischen den Eigentümern und den Assecurateurs; hierbei war aber von dem grausamen Kapitän nicht weiter die Rede!

Endlich verdient das folgende, durch den Engländer Fentum bekräftigte Ereignis hier eine Erwähnung. Ein Sklavenschiff hatte gegen 500 Neger eingehandelt und lag 1 1/2 Meilen von der Küste auf der Reede, unweit des Forts Acra, zur Abfahrt bereit. An einem schönen Tage waren viele Neger auf das Verdeck gebracht, um die frische Luft zu genießen. Die Weiber und Kinder gingen frei umher, aber die Männer waren wie gewöhnlich zwei und zwei an den Füßen zusammengefesselt und überdies noch durch zwei lange Ketten alle miteinander verbunden. Ein Matrose zapfte in der dunklen Proviantkammer bei der Lampe Branntwein; das Faß bekam plötzlich einen Riß, der hervorspringende Korngeist fing Feuer. Binnen 10 Minuten verbreitete es sich mit solcher Heftigkeit, daß die Matrosen verzweifelten, es löschen zu können, bevor es die Pulverkammer ergriff. In dieser allgemeinen Not sprang fast jeder ins Meer. Freilich suchte man zuvor jene beiden gemeinschaftlichen Ketten der Neger aufzuschließen; in der Verwirrung suchte man den Schlüssel aber vergebens. Nur eine einzige derselben vermochte man noch zu öffnen, da schon das Feuer die Pulverkammer erreichte. Jeder, der es vermochte, war bereits über Bord gesprungen, als das Schiff in die Luft flog und mit ihm die unglücklichen noch angeketteten Neger. Portugiesische Fahrzeuge, welche in der Nähe lagen, sandten sofort ihre Boote zu Hilfe; sie fischten

250 der noch lebenden, aber zerschmetterten Neger wiederum auf. Fünfzig starben indes auch von ihnen, denn die Fußeisen hatten ihnen beim Auffliegen die Beine gebrochen, und die Hitze des Klimas zog ihnen den kalten Brand zu. Nur 200 Neger wurden erhalten und an andere Sklavenhändler verkauft.

Auf jene zuvor angezeigten Unglücksfälle bereitet sich, soviel mir bekannt ist, keine Nation mit so schaudererregender Vorsicht vor wie die Franzosen.

Zwei französische Kapitäne von Sklavenschiffen und ein Kaufmann dieser Nation auf Goree gestanden, daß die französischen Sklavenschiffe Gift bei sich führen, um in Notfällen die Neger dadurch hinzurichten. Auf diese Weise habe der Kap. le Loup auf einer sehr langen Fahrt, auf welcher die Lebensmittel nicht mehr ausreichten, sich der Neger entledigt. Von 500 blieben nur 20 bei der Ankunft auf St. Domingo!

Natürliche Folgen dieser schrecklichen Behandlung der Neger sind dann ihre Versuche, sich selbst das Leben zu nehmen oder durch einen allgemeinen Aufstand ihr Schicksal zu ändern.

Die Männer, wie schon zuvor bemerkt worden, suchen bei vielen Gelegenheiten sich ins Meer zu stürzen. Man sah mehrere derselben, welche, da sie den Booten, wodurch sie wieder aufgefischt werden sollten, glücklich entgangen waren, den Kopf und die Arme triumphierend über das Wasser emporheben und dann mit froher Miene untersinken. Selbst die Weiber, besonders wenn ihnen die Kapitäne ihre Kinder, als lästige Bürde bei der Fahrt, entreißen, wählen diese Todesart. Andere enthalten sich durchaus aller Nahrung. Wenn ihnen auch ihre Henker selbst die Zähne aufbrechen oder sie durch die Daumenschraube oder durch vorgehaltene glühende Kohlen zum Essen zwingen, so verschlingen sie es dennoch oftmals nicht und schwinden dann langsam durch Hunger hinweg.

Fürchterlich ist der Zustand der Matrosen eines Sklavenschiffes, auf welchem ein Aufstand der Neger zum Ausbruch kommt. Außer der Vorsicht, die Männer zusammenzufesseln, hat das Sklavenschiff in der Mitte des Verdecks eine hohe Scheidewand, die Schanze genannt. Obgleich von Holz, ist sie stark genug, oben kleine, stets geladene Kanonen tragen zu können. An der Seite der Schanze, auf welcher sich die männlichen Sklaven befinden, ist sie sehr glatt und ohne sichtbare Fugen, damit jene nicht imstande sein mögen, sie zu erklettern; auch ist stets eine eigene Wache daneben.

Demungeachtet wagten es 1785 die Sklaven auf einem holländischen Schiff, an dem Tag ihrer Abfahrt nach Westindien gegen die Weißen zu rebellieren. Sie waren glücklich genug, sich ihrer Eisen zu entledigen, übermannten bald die Mannschaft und machten sie alle nieder, einen einzigen kleinen Schiffsjungen ausgenommen, welcher sich in dem Mastkorb zu verbergen gewußt hatte. Indes hatten die Weißen gleich am Anfang des Aufstandes Zeit gehabt, Notschüsse zu tun, und eine große Anzahl Boote mit bewaffneten freien Schwarzen eilte dem Schiffsvolk zu Hilfe. Die Rebellen fühlten sich hierdurch übermannt. Sie legten aus Verzweiflung, um einer abermaligen Sklaverei zu entgehen, Feuer in die Pulverkammer. Das Schiff flog auf; mehr als fünfhundert Neger kamen um; nur einige dreißig, nebst jenem Schiffsjungen, wurden von den freien Negern aufgefischt und erhalten.

So häufige und so vielartige Szenen des Elends, des Schreckens und der Herabwürdigung des Menschen äußern dann nur zu sehr ihre traurigen Wirkungen an dem Charakter der Mannschaft des europäischen Sklavenschiffes.

Der Seemann ist überhaupt von tieferem Ernst und weniger eindrucksfähig für die Abwechslungen der Ereignisse des menschlichen Lebens als der Landbewohner. Die Einförmigkeit seines Daseins und die stete Anstrengung isolieren ihn, machen ihn weniger teilnehmend. Unablässig über dem offenen Schlunde des Todes, den rauhesten Wettern und den grellsten Abwechslungen der Temperatur ausgesetzt, härtet sich in ihm leicht jede Art der Gefühle ab, und er bietet, selbst wenn er im Sturm beim Zusammenrollen der von Kälte starrenden und vom Regen durchnäßten Segel bald gegen das Meer, bald gegen den Himmel geschleudert wird, mit eiserner Gleichgültigkeit seinem furchtbaren Schicksale die Stirn. Selbst der freie Brite erträgt daher auf dem Meere mit finsterer Ruhe die dort notwendige harte Disziplin.

Muß sich jetzt nicht bei dem Seemann eines Sklavenschiffes, durch jene neue Arten täglich vorkommender Schrecklichkeiten, gleichsam eine Schwiele über die Nerven erzeugen und ihm den Rest des Gefühls völlig abstumpfen?

Daher dann die unmenschliche Behandlung, wodurch sich viele derselben sowohl gegen die Sklaven als auch selbst gegen ihre eigenen weißen Mitbrüder so unerhört versündigen.

Die häufigen Mißhandlungen der Negerinnen auf den Sklavenschiffen waren dem Gustav Wasa wie auch unseren gutgesinnten Engländern häufig ein Greuel. Auch behandelten, dem Wundarzte Claxton zufolge, die Matrosen sogar die an Ruhr kranken Neger, welche auf das Verdeck zur Erfrischung gebracht waren und dieses unwillkürlich verunreinigten, sowie gleichfalls die schwangeren Weiber mit der rohesten Härte.

Diese wird ihnen dagegen von mehreren ihrer Schiffskapitäne nur zu häufig mit schrecklichen Zinsen wieder zurückgezahlt.

Schon die Unreinlichkeit und die mindere Fürsorge für gute und hinreichende Lebensmittel lassen häufiger Krankheiten als auf anderen Schiffen hervorbrechen; und die unbillige Anstrengung der Mannschaft in dem gefährlichen Klima vermehrt sie. »Keine Arbeit, kein Brot«, antwortete ein Schiffskapitän einem sehr kranken, bedürftigen Matrosen, der um die ihm vorenthaltene Kost flehte.

Daneben werden die unbedeutendsten Versehen mit der neunriemigen Geißel [Cat of nine tails] bestraft. Morley sah einen Schiffsjungen wegen eines zerbrochenen Trinkglases mit Rollen an den Armen in die Höhe getrillt und so schwebend auf das blutigste zerhauen. Bei schwereren Vergehen gibt der Schuldige oftmals den Geist unter den Geißeln auf. Ja, einer dieser Kapitäne zog auf dem Rücken eines so zerhauenen Matrosen Furchen mit einem glühenden Eisen und goß heißes Pech in die Wunden!

Ein ausgeschlagenes Auge oder ein Stoß, der lebenslang den Menschen verkrüppelt, sind nicht selten. Selbst Krankheit schützt gegen die gefühllosen Wüteriche nicht. So führte ein Kapitän ein eigenes, ungewöhnlich starkes Tau, um einem unglücklichen, ihm verhaßten Matrosen, der durch eine Geschwulst über dem ganzen Leib gegen Schläge fühlloser geworden war, die Strafe fühlbarer zu machen. Der Kranke gab unter der Hand des Unmenschen den Geist auf.

Oftmals entspringen deshalb die Matrosen ihren eigenen Schiffen. Man sah sie sich mitten unter die gefräßigen Haie ins Meer stürzen, um nur zu königlichen Kriegsschiffen oder anderen mit toten Waren handelnden Fahrzeugen zu flüchten.

Dieser widrige Zustand bringt unter der Mannschaft der Sklavenschiffe eine weit größere Sterblichkeit als unter den Matrosen unserer übrigen Fahrzeuge zuwege.

Clarkson beweist, daß von 910 Matrosen der Sklavenschiffe von Bristol 200 Mann verlorengingen, von einer gleichen Anzahl auf ostindischen Schiffen nur 37; daß auf westindischen nur 21, im Handel nach Rußland und Neuland [Terre neuve] nur 10 und im grönländischen sogar nur 9 umkamen. Ja, er zeigt sogar, daß unter 10 Holzschiffen, welche nach ebenderselben Küste von Afrika Handel trieben, einige keinen einzigen Mann verloren, alle 10 aber zusammen von 164 Matrosen nur 20. Also war die Sterblichkeit auf den Sklavenschiffen nach ebenderselben Küste fast das Doppelte! Von königlichen Schiffen, welche gleichfalls an derselben Küste stationiert waren, starben aber von 1300 Mann nur 10, also von 130 nur 1; die Sterblichkeit auf den Sklavenschiffen war mithin sogar über 28mal so groß!

[Auszug aus E. A. W. v. Zimmermann: Almanach der Reisen. Erster Jahrgang für das Jahr 1802]

Worterklärungen

Abomey	Hauptstadt des Königreiches Dahomey [s.d.]
Achterdeck	Hinteres Deck des Schiffes
Angola	Portugiesische Kolonie an der Westküste Afrikas [seit 1575, selbständig seit 1975]
Asphyxie	Griech.: »Pulslosigkeit«; Erlöschen der Atembewegung
Assecurant	Versicherer
Aufgeien	Segel mit Geitauen zusammenholen
Ausklarierungs-zertifikat	Zolldokument für Schiffe bei der Ausfahrt
Avent-Deux	Franz.: Tanzschritt, -form
Back	Niederl.: »Kasten«; Aufbau auf dem vorderen Oberdeck eines Schiffes
Balancez	Franz.: Tanzschritt, Schwebeschritt
Barren	Für den Handel gegossenes metallenes Formstück; im Sklavenhandel oft in X-Form
Bassa	Eingeborenenstamm an der Guineaküste
Benin	Bedeutendstes westafrikanisches Königreich an der Guineaküste [nicht zu verwechseln mit der heutigen Republik Benin; das alte Reich gehört heute zur Republik Nigeria]
Besan	Hinterster Mast auf einem Segelschiff [Besanmast
Bramsegel	Segel an der zweitobersten Verlängerung der Masten
Brechstein	Brechweinstein [Tartarus stibiatus]; Arzneimittel, mit dem man Erbrechen hervorruft
Brigg	Kleines Segelschiff mit zwei vollgetakelten Masten
Bugspriet	Über den Bug hinausragende Segelstange
Calomel	Kalomel, Quecksilberhornerz; in der Medizin als Desinfektions- und Abführmittel verwendet
Cassave	Kassave; stärkereiches Nahrungsmittel aus der Knolle des Kassave- oder Maniokstrauches
Coq de France	Franz.: »Gallischer Hahn«, hier: Reglement
Dahomey	Königreich an der alten Sklavenküste, das wegen seiner harten Militärzucht [Amazo-

	nenregimenter] bekannt und berüchtigt war; ein Hauptlieferant von Sklaven für europäische Händler
Déjeuner	Franz.: Frühstück, allgemein erste Tagesmahlzeit
Diwan	Gepolstertes Ruhesofa in einem orientalischen Wohnraum
Dublone	Goldmünze
Dukaten	Goldmünze mit hohem Feingehalt
Dulcinea	Romanfigur aus dem »Don Quijote«, spöttisch für »Liebste«
Eau de vie	Franz.: »Lebenswasser«; Bezeichnung für französischen Weinbrand
Endossieren	einen Wechsel durch einen Vermerk an einen andern übertragen
Entente cordiale	Franz.: »Herzliches Einverständnis«
Focksegel	Vorsegel, unterstes Rahsegel, am Vormast eines Schiffes
Fulah	Fullah, Fulani, Fulbe; bedeutendes westafrikanisches Hirtenvolk zwischen Senegal und Kamerun. Sie sind Mohammedaner und waren als geschickte Händler auch am Sklavenhandel beteiligt
Fuß	Hier als engl. Längenmaß 0,305 m
Futa Jallon	Futa-Dschalon, Fouta-Djalon; Gebirgsland in Guinea
Gallinas	Fluß und Flußgebiet in Oberguinea
Gambia	Die britischen Faktoreien am Gambia waren in einer gleichnamigen Kolonie vereinigt
Genova la Superba	Ital.: »Das stolze Genua«
Goree	Kleine Insel im Senegal mit französischer Befestigung
Île de France	Franz.: alte Bezeichnung für die Insel Mauritius im Indischen Ozean [Maskaren]
John Bull	Karikierende Personifikation des politisierenden Engländers [nach John Bolinbroke]
Kalter Brand	Gewebeerkrankung
Kattun	Engl.: Calico; feinfädiger Baumwollstoff, ein Hauptausfuhrprodukt von Manchester
Katze	In neun Riemen auslaufende Peitsche [neunschwänzige Katze], die vor allem in der englischen Armee und Marine zu Züchtigungen benutzt wurde
Kauris	Kleine Muscheln, die als Zahlungsmittel dienten

Klipper	Schnelles Segelschiff
Klüver	Klüverbaum; Teil der Takelung am Schiffsbug
Konnossement	Ein Empfangsbekenntnis und Ablieferungsversprechen des Verfrachters oder Schiffers über die darin verzeichneten Waren
Konquistador	Span.: »Eroberer«
Konsignation	Anweisung, Übergabe zur Aufbewahrung
Korvette	Vollgetakeltes, schnellsegelndes Kriegsschiff
Kotillon	Tanzspiel
Kroo-Neger	Kru-Neger; westafrikanischer Stamm, dessen Männer wegen ihrer Tüchtigkeit als Küstenfahrer bekannt sind
Laudanum	Opiumhaltiges Beruhigungsmittel
Leeseite	Die dem Wind abgewandte Seite [z.B. des Schiffes]
Louis d'or	Franz.: Französische Goldmünze
Louis Philippe	König der Franzosen [1830–1848]
Lugger	Logger; kleines Küstenfahrzeug, Fischereifahrzeug
Magnolie	Großblättrige Bäume und Sträucher mit roten Blüten
Mandingo	Mande; afrikanisches Volk in Senegambien
Matanzas	Stadt auf Kuba
Mephitischer Geruch	Abgeleitet von Mephitis = Stinktier; hier: Gestank
Mormonischer Geschmack	Anspielung auf die früher einmal bei den Mormonen gelegentlich übliche Vielweiberei
Mozambique-Kanal	Meeresstraße zwischen der Insel Madagaskar und dem ostafrikanischen Festland
Mungo Park	Schottischer Forschungsreisender [1771–1806], der als erster Europäer bis zum Niger vordrang. Zu den zitierten Hinweisen vgl.: Mungo Park, Reisen ins innerste Afrika 1795–1806, Stuttgart: Edition Erdmann, 1976, Kap. 21
Musterrolle	In der Handelsschiffahrt der behördliche Ausweis über Namen und Staatszugehörigkeit der gesamten Besatzung
Napoléon	Napoleondor; goldenes 20-Franc-Stück
Oktopoden	Tintenfische
Pagaie	Stechpaddel mit breitem Blatt
Passatwinde	Regelmäßig wehende tropische Winde [auf der Nordhalbkugel aus NO, auf der Südhalbkugel aus SO]

Porto Rico	Puerto Rico, zu den Großen Antillen gehörende Westindische Insel
Praya	Praia; Hauptort der Kapverdischen Inseln
Preien	Ein Schiff anrufen
Promesse	Schuldverschreibung
Quarterone	Mischling von Weißen und Terzeronen [Nachkömmling einer Mulattin und eines Weißen]; im Text falsch gebraucht, da die erwähnte Quarterone als Abkömmling eines weißen Vaters und einer mulattischen Mutter eigentlich eine Terzerone war
Quillimane	Quellimane; Hafenort in der damaligen Kolonie Mozambik
Raffia-Palme	Raphia; Nadelpalme
Reff	Vorrichtung zum Verkürzen eines Segels
Rio Nunez	Schmaler Meeresarm der senegalesischen Küste, der bis Futa Jallon [s.d.] reicht
Rotang	Calamus; Palmenart
Rote Mütze	»Bonnet Rouge«; die Mütze der französischen »Marianne«, der Symbolfigur Frankreichs
Rudergänger	Matrose, der das Steuerruder eines Schiffes bedient
San Domingo	Santo Domingo = Haiti; Insel der Großen Antillen in der Karibik
Sankt-Georgs-Kreuz	Durchgehendes rotes Kreuz auf weißem Grund, Grundlage der Flagge Großbritanniens
Sankt Veit	Einer der »14 Nothelfer«, Schutzpatron der Tänzer
Scharbock	Skorbut; Vitaminmangelkrankheit
Schot	Segelleine
Schwarze Höhle von Kalkutta	Berüchtigtes Gefängnis, in dem 1756 der Sultan Suraj-ud-Daula 146 Engländer einsperrte und in der Hitze jämmerlich umkommen ließ
Serail	Eigentlich Palast, Residenz; hier: Haus
Sierra Leone	Küstengebiet in Oberguinea; auf der gleichnamigen gebirgigen Halbinsel wurde 1787 die britische Siedlung Freetown gegründet
Soirée dansante	Franz.: Abendgesellschaft mit Tanz
Spanische Fliege	Cantharis; Käferart, die Kantharidin enthält, das für Arzneimittel, aber vor allem auch als sexuelles Stimulans verwendet wurde
Stag	Halte-, Stütztau zur Befestigung von Masten und Stengen [über Stag gehen = wenden]

Stüber	Holländische Münze = 1/30 Gulden
Supercargo	Superkargo; Bevollmächtigter oder Eigentümer eines Schiffes
Susu	Ein in den Mandingo [s.d.] aufgegangener Stamm, dessen Dialekt sich aber erhalten hat
Timbuktu	Bedeutende Handelsstadt nördlich des Niger; Endpunkt wichtiger Karawanenstraßen durch die Sahara und den Sudan; galt einmal als die »Königin der Wüste«, verlor aber seit dem 19.Jh. zunehmend an Bedeutung
Tonne	Hier: Schiffstonne, Maßeinheit von 1000 kg
Topp	Oberstes Ende eines Schiffsmastes
Trafalgar	Kap an der Westküste Spaniens, wo 1805 die Engländer unter Nelson die französische Flotte schlugen
Tricktrack	Würfelspiel
Trocken-Monsun	Der meerwärts wehende trockene Winter-Monsun
Unze	Eigentlich Feingewicht für Edelmetalle, aber auch als Münzbezeichnung
Vordersteven	Der das Schiff vorn begrenzende Balken
Whydah	Weidah; an der ehemaligen Sklavenküste gelegenes kleines westafrikanisches Königreich. Über die Bräuche in W. vgl.: J.-B. Labat, Pater Labats Sklavenbericht, Abenteuerliche Jahre in der Karibik 1690–1705, Stuttgart: Edition Erdmann, 1984, Kap. 8
Yamswurzel	Zur Familie der Dioskoreazeen gehörende Schlingpflanze mit knolliger, eßbarer Wurzel
Zoll	Längenmaß, 1/12 Fuß [s.d.]

Literatur

O'CALLAGHAN, S.: *The Slave Trade.* London 1961
CANOT, THEODORE: *Adventures of an African Slaver. His own Story as told in the year 1854 to Brantz Mayer. Now Edited with an Introduction by Malcolm Cowley.* London 1928 –
deutsch: *Abenteuer afrikanischer Sklavenhändler.* Voorburg 1943
DAVIDSON, BASIL: *Vom Sklavenhandel zur Kolonialisierung. Afrikanisch-europäische Beziehungen zwischen 1500 und 1900.* Reinbek 1966.
FRIEDERICI, GEORG: *Der Charakter der Entdeckung und Eroberung Amerikas durch die Europäer.* 3 Bde. Gotha–Stuttgart 1925.
LLOYD, C.: *The Navy and the Slave Trade.* London 1949
LOTH, HEINRICH: Sklaverei. *Die Geschichte des Sklavenhandels zwischen Afrika und Amerika.* Wuppertal 1981 [in der DDR unter dem Titel: *Das Sklavenschiff.* Berlin 1981].
LÜDEN, CATHARINA: *Sklavenfahrt mit Seeleuten aus Schleswig-Holstein, Hamburg und Lübeck im 18. Jahrhundert.* Heide 1983.
PFAFF-GIESBERG, ROBERT: *Geschichte der Sklaverei.* Meisenheim 1955
SCHMIDT, F.: *Jagd auf schwarzes Elfenbein.* Hamburg 1957
STEINITZ, BENNO: William Wilberforce und Thomas Clarkson. In: *Helden der Menschlichkeit.* Zürich 1950.
WILLIAMS, ERIC E.: *Capitalism and Slavery.* Chapel Hill 1945.
ZIMMERMANN, E. A. W. v.: *Almanach der Reisen.* Erster Jahrgang für das Jahr 1802. Leipzig o. J. [1802].

Ausschnitte aus Stielers Westafrika-Karte

Takant
Schingarin
Salz Minen
Tyschyt
Biru
Walet
Gosen Zair
Cuma
Didhiover
SeeDebo od.Dibbie
Massina
Dschenne
B E L
Ludamar
Dschiafnu
Farani
Benowin
Elimane
Jarra
Gidumah
Massala
Tiesie
Kasson
Kaarta
Wassibu
Kemmu
Waura
Kulikorro
BAMBARRA
Sansanding
Jamina
Sego
Murzan
Silla
Sufara
Galia
Safany
Medina
Konbor
Noma
Coloni
Kakaye
Duassa
Tumane
Kua
Kuaraba
Marabu
Bammaku
Mandingos
Surano
Portendik
Gummi Wälder
Cayor S.
Podor
I. Morfil
Kaheide
Senegal
Marigot
Fal
Wallo
Daghana
St. Louis
Senegal
Niakra
Futa Tor
Gandiollo
Coque
Cayor
Macaye
Wamkrore
Sedo
Moderi
Bakel
C. Verde
Magdalenen I.
I. u. Ft. Gorée
Portadal
Rufisque
Baol
Jolof
Lambaye
SENEGAMBIEN
Sin
Salum
Warneo
Ful
Makana
Buleb ane
Joag
Fattecondа
Kadschaga
Farbana
Kuniakare
Ba-Wulima
Bangassi
Maniakorro
Fuladu
Koina
Kumikumi
Sibidulu
Medina
Kohoro
Kancaba
Komalia
Manna
Bafing
Joal
Gambia
Albreda
Badibu
Wulli
Pisania
Medina
Bondu
Sansan-ding
Bambuk
Tenda
Farbana
Faleme
Fajemmia
Satadu
Woradu
Baniserile
Badu
Dentilia
C. S. Maria
Bathurst
Ft. James
Vintang
Zinghichor
Eropina
Ft. George
Cantor
Gambia
Mandingo
Casamanze
C. Roxo
Cacheo
Farim
Geba
Bissao
Geba
Concondo
Jatts I.
Geba
Archipel
der
Orango
Bissagots
Bulola
Kacondy
Kanjabac
R. Grande
Kade
Faran
Konsan
Bendeia
Labbe
Muri
Futa Dschiallon
Dschiallonkadu
Bure
Mandingos

MINJANA
Timbo
Cambaya
Beilia
Tamisso
Fodi
Bukaria
Sulimana
Falaba
Semba
Loma B.
Kamato
Kolakonka
Kambia
Kuranko
Rokelle
Simera
Free Town
Kamaranka
Honde
Konde-Quojas
Cuscea
Kodschi
Bendo
Manu
Pissu
Liberia
Millsby
Caldwell
Pfeffer-Küste
Kankan
Amana
Sangaran
Morila
Sigala
Wassulo
Tangrera
Bagoe
Time
Milo
Kissi
Jendan
Ahmar
GANIOVA
Q. des Niger ?
Kong
Bado
Mandingo
Assinie
Lahu
Grugi S.
Tabetah
Zahn-Küste
G
U
Kaibu
Combat
I. Alkatras
Nunez
C. Verga
Pongo
Loss I.
Malacori I.
Scarcies
Sierra Leone
Cap Sierra Leone
York
C. Schilling
u. Banana I.
Yaw y B.
Turtle I.
C. S. Anna
Scherboro
Turner H. I.
Gallinos
C. de Monte
S. Paul
C. Mesurado
Monrovia
S. Johns
Gr. Bassa
Trade Town
Gr. Cestos
Sanguin
Settra Kru
Kl. Sestern
Gr. Sestern
Garroway
Cap Palmas
Kavally
Gr. Bareby
King Georg
Frisco
Gr. Lahu
Kl. Bassam
Gr. Bassam
Assinie
C. u. Ft. Apollonia
Kings T.
Sierra Leona-Küste
Windward-Küste
der brittischen Seefahrer
OCEAN
Go

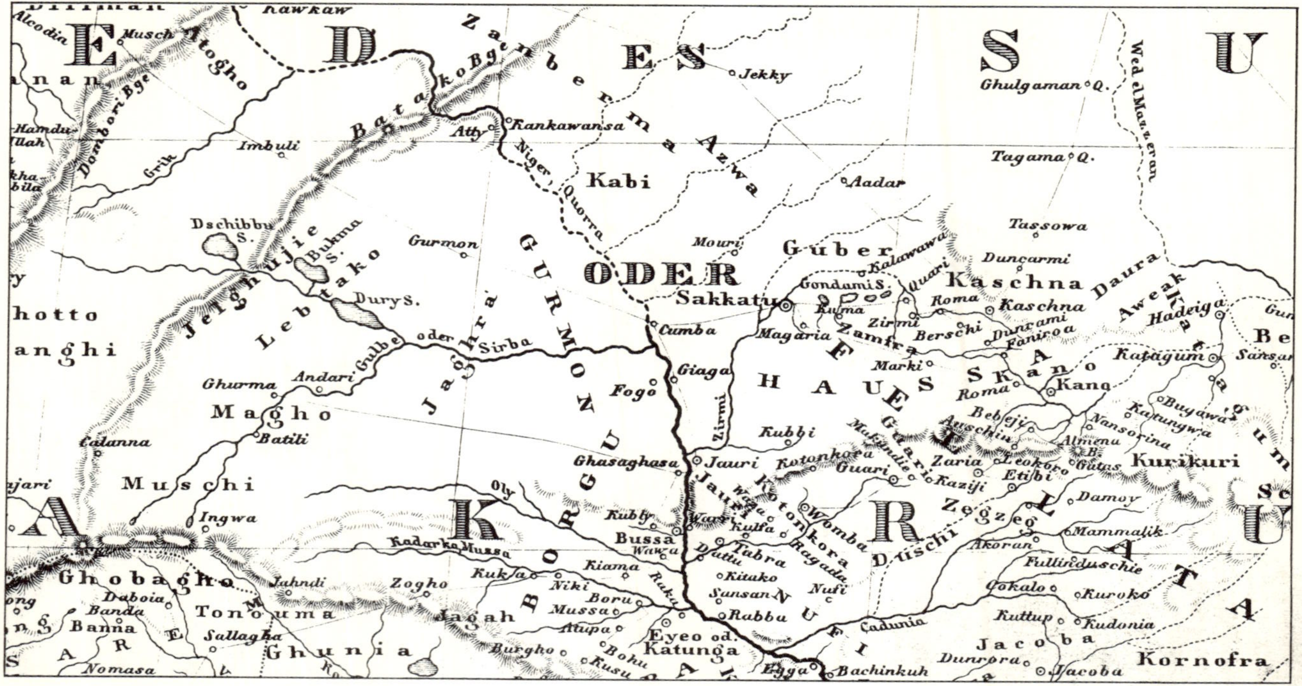
Sakkatu
Kabi
Guber
Kaschna
Daura
Zamfra
Kano
Kang
Katagum
Hadeiga
Zaria
Zegzeg
Kurikuri
Jacoba
Kornofra
Gurmon
Magho
Muschi
Dschibbu S.
Bukma S.
Durys.
Gulbe oder Sirba
Niger
Quorra
Cumba
Giaga
Fogo
Jauri
Bussa
Wawa
Kiama
Rabba
Egga
Bachinkuh
Eyeo od. Katunga
Ghasaghasa
Kotonkora
Womba
Nufi
Tabra
Kulfa
Kubbi
Zirmi
Roma
Marki
Berschi
Guari
Etibi
Kaziji
Damoy
Mammalik
Akoran
Fullinduschie
Cokalo
Kuroko
Kuttup
Kudonia
Cadunia
Dunrora
Jacoba
Tassowa
Duncarmi
Tagama Q.
Ghulgaman Q.
Wed el Mazzeran
Jekky
Aadar
Mouri
Kankawansa
Atty
Imbuli
Grik
Atogho
Dombori Bge
Alcodia
Calanna
Ingwa
Ghurma
Andari
Batili
Jahndi
Zogho
Kukja
Niki
Boru
Mussa
Atupa
Burgho
Bohu
Kusu
Kadarka
Oly
Ghobagho
Daboia
Banda
Banna
Sallagha
Nomasa
Tonouma
Ghunia
Jagah
Kituko
Sansan
Nansorina
Katungwa
Buyawa
Almenu
Bebeji
Magaria
Gondami S.
Kalawawa
Kuma
Lebtako
Jelghujie